3980

Gotthard Schettler

Erlebtes und Erdachtes

Allegro vivace

Gotthard
Schettler

Erlebtes und Erdachtes

50 Jahre Arzt, Wissenschaftler und Hochschullehrer

ULLSTEIN
MOSBY

Die Deutsche Bibliothek – CIP-Einheitsaufnahme
Schettler, Gotthard:
Erlebtes und Erdachtes : 50 Jahre Arzt, Wissenschaftler
und Hochschullehrer / Gotthard Schettler. – 1. Aufl. – Berlin :
Ullstein Mosby, 1993
ISBN 3-86126-042-5

Satz: deutsch-türkischer fotosatz, Berlin
Druck: Druckhaus Schöneweide, Berlin
Buchbinderei: Verlagsbuchbinderei Mikolai, Berlin

Printed in Germany

ISBN 3-86126-042-5

Vorwort

Warum schreibt man seine Erinnerungen und Gedanken am Ende einer ärztlichen und wissenschaftlichen Laufbahn auf?

Fünf Jahrzehnte großer politischer und wissenschaftlicher Veränderungen haben natürlich ihre Spuren hinterlassen. Es gibt bereits eine Reihe von Lebenserinnerungen deutscher Gelehrter und Ärzte, die sich auch mit den Ereignissen der letzten fünf Jahrzehnte befassen. Ferdinand Hoff und Ludwig Heilmeyer, Karl Fellinger und Theodor Brugsch haben als Internisten manche Geschehnisse in stürmischen und bewegten Zeiten geschildert. Ihren Berichten kommt somit nicht nur eine ärztliche und medizinische, sondern eine eminente politische Bedeutung zu. Dies gilt auch für den bewegenden Band des Chirurgen Rudolf Nissen, „Helle Blätter – Dunkle Blätter". Es kommt mir daher vermessen vor, über eigene Erfahrungen zu berichten. Sind es diese Erfahrungen wert, der Öffentlichkeit übergeben zu werden? Ich muß bekennen, daß ich durch die Aufforderungen von Freunden und Kollegen veranlaßt wurde, dieses Unternehmen zu wagen. Man wird leicht feststellen können, daß diese meine Erinnerungen nicht durch genaue Tagebuchaufzeichnungen belegt sind. Ich habe die seit Jahrzehnten für Freunde und Familienmitglieder verfaßten Jahresberichte sowie die Protokolle wissenschaftlicher Gesellschaften und Gremien benutzt. Und ich habe darüber hinaus versucht, auf Grund kalendarischer Aufzeichnungen einen Bericht zustande zu bringen. Ich bin mir bewußt, daß es sich hierbei um eine sehr subjektive Auswahl handelt, mit mancher Ungenauigkeit und manchem Fehler. Ich bin auch weit davon entfernt, die eigenen Erlebnisse exemplarisch für die Situation an den deutschen Hochschulen darzustellen. Angeregt zu diesem Unternehmen wurde ich durch das Studium der Erinnerungen von Carlo Schmid und Hellmut Thielicke, insbesondere aus ihrer Tübinger Zeit. Die Ausführungen des Juristen und Vollblutpolitikers Schmid und des bekennenden Theologen und Hochschullehrers Thielicke haben mich so beeindruckt, daß ich mich aus der Sicht des Arztes und Forschers, vor allem aber auch auf Grund ärztlicher Erfahrungen an diesen Bericht heranwagte.

Auch und gerade die ärztliche Tätigkeit unterliegt den politischen Zwängen. In der sogenannten Systemzeit, insbesondere Ende der zwanziger Jahre, herrschten in vielen Bereichen Not und Elend. Auch die ärztliche Tätigkeit war oft von Mangel und Improvisation bestimmt. Dies wurde mir als junger Patient, der ich Gespräche mit den behandelnden Ärzten und ihrem Personal hatte, dadurch bewußt, daß einige Praktiker meiner Heimatstadt Hilfswerke für die notleidende Bevölkerung einrichteten. Meine Eltern kümmerten sich um bedürftige Mitbürger und um die älteren Menschen. Die nationalsozialistische Zeit brachte dann freilich ganz andere Probleme mit sich. Im Elternhaus wurden die Ereignisse um den Röhm-Putsch als Anfang einer Katastrophe empfunden. Als Studenten lernten wir in Thüringen, dem in Fragen der Eugenik besonders aktiven Lande, die unmenschlichen Folgen der sogenannten Rassenpolitik kennen. Unvergessen sind mir zwei Abschiedsvorlesungen jüdischer Dozenten, die zur Emigration gezwungen wurden, und der Besuch im Psychiatrischen Zentrum Stadtroda bei Jena, wo uns Beispiele der Vernichtung „unwerten Lebens" demonstriert wurden. Aber man konnte nicht ahnen, welche verheerenden Katastrophen damit ihren Anfang nahmen. Vieles wurde einfach nicht zur Kenntnis genommen oder verdrängt. Die Kriegsereignisse, die jeden von uns jungen Menschen ergriffen, verhinderten in vielen Fällen die kritischen Überlegungen über das Unmenschliche der gesamten NS-Politik. Nach dem Zusammenbruch wurden wir der Ungeheuerlichkeiten der vergangenen Jahre bewußt. In langen Gesprächen mit Dolf

Sternberger habe ich die Hintergründe und die „Irrwege der Mächte“ verstehen gelernt. Diese Gespräche mit Freund Sternberger haben auch meine berufliche Tätigkeit nachhaltig beeinflußt. Die Zurückweisung und das Mißtrauen von Ärzten und Wissenschaftlern auf internationaler Ebene, welche wir über lange Jahre zu spüren bekamen, veranlaßten mich, mit aller gebotenen Kraft die Wiederaufnahme in der Gemeinde der Wissenschaftler anzustreben. Der vorliegende Bericht mag aufzeigen, ob diese Bemühungen erfolgreich waren. Ich glaube, eine positive Bilanz der internationalen Zusammenarbeit von Ärzten und Wissenschaftlern ziehen zu können.

Ein besonderes Kapitel waren natürlich die Jahre der universitären Unruhen mit ihren allgemeinen und speziellen hochschulpolitischen Folgen. Die Ereignisse hier in Heidelberg waren exemplarisch für die damalige Situation. Nachdem es gelungen war, durch den persönlichen Einsatz verantwortungsbewußter Hochschullehrer das Schiff der Universitäten wieder in ruhige Fahrwasser zu bringen, ergaben sich nun speziell für die Medizin neue Probleme, die mit der Umstrukturierung der gesamten Heilkunde zusammenhängen.

In den fünf Jahrzehnten meiner ärztlichen Tätigkeit war die Heilkunde in der Tat einem epochalen Wandel ausgesetzt. Dies war nicht nur durch das Eindringen der Medizintechnik in alle direkten ärztlichen Verrichtungen bestimmt, sondern durch die stürmische Entwicklung neuer diagnostischer und therapeutischer Verfahren. Heidelberg war durch die personale Medizin eines Ludolf von Krehl, Richard Siebeck, Victor von Weizsäcker und Karl Jaspers bestimmend für die ärztliche Grundhaltung. Waren die diagnostischen, vor allem die therapeutischen Möglichkeiten bis Mitte der dreißiger Jahre sehr begrenzt, so brachen die Neuentwicklungen auf diesem Sektor geradezu über uns herein. Auf allen Gebieten der Praktischen Medizin galt es, die ärztliche Tätigkeit neu zu ordnen, rationell zu gestalten und ethisch abzusichern. Kam Ludolf von Krehl in seiner Arztpraxis noch mit einigen Medikamenten aus, so hat die stürmische Entwicklung neuer therapeutischer Prinzipien mit der Einführung zahlreicher Medikamente die Entscheidung des Arztes tagtäglich neu gefordert. Der Umbruch der medizinischen Verrichtungen, wie er z. B. durch die Intensivmedizin auf allen Gebieten der Heilkunde gekennzeichnet ist, mußte im studentischen Unterricht, in ärztlicher Weiterbildung und in der Fortbildung immer neue Überlegungen und Handlungen hervorrufen. Es schien mir daher geboten, den Wandel der ärztlichen Tätigkeit und ihre Abhängigkeiten und zwangsläufigen Folgen aus der Sicht der Klinikers und Hochschullehrers darzustellen.

Unsere Gesellschaft und die im Medizinbetrieb Verantwortlichen sind heute vor Aufgaben gestellt, welche unsere gesamten sozialen Strukturen nachhaltig beeinflussen. Manche Anspruchshaltung, die unserer heutigen Gesellschaft eigen geworden ist, muß kritisch überdacht werden. Das lautstark geforderte „Recht auf Gesundheit" für jedermann ist gewiß mit der „Pflicht zur Gesundheit" verbunden. Dies wird eine der wichtigsten Aufgaben der Zukunft sein, denn der Arzt muß heute seine Aufgaben nicht nur in der Krankenbehandlung sehen, sondern ihm kommt zweifellos eine hohe erzieherische Verantwortung im Staate zu. Die ärztlichen Verrichtungen müssen dadurch bestimmt sein, daß nicht alles, was machbar ist, auch wirklich getan werden sollte. Diese permanenten Entscheidungen beeinflusssen heute die ärztlichen Verrichtungen auf allen Fachgebieten. Die jetzt unternommenen Versuche einer durchgreifenden Gesundheitsreform, wie sie vom Seehofer-Ministerium unternommen werden, halte ich für grundsätzlich falsch. Es muß Sache der Ärzte sein, bestimmende Akzente zu setzen. Dies gilt sowohl für diagnostische als auch therapeutische Ansätze. Eingriffe in die freiberufliche Tätigkeit, von der Niederlassungsfreiheit bis zur Regulation ärztlicher Verrichtungen, wie sie jetzt vorgesehen sind, werden zu immer mehr Bürokratie führen. Man sollte auch aus fehlgeschlagenen Unternehmen anderer Staaten, zum Beispiel Schweden, lernen. Die Mündigkeit der Bürger ist gerade im Gesundheitswesen gefordert. Jedem ist es klar, daß etwas geschehen muß. Aber Aktionismus hat noch nie zum Ziele in einer freiheitlichen Gesellschaft geführt.

Max Weber forderte vom Politiker drei Eigenschaften: Leidenschaft, Verantwortungsgefühl und Augenmaß.

Ich meine, dies sind gute Maximen auch für den Arzt. Ob ich ihnen gerecht geworden bin, vermag ich nicht zu berurteilen. Aber vielleicht geht aus meinem Bericht hervor, daß ich diesen Parolen zu folgen versuchte.

Heidelberg, im Frühjahr 1993

Inhaltsverzeichnis

Kindheit in einer kleinen Stadt

Meine ersten Erinnerungen gehen auf ein markantes Ereignis in meiner Heimat zurück. Im Jahre 1920 hatte der aus Riesa stammende, aus gesundheitlichen Gründen ins Vogtland übergesiedelte Max Hoelz mit der Kommunistischen Partei in Falkenstein einen roten Vollzugsrat gegründet, der einige Monate lang dort agierte. Ihre Aufgabe sah diese Gruppe im Kampf gegen den im Gang befindlichen „antirepublikanischen reaktionären Kapp-Putsch". Mit seinem Vollzugsrat übernahm Hoelz die Verwaltung der Stadt Falkenstein, einer 15000 Einwohner zählenden Gemeinde, die überwiegend von Gewerben und Kleinindustrien lebte. Vordergründig ging es offenbar um eine Verbesserung der Unterstützungssätze für Erwerbslose und Kriegswitwen, aber es kam bald zu umstürzlerischen Aktionen, an denen sich insbesondere der Spartakusbund beteiligte. Das bürgerliche Stadtoberhaupt wurde verhaftet und in demütigender Weise durch die Stadt geführt. Bei wohlhabenden Bürgern nahm man Hausdurchsuchungen vor, Lebensmittel wurden requiriert und beträchtliche Geldsummen erpreßt. Wer nicht zahlte, wurde beschimpft, verprügelt oder mit Brandschatzung bedroht. So gingen fünf Villen von begüterten Bürgern in Flammen auf. Zu den Betroffenen gehörte der Baumeister Viktor Baumann, welcher mit der Schwester meiner Großmutter verheiratet war. Das Bild der Ankunft der vierköpfigen, nur mangelhaft bekleideten Familie im großväterlichen Anwesen hat sich mir dauerhaft eingeprägt. Fassungslos standen wir vor den rauchenden Trümmern der Häuser.

Die von der Regierung mobilisierten Polizeikräfte und der Einmarsch von Reichswehr und Freikorps, die vorwiegend aus dem benachbarten Oberfranken kamen, veranlaßten den roten Vollzugsausschuß zu folgendem Aufruf:

Aufruf an die besitzende Klasse

Nachdem uns bekannt geworden ist, daß von verschiedenen Seiten darauf hingewirkt wird, reaktionäre Truppen (Reichswehr) nach dem Vogtlande zu ziehen, um die Herrschaft der Arbeiterklasse zu brechen und die Aktionsausschüsse aufzulösen, geben wir folgendes bekannt:

Sobald uns gemeldet wird, daß Truppen im Anmarsch sind, werden wir sofort folgende Maßnahmen ergreifen:

Proklamation des Generalstreiks, Stillegung aller Betriebe, auch der lebenswichtigen. Sollte diese erste Maßnahme nicht genügen, um den Einmarsch der Truppen zu verhindern, so würden wir auch nicht davor zurückschrecken, die Maschinen in den Betrieben zu zerstören, und als äußerstes und letztes Mittel würden wir gezwungen sein, die Villen, überhaupt alle Häuser der besitzenden Klasse, sowie die Gebäude der Behörden, Staatsgebäude, usw. in Brand zu setzen oder in die Luft zu sprengen.

Was dadurch heraufbeschworen würde, können sich die betreffenden Klassen selbst ausmalen. Wir warnen daher jedermann, reaktionäre Versuche zu unterstützen und machen wir für die daraus entstehenden Konsequenzen die in Frage kommenden Kreise verantwortlich.

Solange die alte Regierung und die Reichswehrtruppen nichts gegen die Herrschaft der Arbeiter unternehmen, werden wir selbst mit allen Kräften für die Aufrechterhaltung der Ruhe und Ordnung sorgen.

Achtung!

Als Maßnahme gegen den eventuellen Einmarsch der Truppen hat sich ein Brandkomitee gebildet, das beim Herannahen der Truppen sofort in Tätigkeit tritt.

Achtung!

Wenn gegen einen Vertreter der Arbeiter oder gegen einen Arbeiter überhaupt, sowie gegen den Genossen Hoelz ein Anschlag (Attentat) usw. verübt wird, dann tritt das Rachekomitee in Tätigkeit und wird unter der besitzenden Klasse aufräumen.

DER ROTE VOLLZUGSAUSSCHUSS

Schloß Falkenstein

Schloß Falkenstein war der Sitz der Freiherren von Trützschler, die wegen ihrer liberalen Haltung allseits geschätzt wurden. Der Baron von Trützschler war am 48er Aufstand in Dresden und in der Pfalz beteiligt und wurde von einem Standgericht in Mannheim erschossen. Die Trützschlers und die im benachbarten Dorfstadt residierenden d'Elsas haben als Land- und Forstwirte viel für die Bevölkerung getan.

Max Hoelz und seine Kombattanten setzten sich aber dann vor den einrückenden Truppen ins obere Vogtland und in die Tschechoslowakei ab. Es kam zu Schießereien. Meine Eltern flüchteten aus der Bahnhofsgegend zu den Großeltern, ich habe die hektische Situation noch gut in Erinnerung. Nach der Niederschlagung des vogtländischen Aufstandes wandte sich Hoelz in das mitteldeutsche Industriegebiet um Halle und

Merseburg. Hier kam es zu schweren Gefechten, die schließlich mit dem endgültigen Sieg der Staatsmacht über die Rebellen endeten. Hoelz wurde gefangengenommen und wegen Aufruhrs und Mordes an einem Landwirt zu lebenslänglichem Zuchthaus und dauerndem Verlust der bürgerlichen Ehrenrechte verurteilt. Nach sieben Jahren wurde er vorzeitig entlassen und begann eine Agitationsreise durch Deutschland.

Im Gedächtnis geblieben ist mir auch die Erinnerung an seine spektakuläre Rückkehr nach Falkenstein in einem großen kommunistischen Demonstrationszug. Hoelz war bei einer Saalschlacht in Bad Elster von der SA der Nationalsozialisten schwer verletzt worden und wurde mit seinen deutlich sichtbaren Kopfverbänden stürmisch von den Kommunisten gefeiert. Das in Falkenstein relativ stark vertretene Reichsbanner der SPD hielt sich zurück, und die Anhänger der Nazis waren im damaligen Falkenstein noch nicht in der Lage, Gegendemonstrationen durchzuführen.

Dies geschah aber später, und so war Falkenstein bis 1933 der Ort zahlreicher schwerer Auseinandersetzungen auf der Straße und in den Versammlungslokalen. Die Demonstrationszüge der KPD und der NSDAP wurden jeweils durch auswärtige Kräfte verstärkt. Es kam häufig zu schweren Prügeleien, die durch massiven Einsatz der Polizeikräfte aus Plauen und Zwickau beendet wurden, wobei es wiederholt Schwerverletzte gab. Die Polarisierung der Bevölkerung war in Falkenstein besonders auffällig. Es gab eine große kommunistische Gruppe unter den Arbeitern, eine weniger starke Gruppe der SPD und der Gewerkschaften und eine noch kleinere, aber durchaus wichtige Gruppe der politischen Mitte und der Rechten. Die sogenannte besitzende Klasse neigte den nationalen Parteien, der Deutschen Volkspartei und der Deutschnationalen Partei, zu. Recht ansehnlich waren auch die Demokraten und die Staatspartei vertreten. Bald entwickelte sich der Christlich-Soziale Volksdienst, der auch Abgeordnete in den Landtag nach Dresden entsandte. Religiöse Gemeinschaften spielten im Vogtland seit jeher eine große Rolle. Neben der evangelischen Landeskirche gab es, mit dieser lose verbunden, zahlreiche Bibelkreise, Bibelkränzchen und die Bibel-„Stündle“, die sich mehrmals pro Woche versammelten und gewisse sektiererische Züge auswiesen, was sich bis heute erhalten hat. So ist es kein Zufall, daß sich ein junger Pfarrer vor wenigen Jahren vor der Falkensteiner Kreuzkirche aus Protest gegen die „verkommene Gesellschaft und die herrschende politische Klasse“ mit Benzin übergoß und verbrannte.

Damals orientierten sich die religiös motivierten Schichten der Bevölkerung politisch eben vorwiegend zur Mitte und zum Christlich-Sozialen Volksdienst.

Der Vater, durch aktive Arbeit in Kirche und Schule mit den täglichen Problemen konfrontiert, entwickelte ein starkes politisches Engagement, wurde als Parteiloser in den Stadtrat gewählt und hatte dort das sehr kritische Referat der Wohnungsbeschaffung zu verwalten. Die Wohnungsnot war bedrückend. Täglich stellten sich in unserer Wohnung Bittsteller ein, die es auch gelegentlich an Bestechungsversuchen nicht fehlen ließen. Vater wies diese energisch zurück, zum Leidwesen seiner beiden Söhne, die gerne einmal in den Genuß einer Eistorte oder eines Baumkuchens gekommen wären.

Die Verführung war für uns groß, denn die Lebenshaltung war recht bescheiden. Fleisch und Wurst gab es nur ein- bis zweimal in der Woche, ansonsten wurde eine gemüse- und schlackenreiche Kost bevorzugt, wie sie heute zum Beispiel in China üblich ist. Zum Frühstück gab es eine aus Magermilch und Mehl angerührte Suppe mit einem Kanten Brot, mittags meistens Gemüseeintopf, abends Pellkartoffeln mit spärlicher Beilage oder die sogenannten Spälkle, eine Art Bratkartoffel, die mit Rindertalg, Kümmel und Salz angerichtet wurden. Dazu trank man, horribile dictu, einen mit Wasser zubereiteten Kakao. Man würde diese Ernährung heute als „vernünftig und gesund“ bezeichnen. Das war uns damals nicht bewußt, wir machten uns aber auch keine Gedanken über eine mögliche Änderung.

Die Schulzeit in Auerbach

Die Auerbacher Oberschule ging aus einem ehemaligen Lehrerseminar hervor, und das bedeutete, daß ein breit gefächerter Lehrplan mit Betonung der musischen Fächer bestand. Die Schüler kamen großenteils aus der ärmeren Bevölkerung, während das gehobene Bürgertum seine Kinder in die städtische Realschule Auerbach schickte. Die meisten meiner Mitschüler kamen aus dem oberen Vogtland und waren mit den ausgezeichneten, dabei preiswerten Ausbildungsmöglichkeiten im Internat recht zufrieden. Angestrebt wurden als Berufsziele Lehrer, Kantoren, mittlere Verwaltungslaufbahn und später in zunehmendem Maße gehobene akademische Berufe. Im oberen Vogtland im Bereich von Klingenthal, Markneukirchen, Adorf war die Musikinstrumentenindustrie angesiedelt. Meist handelte es sich um kleinere Betriebe mit Heimarbeiten, an denen sich die Mütter und älteren Kinder beteiligten. Hergestellt wurden vor allem Harmonikas, Streichinstrumente von sogenannten halben Geigen bis zu Celli und Baßgeigen, Holzblasinstrumente. Klarinetten und Oboen aus diesem Raum wurden weltberühmt, ebenso die Hopf-Geigen und die Bratschenbögen der Firma Pfretschner, die wohl jedem Virtuosen bekannt sind. Aber auch Blechblasinstrumente wurden gefertigt. Die ins Auerbacher Internat einrükkenden Schüler brachten ihre Instrumente mit und vermachten sie meist nach Schulabschluß der Schule, so daß der Instrumentenfundus beachtlich war. Es gab elf Übungsflügel sowie drei Übungsorgeln, die reichlich benutzt wurden. Die abgespieltesten Flügel wanderten dann in die Turnhalle oder wurden an die Gesangsvereine der Umgebung verkauft.

Die Prachtstücke im großen Musiksaal und in der Aula durften nur von Primanern gespielt werden, und es war ein Höhepunkt, wenn der Blüthner-Flügel in der Aula bei einem der Schulkonzerte bespielt werden durfte. Jeder der Schüler spielte mindestens ein Musikinstrument, die meisten zwei und einige drei. Ich hatte bereits seit dem 7. Lebensjahr Klavierunterricht erhalten und brachte es zu recht guten Fertigkeiten. Angestachelt wurden wir natürlich durch die Konkurrenz unter den Mitschülern. Ich verdanke meiner Schulzeit die Kenntnis nahezu der gesamten klassischen Klavierliteratur, an der ich mich auch versuchte. Dies kam mir bei der späteren Tätigkeit in Kammermusikzirkeln während der Studenten- und Assistentenzeit zugute. Als Zweitinstrument hatte ich die Geige zu streichen, offenbar, weil noch einige Positionen in der zweiten Geige des Schülerorchesters zu besetzen waren. Sieben Jahre Unterricht waren eher eine Plackerei. Wenn bei den Proben im Schulorchester etwas schief ging, wurde ich zum Alleinspiel aufgefordert und danach veranlaßt, bei schwierigen Stellen nur „Luft" zu streichen. Mehr Spaß machte mir das Orgelspiel, das ich aber nach der Schulentlassung nur noch sehr selten ausübte. Immerhin versuchte ich mich auf der Orgel der Stadtkirche in Erfurt, die die Academia Leopoldina bei ihrer Jahressitzung besuchte. Nach etwa 20minütiger Improvisation fragte mich dann der Organist, wo ich das gelernt hätte, und wann ich zum letztenmal gespielt hätte. Dies lag nun ca. 50 Jahre zurück, was den strengen Organisten etwas milder stimmte und zum Ausspruch verleitete: „Respekt, aber da haben Sie ganz schön gemogelt!".

Die Auerbacher Schule hatte ein vorzügliches Lehrerkollegium, das in erster Linie von der Leistung bestimmt war. Das Ausleseverfahren, schon bei der Aufnahmeprüfung, war streng. Von Jahr zu Jahr wurden Schüler zum Abgehen veranlaßt. Die erste Selektion erfolgte in der Untertertia, die zweite in der Obersekunda und schließlich schieden noch Schüler mit der sogenannten Unterprimareife aus. In meiner Klasse blieben von 32 Sextanern schließlich noch sieben Primaner übrig, von den Lehrern „Das Fähnlein der sieben Aufrechten" genannt. Wir hatten daher das Glück, als Primaner eine Art Privatunterricht zu erhalten. Zum Abschluss eines jeden Schuljahres versammelte sich die Schülerschaft in der Aula, wobei die Reihung der Schüler nach ihren Leistungen öffentlich bekanntgegeben wurde. Man begann mit der Oberprima, so daß die Schüler jeweils über den Leistungsstand der unteren nachfolgenden Klassen informiert waren. Das war deswegen wichtig, weil die Schüler in Arbeitszimmern ihre Hausaufgaben verrichteten, die von den Stubenältesten bis hinunter zu den Sextanern kontrolliert und natürlich auch assistiert wurden. Auch die Freizeitgestaltung wurde dadurch beeinflußt. Schließlich hatten die Stubenältesten eine gewisse Disziplinargewalt, die in der Verordnung von Gartenarbeit in der Freizeit oder an Wochenenden bestand. Eine gelegentlich recht schmerzhafte Maßnahme, wenn damit der Heimaturlaub gesperrt war. Aber die Stimmung in der Schule war gut, was sich insbesondere in den Sportwettkämpfen mit benachbarten Schulen zeigte, und was auch durch die regelmäßigen Konzerte des Schulorchesters offenbar wurde. Der Chor bot Werke des frühen Barock, u. a. Motetten von J. S. Bach, tat sich aber besonderes bei Singspielen mit Orchesterbegleitung hervor. Haydns „Schöpfung", Bruchs „Odyssee", Brahms „Schicksalslied", Schumanns „Zigeunerleben" sind mir in Erinnerung, ebenso wie Klavierkonzerte von Haydn und Mozart, die jeweils vom Schul-Besten vorgetragen wurden. Mit meiner Klassenschwester Elly Müller, einer bildschönen Ostpreußin, die der Schwarm der Schüler aller Altersklassen war, führte ich die „Liebesliederwalzer" von Brahms auf, die mich sozusagen mein ganzes Leben lang begleiteten. Ich habe sie ingesamt fünfmal in wechselnder Besetzung aufgeführt, wobei die Konzerte in den Medizinischen Kliniken in Tübingen und Marburg sowie beim 80. Geburtstag meines Lehrers H. E. Bock zu erwähnen sind. Das letzte Mal war ich mit Profis bei einem Hauskonzert der Heidelberger Akademie tätig. Höhepunkte des Musiklebens an der Auerbacher Schule waren die öffentlichen Abschlußprüfungen der Oberprimaner. Jeder hatte dabei ein Kunstlied zu singen, zu dem die Mitschüler die Klavierbegleitung zu übernehmen hatten. Ich hatte meinen unglücklichen Mitschüler Paul G. zu begleiten, ein sogenannter „Brummer“, der mit viel Mühen und nach endlosen Proben schließlich Franz Schuberts „Am Brunnen vor dem Tore“ darbot. Dabei habe ich mehr geschwitzt als er, denn ich mußte den Klaviersatz um eine Terz tiefer transponieren, um seiner Tonlage gerecht zu werden. Ich selbst versuchte mich als Tenor-Bariton an Richard Wagners „Gebet des Rienzi“, was offensichtlich einen Heiterkeitserfolg hervorrief. Aber zusammen mit dem Ergebnis der Musik- und Harmonielehre und dem Instrumentenspiel reichte es dann doch noch zu einer vorzüglichen Abschlußnote. Als Examensstück wählte ich Präludium und Fuge es-dur aus dem „Wohltemperierten Klavier II“ sowie Johannes Brahms’ Scherzo in es-moll, op. 4. Mein guter Musiklehrer Julius Bergsträsser fragte mich, als ich ihm den Vorschlag unterbreitete, ob ich größenwahnsinnig geworden sei. Aber immerhin hatte ich so viel Spaß an diesem Stück, daß ich es später ebenfalls wiederholt kliniksöffentlich dargeboten habe. Das gilt auch für die Klavierkonzerte B-dur, Nr. 18, KV 456 und G-dur Nr. 17, KV 453 von Mozart. Ich verdanke dem recht strengen Unterricht des Meisters Bergsträsser und meines Lehrers Carl Markus Fleischer ein bleibendes Musikverständnis und viel Freude an der Musik, produktiv und rezeptiv.

Zurückkommend auf das Lehrerkollegium ist festzuhalten, daß es offensichtlich sehr sorgfältig ausgewählt und immer wieder „gefiltert“ wurde. Der Grundstamm waren einige noch aus der Seminarzeit stammende Professoren, an der Spitze Oberstudiendirektor Stübler, ein großartiger Schulmann, gütig, aber streng, und ganz seiner Aufgabe verpflichtet. Er wohnte natürlich im Schulgebäude. Der Unterricht in den biologischen Fächern, in Chemie und Physik war so vorzüglich, daß ich auf der Universität in den vorklinischen Fächern kaum noch etwas hinzulernen mußte. Offenbar hatte der Studienrat die Lehrpläne der Universitäten seinem Unterricht zugrundegelegt. Auch der Unterricht in den Sprachen war erstklassig. Ich verdanke meinen Lehrern nicht nur gründliche grammatikalische Kenntnisse in Englisch und Französisch, sondern auch eine passable Aussprache, die mir später sehr zunutze kam. Natürlich war das gesamte Programm auf Leistung ausgerichtet, und so war es nicht erstaunlich, daß alles sich schließlich um das Abschlussexamen im Abitur drehte. Es hat auch mich so beeindruckt, daß ich noch heute gelegentlich von dieser Prüfung und den Vorbereitungen träume!

Das Lehrprogramm wurde durch die politischen Zeitläufte in meiner Schulzeit praktisch nicht beeinflußt. Der einzige „alte Kämpfer", wie man damals die Altparteigenossen nannte, war der etwas einfältige Turnlehrer E. W., „Männel" genannt, der im Kollegium keine Rolle spielte. Nach der sogenannten Machtübernahme entpuppten sich aber einige Lehrer als „März-Gefallene". Als unangenehmes Beispiel habe ich den Konrektor V., welcher die Fächer Mathematik und Physik unterrichtete, in Erinnerung, der seinen Unterrichtsverpflichtungen kaum nachkam, weil er als Leiter der örtlichen Nationalsozialistischen Volkswohlfahrt wohl viel beschäftigt war. Auch der Geographielehrer F. fiel uns durch seine weltpolitischen Exkursionen auf die Nerven, nach denen sich „das Reich" bis nach Sibirien und nach Persien auszudehnen anschickte. Die beiden Herren waren auch die einzigen, welche in Braunhemd und Breeches zum Unterricht erschienen, sogar bei den morgendlichen Andachten, die wechselweise von den Lehrern abgehalten wurden. Sie wurden durch ein Choralvorspiel auf der Orgel eingeleitet, das sich je nach dem Programm der ersten Unterrichtsstunde durch den Interpreten zeitlich variieren ließ. Allerdings fing ich bei der Gelegenheit eine schallende Ohrfeige ein, als ich den damals bekannten Schlager „Spiel mit mir blinde Kuh" einer Orgelimprovisation zugrunde legte. Die zweite Maulschelle verpaßte mir der Oberstudiendirektor höchstpersönlich, als der von uns gepeinigte Lateinlehrer Gustav M. in seiner Not den „Rex" herbeiholte und ihm berichtete, die Schüler hätten weiße Mäuse im Pult versteckt. Als ich scheinheilig dem Rektor auf Befragen angab, von uns hätte keiner weiße Mäuse gesehen und Herr Dr. M. müsse wohl einer Täuschung zum Opfer gefallen sein, wurde das Verfahren durch die oben genannte Aktion nachhaltig abgekürzt. Das Schulleben spielte sich wohl in der gleichen Weise ab wie es bei Peter Wapnewski in dem Büchlein „Meine Schulzeit im Dritten Reich" trefflich geschildert wurde. Ich zitiere ihn auszugsweise:

„Die Formen des öffentlichen und privaten Lebens müssen sich damals schnell und gewissermaßen unbemerkt gewandelt haben. Der Gewerkschaftler war nun in der Arbeitsfront, der Reichsbanner-Mann in der SA, das Sonntagsmenü wich dem Eintopf. Alle machten mit, zudem gab es noch ein Staatsjugendgesetz. Ein jedes Kind von 10 bis 18 wuchs unter der Obhut der Hitler-Jugend heran. Man wurde 18, machte Abitur, die Fahne rief, man meldete sich – Ehrensache – kriegsfreiwillig, ohne Enthusiasmus, eher mechanisch.

Es gab aber ein Binnenklima der Lebensformen, das hatte mit dem organisierten Jung- und Deutschsein nichts zu tun. Nicht etwa, als ob wir hinter der braunen Fassade Widerstandskämpfer oder Anti-Nazis gewesen wären. Das deutsche Volk hat Hitler gewollt und gewählt, und wie die Alten sungen, so sangen auch die Jungen. Inmitten der hochgemut und vermessenen Geschäftigkeit unserer Organisationshysterie des neuen Staates breiteten sich weite Flächen von Gleichgültigkeit aus, von müder Indifferenz. Siebzig Prozent des Lehrkörpers des alten Gymnasiums verstanden sich als nationalsozialistisch, kamen im Braunhemd in ihre Klasse, waren niedrige Chargen als politische Leiter, erzählten von Krieg und Kriegsgeschrei und bewährten sich im nationalpolitischen Unterricht und in der Rassenkunde. Wunderlicherweise geriet die humanistische Bildung und ihr Lehrplan mit diesem Betrieb nicht in Konflikt. Abituraufsatz: Herrenmenschentum und Sklavenmenschentum in Platons Dialog Gorgias. Von dem einen Viertel der Lehrer waren manche betont indifferent, einige wenige machten keinen Hehl aus ihrer Ablehnung des neuen Staates. Wir Schüler nahmen das zur Kenntnis und beurteilten sie im übrigen danach wie sie eben als „Pauker" waren. Unter den Schülern gab es keine Fanatischen, keine Passionierten, keine heftige Jugend Hitlers. Sie alle machten mit, man gab dem Staat, was dem Staate gebührte oder was er jedenfalls einforderte und war im übrigen privat. Was Widerstand bedeutete, wußten wir nicht, wollten es auch nicht wissen, ahnten es kaum. Was aus ihren jüdischen

Kollegen und Mitbürgern geworden war, das behielten die Eltern schön für sich. 1939 gab es keine kriegsbegeisterte Jugend. Das ist wahr, damals war es schon vielfach vorbei mit der völkischen Begeisterung, und was die Jugend angeht, so war sie im Gegensatz zur offiziellen Lesart früh müde geworden. Hart wie Kruppstahl, zäh wie Leder, schnell wie Windhunde? Dieses Postulat aus der bilderreichen Rhetorik ihres Führers hat meine Jugend müde ignoriert. Wir waren eher lahm. Das war gewiß nicht Widerstand, sondern eher Opposition und Reaktion. Ein merkwürdiges Ensemble: Lehrer mit dem Braunhemd unter dem Bratenrock mit Parteiabzeichen und markigen Reden, Lehrer als SA-Mitglieder und Parteigenossen. Ihre Schüler nahmen das alles träge hin wie naturgegeben und taten ihren Dienst, schicksalsbestimmt. Aus Oppositionsdrang schwärmten wir für Rosita Serrano, für die Big Bands von Jack Hilton, Teddy Staufer oder Will Glahe. Peter Igelhoff sang die Bekenntnismelodie der geduckten Nation: In meiner Badewanne bin ich Kapitän. Gewissermaßen die Banalform eines Credos der inneren Emigration. Mit Bezug auf sexuelle Reize dieser Zeit – man hatte unklare Vorstellungen von dem Glück, das sich mit Weiblichkeit verbinden ließ, wir waren eine langsame Generation. Ob man einer späteren Generation klarmachen konnte, daß es ein Stück persönlicher Bewährung, ja so etwas wie privates Heldentum war, wenn man in den Bäckerladen ging und „Guten Morgen" grüßte, denn an den Ladentüren mahnte den Kunden ein Schild „Trittst du hier als Deutscher ein, soll dein Gruß Heil Hitler sein"? Ein kleiner Held war auch, wer auf der Straße den Hut lüftete, statt – wie aus vielen Gründen bequemer war – den rechten Arm zu recken."

Auch in unserer Schule war der Dienst in der Hitler-Jugend durch das Reichsjugendgesetz für jeden Pflicht. Anfänglich wurden sogar jüdische Mitschüler beteiligt. Sie verschwanden mit ihren Familien kurz nach 1933. Dies gilt auch für die in Falkenstein häufig vertretenen ostjüdischen Familien, die schon frühzeitig emigrierten. Die schon länger eingebürgerten Juden spielten im Gesellschaftsleben der kleinen Stadt eine große Rolle. In Erinnerung habe ich die Besitzer dreier Textilgeschäfte und eines großen Spielwarengeschäftes, welche das kulturelle Leben der kleinen Stadt sehr positiv beeinflußten, insbesondere ein außerordentlich interessantes Konzertwesen ermöglichten. Es wurde vom Lehrer Adler geleitet, der es fertigbrachte, internationale Künstler in diese abgelegene Kleinstadt zu holen, wie Claudio Arrau, Ignaz Friedmann, Jacques Cortot, Lubka Kolessa, Wilhelm Kempff, Wilhelm Backhaus, Artur Schnabel, Rudolf Serkin, das Elly-Ney-Trio, das Strub-Quartett, Ludwig Hoelscher usw. Unter den Sängern erinnere ich mich an Heinrich Schlusnus, Gottlob Frick und Walther Ludwig. Ich durfte einmal beim Elly-Ney-Trio umblättern und erschauerte bei einer ermunternden Kopfnuß durch Elly Ney auf das nachhaltigste. Umblättern kann manchmal schwieriger sein als selbst spielen, was ich später in Heidelberg bei einem Klaviertrio von Ravel, aufgeführt durch das Christoph Henkel-Trio, wieder bestätigt fand.

Doch zurück zum Abitur. Das schriftliche Examen erstreckte sich über eine Woche und begann mit dem deutschen Aufsatz. Arbeitszeit jeweils sieben Stunden. Als Thema war zu bearbeiten „Was hat uns Nathan der Weise heute zu sagen?“ In Französisch war eine Nacherzählung nach Alfred du Musset „Lettre de mon moulin“ zu bewältigen. Latein umfaßte sehr schwierige Texte aus Sueton und Livius. Englisch hatte als Thema „Hero and hero worship von Thomas Carlisle – Beziehungen zur heutigen Gesellschaft“. Nachdem wir uns lange Monate nur mit diesem Thema befaßt hatten, war jedem von uns klar, daß es im Abituraufsatz wieder abzuhandeln wäre. Ich bereitete mich sorgfältig auf dieses Thema vor, schrieb einen Aufsatz als Vorlage und ließ ihn von meinem Vater korrigieren und durch modernes Englisch aus dem „Manchester Guardian“ anreichern, den mein Vater regelmäßig zu lesen pflegte. Der abgelieferte Aufsatz war dann auch ein Volltreffer, so daß im Lehrerkollegium der Verdacht aufkam, ich habe geschummelt. Wie das bei strenger Aufsicht in einer Klasse mit sieben Figuren vonstatten gegangen sein könnte, war freilich sogar dem mißgünstigen Deutschlehrer F. K. ein Rätsel, so daß ich letztendlich mit der ausgezeichneten Note auch ein Lob erhielt. Bei der mündlichen Prüfung, die zur endgültigen Notenfestsetzung diente, zog ich das Fach Geographie, sehr zu meinem Leidwesen, denn mein langjähriger Widersacher Franz K. war der Prüfer. Ich hatte über Wirtschaftsstrukturen in Oberschlesien zu berichten und ging dabei ziemlich ins Detail, wobei ich die Nutzungsflächen des Gebietes auf Punkt und Komma angab. Franz K. bezeichnete dies als glatte Unverschämtheit und wollte zur Tagesordnung übergehen, aber der anwesende Prüfungskommissar aus Dresden befragte mich, woher ich die Zahlen hätte. Ich verwies auf den üblichen „Seydlitz". Ein Mitschüler wurde beauftragt, das Büchlein zu holen. Man schlug die entsprechende Seite auf und fand ganz andere Zahlen! Süffisantes Lächeln des Herrn Studienrates, das ihm aber bald verging, als ich bat, meine eigene Ausgabe holen zu dürfen, die ich zur Vorbereitung benutzt hatte. Das erklärte die Diskrepanz, und ich ging jedenfalls als Sieger durchs Ziel. K. hat mir dies offenbar nicht verziehen. Als wir uns verabschiedeten, fragte er nach den Berufszielen, und als ich angab, Arzt werden zu wollen, entließ er mich mit den Worten, daß mir dazu wohl die intellektuelle als auch die geistige Befähigung fehle.

Mit dem Lehrerkollegium hielt ich über lange Jahrzehnte gute Verbindung, insbesondere mit den Lehrern in Religion, Religionsphilosophie, in Musik und in Zeichnen, obwohl ich auf diesem Gebiet Miserables bot. Die Verbindung riß leider mit dem Lehrer in Englisch und Französisch, dem Studienrat, ab, der als Frontoffizier des 1. Weltkrieges vor Repressalien und Verfolgung verschont blieb, obwohl sein Ahnenpaß, wie ich nach dem Kriege hörte, nicht den Nürnberger Rassengesetzen entsprochen habe. Das war wohl auch im Lehrerkollegium bekannt, nicht aber den Schülern.

Übrigens wurde der oben genannte NSV-Kreisleiter nach 1945 aktives Mitglied der SED, bei der ja so mancher Genosse der NSDAP und ihrer Gliederungen unterkam. Das Schulleben wurde durch die Hitler-Jugend kaum beeinträchtigt, mit Ausnahme der nun freien Samstage, die als sogenannte Staatsjugendtage gestaltet wurden, meistens mit Geländespielen, Sandkastenunterricht und weiterem vormilitärischem Klimbim. Das Ganze hatte aber eine ernste Seite, denn eines Tages wurden Schüler der drei Oberklassen zu Wehrsportkursen nach Jüterbog einberufen, die über acht Wochen im alten Lager der Artillerieschule Jüterbog stattfanden. Dort wurden wir nach Strich und Faden von Unteroffizieren der Glatzer Gebirgsjäger ausgebildet. Wir wurden derartig „fertiggemacht“, daß wir abends todmüde in die Betten wankten. Drei unglückliche Jünglinge versuchten sogar Suizid zu unternehmen. Leiter der Schule war der spätere Generalfeldmarschall, damaliger Oberstleutnant Model, welcher die deutsche Westfront im Ruhrgebiet bis zum Zusammenbruch befehligte. Kompaniechef war ein unerbittlicher „Schleifer“ Feldwebel Schirmer, der später als General der Gebirgsjäger mit höchsten Orden ausgezeichnet wurde. Die damaligen Lehrgangsteilnehmer wurden allesamt nach dem Abitur als Offiziersanwärter eingezogen, wobei die meisten sich freiwillig zum Heerdienst meldeten. Der Blutzoll unter diesen Jungen war ungewöhnlich hoch. Ich wurde ausgemustert, da ich in der Unter- und Oberprima die ersten Rezidive einer rheumatischen Herzmuskelentzündung durchgemacht hatte und unter erheblichen Herzrhythmusstörungen litt, die auch der dämlichste Sanitätsgefreite und ignoranteste Musterungsarzt feststellen konnten. Ich wurde dann aber zum Arbeitsdienst gezogen, wo wir in der Lausitz mit Drainierungsarbeiten beschäftigt waren. Dabei kam es zum dritten Rezidiv mit monatelangem Lazarettaufenthalt, so daß ich schließlich wiederum ins Zivilleben zurückkehrte und mein Studium in Jena aufnahm.

Studienjahre in Jena

Den Wunsch meines Vaters, Theologie zu studieren, lehnte ich kategorisch ab. Auch der zweite Vorschlag, das Studium der Wirtschaftswissenschaften, wurde nicht akzeptiert. Ausschlaggebend für das Medizinstudium war das persönliche Beispiel unseres Hausarztes Dr. Georg Pröschel, eines gebürtigen Unterfranken, der mich zweimal mit einer schweren eitrigen Tonsillitis mit nachfolgender Myokarditis und Perikarditis behandelte. Bei mir stellte er zwar die später offenbare Fehldiagnose Diphtherie, aber sein persönlicher Einsatz am Krankenbett und der Ruf, den er sich in unserer Gemeinde erworben hatte, waren für mich entscheidend, Arzt zu werden. Dieser Entschluß drohte zu scheitern, da der Vater eines Medizinstudenten meinem alten Herrn Schreckensvorstellungen über die Kosten des Medizinstudiums darlegte. Offenbar hatte der junge Kollege daheim Dinge in Rechnung gestellt, die praktisch nicht existierten. Hilfreich, geradezu entscheidend, war in dieser Situation der Rat eines in unsere Kleinstadt versetzten Dresdner Philologen, welcher lange Jahre in der Notgemeinschaft der Deutschen Wissenschaften mitgearbeitet hatte. Er bestärkte mich in dem Entschluß, das Medizinstudium aufzunehmen. Er argumentierte, wer fleißig und zielstrebig ist, habe keine Schwierigkeiten, sein Studium zu finanzieren. Dies bewahrheitete sich in der Folgezeit, und ich kam mit dem 90,00 Reichs-Mark- Monatswechsel von daheim, natürlich nur während der Studienzeit von sieben Monaten im Jahr zu zahlen, immer ganz gut aus, indem ich durch Fleißprüfungen und durch gut honoriertes Klavierspiel bei verschiedenen geselligen Veranstaltungen ein gutes

Zubrot hatte. Nach Absolvierung von Fleißprüfungen wurde überdies damals die Studiengebühr erlassen. Zusätzlich verdiente ich mir ein paar Mark durch Hilfsdemonstrationen in der Anatomie, speziell auf dem Präparierboden und in der Histologie. Auch paukte ich einige arabischen Studenten, die damals in Jena reichlich vertreten waren, für Testate und Zwischenprüfungen ein. Diese Zwischenprüfungen wurden sehr ernst genommen, auch die ärztlichen Vorprüfungen. Vor-Physikum und Physikum hatten in Friedenszeiten eine hohe Ausfallsquote. Selbst die möglichen Wiederholungsprüfungen und im seltenen Falle ein sogenannter „Ministerschwanz", der vom Minister persönlich zu bewilligenden erneuten Nachprüfung, beendeten nicht selten die studentische Karriere. Bewirkt wurde dies durch engagierte Prüfer und durch die relativ kleine Studentenzahl. In Jena gab es pro Semester zwischen 40 und 50 Medizinstudenten. Mit dem Beginn des Frankreich-Feldzuges änderte sich der Prüfungsmodus. Die Prüfer waren offensichtlich angehalten, möglichst viele Kandidaten der Medizin für den Kriegsdienst „durchkommen" zu lassen. Ich selbst gehörte dazu, als ich bei noch nicht abgeschlossenen Vorbereitungen im Fach Physiologie eine „Gnaden-Drei" erhielt. Da der Unterricht in physiologischer Chemie erbärmlich war, hatte ich während der ersten Jahre meiner wissenschaftlichen Tätigkeit enorm viel nachzuholen. Dabei waren parteipolitisch begründete Besetzungen – wie in der Physiologischen Chemie – im Jenenser Lehrkörper zunächst recht selten. Die Vorklinische und Klinische Fakultät waren intakt und zeichneten sich durch einen hohen Standard aus. Anatomie wurde durch Professor Böker gelehrt, der sich offensichtlich der neuen politischen Richtung nicht anpaßte und durch den Kölner Professor Spanner ersetzt wurde; politisch ein unbeschriebenes Blatt. Auch er gab einen glänzenden Unterricht. Die Physiologie wurde durch Emil Ritter von Skramlik hervorragend vertreten, die Zoologie durch den weltbekannten Häckel-Schüler Harms, von dem übrigens die Idee der künstlichen Gewinnung von Perlen durch inseminierte Muscheln stammt. Die Japaner haben bekanntlich damit ihre weltweiten Geschäfte gemacht. Die Botanik vertrat Renner, die Physik

Kulenkampff und die Chemie Siewert, dessen Persönlichkeit mir den größten Eindruck machte. Seine aristokratische Erscheinung, sein glänzender Vortrag, sein sorgfältig vorbereitetes Praktikum, darüber hinaus sein großartiges Klavierspiel, machten ihn zum Idealbild eines deutschen Professors. Er wurde durch den eher robusten Professor E. Müller, den „Pröbchen-Müller", gut ergänzt. Nach dem Physikum wurden die meisten der Studenten zum Wehrdienst eingezogen. Ich begann das klinische Studium, da ich noch immer nach überstandener Myokarditis wehruntauglich war, ebenfalls in Jena. In meinen beiden ersten klinischen Semestern lernten wir nur die Vertreter der Hauptfächer kennen. Auch die klinische Fakultät war mit Koryphäen besetzt, z. B. die Chirurgie mit dem imposanten Bergmann-Schüler Ernst Nikola Guleke. Hochangesehen waren der Oto-Rhinologe Zange, der Begründer einer berühmten Ordinarienschule, der Polikliniker Lommel und der Patho-Anatom Gerlach, der einzige aktive Nationalsozialist, so weit uns dies in den ersten klinischen Studienjahren bekannt wurde. Er gab seinen Lehrstuhl auf, um in den diplomatischen Dienst einzutreten, wobei ihm die Zugehörigkeit zur SS offenbar sehr zustatten kam. Er wurde durch einen großartigen Gelehrten, Walter Fischer, abgelöst, der aus Fernost nach Jena berufen wurde. Der Dermatologe Hämel hat im braunen Thüringen maches Unheil verhütet. So bewahrte er Angehörige der von ihm geführten Studentenkompanie, welche bei einem Mensafest eine Hitlerbüste in der Toilette zertrümmert hatten, vor schweren Repressionen. Er wies den Untersuchungsrichtern nach, daß diese Studenten zum fraglichen Zeitpunkt Wachdienst in der Studentenkompanie gehabt hatten. Leider versagte diese Schutzmaßnahme bei einigen Studenten, die in alkoholisiertem Zustand des Wahrzeichen der Universitätsstadt Jena, das Denkmal des Gründers Johann Friedrich „Hanfried" genannt, unter Absingen von Spottliedern umkreisten und schließlich ein Plakat auf dessen Speerspitze aufspießten, mit der Feststellung: „Er raucht nicht, er trinkt nicht, er astelt". Der damalige Rektor Astel, eine Schande seiner Zunft, ruhte nicht, bis er die Namen erfahren hatte. Die Unglücklichen wurden in eine Strafkompanie an die Ostfront versetzt und kamen bei Minenräumaktionen ums Leben. Astel als Rassenbiologe war zweifellos verantwortlich für die gerade in Thüringen beginnenden „Sonderbehandlungen“ der sogenannten Geisteskranken, d. h. für ihre Ermordung. Gegen die anlaufenden Aktionen machte der weltberühmte Psychiater Berger Front, ein ärztlich und wissenschaftlich bedeutender Universitätslehrer, welcher die Elektroenzephalographie als wichtige diagnostische Maßnahme entwickelte. Er wurde durch seinen Schüler Lemcke ersetzt, der sich energisch gegen die Astelschen Machenschaften einsetzte, aber letzten Endes von den Entscheidungen der Reichsregierung und der Parteigremien kaltgestellt wurde. Hämel übernahm nach dem Zusammenbruch das Rektorat in Jena und hat über lange Jahre Schlimmes verhütet, ehe er sich dann in den Westen absetzte und an die Universität Heidelberg berufen wurde. Ich habe noch eine Zeit mit ihm in der gleichen Fakultät verbracht und habe die bei uns weithin unbekannten Leistungen dieses großartigen Mannes bekannt gemacht. Ich habe ihm bei seiner schweren, zum Tode führen Krankheit beistehen können. Dies galt übrigens auch für den nach Jena übergesiedelten Zoologen Harms und seine hochgeschätzte Ehefrau.

Die Innere Medizin war mit Wolfgang Veil, einem temperamentvollen, eigenwilligen und in Sachen radikaler Zahn-Herdsanierung unerbittlichen Elsässer besetzt. Er hatte einen höchst imposanten Redestil, was ihm den Spitznamen „Bombastus“ einbrachte. Seine beiden Oberärzte prägten die deutsche Nachkriegsmedizin nachhaltig. Ludwig Heilmeyer sammelte tüchtige Studenten und Doktoranden um sich, die ihm später nach Freiburg nachfolgten, und die in der berühmten Freiburger Gelehrtenschule eine wesentliche Rolle spielten. Alexander Sturm, Verfasser eines hochgeschätzten Lehrbuches der medizinischen Propädeutik, hat sich als späterer Chefarzt in Wuppertal und als Präsident der Deutschen Gesellschaft für Innere Medizin einen Namen gemacht. Er hat sich vor allem um die Bedeutung der sogenannten Herdinfektionen als vielfältige Krankheitsursache gekümmert. In Jena selbst wurden die Veilschen Grundprinzipien der Herdsanierung sicher übertrieben. Hekatomben von tatsächlich oder vermeintlich beherdeten

Zähnen wurden bei jeder Art krankhafter Störungen geopfert, und jede therapeutische Prozedur wurde mit der Mandelausschälung eingeleitet. Leider wurde diese bei mir relativ spät durchgeführt, veranlaßt durch einen jungen Truppenarzt aus der Veilschen Schule, der mir dadurch sicher erneute Rezidive des rheumatischen Fiebers ersparte. Die Operation wurde angeordnet, nachdem ich, inzwischen zur Luftwaffe eingezogen, wiederum an einer Myokarditis und Endokarditis erkrankte. Von einem Feldflughafen, wo die Grundausbildung stattfand, wurde ich in ein Cottbusser Spital eingeliefert, wo ich fünf Monate darniederlag. Dieses Krankenhaus wurde durch den späteren Jenenser Ordinarius Brednow geleitet, einen künstlerisch und philosophisch gebildeten Gelehrten, der mir trotz Intervention des Stationsarztes Pohl und des Oberarztes Wesemeier, die mir später manchen Patienten zur klinischen Behandlung nach Heidelberg schickten, ziemlich brutal beibrachte, daß mit einer Genesung nicht zu rechnen sei: „Prognosis pessima wegen fortschreitender Destruktion der Mitral- und Aortenklappen." Ich machte mich durch das im Stationszimmer stehende Lehrbuch der Inneren Medizin von Domarus kundig und mußte mir ausrechnen, daß mir offenbar nur eine kurze Lebensspanne blieb. Auch der beeindruckende Besuch des beratenden Internisten und Generalarztes Professor Siebeck, dem ich später als neuer Ordinarius in Heidelberg meine Aufwartung machte, ließ nach sorgfältiger Auskultation eine recht bedenkliche Miene erkennen. Ich habe aus diesen Begegnungen sehr viel für meine spätere ärztliche Tätigkeit, aber auch für meine konsiliarische Tätigkeit gelernt. Vor jeder Äußerung am Krankenbett soll man sich überlegen, in welcher Situation der Patient ist, und wie er mit den Aussagen und Gesten seiner Ärzte zurechtkommt. Beim Massenbetrieb eines Militärhospitals sind solche Überlegungen freilich zu kurz gekommen.

Immerhin kam ich noch einmal davon, wurde mit einem kombinierten Mitral- und Aortenfehler aus der Luftwaffe entlassen, vorher aber noch zu einer sechswöchigen Kur in das „Herzheilbad Altheide" nach Schlesien geschickt. Dort wurde ich mit kohlensauren Sprudelbädern traktiert, die mir schlecht bekamen und die meine sehr lästigen Herzrhythmusstörungen erwartungsgemäß verschlechterten. Schließlich half mir ein junger Truppenarzt, der mir konsequent Pyramidon verordnete, und damit den wohl noch schwelenden Entzündungsprozess unter Kontrolle brachte. Da ich Salizylsäure nicht vertrug, wurde Pyramidon bei mir zum wirksamen Heilmittel. Auch bei dem schwersten Rezidiv einer Pankarditis im Jahre 1947 erwies sich Pyramidon als wirksam. Da dieses inzwischen wegen der Nebenwirkungen auf das weiße Blutbild aus der Pharmakopöe gestrichen wurde, mag dies als Hinweis dafür gelten, daß es nützliche Medikamente gibt, auf die man nicht verzichten sollte, auch wenn Nebenwirkungen bekannt sind. Viele der medikamentösen Neuentwicklungen und Neueinführungen haben gerade in den ersten Jahren unerkannte Nebenwirkungen, die sich erst im Laufe der Zeit herausstellen. Mein verehrter Kollege Plügge, der Direktor der Medizinischen Universitäts-Poliklinik in Heidelberg, machte mir dies am Beispiel der Schlafmittel eindrucksvoll deutlich. Doch zurück zur „Studentenzeit in Jena".

Die Turnerschaft Normannia war ursprünglich von Pharmazeuten gegründet worden, öffnete sich dann aber für alle Fakultäten. Seit der Gründung in den 90er Jahren des letzten Jahrhunderts kamen ihre Mitglieder etwa zur Hälfte aus Nord- und aus Mitteldeutschland. Jena wurde bevorzugt von Friesen, Bremern und von Mecklenburgern. Das süddeutsche Element war kaum vertreten. Bekannt ist der Spruch von Fritz Reuter „Mein Sohn, ich würde doch nach Jena gehen". Die Thüringer hatten ein deutliches Übergewicht über die Sachsen. Alle Korporationen wurden 1936 aufgelöst. Der Altherren-Verbandsvorsitzende, Dr. Paul Koch aus Nordhausen, leitete die Übergabeverhandlungen mit dem NS-Studentenbund und war insbesondere an der Namensfindung der neuen Kameradschaft „Hermann von Salza" beteiligt. Waren die Kameradschaften wohl für die politische Schulung und Kontrolle der Studentenschaft vorgesehen, so zeigte sich bald, daß die politische Motivation äußerst gering war. Bis zum Frankreich-Feldzug konnte man noch eine nationale Begeisterung, wie in der Öffentlichkeit fast durchweg vorhanden, registrieren. Als die Kriegsteilnehmer, die altgedienten Feldwebel und die jungen Offiziere, in diese Kameradschaft eintraten, war in Jena nahezu allgemein eine deutliche Distanz zum Regime festzustellen. Natürlich gab es Ausnahmen, die treu die Programme der politischen Schulungen mit dem Akzent Ostpolitik erfüllten, aber die Masse, insbesondere der Philologen, der Theologen, der Juristen und der Pharmazeuten ließ jegliche Begeisterung für den NS-Studentenbund vermissen. Die Mediziner waren meist gute Sportler, speziell Säbelfechter, politisch aber zur Studentenführung distanziert. Als einziger Zivilist wurde ich mit Aufgaben des Sozialdienstes betraut. Sogenannte Schulungs- und Informationswochenenden wurden bald eingestellt, da insbesondere die gedienten Soldaten heftig opponierten. Immer deutlicher wurde von diesen eine düstere Zukunft vorausgesagt, denn entweder der Angriff auf England oder jener auf Russland, den nahezu alle für beschlossen ansahen, mußte zur Katastrophe führen. So hatten dann auch die Studentenjahrgänge 1936 bis 1939 einen außerordentlich hohen Blutzoll zu entrichten. Am besten waren noch die Mediziner dran, weil sie ihr Studium, meist als Angehörige der Studentenkompanien, beenden konnten. Doch gegen Ende des Krieges in Rußland wurden auch sie in den Strudel des Unterganges gerissen. Offenen Widerstand gab es m. W. von seiten der Jenenser nicht, ich habe aber auch keinen fanatischen Nazi in Erinnerung, wenn man von den Führern der örtlichen Studentenschaft absah, welche sich meistens nicht aus den Jenenser Kameradschaften rekrutierten, sondern von anderen Universitäten delegiert waren. Bis in die ersten Kriegsjahre hinein dienten die Kameradschaften dem geselligen Beisammensein, das lediglich durch Landdienst unterbrochen wurde. Man traf sich regelmäßig auf dem Haus, nahm die Hauptmahlzeiten gemeinsam ein, versammelte sich frühmorgens auf dem Paukboden zum Sportfechten unter der strengen Leitung des Universitäts-Fechtlehrers Hofmann. Dieser bestrafte jede Nachlässigkeit in der Deckung mit empfindlichen Hieben. Die alten Herren, durchweg noch der unbedingten Satisfaction und dem Schlägerfechten verpflichtet, konnten dieser Art Sportfechten nichts abgewinnen. Aber allmählich setzten sich die alten studentischen Umgangsformen durch, auf den Kneipen, beim sogenannten Landesvater usw. Die Musikabende, die Teestunden und die Tanzfeste auf dem Normannenhaus, Hausfeste bei unseren „Damen“, Schülerinnen der Jenenser Mädchenschulen, gehörten zu den schönen Abwechslungen eines im ganzen unbeschwerten Studiums.

Die Tätigkeit in den Kameradschaften des NS-Studentenbundes lief etwa so ab, wie es Joachim Fest in der Broschüre „Meine Schulzeit im Dritten Reich“ für den HJ-Dienst schilderte. Die spöttische Distanz nahm mit den Kriegsjahren zu.

Nach Abschluss des Krieges versuchten einige Kameradschaftsangehörige in Erlangen als Gast einer anderen Korporation die Tradition der „alten Normannen“ wieder aufzunehmen, aber ich konnte mich nach zwei Besuchen in Erlangen dafür nicht mehr erwärmen. Die Freundschaft mit einigen Jenenser Bundesbrüdern hat bis heute gehalten, insbesondere mit den Medizinern.Das Normannenhaus wurde nach dem Kriege von der SED beschlagnahmt und diente als Kindertagesstätte.

Das Jena der letzten Vorkriegsjahre war alles andere als eine idyllische kleine Universität. Die in Jena angesiedelte weltweit anerkannte Großindustrie Zeiss und Schott, die Lage Jenas an der Eisenbahnlinie München-Berlin, ermöglichten ein äußerst lebhaftes kulturelles Leben, insbesondere auf dem Gebiete der Musik. Die Volkshauskonzerte mit weltberühmten Instrumentalsolisten und ausgezeichneten Orchestern Europas, von den Berliner Philharmonikern, den Münchener Philharmonikern bis zum Concertgebouw-Orchester, dem Gewandhaus Leipzig, der Sächsischen Staatskapelle Dresden und den Wiener Philharmonikern, vermittelten künstlerische Erlebnisse ungewöhnlichen Ausmaßes. Das Nationaltheater im nahegelegenen Weimar war ein Zentrum deutscher Schauspielkunst. Wir Studenten genossen diese Möglichkeiten in vollen Zügen, zumal Freikarten für Studenten reichlich ausgegeben wurden.

Rückblickend möchte ich die Jahre auf dem Normannenhaus nicht missen. Die Kontakte zwischen den einzelnen Fakultäten vermittelten mehr Ideen zur Universitas literarum, als dies durch Gemeinschaftsvorlesungen möglich war. Unsere Jahrgänge hatten die Zerrissenheit und die politische Ohnmacht Deutschlands als Schüler miterlebt und erwarteten vom neuen Regime einen Aufstieg der Nation, wie er ja auch von vielen Politikern auf internationaler Ebene erhofft wurde. Liest man die Äußerungen maßgeblicher Wissenschaftler und Ärzte aus den Jahren 1933 bis 1936, so war von einer strikten Ablehnung und Bekämpfung des NS-Regimes selten die Rede. Churchill mit seinem tiefen Mißtrauen gegen die Deutschen äußerte noch 1935, er könne nicht sicher voraussagen, ob Hitler einer der Großen der Weltgeschichte würde. Und wer die Olympischen Spiele in Berlin 1936 mitmachte, war vom „Aufbruch einer Nation" geblendet. Man soll nicht vergessen, daß noch zu jenen Zeiten durch begrenzte und wenig aufwendige Aktionen der späteren Alliierten der ganze Hitler-Spuk hätte beendet werden können. 1935 bei der militärischen Rheinlandbesetzung durch Hitler wurden offenbar die entscheidenden Schritte versäumt, aber rückblickend habe ich den Eindruck, daß gerade jene Alliierten die schweren Fehler des Versailler Vertrages eingesehen hatten und in einem starken Deutschland ein Bollwerk gegen die nach wie vor bestehende Gefahr durch das bolschewistische Rußland sahen. Wer die Eröffnungsansprachen berühmter Wissenschaftler und Ärzte bei den jährlichen Fachkongressen dieser ersten Jahre des „Tausendjährigen Reiches" liest, wird überwiegend den bejahenden, gelegentlich sogar enthusiastischen Geist registrieren können, von Gelehrten, die alles andere als in der Wolle gefärbte Nazis waren, und die sich in den folgenden Jahren vom Regime abwandten und es sogar aktiv bekämpften. Offenbar bestanden regionäre Unterschiede auch in der Studentenschaft, denn in den süddeutschen und westfälischen Korporationen machten sich schon frühzeitig passive Resistenz und aktiver Widerstand bemerkbar. Ich kann nur aus meiner Studentenzeit in Jena, Leipzig und Wien urteilen. In den beiden Wiener Semestern, die ich nach der Entlassung aus der Luftwaffe als sogenannter freier Student verbrachte, war von aktiver Resistenz nichts zu spüren. Die politische Motivation durch die Nazis war unter den Studenten spärlich. Auch in den Tübinger Studentenjahren war davon nichts wahrzunehmen, wobei zu berücksichtigen ist, daß nahezu alle Studenten den Organisationen der Wehrmacht angehörten und somit politisch ausgeschaltet waren.

Nach dem Physikum meldete ich mich „natürlich“ freiwillig und wurde zur Luftwaffe eingezogen. In der Grundausbildung auf einem Feldflughafen erkrankte ich erneut und wurde von einer sog. A + E Stelle in Leipzig entlassen. Ich setzte dann das klinische Studium in Leipzig fort.

Klinisches Studium in Leipzig

Leipzig machte im Jahre 1940 noch einen sehr geschäftigen Eindruck. Es wurde überall fleißig gearbeitet. Das kulturelle Leben war bemerkenswert, das Studium verlief geradezu friedensmäßig. Die meisten Mediziner waren in den Studentenkompanien von Heer und Luftwaffe zusammengefaßt und konnten ihren Studien ungestört nachgehen. Die Leipziger Medizinische Fakultät gehörte damals zur absoluten Spitze. Die Vorlesungen des Pathologen Werner Hueck waren, ebenso wie die Pathologisch-anatomischen Demonstrationskurse von Heinrich Bredt, dem späteren Mainzer Ordinarius, von höchster Klasse. In der Inneren Medizin war Max Bürger ein begeisternder Lehrer und origineller Wissenschaftler, der seiner 750 Betten-Klinik als strenger Chef vorstand. Der alte Payr als Vertreter der berühmten österreichischen Chirurgenschule war ein höchst origineller Lehrer. Er wurde dann von Rieder abgelöst, einem strengen, aber eher etwas nervösen Typ. Payr wurde wiederholt vom Dienst suspendiert wegen abfälliger Bemerkungen über das Regime. So stellte er eines Tages im Kolleg einen Kretin vor mit der Bemerkung, der arme Idiot könne nur Papa, Mama und Heil Hitler sagen. Payr wurde sofort suspendiert, kam wieder und mußte bald darauf wieder aufhören, weil er bei einer im Kolleg vorgenommenen rektalen Untersuchung äußerte: „Alsdann gemma hinein ins braune Haus“. Humor war offensichtlich nicht Sache der Parteigewaltigen. Ein gutes Kolleg las der Polikliniker Max Hochrein, von dem man sagte, daß er den Gauleiter Mutschmann, König Mu genannt, auf schweren Säbel forderte, weil er über eine Dame seiner Begleitung spöttische Bemerkungen gemacht habe. Hochrein kam aber im übrigen mit den Parteigewaltigen gut zurecht. Im Schutz der großen Leipziger Medizinischen Klinik konnten auch gefährdete Wissenschaftler, wie Karl Matthes arbeiten, der später die Kliniken in Erlangen und Heidelberg führte und eine eigene Internistenschule aufbaute. Robert Schröder war ein international anerkannter Gynäkologe, Johannes Gross ein glänzender, als Prüfer gefürchteter Pharmakologe, Spitthoff ein kenntnisreicher, erfahrener Dermatologe, Schede ein origineller Orthopäde, Jess ein meisterhafter Ophthalmologe.

Wir Studenten hatten gute Kontakte zu den Oberärzten, von denen die meisten später große Krankenhäuser oder Ordinariate übernahmen. Eines der besten Kollegs, das ich je hörte, war das des Pädiaters Catel, der eine ausgezeichnete Differentialdiagnose der gesamten Inneren Medizin las. Sein Kolleg war bestens besucht. Nach dem Kriege bekam Catel erhebliche politische Schwierigkeiten wegen nazistischer Aktivitäten, die uns als Studenten nicht bewußt waren.

Die Hauptkollegs wurden selbstverständlich von den Ordinarien gehalten, welche die Patienten vorstellten und diagnostische und therapeutische Maßnahmen begründeten. Mit Zittern und Zagen stellten sich die Studenten dem Praktizieren im großen Hörsaal, denn es gab keine Vorinformationen. Max Bürger konnte recht ungnädig reagieren, wenn der Praktikant zu oft „passen" mußte oder Unsinn verzapfte. Das führte dazu, daß man für das Praktikanden-Kolleg fleißig arbeitete. Ein besonders cleverer Kollege gestand später, daß er sich die Diagnosen der vorzustellenden Patienten vorher durch den Pfleger vom Hörsaldienst beschaffte.

Das Leipziger Semester brachte mir großartige künstlerische Erlebnisse, zum Beispiel im Gewandhaus, in der Oper, im Schauspielhaus und in der Thomas-Kirche. Die Motetten der Thomaner, die Orgelkonzerte von Straube und Ramin haben eine große Gemeinde zutiefst ergriffen. All das hörte mit der Bombardierung Leipzigs auf. Die armen Studenten, die im Inferno der Bombardements noch in Leipzig waren, hatten unverhältnismäßig große Verluste zu beklagen, da sie als Hilfsmannschaften bei Rettungsaktionen im Feuersturm der Bomben eingesetzt waren.

Ende der 80er Jahre suchte ich mit Paul Schölmerich und Angehörigen der Studentenkompanie der Luftwaffe das alte Klinikum auf. Wir waren über den Verfall der Bausubstanz der Kliniken und Institute, den katastrophalen Zustand der Straßen, aber auch der Labors und Übungssäle entsetzt. Bedrückt registrierten wir die Durchsetzung der Fakultät mit bewährten SED-Genossen. Der Bürgersche Lehrstuhl wurde mit einem unfähigen und menschlich kläglichen Typ besetzt. Daß darunter Kollegen wie Studenten, aber auch das Klinikspersonal und nicht zuletzt die Patienten litten, wurde nach der Auflösung der DDR deutlich.

Studium in Wien

Mit meinem Jenenser Studienfreund Peter Pots aus Ostfriesland wechselte ich dann nach Wien. Peter ließ sich zur dortigen Studentenkompanie versetzen. Wir fanden ein hübsches Zimmer in der Josefsstadt und wurden von einer besorgten Wirtin köstlich bemuttert. Sie war über unsere Stundenpläne bestens orientiert und sorgte dafür, daß wir pünktlich in die Kollegs gingen. Die Weckzeremonie verlief nach strengen Regeln: 06.30 Uhr wurden die Kleider zum Putzen aus dem Zimmer geholt, 06.40 Uhr wurde warmes Wasser zum Rasieren gebracht und sanft zum Aufstehen gemahnt. Nach weiteren fünf Minuten erfolgte der zweite Weckruf. Wurde er nicht beachtet, so trieb sie uns aus den Betten mit der Drohung, nun mit einem nassen „Fetzerl", d. h. Waschlappen anzurücken. Nach dem üblichen Feigenkaffee wanderten wir dann, wie Mutter Grunert befahl, zum „Eppinger". Auch die Wiener Fakultät war glänzend. In den Hauptfächern gab es jeweils zwei Ordinarien, und darüber hinaus beteiligten sich auch die erfahrenen Primarien an den Vorlesungen. Das gynäkologische Ordinariengespann Amreich/Weibel, das Chirurgenpaar Denk/Schönbauer, die Internisten Jagic/Eppinger hatten jeweils ihre Stammhörerschaft. In den großen Kliniken arbeiteten hochqualifizierte Oberärzte. In Erinnerung habe ich noch den Gynäkologen Navratil, die Ophthalmologen Meller und Boeck, die Internisten Beigelböck und Popper. Interessante Persönlichkeiten waren der Pädiater Hamburger, der Patho-Anatom Chiari, der Kieferspezialist Pichler und der Psychiater Pötzl als Nachfolger des weltberühmten Wagner-Jauregg.

Die Wiener Schule beherrschte die ganze Medizin Osteuropas und des Balkans und zog viele Orientalen an. Ein Wort möchte ich noch zu den beiden Internisten sagen. Jagic war ein glänzender Didakt, dessen Vorlesung ganz von praktischen Belangen bestimmt war. Eppinger, ein eher langweiliger Redner, brachte in seinem Hauptkolleg und in seiner „Pathophysiologie" oft die Ergebnisse seiner eigenen Forschungen, insbesondere auf dem Gebiete der Hepatologie. Die in der Vorlesung vorgenommene Leberpunktion eines Patienten, die sich später überall durchsetzte, ließ uns schaudern. Das Eppingersche Kolleg war anspruchsvoll und daher schlecht besucht. Es waren eigentlich immer nur die ersten Reihen des Hörsaales besetzt, ganz im Gegenteil zur Vorlesung Jagic und den anderen klinischen Vorlesungen. Übrigens mußte die gesamte Assistentenschaft einschließlich der Oberärzte bei den Kollegs die Chefs zugegen sein. Dem Aufbau einer Gelehrtenschule kam dies sicher sehr zustatten. Eppinger war ein sehr geschätzter Konsiliarius, der z. B. beim plötzlichen unterwarteten Tod von König Boris von Bulgarien zugezogen wurde. Wegen Hunger- und Durstversuchen, die er an Zigeunern vornahm, sollte Eppinger vor das Nürnberger Tribunal gestellt werden. Dem kam er durch Freitod zuvor. Stellvertretend für den Chef mußte sein Oberarzt Beigelböck nach Nürnberg. Überdies hat Eppinger das Verdienst, seine jüdischen Mitarbeiter frühzeitig gewarnt und ihnen zur Flucht verholfen zu haben. Prominente Gelehrte waren Hans Popper, David Adlersberg und Adolf Brunner.

Die klinischen Ordinarien waren nahezu alle als Ärzte, teilweise im Generalarztrang, zum Militärdienst gezogen, konnten aber ihre klinische Tätigkeit voll ausüben. Eine Episode, die den ganzen Wahnsinn des Endkampfes darstellt, möchte ich schildern. Beim Angriff großer Geschwader von amerikanischen fliegenden Festungen wurden 1945 die noch vorhandenen Jagdflieger eingesetzt, deren Maschinen der geballten Feuerkraft der fliegenden Festungen weit unterlegen waren. Der höchstdekorierte deutsche Jagdflieger Günter Rall wies auf die völlige Sinnlosigkeit derartiger Einsätze hin und wurde daraufhin von einem SS-Kommando wegen „Feigheit vor dem Feind" belangt und zum Start gezwungen. Nachdem er eine fliegende Festung abgeschossen hatte, wurde er von der Feuerkraft des Geschwaders erfaßt, mußte aussteigen und wurde am Fallschirm hängend schwer verletzt. Mit Durchschuß beider Oberschenkel wurde er in die Universitätsklinik Wien eingewiesen, wo ihn Prof. Schönbauer versorgte und eingipsen ließ. Das SS-Rollkommando verlangte seine Auslieferung zum Zwecke der Exekution. Günter Rall hatte bis zu diesem Zeitpunkt nahezu 500 feindliche Maschinen, fast ausschließlich westlicher Provenienz, abgeschossen. Schönbauer verweigerte die Herausgabe mit dem Bemerken, erst wird der Patient gesundgemacht, ehe er überstellt werden kann. Schönbauer veranlaßte dann den Transport des Verwundeten in sein Landhaus auf der Rax und gab ihm seine Privatschwester zur Pflege mit. Die beiden haben dann geheiratet und gehörten zu späteren Freunden in der Heidelberger Zeit. Die brave Ehefrau, Dr. Herta Rall, lange Jahre Schulärztin auf Schloß Salem, starb vor wenigen Jahren an progressiver Muskeldystrophie. Sie war eine famose, warmherzige und charmante Frau.

Auch in Wien blühte damals noch das kulturelle Leben. Die Oper, das Burgtheater, das Theater in der Josefsstadt, das Akademietheater, das Theater an der Wien und die Volksoper haben wir Studenten fleißig frequentiert, zumal die Angehörigen der Studentenkompanie und die Kriegsversehrten immer Eintrittskarten erhielten. Gelegentlich wurden wir als „Theaterärzte“ herangezogen. Gottlob wurde ich bei solchen Einsätzen vor schwierigen Vorkommnissen bewahrt. Von Wien aus haben wir zweimal in Kärnten am damaligen Gaukrankenhaus in Klagenfurt famuliert. Der medizinische Gewinn war gegenüber der ausgedehnten Freizeitgestaltung am Wörthersee recht bescheiden, was unsere Oberärzte und die Chefs ohne Murren hinnahmen. In Klagenfurt wurden zu Beginn der vierziger Jahre bereits erhebliche politische Spannungen bemerkbar, hervorgerufen durch die rücksichtslose „Rassenpolitik“, zu denen sich einige der damaligen Chefs bekannten. So wurden in Kärnten infolge Inzucht bestimmter ländlicher Bevölkerungskreise nicht selten Menschen mit Debilität und körperlichen Mißbildungen im

Zuge der sogenannten Euthanasie umgebracht. Zwei der damaligen Chefs büßten ihre Untaten nach dem politischen Zusammenbruch des Regimes mit dem Tod am Galgen. Das Krankenhauspersonal hatte sicher Kenntnis von diesen Selektionsvorgängen. Sie wurden ebenso hingenommen wie die Diskriminierung slowenischer Kolleginnen und Kollegen, die aus nördlichen Provinzen Jugoslawiens an die Kliniken Kärntens und der Steiermark versetzt wurden. Ihre abgrundtiefe Verachtung gegenüber ihren deutschen „Gastgebern" merkte man auch als Student. Offenbar kam es auch zu ersten Ansätzen von verbalem Widerstand, wobei ein junger Kollege R., Sohn eines Obersten der alten Österreichischen Bundesarmee, die Fäden knüpfte. Das war größtenteils bekannt, aber man ließ diese Kollegen gewähren.

Die Zeit am Wörthersee mit ausgedehnten Wanderungen und Radfahrten im herrlichen Kärntner Land waren Höhepunkte meiner Studentenzeit. Ich bin später wiederholt mit der Familie nach Kärnten gereist und bin auf alten Spuren im Drautal, im Mölltal, an den großartigen Kärntner Seen gewandelt.

Damals war es noch möglich, den Studienplatz zu wechseln. Man kann die heutige Studentengeneration nur bedauern, daß sie dazu nicht mehr imstande ist.

Das nahende Staatsexamen wollten wir an einer kleineren Universität ablegen, und die Wahl fiel auf Tübingen. Dazu trug die Anwesenheit einer Schwester meines Vaters bei, die in Tübingen lebte und bei der ich bis zum Abschluß des Staatsexamens gastlich aufgenommen wurde. Wir machten uns also auf nach Tübingen und näherten uns der idyllischen Universitätsstadt mit dem „Sofazügle", einer Stichbahn von Stuttgart nach Tübingen. Dabei bekamen wir erste Eindrücke von der wunderbaren schwäbischen Landschaft, die uns in der Folgezeit so viel an Schönheiten bot.

Student in Tübingen

Tübingen mit seinen ca. 25000 Einwohnern war gewiß eine Idylle unter den Universitätsstädten. Natürlich dominierte die Universität die Stadt, wie dies auch von Marburg und anderen kleinen Universitätsstädten gelten kann nach dem Motto „Frankfurt oder München haben eine Universität, Tübingen oder Marburg sind eine Universität".

Das Stadtbild, insbesondere der Altstadt, war nach wie vor ländlich geprägt, und auch die Verkehrsführung war entsprechend. Die Zahl der Medizinstudenten war begrenzt, pro Semester gab es etwa 40-50 Studentinnen und Studenten. Dabei war es eine Eigenart, daß sich schon frühzeitig Pärchen bildeten, die dann auch die Ehe eingingen bzw. in den letzten Semestern schon eingegangen waren. Man kannte sich nicht nur vom Namen, sondern auch von der Leistung her. Das damals noch übliche lebhafte Praktizieren ließ erkennen, wer wirklich „etwas auf dem Kasten" hatte. Auch waren die Ergebnisse der Zwischenprüfungen und natürlich des Physikums und des Staatsexamens bekannt. Man konnte ungefähr voraussagen, daß etwa jeder Zehnte der Kandidaten das Examen mit „sehr gut" bestehen würde, und man kannte auch deren Namen. Die meisten Studenten trugen den Waffenrock. In meinem Semester gab es nur zwei Zivilisten: Heinrich Küchmeister aus Hamburg, der wegen einer durchgemachten Tuberkulose wehrdienstuntauglich war. Er starb später als höchst erfolgreicher Privatdozent in Hamburg an einer Lymphogranulomatose. Der andere Zivilist war ich. Da bei uns der Studiengang natürlich ruhiger war als bei den Angehörigen der Studentenkompanien, die ja zum Studieren außerdem noch militärischen Dienst zu leisten hatten, wurden wir als Hilfsassistenten auch im studentischen Unterricht eingesetzt, z. B. in der Pathologie, in der Hygiene, in der Klinischen Chemie. Ich hatte in der Pathologischen Histologie und im Sektionskurs vorwiegend die nach Tübingen verwiesenen tschechischen Studenten zu betreuen, die sich in der „Diaspora“ natürlich verloren vorkamen, aber keinen Anlaß zum Klagen gaben. Sie konnten ihre Medizinstudien fortsetzen, und das Examen wurde dann auch in der Tschechoslowakei anerkannt. Stark beeinflußt wurde das studentische Erscheinungsbild durch die Marineärztliche Akademie, welche im ehemaligen evangelischen Stift untergebracht war. Das blaue Tuch war natürlich für Tübingen etwas Besonderes. Unter den Studenten gab es kaum Reibereien, dagegen mit Fronturlaubern und auch mit einigen „Ureinwohnern“ Tübingens. So konnte es schon vorkommen, daß ein wackerer Zecher der Marine ein Bad im Marktbrunnen nehmen mußte, oder daß es in den urigen Kneipen heftige Wortgefechte gab. Diese waren gelegentlich grotesk, weil die Ureinwohner Tübingens, die sogenannten „Gogen“, natürlich ihr eigenes Idiom sprachen, das von den Blauröcken nicht immer verstanden wurde. Es gab damals bis Kriegsende noch lebhafte Aktivitäten auf den früheren Korporationshäusern, die nicht nur als Unterkunft dienten, sondern auch zweifellos gewisse soziale Bildungsaufgaben übernommen hatten. Die Angehörigen der Wehrmacht verkehrten auch auf diesen Häusern. Ein tragisches Geschehen wühlte die Bevölkerung zutiefst auf, als nämlich ein Marinefähnrich einen auf Fronturlaub befindlichen Landser wegen mangelhafter Grußdisziplin rügte. Ein anderer Fronturlauber, der sich in Zivil an diesem Streit beteiligte, wurde von dem Marinestudenten mit seinem Stilett so schwer verletzt, daß er tags darauf an einer Herzmuskelperforation verstarb. Der Vorgang wurde vor dem Militärgericht ohne wesentliche Konsequenzen für den Marinestudenten bereinigt, wurde aber nach dem Kriege gerichtlich wieder aufgegriffen. Das Strafmaß habe ich nicht mehr in Erinnerung. Viele der damaligen Angehörigen der Marineärztlichen Akademie sind gefallen, zumal die Sanitätsgrade in den letzten Kriegsmonaten Dienst mit der Waffe zu leisten hatten.

Als höheres klinisches Semester war ich mit der Nachhilfe für junge klinische Studenten befaßt, und ich habe manchen der verunsicherten Kandidaten auch bei den Vorbereitungen zum Staatsexamen geholfen. Der Hausmeister der Pathologie, von den Gogen „Kuttelwascher" genannt, der unvergessene Christian Schmid, hatte dabei ein gewisses Verdienst im doppelten Sinne, indem er den Kandidaten rechtzeitig die zur Prüfung ausgewählten Organpräparate mitteilte. Auch ich war einmal an einem solchen Vorgang beteiligt, als ein besonders hartgesottener Kandidat dringend außerplanmäßiger Hilfen bedurfte. Ich informierte ihn, daß auf der sogenannten „Kalten Platte" einmal ein „Scharlach" serviert wurde, zum anderen ein „Hirntumor". Prompt hat dieser Unglücksmensch die Platten verwechselt und behauptete vom Hirntumor, es sei zweifellos ein Scharlach. Erich Letterer als Prüfer zitierte mich nach dem Examen zu sich und drohte mit dem Concilium abeundi. Dies geschah allerdings mit einem gewissen Augenzwinkern, und Letterer sagte, man müsse sich seine Kontaktadressen eben besser anschauen.

Trotz Verschlechterung der militärischen Lage, die sich natürlich auch auf das Zivilleben, sogar in Tübingen, auswirkte, das ja in eine ruhige ländliche Umgebung gebettet war, konnten wir Studenten fleißig lernen. Es war auch noch Zeit für manche gesellige Veranstaltung. Geschätzt waren, und dies gilt auch noch heute, die Ausflüge in die Umgebung, die Wanderungen auf der Alb, der Besuch der kleinen Kneipen, wo es auch in den härtesten Zeiten noch Brot und Honig sowie den hochgeschätzten Most gab. Einige Glückliche hatten auch besondere Quellen angeschlagen, teils in Gestalt von studentischen „Bräuten", die auch der Alimentation der Studentenschaft dienten und sich großen Zuspruchs erfreuten. Andererseits gab es einige Wirtschäftle, z. B. in der Altstadt, als deren Beispiel die Beiz von Tante Emilie genannt werden soll, die Generationen von Studenten hilfreich zur Seite stand, und die auch manchen Angehörigen des Lehrkörpers gastronomische Sonderleistungen, etwa in Form eines Gockels oder einer Pfanne Spiegeleier, zukommen ließ.

Eduard Spranger hat zum akademischen Ruf der Tante Emilie folgendes Gedicht verfaßt:

Die Alma Mater wäre längst verdorben
Festgelegt von Eduard Spranger

Treu im Gedächtnis bleibt den Professoren
Die schlimme Zeit, als wir den Krieg verloren:
Der Kopf war voll, der Magen leer;
Die Tante nur gab ohne Marken her,
Was sie mit Mühe auf dem Land erworben.
Die Alma Mater wäre längst verdorben,
Wenn damals sie nicht mütterlich verschafft:
Vom Leibe her dem Geiste neue Kraft.

Am Tag, wo alle herzlich gratulieren,
Die Unermüdliche mit Blumen zieren,
Sinn' ich zurück in noch viel ält're Zeit,
Als die Magister Schankgerechtigkeit
In Tübingen besaßen. Ach, vergessen
Ist dies schöne Recht! Infolgedessen
Macht kein Professor höchster Prominenz
Der Jubilarin ernstlich Konkurrenz.

Könnt' ich mit ihr doch mal mich unterhalten
Von dieses Vögleins wechselnden Gestalten,
Die sie so gut wie kein Professor kennt!
Uns beiden ist das Liebste der Student.
Wir müssen ihn nach hies'ger Sitte testen;
Da niemand ihr entrinnt, so wär's am besten,
Die Prüfung würde gleich mitausgedehnt
Auch auf die Tante, die sich danach sehnt.

Hier ist das Resultat aus vielen Proben,
Man kann nicht anders als begeistert loben:
Viel Festigkeit, fast herb, und doch gemischt
Mit Herzensgüte, die niemals verlischt;
Kühl wie ihr Wein und warm wie ihre Küche,
Geht ihr die Laune selten in die Brüche,
Nun ist sie wirklich, niemals rastend, achtzig.
Fragt man besorgt, so wehrt sie ab:

„Es macht sich."

Die Tübinger Medizinische Fakultät in den Kriegsjahren

Da die Zahl der Studenten geringer war als an den Großstadtuniversitäten, war der Kontakt zu den akademischen Lehrern wesentlich enger. Die klinischen Hauptvorlesungen, die Visiten, die Seminare und praktischen Übungen waren auch ohne Anwesenheitskontrollen gut besucht, wenn auch die didaktischen Leistungen der Lektoren recht unterschiedlich waren. Eines der besten Kollegs wurde gelesen vom Pathologen Erich Letterer, der via Würzburg und Dresden nach Tübingen berufen wurde und dort bis zu seiner Emeritierung lehrte. Er hatte ein sehr sorgfältig ausgearbeitetes Vorlesungsmanuskript, das von Semester zu Semester auf den neuesten Stand gebracht wurde. Ebenso sorgfältig vorbereitet war die Vorlesung des Physiologischen Chemikers Franz Knoop (Beta-Oxidation der Fettsäuren!), die auch noch von uns Klinikern besucht wurde. Informativ, aber doch recht trocken waren die Vorlesungen des Pharmakologen Haffner; lebhafter und attraktiver jene des Hygienikers Stickl. Ihm gebührt besonderer Dank, da er als Rektor der Universität in den letzten Kriegsmonaten und in der unmittelbaren Periode nach dem Waffenstillstand in der französischen Besatzungszeit viel Unheil abwendete. Lehrkörper und Studenten hatten volles Vertrauen zu ihm. Er scheute sich zum Beispiel nicht, in den Studiengang gefährdeter Studenten einzugreifen, die sich politisch mißliebig gemacht hatten und die er vor der Versetzung in die Strafkompanie in Rußland bewahrte. Seine aufrechte Haltung wurde auch von den französischen Besatzern, insbesondere den Kuratoren gewürdigt. Praxisnah und dabei interessant waren die Vorlesungen des Internisten

Friedrich Koch, der, aus der Volhardschen Schule stammend, seine Kollegs meistens improvisierte, aber aus seinem profunden klinischen Wissen schöpfte. Ihm folgte Hans-Hermann Bennhold aus Hamburg, dessen Kolleg sorgfältig durch den Vorlesungsassistenten Otto Klink, später Chefarzt in Pforzheim, ausgearbeitet wurde, dem Vortragenden aber gelegentlich doch durcheinandergeriet. Das internistische Vorlesungsangebot wurde bereichert durch die Oberärzte Hans Erhard Bock und Felix Höring sowie René Schubert und Felix Heni. Das Kolleg über Pathologische Physiologie, von H. E. Bock gelesen, war ausgesprochen klinikbezogen und fesselte einen festen Hörerstamm. Hier imponierte vor allem die große, ständig verfügbare Literaturkenntnis. Es kam den Vorlesungen der relativ kleine Hörsaal zustatten, in dem sich nicht selten Wechselgespräche und Diskussionen zwischen Auditorium und Dozenten entwickelten. Die Frauenklinik wurde geleitet durch den im Vortrag höchst engagierten August Mayer, assistiert von seinen unvergessenen Oberärzten Wolf und Kneher, später Ordinarien in Freiburg, sowie Reichenmiller, später Chef der Landes-Frauenklinik in Stuttgart. Weltbekannt war der Ophthalmologe Wolfgang Stock, ein Original als Klinikchef und akademischer Lehrer, der ebenso wie der Oto-Rhinologe Albrecht nicht nur die Breite des Faches beherrschte, sondern noch einer ganzheitlichen Medizin verpflichtet war. Stocks Oberarzt Hans Sautter leitete lange Jahre die Hamburger Augenklinik. Bis zu seinem tragischen Unfalltod war er uns freundschaftlich verbunden. Die dermatologische Klinik leitete Engelhardt, assistiert durch seine beiden Oberärzte Hüllstrung und Schneider. Die Chirurgie war zu meiner Zeit vertreten durch den Kommissarischen Direktor Stauss, da der Ordinarius Usadel in Frontlazaretten und als beratender Chirurg einer Heeresgruppe tätig war. Nach dem Kriege übernahm Usadel das Kreiskrankenhaus Freudenstadt und baute es zu einem glänzend renommierten chirurgischen Zentrum aus. Neurologie und Psychiatrie waren vertreten durch den parteipolitisch offenbar recht belasteten Hofmann, was jedoch in der Vorlesung von uns nicht bemerkt wurde. Hofmann wurde dann von einem der Stars der Tübinger Fakultät abgelöst, von Ernst

Kretzschmer. In der Kinderklinik regierte der Bremer Walter Birk, der sich als Nordlicht bei der Tübinger Bevölkerung und seinen Kollegen großer Beliebtheit erfreute, obwohl seine spröde Art vor allem im medizinischen Unterricht und im mündlichen Staatsexamen zu einer gewissen Distanz führte. Die Gerichtsmedizin wurde vertreten durch Wilhelm Maßhoff, dem Oberarzt Erich Letterers, der diese Doppelfunktion glänzend ausfüllte, und mit dem mich später eine lebenslange feste Freundschaft verband. Er übernahm nach dem Kriege die Prosektur in Stuttgart-Bad Cannstatt und später das Ordinariat an der Freien Universität Berlin, wo er in stürmischen Zeiten als Direktor des Steglitzer Klinikums seinen Mann stand.

In der kleinen Gemeinde der Medizinischen Fakultät wußte man, wie man miteinander dran war. Die Studenten wußten, was sie von ihren Lehrern erwarten konnten, und wie sie sich auf die Prüfungen, die damals aus einem praktischen und einem theoretischen Teil bestanden, einzustellen hatten. In den großen Fächern erstreckten sie sich über vier Tage, manchmal bis in die späten Abendstunden, insbesondere in den operativen Fächern. Ich glaube, jeder der Studenten war mit diesem Prüfungssystem zufrieden, und die Benotung wurde im allgemeinen akzeptiert. Es gab Studenten, die das Vorlesungswissen und das Studium der Lehrbücher durch die Lektüre wissenschaftlicher Zeitschriften ergänzten und gelegentlich den vielbeschäftigten Prüfern aktuelle neue Ergebnisse vortrugen. Einsame Spitze war unser Kommilitone von der Burchardt, der ein geradezu phänomenales Gedächtnis aufwies und darüber hinaus noch passabel Geige spielte. Kammermusikzirkel waren unter den Studenten stark vertreten, wobei eine gute Kommunikation der verschiedenen Fakultäten bestand. Man hatte sogar Zeit, noch Gemeinschaftsvorlesungen zu besuchen. Mir hat das Kolleg des Musikwissenschaftlers Leonhardt viel gegeben. Das kulturelle Leben Tübingens war auch in den Kriegsjahren recht beachtlich, nahm aber in den Nachkriegsjahren noch an Intensität zu, als hervorragende Künstler das unversehrte Tübingen ansteuerten und Theater großstädtischen Formats boten. Doch ich will nicht vorgreifen.

Das medizinische Staatsexamen, das ich 1942 ablegte, habe ich noch in guter Erinnerung. Man paukte fleißig für die großen Fächer Pathologie, Innere, Chirurgie, und man konnte das in diesen Fächern angeeignete Wissen auch in den Spezialfächern unterbringen. Die Prüfungsordnung war so liberal, daß man sich von Fach zu Fach intensiv vorbereiten konnte. Jeder Student hatte seinen Prüfungsbogen, der vom jeweiligen Prüfer ausgefüllt werden mußte. Zweifellos profitierten davon die Spitzenkönner, denn wenn schon eine Reihe von Einsern in den Prüfungsbogen vermerkt war, so blieb das wohl auch bei späteren Prüfungen nicht ganz unberücksichtigt. Umgekehrt konnte eine schlechter Start schon einen Malus bedeuten. Aber wie gesagt, die Studenten waren mit der Benotung eigentlich recht zufrieden. Mir kam es sehr zustatten, daß ich als studentischer Hilfsassistent täglich in der Pathologie arbeitete und sogar die Diaprojektion im kleinen Hörsaal des Instituts parallel zur Hauptvorlseung des Chefs übernehmen konnte. Die Serie der Diapositive wurde am Abend vorher mit Chef und Oberarzt noch einmal sorgfältig durchgegangen, damit die Übertragung des Kollegs vom großen in den kleinen Hörsaal ohne Panne verlief. Ich habe ferner außerordentlich viel durch die Teilnahme an den täglichen Sektionen gelernt, die vom Chef oder Oberarzt jeweils „abgenommen" wurden. Es war erstaunlich, mit welch sicherem Blick Schwachstellen oder problematische Befunde von ihnen erkannt wurden.

Größere Verwundetentransporte, schwere Luftangriffe und die mörderischen Attacken von Tieffliegern ließen die Sektionen enorm ansteigen. Eines Morgens wurde ich vom tränenüberströmten Hausmeister Christian Schmid in den Leichenkeller geführt, wo 18 Mädchen in weißen Kleidern lagen, teilweise mit Blumenkränzen im Haar und Sträußen in den Händen, die von französischen Tieffliegern bei einer Fronleichnamsprozession getötet worden waren. Selten haben mich die notwendigen Autopsien so erschüttert. Vergleichbar waren die Exhumierungen von KZ-Insassen unmittelbar nach dem Kriege, zu denen wir durch die französische Militärregierung gezwungen waren. Es kam dabei zu dramatischen Zwischenfällen, da die bewachenden Soldaten, meistens

Marokkaner, die schwarz macerierten Zwischenrippenbezirke der exhumierten Kadaver als Folge von Auspeitschungen ansahen und uns als sezierende Ärzte im Gegenzug verprügelten.

Neben dem Studium erstellten die meisten Studenten noch eine Doktorarbeit. Es konnten aufwendige experimentelle Arbeiten durchgeführt werden, andererseits gab es auch sogenannte Schnellpressen, in denen man innerhalb weniger Monate eine Literaturzusammenstellung oder eine Promotionsarbeit nach Akten- bzw. nach Krankenblattlage zusammenbasteln konnte. Ich entschied mich leider für die zweite dieser Möglichkeiten und schrieb eine recht anspruchslose Dissertation „Über den Einfluß langjährigen Tropenaufenthaltes auf den Gesundheitszustand von Heimkehrern". Immerhin erhielt ich dafür die Standardnote „gut" = cum laude des tropenmedizinischen Doktorvaters, Samuel Müller. Die mündliche Promotionsprüfung entfiel damals. Als ich mit der Doktorarbeit beschäftigt war, erhielt ich einen dringenden Anruf meiner Mutter, der mich von einer schweren Krankheit des Vaters informierte. Angeblich war er an einer akuten Blinddarmentzündung mit Durchbruch in die Bauchhöhle erkrankt. Als ich Letterer davon informierte und um Urlaub bat, machte er mir keine Hoffnung, und in der Tat traf ich Vater nicht mehr unter den Lebenden an. Er war wohl zu spät in klinische Behandlung eingewiesen worden, und selbst der glänzende Operateur Kulenkampff konnte ihn nicht retten. Bei langjähriger Ulcusanamnese war die zum Tode führende Grundkrankheit eine Ulcusperforation, die nach mehrstündigem Intervall bis zur Operation nahezu immer tödlich verlief. So wurden die letzten Monate des Studiums durch den Tod des Vaters überschattet. Er hatte sich letzten Endes mit dem Medizinstudium seines „Ältesten" abgefunden und war mit den erbrachten Leistungen zufrieden. Lob auszusprechen, war nie seine Sache. Aber die Mutter ließ mich immer wieder wissen, daß er mit seinem Buben zufrieden war.

Tübingen und seine Universität in den ersten Nachkriegsjahren

Als der Krieg sich dem Ende näherte, ging der „Heldenklau“ um, das heißt durch Nachmusterungen wurden die letzten Reserven auch unter Kriegsversehrten für den Frontdienst tauglich geschrieben. Auch ich erhielt zu einem Zeitpunkt die Einberufung auf einen Feldflughafen in Crossen an der Oder, der bereits in russischer Hand war. Erich Letterer, Oberstarzt der Reserve, verhinderte es schließlich, daß ich mich auf den Weg in ein ungewisses Schicksal machte. Vierzehn Tage später marschierten die Franzosen in Tübingen ein.

Ende April und Anfang Mai 1945 herrschte in Tübingen strahlendes Wetter. Tübingen war noch einmal davongekommen. Außer einer Bombe auf das Germanenhaus und Maschinengewehrfeuer auf das Umspannwerk im Neckartal war es unversehrt geblieben. Mit Näherrücken der Front drohte aber Tübingen Kampfgebiet zu werden. In dieser Situation faßte der Standortarzt der Wehrmacht, Dr. Dobler, den Entschluss, den Franzosen entgegenzufahren und Tübingen zur offenen Stadt zu erklären. Es war ja ohnehin militärisch wertlos, hatte kaum Industrie und war überdies mit Verwundeten überbelegt. In Begleitung seines Adjutanten Dr. Josef Zander, dem späteren Ordinarius für Frauenheilkunde in Heidelberg und München, gelang es ihm, zum Führer der Kampfeinheit der Franzosen vorzudringen und praktisch die Übergabe der Stadt zu ermöglichen. Vorher war die Bevölkerung noch zum Schanzen aufgefordert worden. Ich beobachtete auf dem Weg von der Biesingerstraße ins Pathologische Institut Adolf Butenandt mit seinen Mitarbeitern, mit Hacke und Schaufel bewaffnet, ins Neckartal ziehend. Die dort vom letzten Aufgebot und vom Volkssturm, auch von der Zivilbevölkerung, errichteten Panzersperren wurden auf Geheiß der Franzosen von den gleichen Arbeitsgruppen wieder abgeräumt. Unser Nachbar, der Lehrer Hötzer, wurde einem Spähtrupp-Unternehmen des Volkssturmes auf dem Spitzberg zugeteilt, zog sich aber bald wieder in die häuslichen Gefilde mit den Worten zurück: „I alter Esel han dr erschte Weltkrieg überstande und han koi Luscht, mei Lebe in de letzschte Kriegstag zu verliere".

Der Einmarsch der Franzosen, angeführt von einer Panzereinheit, verlief praktisch ohne Gegenwehr. Die deutschen Truppen hatten sich auf den Albrand zurückgezogen, gerieten dort bald in amerikanische Gefangenschaft. Zunächst blieb Tübingen ruhig, bis farbige Truppen nachrückten und ein größeres Alkohollager vorfanden. Was sich in den folgenden Nächten abspielte, war unsagbar. Immerhin mußten nach einigen Wochen mehr als dreihundert junge Frauen und Mädchen in der Frauenklinik einer Abrasio unterzogen werden. Weitere Exzesse wurden dann durch das französische Kommando unterdrückt. Es soll sogar Exekutionen von Plünderern gegeben haben. Unser Freund Dr. Reinhard Werner wurde durch einen Trupp von Marokkanern zusammengeschlagen und hatte jahrelang unter den Folgen einer schweren Commotio zu leiden. Unverständlicherweise waren noch große Alkoholvorräte in Tübingen vorhanden, obwohl die Offiziere der einrückenden französischen Truppen ausdrücklich aufgefordert hatten, diese Lager zu melden, um Exzesse der Soldaten zu verhindern. Die Vorräte an Textilien und Nahrungsmitteln waren kurz vor dem Einmarsch noch an die Zivilbevölkerung verteilt worden, insbesondere war ein großes Nahrungsmitteldepot der Wehrmacht für die Zivilbevölkerung geöffnet worden. Andere Depots wurden von der Zivilbevölkerung geplündert. Die französische Besatzungsmacht forderte dieses geplünderte Gut zurück, und in der Tat sah man Gruppen mit Leiterwägelchen, die ihre Beute bei der Kommandatur ablieferten. Empfindlich getroffen wurde die Bevölkerung durch die massive Beschlagnahme von Wohnraum, doch konnte man, im Gegensatz zu den Russen und auch zu den

Amerikanern, auf dem Verhandlungswege einiges erreichen. So gelang es uns, im beschlagnahmten Hause wenigstens das Dachgeschoss für uns zu behalten und das einquartierte elsässische Ehepaar mit zwei Kindern gestattete uns großzügig den Durchgang über den gemeinsamen Flur. Im Institut erschien eine Delegation junger französischer Militärärzte, um das binokulare Mikroskop unseres Meisters Erich Letterer zu beschlagnahmen. Er setzte sich aber erfolgreich zur Wehr, und als dann der offizielle Beschlagnahmebescheid eintraf, war das Mikroskop offensichtlich schon in andere Hände übergegangen. Es entwikkelte sich aber bald eine gute Zusammenarbeit zwischen den französischen Militär-Ärzten und jenen des Universitätsklinikums. Diese erstreckte sich auch auf die Versorgung der Zivilbevölkerung und die Betreuung besonders gelagerter Fälle unter den Soldaten. Reichlich zu tun gab es in der Dermatologischen Klinik und in der Frauenklinik, aber auch die Medizinische Klinik war stark frequentiert. Zahlreiche Angehörige der deutschen Wehrmacht wurden in der Klinik aufgenommen, darunter auch einige, die wirklich krank waren. Nicht wenige konnten vor dem Abtransport in die französische Gefangenschaft bewahrt werden, indem sie als Patienten geführt und als krank schließlich entlassen wurden. Eine die Entlassung begünstigende Diagnose war die Tuberkulose. Es gab aber auch schwarze Schafe, welche die ausgeschriebenen Entlassungsscheine später für Rentenforderungen benutzten. Da die entlassenden Ärzte meistens auch als Gutachter herangezogen wurden, konnten diese kriminellen Versuche rasch gestoppt werden, und ich machte mir die Mühe, die von meiner Station entlassenden Herrschaften persönlich anzuschreiben und ihnen einen entsprechenden Denkzettel zu verpassen.

Die Bevölkerung schlug sich schlecht und recht durch die Mangeljahre. Die Lage war nicht vergleichbar mit den Hungerkatastrophen in den Großstädten und Ballungsgebieten der britischen und amerikanischen Besatzungszone, ganz zu schweigen von der sowjetischen Zone. Aber gerade die Studenten und die Akademiker hatten unter der Mangelsituation zu leiden. Man verfiel auf sehr merkwürdige Verfahren, um die Ernährung zu verbessern. Dazu gehörten die Schwarzschlachtungen.

Da ich aufgrund meiner Tätigkeit in der Pathologie über eine gute Sektionstechnik verfügte, wurde ich gelegentlich von Kliniksbediensteten zum „Hausschlachten“ engagiert. Nach entsprechender Lokalanaesthesie war die Carotis des Borstentieres zwecks Entblutung schmerzfrei aufzufinden. Das weitere wurde nach der Virchowschen Sektionstechnik durchgeführt. Lediglich die Feingewinnung von Filet, Kotelett und Lende habe ich mangels Vorkenntnissen nicht geschafft, und auch bei der Produktion von Würsten habe ich versagt. Dies erledigten meistens die Hausfrauen. Da meine Entlohnung in Naturalien bestand, wurde dies von meiner Familie natürlich sehr begrüßt. Die Schlachtungen mußten ja wegen der mannigfachen Kontrollen durch die Beatzungsmacht, aber auch durch die Ernährungsämter, heimlich stattfinden. Als sich ein besonders ungebärdiges Tier meinen Bemühungen entzog, kam ein unglückseliger Laborant auf die Idee, dem Tier eine Aether-Narkose zu verpassen. Gesagt – getan: Das Endprodukt war absolut ungenießbar, und sogar die für Versuche gehaltenen Ratten und Mäuse verweigerten den Verzehr. Das war natürlich ein enormer Verlust für das mit so viel Mühe aufgezogene Tier.

Eine unerwartete Aufbereitung unseres Küchenzettels hatte eine makabre Vorgeschichte. Kurz nach dem Franzoseneinmarsch kamen drei Russen an die Haustür und verlangten den Hausherrn zu sprechen. Ich war mit Holzspalten hinter dem Hause beschäftigt und fragte etwas beklommen nach dem Begehr. Sie nahmen mich in einem beschlagnahmten alten PKW mit und fuhren in Richtung Alb. Kurz hinter Kusterdingen machten sie Halt, einer der aus Gefangenschaft entlassenen Russen stiefelte zu einer nahebei weidenden Schafherde, griff sich einen feisten Hammel, erlegte ihn und schleppte ihn trotz des wild gestikulierenden Schäfers, der schließlich durch Schläge auf den Kopf ruhiggestellt wurde, zum Auto. Man fuhr zurück, lieferte daheim das Tier ab mit dem Bemerken: „Du guter Mann, Du Kriegsgefangenen helfen, ich nicht vergessen“. Die Vorgeschichte war, daß wir an

Wochenenden russische Kriegsgefangene im Garten beschäftigten. Die Tatsache, daß sie mit uns zusammen das Mittagessen einnahmen, hatte diese unerwartete Aktion in Gang gesetzt, wenngleich die Ausschüttung des Streßhormons auf der Fahrt zum Ort der Tat in bemerkenswertem Verhältnis zum Lustgewinn gefüllter Fleischtöpfe stand. Die Lage besserte sich für viele durch die Care-Pakete aus den USA, deren Inhalt auch für Tauschzwecke benutzt werden konnte. Meine chemischen Kenntnisse setzten mich in den Stand, aus Harnstoff das begehrte Dulcin zu synthetisieren. Es war insbesondere bei der bäuerlichen Bevölkerung als Süßstoff gefragt und diente als gängiges Tauschmittel. Die Ausgangsbasis, der von den Patienten gelieferte Urin, wurde freilich den Empfängern nie mitgeteilt. Aber dem weißen kristallinischen Pulver sah man ja gottlob die Herkunft nicht an. Man hatte sich mit dem Mangel zu arrangieren. Mit einem halben Assistentengehalt von RM 260,00 RM war Schmalhans Küchenmeister. Eine vierköpfige Familie damit über Wasser zu halten war deswegen unmöglich, da die Miete ja bereits RM 100,00 betrug. So entschloss sich meine Frau, als Dolmetscherin und Telefonistin bei den französischen Militärbehörden zu arbeiten. Außer guter Bezahlung wurden auch Köstlichkeiten der Offiziersmesse zugeteilt. Eine nach wie vor aktive Hühnerschar im Garten wurde freilich durch einen streunenden Jagdhund des in der Nachbarschaft wohnenden Surete-Offiziers ausgerottet. Aber die „Wiedergutmachung" war durchaus respektabel. Zwei auf die Bäume geflüchtete Hühner kamen ihren physiologischen Funktionen weiterhin nach, doch war es schwierig, die gut versteckten Eier-Gelege zu entdecken. Aber die Zeit bis zur Legefähigkeit der aufgezogenen Eintagsküken konnte durch die sich rasch vermehrenden Stallhasen überbrückt werden. So blieben wir von Proteinmangelerscheinungen verschont, die vor allem unter der akademischen Bevölkerung Tübinges stark verbreitet war. Wer keine Beziehungen zu Gärtnern und Bauern hatte, litt große Not. Sie wurde dadurch gelindert, daß die leitenden Oberärzte der Kliniken zusätzliche Nahrungsmittel bei nachgewiesenen Mangelerscheinungen zuteilten. Außerdem konnte man durch regelmäßige Blutspenden einmalig 6 Eier, ½ Pfund Butter und täglich ½ Liter Vollmilch über die Zeit von sechs Wochen bekommen. Schwierig wurde die Ernährungslage nach Rückkehr des Schwagers Heiner aus grausamer Kriegsgefangenschaft im berüchtigten Offizierslager Mulsanne in Frankreich, des Bruders Wolfgang aus englischer und des Freundes Walter Behrends aus russischer Kriegsgefangenschaft. Vier hungrige Männer benötigten pro Tag zwischen 20 und 25 Pfund Kartoffeln. Alle 4–5 Tage mußte ein Zentner dieses Grundnahrungsmittels mit dem Fahrrad aus der Umgebung herangeschafft werden. Mit dem reichlich vorhandenen Fallobst und einem großen Vorrat an Kakaobutter, welcher aus Wehrmachtsbeständen stammte, war die ärgste Not gelindert. 5–6 l Bucheckernöl und ein großer Kanister Rizinusöl, welches nach Vorbehandlung durch „Brenzen" einen Teil seiner durchschlagenden Wirkung einbüßte, besserten die Lage. Die halbverhungerten Männer sollten bald zu Kräften kommen, denn Heiner und Wolfgang mußten zunächst ihr Abitur nachmachen. Walter Behrends bekam eine unbezahlte Stelle an der Pathologie und später an der Inneren. Nach zwei Jahren wechselte er in die Chirurgische Abteilung in Stockach am Bodensee. Hier lernte ich bei seinen Wirtsleuten, welchen ein Metzgerladen eignete, den Maler Otto Dix kennen. Die Kunst ging nach Brot, d. h. eine Schweinehälfte war ein hübsches Aquarell der Bodensee-Landschaft wert.

Ähnliches muß wohl Ernst Ludwig Kirchner widerfahren sein, der mit seinen Bildern im Davoser Exil mühsam seinen Lebensunterhalt bestritt. Auch der Arzt und Zahnarzt wurden entsprechend bedacht. Sie stellten erst später fest, welche Kostbarkeiten auf dem Speicher lagerten!

Was sich auf dem akademischen Sektor so ereignete, ist beispielhaft von Hellmut Thielicke geschildert worden.

Er gelangte von Korntal aus nach Tübingen und passierte mit den wichtigsten Habseligkeiten die Zonengrenze bei Wendlingen mit dem Leiterwägele. Der in Stuttgart engagierte Taxifahrer weigerte sich, die Zonengrenze zu passieren, da er mit Recht die Beschlagnahmung seines Wagens durch die Marokkaner befürchtete. Thielicke entwickelte sich bald zum dominierenden Mitglied der Theologischen Fakultät, darüber hinaus der gesamten Universität. Die Tübinger Theologische Fakultät war nach Tradition und Leistung richtungweisend für den Protestantismus. Thielicke berichtete über seine Begegnungen mit den damaligen Koryphäen, mit Karl Fezer, der sich mit dem NS-System eingelassen hatte und zu Anfang ein beflissener Helfershelfer des deutsch-christlichen Reichsbischofs Ludwig Müller gewesen ist. Er ließ durchblicken, daß er von Thielicke Hilfe bei der bevorstehenden Entnazifizierung erwartete. Prominentes Mitglied der Fakultät war der Systematiker Karl Heim, ein Gelehrter von Weltruhm. Er betrieb die Auseinandersetzung mit dem Relativismus, der von den Ebenen der Naturwissenschaften und auch der Historie her alles Unbedingte und erst recht jenen Absolutheitsanspruch christlicher Wahrheit in Frage stellte. Er suchte die Auseinandersetzung mit den Naturwissenschaften und ihren Arbeitshypothesen eines geschlossenen Kräftehaushaltes der Natur und einer in sich ruhenden Ähnlichkeit. Seine Werke stimmten auch Physiker und Biologen nachdenklich. In seinen Glanzzeiten fanden Kollegen fast aller Fakultäten in seinen Lehrveranstaltungen zusammen. Prominentester Heim-Schüler war Adolf Köberle. Unter den Schülern Thielickes wird Gerhard Ebeling erwähnt, der jüngste der damaligen Fakultät, den ich später in der Heidelberger Akademie wiedertraf. Thielicke schrieb, daß damals niemand ahnen konnte, welch große Bedeutung Ebeling später als Kirchenhistoriker, Lutherforscher und Systematiker gewinnen würde. Er erschien Thielicke wie jemand, der an einem Riesenmikroskop sitzt, immer nur die Mikrometerschraube dreht und Feinschnitte anfertigt. Er hob die unerhörte Arbeitsintensität hervor, was wohl durch den Nachholbedarf, unter dem man nach der Kriegsunterbrechung litt, erklärt ist. Von Ebeling stammt der Satz „jeden Morgen freute ich mich auf den Wecker“. Ebeling spielte virtuos Klavier, besonders Bach. Seine Frau war Konzertgeigerin und belebte das Tübinger Musikleben.

Das Universitätsleben Tübingens wurde maßgeblich von Carlo Schmid beherrscht, der bald Ministerpräsident der vorläufigen Landesregierung von Württemberg-Hohenzollern wurde. Als bekennender

Gegner der Nationalsozialisten, hatte er es in Tübingen nicht leicht. Er wurde als Amtsrichter von der Universität ferngehalten, seine Stunde schlug aber bald nach Kriegsende. Thielicke nahm Berufungsverhandlungen mit ihm auf und war von den ersten Begegnungen alles andere als begeistert: „Carlo Schmid brachte in längeren Monologen, die ich passiv über mich ergehen ließ, die Sprache auf allerhand Bildungsthemen, zitierte Verse aus der Odyssee auf griechisch, aus Baudelaires 'Les fleurs du mal', an deren Herausgabe er arbeitete, auf französisch, und zuletzt aus Dantes 'Göttlicher Komödie', natürlich auf italienisch. Dabei stellte er wie ein Conferencier hurtig die Übergänge und Assoziationen her, um seine Pointen anbringen zu können. Je mehr er spürte, daß ich abschaltete, um so mehr Zitate zog er aus seinem Bildungsgepäck hervor. Als schließlich der Name Ernst Jünger fiel und ich fast widerwillig erwähnte, daß ich gerade in das Manuskript der 'Strahlungen' hineingeschaut hätte, behauptete er sogleich, 'vieles daraus geht auf meine Anregungen zurück'. Das war mir denn doch zu arg. Ich hielt ihn für einen Scharlatan und Angeber, der Abschied war entsprechend kühl". Später lernte Thielicke Carlo Schmid näher kennen und hob hervor, daß er in seinem Tübinger Regierungsamt charaktervoll das deutsche Interesse gegenüber den Franzosen vertreten habe. Dabei kam ihm sein vollendetes Französisch, das einmal seine Muttersprache gewesen war, sehr zustatten. Thielicke revidierte dann sein Urteil bald und bewunderte die tatsächliche Universalität seiner Bildung, die er im ersten Gespräch so gründlich mißverstanden hatte, ebenso wie seine kulturpolitischen Reformideen und nicht zuletzt die Fähigkeit, seine Mitarbeiter zu begeistern. Die Rolle von Carlo Schmid bei der Erarbeitung des Grundgesetzes unterstreicht sein historisches Verdienst.

Eine der ganz großen Gestalten der damaligen Universität war Eduard Spranger, der berühmte Kulturphilosoph der Berliner Humboldt-Universität. Sprangers Buch „Die Psychologie des Jugendalters" faszinierte gerade jetzt, nachdem die Jugend ratlos aus dem Kriege nach Hause kam und nach neuen Wegen suchte." All das bedrängend Ungewisse, all diese ekstatischen Aufschwingungen und rätselhaften Traurigkeiten des Neunzehnjährigen sind ja kein originales Geschick, sondern das alles war nur der Ausdruck von Wachstumsgesetzen, an denen alle teil hatten." Thielicke führte viele Fachgespräche, zum Beispiel über Luther, mit ihm. „Die Distanz, die dieser Mann schuf, und die zu überwinden er so rührend bemüht war, beruhte nicht auf dem Prestigebedürfnis einer Autorität, sondern sie war Selbstschutz vor der Anfälligkeit des Herzens, der ihm im ständigen Umgang mit jungen Menschen und deren Auf- und Ab-Entwicklung geboten schien". Als Präsident der Westdeutschen Rektorenkonferenz, Thielicke war inzwischen Rektor in Tübingen geworden, bewegte er viel in Sachen Hochschulreform. Er beschränkte sich allerdings nur auf Ratschläge und lehnte die aktive Beteiligung, auch in Anbetracht der aufkommenden Unruhen ab. Er wollte den „naiven Schwung der Jugend nicht vorzeitig mit dem Bazillus der Altersweisheit anstecken". In seinem Buch über die Lebenserfahrung spricht er vielmehr das gleiche aus, was Luther im „Vorwort zum Römerbrief" auf seine Weise auch sagte, daß „jede Wahrheit und jedes Wissen um Wahrheit ihre Zeit, ihr Alter und ihre Stunde hätten", daß also die Altersweisheit für die Alten legitim, für die Jungen aber lähmend sein könnte. Die Jugend hat nach Thielicke einen wachen Sinn dafür, ob ein Dasein sich im Vordergründigen erschöpft, oder ob es tiefere Dimensionen besitzt, ob ein Autor in seinem Werk aufgeht, oder ob er mehr ist als dieses Werk. Nur so läßt es sich erklären, daß Spranger, der idealistischen Traditionen entstammte, bis ins hohe Alter hinein eine sich anderes entwickelnde Jugend hingerissen hat, und daß die Studenten unter sein Katheder strömten. Dieser reflektierende Mann in all seiner Distanz wußte in den verschlossenen Kindern der Nachkriegszeit immer wieder die Spontaneität der Jugend freizusetzen, ehe er sie scharf auf die Zucht seines Denkens und seiner Begriffskultur nahm. Wie Spranger war Thielicke eine jener großen Prsönlichkeiten, welche den „dies academicus" in Tübingen gestalteten. An jedem Donnerstag fanden fachübergreifende Vorlesungen von morgens acht bis abends zwanzig Uhr für die Hörer aller Fakultäten statt. Diese Vorlesungen wurden zur Attraktion auch der nach neuen Wegen suchenden

Heimkehrergeneration. Das Tübinger Kolleg von Thielicke war eines der zentralen Ereignisse Tübingens vor allem deswegen, weil er sich mit dem Zeitgeist auseinandersetzte und jede Gelegenheit wahrnahm, sich mit der damals immer wieder vorgetragenen Kollektivschuld zu befassen. Die Alliierten erwarteten immer wieder das Eingeständnis einer pauschalen, höchst undifferenzierten Kollektivschuld. Aus opportunistischen Gründen gingen viele Deutsche auf diese Forderungen ein. So kam es, daß jene in der Sicht der Alliierten gut dastanden, welche die Ereignisse der zwölf bitteren Jahre angeblich oder selten auch tatsächlich von vornherein verdammt hatten. Damals beteiligte sich die ganze Welt an den massiven Forderungen nach Anerkennung dieser Kollektivschuld.

Eine der mächtigsten Stimmen erscholl aus der Schweiz, nämlich von dem Theologen Karl Barth. Thielicke schilderte, daß er 1947 bei Besuchen in der Schweiz feststellen mußte, daß selbst die Eidgenossen eine geradezu masochistische Selbstbezichtigung der Deutschen begrüßten und damit das Wohlgefühl moralischer Überlegenheit in ihnen bestärkt wurde. „Einseitige alliierte Pauschalverdammungen, die den Balken im eigenen Auge übersehen ließen, riefen bei den so Verklagten oft blindwütige Abwehrreaktionen hervor, die es dann verhinderten, selbst die wirklich vorhandene Schuld noch zu sehen. Diese Reaktionen führten immer wieder dazu, daß man nur noch die Sünden der Alliierten, etwa als sie Hitler hatten gewähren lassen, ihn bei den Olympischen Spielen 1936 umschmeichelten, oder den Massenmord durch Flächenbombardements in Hamburg, Berlin und Dresden, die Quälereien in alliierten Gefangenen- und Straflagern, gegen die Nazi-Untaten aufrechnete. So schaukelte man sich in gegenseitigen Schuldzuweisungen hoch und schien der eigenen Buße enthoben zu sein“.

Schuldeinsicht und Bußbereitschaft, aber auch die Annahme von Vergebung, hatte Thielicke beim Besuch vieler Gefangenen- und Straflager, zum Beispiel in Ulm und in Ludwigsburg festgestellt. So kam es zur Kontroverse zwischen ihm und Karl Barth. Im großen Festsaal der Universität Tübingen las dieser den Deutschen gründlich die Leviten.

Er hatte schon während des Krieges, ja vor der Machtergreifung durch Hitler als Hochschullehrer in Bonn aus seinem Herzen keine Mördergrube gemacht. Die Zuhörer waren von dieser, tatsächlich von einer Pauschalverurteilung ausgehenden Bußpredigt, zutiefst beeindruckt. Auch ich schlich betrübt mit meinen begleitenden Kollegen aus dem Hörsaal. Thielickes Widerspruch gegen diese Rede wurde verschiedentlich als nationalistisch verschrieen. Die französische Besatzungsmacht verbot die geplante Vorlesungsreihe kurzerhand mit der Begründung, es seien Unruhen unter der Bevölkerung zu erwarten. Nach dem Redeverbot durch die Nazis traf ihn wiederum das Redeverbot der neuen Machthaber. Carlo Schmid und der damalige Rektor Hermann Schneider intervenierten beim französischen Kurator, dem Militärkommissar René Cheval und dem zuständigen Gouverneur General Widmer und erreichten in der Tat die Aufhebung des Redeverbotes für Thielicke. Die Vorträge wurden auch international stark beachtet und von der internationalen Presse zum Beispiel vom „Figaro" und dem „Corriere de la Sera" wiedergegeben.

Die Worte Thielickes wurden von allen verstanden und ließen auch unsere Generation aufatmen und wieder hoffen. René Cheval, ein profunder Kenner deutscher Verhältnisse und kenntnisreicher Germanist, hatte die schwierige Aufgabe, die Universität und insbesondere ihren Lehrkörper zu überprüfen und die schwarzen Schafe, aktive Nationalsozialisten, zu eliminieren. Betroffen waren alle Fakultäten, einschließlich der Theologischen. So wurde eine Reihe von Ordinarien, seltener von Oberärzten der Medizinischen Fakultät, zunächst suspendiert und dann aus ihrer Beamtenstellung entlassen. Das Damoklesschwert der Entlassung schwebte über Ordinarien, die sich in irgendeiner Weise mit der NS-Regierung eingelassen hatten und insbesondere in den ersten Regierungsjahren Hitlers das neue System akzeptierten.

Vor den Entnazifizierungsverfahren, die von Deutschen geleitet wurden, hatte die französische Militärregierung bereits Entscheidungen gefällt und definitive Entlassungen ausgesprochen. In der Medizinischen Fakultät waren betroffen die Chirurgische, die Dermatologische und die Neurologisch-Psychiatrische Klinik, ferner das Anatomische und das Hygiene-Institut. Cheval und sein Mitarbeiter und späterer Nachfolger Webel hatten nach ausgedehnten Recherchen diese Entscheidungen herbeigeführt, und die Fakultäten gingen bald daran, Neuberufungen auszusprechen. Die Chirurgie wurde übernommen von dem Schweizer Professor Nägeli, welcher früher die Chirurgische Poliklinik in Bonn geleitet hatte und dessen Re-Aktivierung manche Probleme mit sich brachte. Die Tübinger Patienten zog es jedenfalls in die Umgebung, insbesondere ins Kreiskrankenhaus nach Freudenstadt, wo der frühere Ordinarius Usadel operierte. Die Dermatologie wurde von dem aus Breslau vertriebenen prominenten Dermatologen Heinrich Gottron übernommen. Die Neurologische und Psychiatrische Klinik von dem weltbekannten Ernst Kretzschmer. Auch die Institute für Humangenetik und für Anatomie wurden neu besetzt. Die französischen Universitätsoffiziere überprüften offenbar die Akten eines jeden in der NS-Zeit berufenen Ordinarius und beließen einige Parteiangehörige und Angehörige von NS-Gliederungen sozusagen auf Probe im Amt. Das trug natürlich nicht zur allgemeinen Sicherheit unter dem Lehrkörper bei, aber die einmal gefaßten Entschlüsse brauchten in den folgenden Jahren nicht revidiert zu werden. Viele Jahre später wurde der gute August Mayer, ein braver und geschätzter Gynäkologe, aufgrund aufgefundener Äußerungen zugunsten des neuen Regimes als typischer Kollaborateur mit dem NS-Regime angegriffen, obwohl Mayer als praktizierender Katholik gewiss kein Anhänger der Nazi-Ideologie war. Er ließ sich von der nationalistischen Welle der ersten Jahre tragen und hat dies auch in seinen etwas geschwätzigen Vorlesungen geäußert. Aber Mayer war ein großartiger, lauterer Arzt, der von seinen Patientinnen vergöttert wurde. Er war ein vielgeschätzter Konsiliarius, welcher gern von den europäischen Fürstenhöfen bei anstehenden Geburten gerufen wurde. Als er, aus Hohenzollern stammend, den damaligen Rektor Professor Thielicke zur Beisetzung des Kronprinzen Wilhelm auf die Zollernburg begleitete, trug er in einer großen Schachtel alle die Orden mit sich, die ihm von den Fürstenhöfen wegen seines geburtshilflichen Beistandes verliehen wurden. Unglücklicherweise ergoß sich der Inhalt dieses Behältnisses beim Verlassen des Wagens auf den Boden und beide hatten viele Mühen, die glitzernden Schätze einzusammeln.

René Cheval und sein Stab bemühten sich um internationale Kontakte. Er bat französische Mediziner, Biochemiker, Philosophen und Theologen nach Tübingen, und auch aus der Schweiz nahmen die ersten Kollegen wieder mit uns Verbindung auf. Französische Biochemiker arbeiteten am Butenandtschen Institut, und auch aus den USA kamen Delegationen von Wissenschaftlern und hielten vielbeachtete Vorträge. Beeindruckend waren die Kollegs einer Gruppe amerikanischer Wissenschaftler presbyterianischen Bekenntnisses, welche auch in Tübingen Vorträge hielten. Unter ihnen der weltbekannte Nephrologe Homer Smith, der Pharmakologe Pitts, der Nephrologe Selcurt, der Chirurg Longmire.

Zentrum des internationalen Austausches waren die früheren Kaiser Wilhelm-Institute, jetzt Max-Planck-Institute, in Tübingen. Butenandt und seine Schüler Gerhard Schramm, Friedrich Freksa, Melchers, Dannenberg, Westphal brachten schwedische, finnische und britische Wissenschaftler nach Tübingen und setzten damit die Traditionen aus der Vorkriegszeit fort. Immerhin erinnert man sich, daß große Kliniker wie Paul Dudley White, George Pickering, Robert Platt, Irving Page an Kaiser-Wilhelm-Instituten und später an den weltbekannten Kliniken von Franz Volhard und Gustav von Bergmann gearbeitet hatten. Auch aus Deutschland vertriebene Wissenschaftler reichten die Hand zur Zusammenarbeit. So wurden junge Kollegen ins Ausland eingeladen. Damit wurde ein Prozeß eingeleitet, der in den 50er Jahren zur Wiedereingliederung der deutschen Wissenschaft in die internationale Forschung führte.

Das kulturelle Leben in Tübingen war unmittelbar nach Kriegsende praktisch ausgelöscht, Konzerte und Theaterveranstaltungen wurden erst allmählich wieder möglich. Das erste, auf mich einen ungeheuren Eindruck machende Konzert, war die Aufführung des Brahmschen

Deutschen Requiems im Festsaal der Universität, das mit seiner ergreifenden Tiefe wie ein Bußgesang und ein Hymnus an die Unendlichkeit war. Erst allmählich entwickelte sich dann ein lebhaftes Konzertwesen, das meistens von französischen Gästen bestritten wurde, so von der unvergesslichen Monique de la Bruchollerie und von Monique Haas. Auch die Orgelkonzerte französischer Interpreten vermittelten einmalige Eindrücke. Da die Musik nun gerade in schweren Zeiten Trost und Erbauung bieten kann, bildeten sich in Tübingen viele Kammermusik-Zirkel. Mit der Philologie-Studentin Annemarie Egerer aus Stuttgart und dem Gymnasiasten und späteren Medizinstudenten Bruno Frosch fanden wir zu einem Trio zusammen, das später zu „Quartetten und Quintetten" erweitert wurde, wobei ich den Klavierpart zu spielen hatte. Wir wagten uns an alle, selbst ungewöhnlich schwierige, Partien heran und gingen sogar dazu über, im Kasino der Medizinischen Klinik universitätsöffentlich zu musizieren. Wir hatten hierzu einen Flügel gegen die monatliche Leihgebühr von RM 15,00 gemietet. Diese Kammermusiken bereicherten sicher das gesellige Leben, insbesondere im Klinikum, und man sah uns manche technischen Schnitzer nach. Hans Erhard Bock spielte gelegentlich die 2. Geige und Jakob Volhard, damals Assistent an der Medizinischen Klinik, spielte eine mächtige Bratsche. Mit Elisabeth Bock und Herrad Werung wagten wir uns auch an Gesangsdarbietungen und führten das Stabat mater von Pergolesi sowie die Liebesliederwalzer von Brahms auf.

Ein bemerkenswertes Vorhaben in der Nachkriegszeit war die Einrichtung des Leibniz-Kollegs der Universität Tübingen, die auf die Initiative meines Freundes Paul Ohlmeyer zurückging. Hier wurde der Versuch unternommen, einen praktischen Schritt zu den wesentlichen Zielen der Hochschulreform zu tun; die Idee des „Studium Generale" sollte die neue Form studentischen Gemeinschaftslebens ermöglichen. Die von der Schule kommenden Abiturienten werden vor ihrem Studium ein ganzes Jahr lang in Klausur unterrichtet. Der Blick des jungen Studenten soll von vornherein auf das Ganze des Wissens und seine Bedeutung für die Lebensentscheidungen gelenkt werden. Man könnte diese Unternehmen als Proseminare für Hörer aller Fakultäten bezeichnen. Zentrale Aufgaben und Methoden aller Grundfächer der Universität wurden im Lehrplan aufgenommen. Hier soll jeder erfahren, daß man konkretes, begründetes Wissen braucht, um in den erregenden Lebensfragen nicht blind den Meinungen des Tages anheim zu fallen. Die Massen des Stoffes, die den Studenten zu bedrängen pflegen, seien zu gliedern, und sie würden interessant, wenn man sie in großen Zusammenhängen sieht. In einem ersten Bericht von Professor Gerhard Krüger aus dem Jahre 1949 wird geklagt, daß die elementaren Mängel im Schulwissen und in der Arbeitsdisziplin dem Abiturienten von heute anhaften. Natürlich waren an diesen Entwicklungen die Kriegs- und ersten Nachkriegsjahre schuld. Aber wie aktuell sind diese Fragen auch heute noch! Die Studentenschaft des Leibniz-Kollegs setzte sich aus Abiturienten zusammen, die aus eigenem Antrieb die hier gebotene Form des Studium generale erstreben, obwohl die meisten nach ihren Schulzeugnissen unmittelbar zum Fachstudium zugelassen werden könnten. Gerade für die Mediziner von heute sollten solche Möglichkeiten angeboten werden, aber natürlich ist das zahlenmäßige Angebot für solche Unternehmungen viel zu gering. Es war eine Besonderheit des Leibniz-Kollegs, daß die akademischen Lehrer auch auf Gebieten unterrichten, die fern von ihren eigenen Fächern lagen. So habe ich über ein Jahr ein Kolleg über die Entwicklung der Klaviermusik gehalten mit jeweiligen Beispielen der verschiedenen Stilepochen. Ich bin später wiederholt auf dieses Unternehmen angesprochen worden, das mir selbst viel Mühe, aber auch viel Freude bereitete. Man nahm sich einfach die Zeit, um sich einer Sache zu widmen, an der man Lust und Freude hatte.

Es war eine schöne Zeit in der Medizinischen Klinik. In den Mangelzeiten der ersten Nachkriegsjahre entwickelten sich viele bleibende Freundschaften. Man half sich gegenseitig, man verstand sich, man versuchte das Beste aus den oft recht schwierigen zeitlichen Umständen zu machen. Erwähnen möchte ich als ein Beispiel die Unterstützung älterer Bürger durch junge Assistenten und Studenten bei der Herbeischaffung von Brennmaterial. So wurde den Tübingern jeweils eine Zahl von Bäumen zur Verfügung gestellt, die eigenhändig gefällt, abtransportiert und ofengerecht gespalten werden mußten. Solche Solidaritätsakte kamen insbesondere den Geisteswissenschaftlern zugute.

Drei andere große Gestalten in der Tübinger Nachkriegszeit sind zu erwähnen: Friedrich Sieburg, Romano Guardini und Theodor Steinbüchel. Die zauberhafte und unzerstört gebliebene Stadt zog damals vor allem viele Größen aus der Welt des Theaters an. Paul und Traute Rose hatten ihre Berliner Bühne an den Neckar verlegt, Erika von Tellmann, Elisabeth Flickenschildt, Theodor Loos seien genannt. Hinzu kamen Anna Dammann, Paul Dahlke, Rudolf Fernau, zu denen dann jüngere, hervorragende Kräfte stießen, wie Hannes Messemer, der unverwechselbare Rheinländer Horst Tappert, der später dem großen Publikum weltweit als „Derrick" bekannt wurde, und der damals in Tübingen das komische Fach vertrat. Diese Künstler verliehen den Tübinger Aufführungen großstädtisches Niveau. An der Kasse mußte man außer dem Eintrittsgeld auch ein Brikett abliefern.

Friedrich Sieburg war ein großartiger Gesellschafter, wenn man bei seinen erzählerischen Monologen mit der Rolle des bloßen Konsumenten zufrieden war. Sobald ein anderer den Mund auftat, hatte er mit einem Gähnkrampf zu kämpfen. Man sah dann förmlich, wie er die nächste Attacke vorbereitete, um seine Rolle als Star-Causeur wiederzugewinnen. Die gleiche Beobachtung konnte ich mit Peter Bamm, dem witzigen und gebildeten Kollegen machen, der wiederholt bei uns zu Gast war und dabei bemerkenswerte Monologe führte. Sieburgs Themen, die er auch in Stuttgart aufgriff, waren der Stefan-George-Kreis, der Bericht über seinen tragischen Freund in Japan, den Spion Richard Sorge, von der alten Königin von Württemberg, die er beim Einmarsch der Franzosen in Schloß Bebenhausen als Kammerherr zu hüten hatte und die von der Besatzungsmacht für einen verkleideten Hitler gehalten wurde, von der tragischen Einsamkeit Marschall Pétains. Sieburg, Autor großartiger weltmännischer Bücher, wurde als Persönlichkeit, von Gottfried Benn wie folgt gekennzeichnet: „Sein Stil ist wie ein Baumkuchen, dem edelsten und teuersten Gebäck, das es gibt, nicht

Makrone, nicht Marzipan, sondern dieser weiche, zarte Teig, in dem man so viel Verdecktes und Verstecktes schmeckt".

Vier Adjektive Sieburgs verstand Benn in einzigartiger Prägnanz einzufangen: sublim und lukullisch, gepflegt und opulent. In letzter Zeit haben sich einige Journalisten daran gemacht, Sieburgs Bedeutung auch in der französich-deutschen Zusammenarbeit in Frage zu stellen. Es ist heute leider gar nicht selten, daß man sich im Abstand von fünf Jahrzehnten Urteile anmaßt, ohne die örtlichen und zeitlichen Gegebenheiten auch nur einigermaßen zu würdigen.

Das katholische Pendent von Thielicke war der Theologe Steinbüchel, den ich in der Medizinischen Klinik in schweren Krankheitstagen zu betreuen hatte und dem die Universität als Rektor außerordentlich viel verdankte, zumal er politisch den Nazis gegenüber eine massive Gegenposition eingenommen hatte. Den einzigen Lehrstuhl für Europäische Geistesgeschichte übernahm Romano Guardini, dessen akademische Vorlesungen von den Hörern aller Fakultäten besucht wurde, und der damals in der kulturarmen Zeit ganz ungewöhnliche Erlebnisse vermittelte. Thielicke hat ihm ein achtungsvolles Kapitel in seinen Erinnerungen gewidmet, in dem er auch die rhetorische Gewandtheit und das didaktische Geschick hervorhob. Die enorme Ausstrahlung Guardinis stammt nach Thielicke nicht zuletzt aus seinen Gegensätzen. Er war spirituell sublim, wenn er Hölderlins Hymnen interpretierte oder über den Engel in Rilkes Duineser Elegien sprach, und andererseits taktisch und raffiniert, wenn er irgendetwas durchsetzen wollte.

Die Beziehungen zwischen Universitätsangehörigen und der Tübinger Bevölkerung waren etwas Besonderes. Die Tübinger Ureinwohner, wenn man so sagen darf, waren die sogenannten Gogen, ein rauhes, aber sehr herzliches Völkchen, von denen bösartige „Reingeschmeckte" behaupteten, sie stammten von den Hunnen ab. Nun, gar so schlimm war es nicht. Es gibt viel Primär- und Sekundärliteratur über sie. Der Genius loci wurde erfaßt durch den Urtübinger Philosophen Theodor Haering, dessen Buch „Der Mond braust durch das Neckartal" zu den Standardwerken über Tübingen gehört. Von ihm stammt auch die Schilderung eines Gespräches zwischen Mutter und Tochter in der Tübinger Altstadt, dem sogenannten Gogenviertel. Da es große Fußballturniere, Fernsehgeräte, go-ins und sit-ins nicht gab, spielten sich soziale Kontakte zwischen den Studenten und den Familien der Zimmerwirte auf mehr biologische Weise ab. So fand manches Wirtinnentöchterlein den späteren Lebensgenossen in den Kreisen der eingemieteten Studentle, was gelegentlich durch unvorhergesehene Schwangerschaften gefördert wurde. Eine große Zahl von Anekdoten befaßt sich mit diesen Ereignissen. Bemerkenswert ist es, daß die gewählten Taufnamen der Sprößlinge ausgesprochen klassisch-akademisch ausfielen. Besagtes, unsagbar schmutziges im Rinnstein spielendes Mägdelein wurde von der aus dem Fenster herauslehnenden Mutter mit der trefflichen Bemerkung „Aurora, du Drecksau“ milde zur Ordnung gerufen. Ein arg geschlagener Vater eines gesegneten Fräuleins soll einem Ondit zufolge der Familie des Übeltäters die Anzeige mit folgenden Worten gemacht haben: „Sehr geehrter Herr Konsistorialrat, Ihr Herr Sausohn hat meine Tochter Rickele in derart unverschämter Weise geschwängert, daß sie gestern durch Herrn Professor August Mayer mit der Zange entbunden werden mußte!“ Viele andere drastische Berichte aus der studentisch-gogischen Symbiose können nachgelesen oder durch Abspielen von Schallplatten nachvollzogen werden. Die Tübinger Philosophie läßt sich durch einen trefflichen Ausspruch des Metzgers Späth belegen, der sich nach mehrmaliger Absolvierung der Sexta seiner eigentlichen Berufung als Amateurphilosoph hingab. Lassen wir ihn selbst sprechen: „wenn i nachts von Luschtnau reifahr, de geschtirnte Hemmel iber mir, das moralische Gesetz en mir ond meine Säu hender mir – no kommed mir ällemol meine beschde Gedanka“

Definition des Stoffwechsels: „Wenn einer auf em Kirchhof leit, wo so viele Zwetschgabäum gewöhnlich standet, und wenn er dann zu Erde wird, wie’s en dr Bibel schdoht, von der du genommen bist und auf sellem Wege der Natur alldann schließlich au wieder amol a Zwetschg wirsch, Se wissed scho, des heißt mer, glaub i, Stoffwechsel“

Ein Erlebnis als Theaterarzt konnte sich eigentlich nur in Tübingen ereignen. Im Tübinger Ensemble war eine großartige Charakterdarstellerin, Ellen K., welche während der Vorstellung kleinerer medikamentöser Anregungen bedurfte. Ich ließ mich als etatmäßiger Theaterarzt von einem jungen Kollegen vertreten, der prompt nach dem 2. Akt des „Richters von Zalamea“ hinter die Bühne gerufen wurde. Im Fortgang des Spieles wurde die Hauptakteurin immer langsamer und müde und schlief schließlich, an einem Baumstamm sitzend, ein. Ihr Partner Theo Loos, erfahrener Routinier, rettete die Aufführung, indem er den weiblichen Part mitsprach und die entsprechenden Antworten gab. Das hörte sich etwa so an: „Wie sagtest du doch gleich? Du willst dem Alten folgen? So sei's denn, und so wird's geschehen“. Da der unglückliche Kollege um etwas kräftig Wirkendes gebeten wurde, spritzte er ihr eine Ampulle Scopolamin-Ephetonin! In einer anderen Aufführung von „Faust I“ ließ mich Ruth Kommerell als bemerkenswertes Gretchen hinter die Bühne rufen. Ich hatte ihre wunderbare Goethesche Sprache im Ohr, als sie mich mit breitem Schwäbisch empfing: „Herr Doktor, i han so arg de Huschde, i brauch ebbes!“ Beim Fortgang des Spieles wartete ich, gottlob vergeblich, auf solche schwäbischen Einschiebsel. Jene Ruth Kommerell hatte ich dann auf Station zu betreuen, wo sie mit einem Bronchialinfekt in einem Zweibettzimmer lag. Es diente auch der Unterbringung einer schlafmittelvergifteten Patientin. Als ich nachts als diensthabender Arzt gerufen wurde, sagte ich der Schwester, sie möge die Patientin schon einmal blasenkatheterisieren, ich käme sogleich. Auf dem Weg zur Station fing mich die Krankenschwester verzweifelt ab und sagte: „Herr Doktor, die Patientin hat irgend a Anomalie, i han's Loch net gfunde“. Als ich dann ins Krankenzimmer trat, war das Uringefäß randvoll gefüllt, und aus dem Nachbarbett tönte es: „I han des net mit asehe könne und han a bissle nachgholfe. Schließlich hat mer ja amol an Rotkreuzkurs mitgmacht“. Gewußt, wo und wie.

Theodor Haering führt andere Beispiele dichterischer Gestaltungen im Schwabenlande in folgenden Grabsprüchen an:

„Ruhe nun, du liebe Seele,
in der dunklen Erdengruft,
neben deinem Vetter Stähle,
bis der Herr dich wieder ruft“.

„Im Leben so rot wie Zinnober,
im Tod wie Wachs so bleich –
sie starb am zehnten Oktober,
am zwölften war ihre Leich’“.

Es verwundert nicht, daß aus diesem Urgrund große Heroen wie Friedrich Schiller, Ludwig Uhland, Wilhelm Hauff, Justinus Kerner, Friedrich Hegel und Friedrich Hölderlin erwuchsen.

Die alte medizinische Klinik in Tübingen

Erste Ausbildungsjahre zum Internisten

Die alte Tübinger Klinik hatte acht allgemeine Stationen, vier für Frauen, vier für Männer. Sie bestanden aus jeweils einem großen Saal mit 18 bis 22 Betten sowie einem Außenzimmer mit zwei Betten. Dazu gehörte ein kleines Stationszimmer. Einige Stationen hatten noch ein Schwesternwohnzimmer für die leitende Stationsschwester. Es gab ferner je eine Privatstation im 1., 2. und 3. Stockwerk. Hier machte der Chef zweimal in der Woche große Visite. Die Stationen wurden im übrigen von den Oberärzten und den Privatassistenten betreut, von denen einer auch die Voruntersuchung in der Sprechstunde vornahm und ein anderer als Vorlesungsassistent die Hauptkollegs vorbereitete. Der kleine Hörsaal erlaubte es gerade noch, daß alle eingeschriebenen Studenten das Hauptkolleg hörten. Zur Klinik gehörten ferner ein großer Pavillon, das Sonnenhaus, sowie eine große Tuberkulosestation. Eine Insel im täglichen Kliniksablauf war das sorgfältig geführte und bewachte Isoliergebäude, das aber kaum einmal belegt war. Typhus und Paratyphus waren selten, Poliomyelitisfälle gab es noch nicht. Auch die Hepatitis hatte noch nicht das endemische oder gar epidemische Ausmaß erreicht. Im übrigen war die Feindiagnostik der Hepatitis noch nicht so weit gediehen, so daß bestimmte Verlaufsformen unbekannt blieben. In aufsehenerregenden Selbstversuchen hatten Angehörige der Gutzeitschen Klinik die Infektiösität der Hepatitis dadurch nachgewiesen, daß sie mit Bouillon vermischten Urin von Gelbsuchtpatienten tranken. Zwei der experimentierenden Ärzte bezahlten dies mit dem Tod an akutem Leberzerfall. Damit war eindeutig der infektiöse Charakter der Hepatitis, der Gelbsucht, bewiesen und es lag der Schluß nahe, daß auch der sogenannte Salvarsan-Tod auf einer Infektion beruhte, deren Virusgenese bald in die Diskussion kam. Als ich meine Probevorlesung vor der Fakultät zu diesem Thema hielt, bemerkte der dermatologische Ordinarius, er habe selten solchen Unsinn gehört. Einige Mitglieder der Fakultät, die mit der modernen Literatur vertraut waren, unter ihnen Adolf Butenandt, retteten den Habilitanden vor dem schmachvollen Untergang. Die Geheimabstimmung ging dann knapp zu meinen Gunsten aus. Doch dies nur nebenbei. Infektionskrankheiten, insbesondere die chronischen typhösen Infektionen, wurden meist monatelang in der Isolation gehalten. Es gab in den stürmischen Anfangsstadien der Krankheit eigentlich nur pflegerische Maßnahmen anzuwenden, von einer spezifischen Therapie war man noch weit entfernt. Ich selbst war zu Beginn eines rheumatischen Rezidivs wegen hohen kontinuierlichen Fiebers unter Typhusverdacht eingewiesen worden und verbrachte einige Tage unter der strengen Leitung der altgedienten Stationsschwester. Felix Höring als Infektionsspezialist schloß aber eine Typhuskrankheit aus, und meine eigene Krankheitsvorgeschichte brachte die Diagnose dann sehr schnell.

Die Kranken wurden im allgemeinen von den niedergelassenen Ärzten eingewiesen, einige wenige kamen über die Poliklinik. Problemfälle wurden von den umgebenden Kreiskrankenhäusern oder vom Tropengenesungsheim eingewiesen. Eine fachspezifische Trennung der Patienten, etwa in Blutkranke, Magen-Darm-Kranke, Diabetiker usw. gab es nicht. Jede Station war zur Krankenaufnahme rund um die Uhr verpflichtet, und es erfolgte auch später nach der Diagnosestellung keine Zusammenlegung bestimmter Krankheitsgruppen. Dies hatte für die auszubildenden Kollegen den großen Vorteil, daß sie mit der ganzen Breite des Faches vertraut gemacht wurden, und daß ein lebhafter Konsiliardienst innerhalb der Stationen bestand, der durch die jeweiligen fachlich interessierten Oberärzte überwacht wurde. Die Stationsärzte waren durchweg „alte Hasen", acht bis zwölf Jahre in der Klinik, erfahren und kritisch, vor allem auf eine strenge Arbeitsmoral ihrer jungen Kollegen bedacht. Zu jeder Station gehörte ein eigenes Präsenzlaboratorium für Urinanalysen, Blutbilder und die kleine Serodiagnostik. Das Zentrallaboratorium wurde nach dem Kriege durch den Butenandtschüler Ulrich Westphal reorganisiert und auf den neuesten Stand gebracht. Die Laboranalysen wurden meist noch von Hand durchgeführt, denn es gab die heute üblichen Labormaschinen noch nicht. Aus dieser Zeit stammt auch die Einzelabrechnung der Laborleistungen, die erst ganz allmählich dann nach Einführung der Automatisierung korrigiert wurde. Der junge Mediziner wurde mit allen diagnostischen Verfahren einer internen Klinik befaßt, von der Liquorpunktion, notfalls subokzipital, bis zur eben eingeführten Laparaskopie, von der Zystoskopie bis zur Duodenalsondierung gehörten alle diese Eingriffe zum Repertoire des Stationsarztes, der dann auch die Volontärassistenten und die zugeteilten Famuli unterwies. Intravenöse Einspritzungen wurden nur von approbierten Ärzten durchgeführt, während venöse Blutentnahmen auch durch Schwestern und Studenten vorgenommen wurden. Von meiner Stationsschwester Emma Gubler habe ich die Injektionstechnik erlernt. Wenn ein Anfänger gar nicht zurecht kam mit Rollvenen oder tief verborgenen Adern, so wurde Schwester Emma zugezogen, die ihr Ziel immer traf. Sie verbrachte ihre Zeit, von Dienstzeit ist gar nicht zu sprechen, von frühmorgens fünf Uhr bis abends neun Uhr auf der Station und war eine richtige Mutter der Station, die auch Krankheitsverläufe kritisch beurteilte. Wenn sie mich aus dem Laboratorium, wo ich nachmittags und abends arbeitete, auf Station rief, dann wußte ich, daß wirklich Gefahr im Verzuge war, meist wurde dann auch gleich der diensttuende Oberarzt gerufen. Die großen Säle waren bei den Patienten recht beliebt. Es sind mir keinerlei Klagen über etwaige Belästigungen oder Unbequemlichkeiten bekannt. Es war auf Station immer etwas los. Wenn man einem differenziert erscheinenden Kranken die Unterbringung im Zweibettzimmer anbot, wurde dies nahezu regelmäßig abgelehnt, weil man sich nicht so schwerkrank fühlte, um in einem Ein- oder Zweibettzimmer untergebracht zu werden. Jeder eingewiesene Patient verschwand zunächst hinter einer Spanischen Wand neben der Stationstür und wurde einem Vollbad unterzogen. Die Auskultation und Perkussion bei der morgendlichen Visite konnte durch munteres Geplätscher empfindlich gestört werden. Jeder Kranke hatte einen schmalen Spind im Flur, wo auch der große Stationsschreibtisch untergebracht war, der Befehlsstand der Stationsschwester. Krankengeschichten und -Verläufe wurden im allgemeinen im Krankensaal geschrieben und in den Diktierräumen neben der Bücherei komplettiert. Dort wurden auch die Arztberichte verfaßt, deren pünktliche Erstellung von den Oberärzten streng kontrolliert wurde. Die 14tägige oder später vierwöchige Abgabe der abgeschlossenen Krankenblätter wurde nach den Entlassungslisten kontrolliert. Die Krankengeschichten wurden dabei auf Vollständigkeit geprüft und bei den nicht selten auftretenden Monita zurückgegeben. Sie mußten dann innerhalb von fünf Tagen nachgeliefert werden. So streng waren damals die Bräuche. Ich habe es an den von mir geleiteten Kliniken trotz mannigfacher Versuche nie geschafft, solche zeitgerechten Krankenblattabgaben einzuführen. Das hing auch damit zusammen, daß die komplizierter werdende Diagnostik mit später eingehenden Ergebnissen den raschen Abschluss der Krankenpapiere verzögerte. Die regelmäßigen Oberarztvisiten dienten der Überprüfung der Diagnose und der im Grunde noch bescheidenen Therapie. Erst mit Einführung der Sulfonamide, der Antibiotika, der Antihypertensiva, der Diuretika, der Zytostatika und der oralen Antidiabetika wurde die therapeutische Palette entscheidend verbreitert, und dann gab es auch mehr Diskussionen zur Indikation, Wirksamkeit und der Nebeneffekte. Vor Beginn der eigentlichen Tagesarbeit wurden vom Oberarzt Bock Leberpunktionen durchgeführt, bei denen der Stationsarzt natürlich zugegen war. Die notwendigen Voruntersuchungen wie Blutbild und Gerinnungsanalysen mußten selbstverständlich vorher präsentiert werden. Der Stationsarzt hatte auch bei den regelmäßig stattfindenden Staatsexamina am Krankenbett anwesend zu sein und dafür zu sorgen, daß mitleidige

Famuli oder sachkundige Schwestern dem Prüfling keine unstatthaften Hilfen zukommen ließen. Nach einigen bohrenden Fragen hatte der Prüfer ohnehin schnell heraus, was dem eigenen Bemühen entsprossen und was sozusagen Sekundärwissen war. Recht zeitraubend war die Vorbereitung der für das Kolleg vorgesehenen Kranken, und man hatte den Eindruck, daß manche persönliche Karriere in der Klinik durch die Akzeptanz der vorgelegten Unterlagen für den Chef mitbestimmt war.

Trotz der Strenge des Dienstes war die Atmosphäre in der Klinik freundlich und locker. Gewisse Rivalitäten bildeten sich natürlich unter den wissenschaftlich arbeitenden Kollegen heraus, von denen jeder möglichst rasch zum Ziele, das heißt zur Habilitation kommen wollte. So bildeten sich kleinere Grüppchen, die einander abschotteten und deren Ergebnisse man erst im „Ärztlichen Verein" erfuhr. Zu „meiner" Gruppe gehörten Wolf-Dietrich Germer, mit dem ich später jahrzehntelang in Berlin in der Kongressgesellschaft zusammenarbeitete, Helmut Seidel, ein erfahrener Tuberkulosespezialist sowie Rudolf Gross, der sich frühzeitig den Blut- und Krebskrankheiten widmete, und dem ich seither freundschaftlich verbunden bin. Es wurde viel im Laboratorium gearbeitet, welches damals im Nebengebäude der Klinik untergebracht war, und von den Assistenten einzurichten und zu unterhalten war. Ich hatte mir ein Refugium im ehemaligen Krautkeller unter der Isolierstation ergattert, das ich mit Hilfe von Doktoranden herrichtete und auch mit dem notwendigen Labormöbel ausstattete. Dort arbeitete ich mit einer technischen Assistentin, die ich vom Kolleggeld des Unterrichtes für technische Assistentinnen bezahlte. Es war die stattliche Summe von monatlich 150,00 Mark. Später besserte sich die finanzielle Situation durch Zuschüsse von der Industrie, die unabhängig vom Arbeitsthema durch Vermittlung der Außenvertreter gewährt wurden. Einen Glückstreffer zog ich durch die Zusammenarbeit mit der Firma Hoffmann-La Roche, deren Zuschuß in die Zeit der Währungsreform fiel, und die mir weitere sechs Monate nach der Währungsumstellung die Unterstützung in D-Mark auszahlte. Bei 40,00 DM, des jedem zustehenden Kopfgeldes, waren diese 200,00 DM natürlich eine fürstliche Unterstützung. Diese wurde durch meinen langjährigen Freund, Dr. Henner Kollmar noch verstärkt, der mir einen regelmäßigen Zuschuß seiner Firma Ciba gewährte zur Durchführung meiner experimentellen Untersuchungen auf dem Arteriosklerosegebiet. Dr. Kollmar hat sich um die jüngere Generation an den Kliniken gekümmert und sie nach besten Kräften unterstützt. Er war ein uneigennütziger Mäzen für viele von uns, die ihm lebenslang verbunden waren. Ich habe ihm mit einem Poem zum 60. Geburtstag ein Denkmal zu setzen versucht:

Geboren ward er kurz vor dem Ende
des Jahres der Jahrhundertwende
als ersten Weihnachtstags Bescherung
der Gegenstand der heut'gen Ehrung.
Dort bei Heilbronn im Land der Schwaben
begann der Lebensweg des Knaben,
und zwar im Tierkreiszeichen Steinbock.
In Ehren hielt er stets den Weinstock,
als seines Vaters braver Sohn
obgleich der Altem, wie zum Hohn
ein Rebgut aus Familienerbe
verscherbelt, daß sein Sproß nicht sterbe
an Leberschrumpfungs-Konsequenzen
nach Studium eigener Kreszenzen.
Der Väter Weisheit ist zu preisen!
Der Sohn hinfort auf weiten Reisen,
erforscht' als Jüngling, Mann und Opa
die edlen Weine von Europa!
Und da Gesinnung und Kultur
seit alter Zeit der Rebe Spur
gefolgt sind, war der Bildungswert
all dieser Reisen unerhört!
So Vater schafft's, den Sohn zu leiten

und dessen Horizont zu weiten
mit pädagogischem Geschick.
Beileibe war kein böser Trick,
das Weingut zeitig zu verkaufen,
vererbter Wein reizt bloß zum Saufen!
Doch wenn wir schon beim Erbe sind:
Jung Heinrich war ein kluges Kind.–
Talente und Konstitution
dankt seinen Eltern ja der Sohn.
Bedacht und Wagemut gepaart
sind, wir ahnen, Vaters Art.
Ein Beispiel nur, was dies bestätigt
ist, wie er sportlich sich betätigt:
Als schitouristische Kanone
fährt er doch niemals oben ohne
Verstand herum im Schnee der Firne.
Ein Sturzhelm, sagt man, dient dem Hirne
zum Schutz. Mit Fellen und Tornister
Auf Schiern stets zu sehen ist er.
Ein Steinbockmensch, der Berge liebt
sich doch nicht in Gefahr begibt.
In diesem Sinne ist er dann
auch positiv als Wassermann
und rhonepaddelnder Tourist.
Der Bock, der hier im Bunde ist
heißt 'Stripp' in dem Jargon der Sippe
die Stripp ihn teast mit frecher Lippe.
Soviel zum Sport und zur Gestaltung
der Freizeit; doch die Geisteshaltung
und Seelengröße von Personen
mißt man in andere Dimensionen!
Des Körpers respektable Länge
ist noch kein Grund für Preisgesänge,

doch liefern Edelmut und Ratio
hier reichlich Stoff für die Laudatio.
So mancher hat in schweren Jahren
von Heinrich Gutes einst erfahren.
Die eidgenössischen Kontakte
verschafften vielen wohl verpackte
und heiß begehrte Köstlichkeiten
in jenen Mangelwaren-Zeiten,
als noch das Volkes Sinn nach Brot stand.
Nun ist der materielle Notstand
zwar wie man sagen kann, behoben,
doch Heinrich Kollmar ist zu loben,
weil er die Bildungspolitik
der ganzen Bundesrepublik,
seit Jahren macht mit sich'rer Hand.
Kein Lehrstuhl ist im ganzen Land,
Für den er nicht die Köpfe heuert,
wo er nicht die Berufung steuert!
Die deutsche Hochschulprominenz
dankt ihm, der grauen Eminenz,
die groß im Wurf, kühn im Gedanken
gesprengt die föderalen Schranken!
Um Deutschlands Jugend stünd' es trister
wär' er nicht Bundeskultminister
de facto, wenn auch nicht de jure.
Solch' Amt ist keine Sinekure!
Dies gabs noch nie, trotz Ben Akiba
daß ein Direktor von der Ciba
kurz telefonisch dekretiert,
wer wann wo Ordinarius wird!
Vor soviel Macht erheb' ich schier
'Ach Heinerich, mir graut vor Dir',
so würd ich sagen, wüßt ich nicht,

daß Dich halt nur der Hafer sticht,
als Zeichen kraftvoll jungen Strebens
das einen freut im Herbst des Lebens.
So in Gesundheit sei hienieden
Dir Deines Herbstes Frucht beschieden,
wie sie nun reif und unverdunkelt
zum Wohle Dir im Glase funkelt!

In einem kleinen Kabäuschen in der früheren Studentenambulanz konnte ich mich zum Literaturstudium und zur Bearbeitung von Manuskripten zurückziehen. Das Gebäude lag zwischen dem Schweinestall (Abfallverwertung-Recycling) und der Hauptküche. Je nach Windrichtung wurde die Appetits- und Stimmungslage beeinflußt. Die Küchenschwester, wie ihre Mitschwestern dem Verband der Herrenberger Diakonissen angehörend, hat in der Nachkriegszeit viel Gutes getan, indem sie mittellosen Flüchtlingen, die wir auch unter den Hilfsärzten hatten, immer etwas zusteckte, ohne daß die Kranken darunter litten. Die Vornamen der Diakonissionen waren zeitgemäß uniform, so daß es jeweils zu unterscheiden gab, welche Marie, Bertha, Elsa, Anna, Margarete, Luise, Emma nun gerade gemeint war. Man unterschied gelegentlich nach Haarfarbe und Körpervolumen und hatte dann keine Schwierigkeiten mit der Differenzierung.

In der Medizinischen Klinik kamen die aus Krieg und Gefangenschaft zurückkehrenden Ärzte unter, allerdings ohne Bezahlung. Immerhin konnte die ärztliche Weiterbildung dadurch weitergeführt werden, und schließlich fand ein jeder sein Auskommen. Ich wurde nach dreijähriger Tätigkeit als unbezahlter Hilfsarzt schließlich mit einer halben Assistentenstelle belohnt, nach weiteren zwei Jahren wurde ich dann offiziell Assistenzarzt der Klinik. Vorher wäre allerdings die ärztliche Karriere beinahe vorzeitig beendet wurden, weil ich 1947 ein schweres Rezidiv des rheumatischen Fiebers erlitt. Bei massiver Mitbeteiligung des Herzens hatte wohl jeder der behandelnden Ärzte die Hoffnung auf

Heilung aufgegeben, während mir selbst als Patienten der Ernst der Situation gar nicht klar geworden war. Erst beim Studium des Krankenblattes habe ich später festgestellt, an welcher Katastrophe ich vorbeigekommen war. Das wirksame Therapeutikum war Pyramidon, und ich konnte schließlich nach vier Monaten die Krankenstation und das für „besondere" Verläufe reservierte Stationsbad verlassen. Als Rekonvaleszent wurde ich dann vom Gesundheitsamt in ein von katholischen Ordensschwestern, den Mainzer Vincentinerinnen, geleitetes Tuberkulosekrankenhaus nach Haigerloch entlassen, wo ich systematisch aufgepäppelt wurde. Auf der Höhe der Krankheit hatte die Kliniksapotheke tatsächlich Penicillin von den Amerikanern bekommen, und ich erhielt an drei Tagen jeweils 30000 E i.m. injiziert, wonach sich prompt ein Spritzenabszess entwickelte. Diese Art der „maximalen" Therapie ist mir also schlecht bekommen.

In der Rekonvaleszentenzeit wurde vom damaligen Chefarzt des Kantonspitales in Chur, Professor Markoff, das Angebot gemacht, einen bedürftigen jungen Arzt gegen einen Schweizer Kollegen auszutauschen, der für ein Vierteljahr Dienst in der Medizinischen Klinik tun sollte. Mein zuständiger Oberarzt Hans Erhard Bock leitete den Austausch ein und hatte mich nominiert. Aus nicht bekannt gewordenen Gründen zerschlug sich die Sache aber, doch war dieses hochherzige Angebot natürlich in der damaligen Zeit Trost in der allgemeinen Depression. Ich habe mich später als Chefarzt in Stuttgart bei Herrn Markoff bedankt, der sich dieses Vorgangs noch erinnerte. Mit den späteren Chefärzten Beck (Schramberg), Robbers (Sigmaringen), Widmann (Villingen), Hahn (Plochingen), Münzenmeier (Balingen) habe ich später als Chef in Stuttgart und Heidelberg oft Kontakte gehabt und gemeinsam Patienten betreut.

Da ich auf der Männerstation G eingesetzt war, hatte ich die Funktion eines Apothekenarztes auszuüben. Die Kliniksapotheke befand sich auf dieser Station und wurde von der höchst bemerkenswerten schwergewichtigen Schwester Emma geleitet. Sie verstand es, durch persönlichen Einsatz und Beziehungen zu den früheren Wehrmachtsapothekern die recht dürftige Kliniksapotheke zu ergänzen. Darüberhinaus fuhr ich im Auto eines arabischen Kollegen die früheren Wehrmachtslazarette und die Depots Pharmazeutischer Firmen an. Baden-Baden, Offenburg, Lindau und Illertissen haben wir mit dem holzgasgetriebenen Vehikel angesteuert. Wir kehrten mit manchen Schätzen nach Tübingen zurück, vor allem mit Insulin und Sulfonamiden. Es gehört freilich zu meinen besonderen Erfahrungen, daß der Diabetes bei der großenteils unterernährten Bevölkerung ausgesprochen leicht verlief und daß schwere Komplikationen praktisch nur bei den Allgäuer Bäuerinnen und Bauern vorkamen, welche genügend tierische Eiweiße und Fette zur Verfügung hatten. So kam eines Nachts eine massiv übergewichtige Bäuerin aus dem Allgäu im diabetischen Koma zur Aufnahme. Es war der 2. Weihnachtsfeiertag. Ich hatte alle Hände voll zu tun, um mit diesem schwierigen Fall zurechtzukommen. Mitten in der Nacht wurde ich ans Telefon gerufen, wo der zuständige Oberarzt H. E. Bock fragte, ob es etwas Besonderes gäbe. Ich berichtete über diesen problematischen Fall. Nach etwa einer halben Stunde erschien der Oberarzt, um nach dem rechten zu sehen. Er war mit dem Fahrrad durch das winterliche Tübingen gefahren, um mich – wie er sagte – nicht mit der Verantwortung allein zu lassen. Diese Haltung war für mich so beispielgebend, daß ich sie bei ähnlichen Situationen für mich immer wieder nachvollzog und auch meinen anvertrauten Kollegen weitergab.

Die Nachtdienste in der Klinik waren im übrigen doch recht geruhsam. Eine Art Intensivmedizin, die ja heute die Krankenhausärzte aller Größenordnung ungewöhnlich stark beschäftigt, existierte praktisch nicht. Es gab Schlafmittelvergiftungen, die meistens gut zu versorgen waren und Schlaganfälle aller Verlaufsformen, bei denen man nur assistierende Maßnahmen durchführen konnte. Gallenkoliken waren selten, Nierenkoliken schon häufiger; aber erstaunlicherweise gab es keine Herzinfarkte. Den ersten Herzinfarkt beobachtete ich vier Jahre nach Kriegsende bei einem Spätheimkehrer, der von der liebevollen Gattin innerhalb weniger Monate so „aufgefüttert“ wurde, daß sich bei ihm eine schwere Hypercholesterinaemie und Koronarthrombose entwikkelten, die zum Tode führte. Der Sekant Professor Letterer demonstrierte uns den Thrombus in den Koronarien mit der lapidaren Feststellung: „Das genügt für den akuten Herztod". Mit der Normalisierung der Ernährungsverhältnisse und einer zwangsläufig sich entwickelnden Luxuskonsumption kam es dann zu einem drastischen Anstieg der klinisch faßbaren und leider oft zum Tode führenden Infarkte. Ich habe darüber häufig berichtet und auch auf internationalen Kongressen die Erfahrungen der lezten Kriegs- und ersten Nachkriegsjahre dargestellt. Ähnliche Berichte kamen aus Norwegen und Finnland, mit weniger eindrucksvollen Daten aus Dänemark und Schweden, wo die Ernährungsverhältnisse offensichtlich nicht so miserabel waren.

Erste wissenschaftliche Arbeiten in Tübingen

Nach dem medizinischen Staatsexamen und der Promotion im November 1942 stellte sich die Frage, was nun zu tun sei. Ich hatte eine freie Entscheidung zu fällen, da die Soldaten nach Abschluss der Studien an die Front versetzt wurden, und da die Kolleginnen vorwiegend eine praktische Tätigkeit in den klinischen Fächern anstrebten. Das hatte ich auch zunächst vor, als Erich Letterer mir anbot, bei ihm wissenschaftlich zu arbeiten. Er hatte mich schon im medizinischen Staatsexamen über den Cholesterinstoffwechsel geprüft, wobei meine damalige Kenntnis in der Feststellung gipfelte, daß Cholesterin in der Nebenniere und im Corpus luteum reichlich vorhanden sei, und daß es eine Cholesterinspeicherkrankheit gäbe. Letterer hatte wesentliche Beiträge auf dem Gebiete der Amyloidforschung geleistet, indem es ihm gelang, experimentell diese Eiweißstoffwechselstörung zu erzeugen, sie morphologisch und ätiopathogenetisch aufzuklären. Amyloid entsteht bei Menschen mit auszehrenden Krankheiten, also mit langdauerndem Gewebezerfall, z.B. bei Tuberkulose oder bei chronischen Nierenkrankheiten. Infolge der Ablagerung eiweißartiger Massen kommt es zu Organuntergang, zu Nierenversagen, zu schweren Störungen der inneren Drüsen, aber auch zu Gehirnveränderungen. Die Amyloidforschung ist heute wieder äußerst aktuell und läßt insbesondere auf dem Gebiete der degenerativen Hirnkrankheiten, einschließlich des Morbus Alzheimer neue Ergebnisse erwarten. Hier hat die Gruppe von Konrad Beyreuther neue Akzente gesetzt. Letterer versuchte den Ablauf der Amyloid-Krankheit durch äußere Faktoren zu beeinflussen.

So hatte ein venezolanischer Pathologe, der aus Deutschland ausgewanderte Jaffé, beschrieben, daß durch Verfütterung von Cholesterin das Amyloid im Tierversuch zu verhindern sei. Letterer bot mir an, auf diesem Sektor zu experimentieren und verschaffte mir ein Stipendium der sogenannten Hermann-Göring-Stiftung, welche die Notgemeinschaft der deutschen Wissenschaftler abgelöst hatte. Es handelte sich hierbei um ein völlig unpolitisches und unabhängiges Unternehmen. Als die Amerikaner 1945 in Württemberg einmarschierten, kamen sie auch in unser Institut und fragten nach meinen „kriegswichtigen" Forschungen, da ich doch Stipendiat der Hermann-Göring-Stiftung gewesen sei. Ich habe den Medizinern der Kommission dann meine Forschungsprotokolle vorgelegt, und man nahm sie zur Auswertung mit. Man konnte es sich nur schwer vorstellen, daß in den letzten drei Kriegsjahren noch Grundlagenforschungen dieser Art betrieben wurden.

Ich bezog also ein kleines Labor gegenüber dem Chefzimmer und machte mich daran, eine zuverlässige Mikromethode zur Cholesterinbestimmung zu entwickeln. Es gelang schließlich aus einigen Tropfen Mäuseblut, die der Schwanzvene entnommen wurden, zuverlässig Cholesterin zu bestimmen. Die beiden Biochemiker Ulrich Westphal und Josef Schmidt-Thomé, brachten mich entscheidend weiter. Beide haben mich auch in der Folge trefflich unterstützt und vor manchen Fehlschlägen bewahrt.

Erich Letterer hatte mich als Hospitant beim Chemischen Institut in Tübingen eingeschrieben, das damals von Georg Wittig geleitet wurde.

In meiner Heidelberger Zeit habe ich ihn lange Jahre als Patient betreut. Ich begegnete ihm als Mitglied der Heidelberger Akademie wieder. Unter der sanften, dabei aber strengen Leitung von Dr. Susanne Hörlein wurde ich dann in die Analytik der Lipide eingeweiht. Nebenbei machte ich noch Silikatbestimmungen in Staublungen, wobei ich einen wertvollen Platintiegel bei der Veraschung des organischen Materials ruinierte. Wittig stellte trocken fest, das könne auch nur einem Mediziner passieren. Neben den Analysen war ich mit ausgedehntem Literaturstudium beschäftigt, wobei die großartige Bibliothek des Kaiser-Wilhelm-Institutes das Studium der aufregenden Ergebnisse von Isotopenversuchen der Amerikaner gestattete. Aber auch die ältere Literatur seit Aschoff, Thannhauser, Schally, Hueck, Thierfelder, Klenk und Knoop wurde studiert. Es ist erstaunlich, daß viele ihrer wissenschaftliche Ansätze und Ergebnisse noch heute in der aktuellen Forschung Gültigkeit haben. Die Windausschen Analysen am Institut von Aschoff leiteten ja eine neue Epoche der Lipidforschung ein, die gerade in Tübingen von Thierfelder und Klenk zu beachtlichen Höhen geführt wurden.

Das experimentelle Amyloid bei Mäusen, die mit Kaseinlösung subkutan gespritzt wurden, um Nekrosen zu entwickeln, war nach den Lettererschen Experimenten innerhalb von drei bis vier Wochen zu erzeugen, aber es gelang mir nicht, seine Entstehung durch die Applikation verschiedener experimenteller Diäten zu beeinflussen. Das Forschungsziel wurde also nicht erreicht. Was tun?

Ich hatte die Organe der Tiere konserviert und ging nun daran, den Gehalt an Cholesterin und Phospholipiden zu bestimmen. Hier fand ich nun beträchtliche Unterschiede in Leber, Milz, Nieren, in der Lunge sowie im Gesamttier, wenn unterschiedliche Fette und Öle verfüttert wurden. Es war mir schon aufgefallen, daß auch der Blutcholesteringehalt nach Darreichung von pflanzlichen und tierischen Ölen bzw. Fetten stark variierte. Schlüsselresultat dieser Experimente war die Erniedrigung des Serumcholesterins und des Organcholesterins nach Verfütterung von Oliven-, Sesam-, Sonnenblumenöl einerseits, ihr Anstieg nach Darreichung von Schweineschmalz, Butter und menschlichem Depotfett andererseits. Insbesondere die polyensäurereichen Öle bewirkten eine Reduktion des Cholesterinbestandes. Es wurden Kreuzexperimente durchgeführt, welche diese Thesen bestätigten. Diese Ergebnisse der Speicherungsversuche konnten erst 1947 in der Biochemischen Zeitschrift publiziert werden, da wissenschaftliche Veröffentlichungen in den letzten Kriegs- und ersten Nachkriegszeit nicht mehr möglich waren. Als ich dann 1951 zum ersten Male in den USA war, um an einem Ernährungskongress teilzunehmen, hörte ich die Vorträge von Ed. Ahrens, Larry Kinsell und Ancel Keys, welche beim Menschen durch Darreichung verschiedener Fette und Öle Veränderungen des Blutcholesterins erzielten, wobei wiederum eine positive Korrelation zwischen dem Polyensäuregehalt der Öle und ihrer cholesterinsenkenden Potenz bestand. Am Rockefeller Institut in New York und an der Highland Alameda Clinic in Oakland, Californien, habe ich dann meine Ergebnisse vorgetragen, die natürlich drüben nicht bekannt waren, die aber als experimentelle Ergänzung der klinischen Resultate willkommen waren. Es war also ein Glückstreffer, daß Letterer mich auf das später so hochinteressante Cholesterin ansetzte und daß ich nach den vergeblichen Amyloidversuchen schließlich beim Cholesterinstoffwechsel landete. Später habe ich dann auch beim Menschen den Cholesterinhaushalt untersucht und insbesondere die Beziehung zwischen Ernährung und Fettstoffwechsel in den Mittelpunkt meiner Forschungen gestellt.

Mit vielen tüchtigen Doktoranden, technischen Assistentinnen und Assistenten, später mit zahlreichen wissenschaftlichen Assistenten habe ich auf diesem Gebiete weitergearbeitet. Zufall, Glück und Beständigkeit führten zu manchen guten Ergebnissen. Die gerade in den letzten Jahren wiederholt hochaktuellen Beziehungen zwischen Lipidstoffwechsel und degenerativen Herz- und Gefäßkrankheiten konnten durch unsere Untersuchungen fundiert werden. Es ist für mich eine große Genugtuung, daß meine Arbeitshypothesen zur Pathogenese der Atherosklerose über lange Jahre und Jahrzehnte bestätigt wurden und heute mit subtilen Methoden und durch zielstrebige klinische Untersuchungen zur voll anerkannten These heranreiften. Es ist ja gar kein

Zweifel mehr, daß Ätiologie, Pathogenese, aber schließlich auch Prophylaxe und Therapie der degenerativen Herz- und Gefäßkrankheiten durch Lipidstoffwechselstörungen entscheidend beeinflußt werden.

Nicht zuletzt aufgrund meiner persönlichen Anamnese drängte es mich zur praktisch-klinischen Tätigkeit. Ich habe daher das verlokkende Angebot meines Chefs Erich Letterer, Pathologischer Anatom zu werden, ausgeschlagen und trat in die Medizinische Klinik ein. Deren Chef, Professor Hermann Bennhold, hatte sich um die klinische Amyloidforschung verdient gemacht, hatte eine färberische Nachweismethode bei amyloidkranken Menschen entwickelt und die Grundlagen des Eiweißstoffwechsels im Transportsystem des menschlichen Organismus erforscht. Noch heute gilt Bennhold als Pionier auf dem Gebiete der Vehikelfunktion der Eiweißstoffe für physiologische Substanzen, aber auch für Medikamente. Er legte die analytischen Grundlagen für die heute noch höchst aktuellen Komplexe der Lipid-Eiweißverbindungen. Ich konnte also auf diesem Gebiete weiterarbeiten, aber zunächst stand die klinische Ausbildung absolut im Vordergrund. Immerhin blieb für experimentelle Forschungen noch genügend Zeit. Ich untersuchte die Beeinflussung des Cholesterinstoffwechsels beim gesunden und kranken Menschen durch endogene und exogene Faktoren. Es fiel mir auf, daß die Blutlipidwerte in der mangelernährten Tübinger Bevölkerung extrem niedrig waren. Ich konnte Vergleiche an Mitarbeitern des Kaiser-Wilhelm-Institutes zwischen den Jahren 1942 und 1950 durchführen und fand dabei einen drastischen Rückgang des Cholesteringehaltes im Blut in den Mangeljahren, der mit der Normalisierung der Ernährung wieder komplett ausgeglichen war. Es ergaben sich auch erhebliche Unterschiede je nach der Versorgungslage bestimmter Bevölkerungskreise. Das gesamte Krankheitsspektrum der Bevölkerung wurde durch die Mangelsituation stark beeinflußt. Die Masse der Bevölkerung war deutlich untergewichtig, Stoffwechselkrankheiten vom Typ der Gicht oder des schweren Diabetes mellitus gab es kaum, und diabetische Komplikationen existierten praktisch nicht. Auch die atherosklerotischen Gefäßveränderungen waren äußerst geringfügig. Herzinfarkte gab es praktisch überhaupt nicht. Sie nahmen erst mit der Normalisierung der Ernährung sprunghaft zu. Auch dies ist ein schlüssiger Beweis für die Zusammenhänge zwischen Ernährung und Herz- und Gefäßkrankheiten. Bemerkenswert war auch die enorme Seltenheit von thromboembolischen Ereignissen, also von peripheren Thrombosen und von Lungenembolien. Die in Tübingen von uns festgestellten Befunde wurden ergänzt durch gleichlautende Ergebnisse an den Pathologischen Instituten in Basel, Marburg und Bonn. In der sogenannten „Wiederauffütterungsperiode“ der Bevölkerung nach 1948 kam es auch zur drastischen Zunahme tödlicher Lungenembolien.

Die Ergebnisse der experimentellen und klinischen Studien legte ich 1949 in meiner Habilitationsschrift vor, die von Hans Hermann Bennhold referiert und von Adolf Butenandt korreferiert wurde

Aus gegebenem Anlaß widmete ich mich dem Wirkungsmechanismus hoher Vitamin D-Dosen. Diese wurden in der Behandlung bestimmter Tuberkulosefälle und speziell des Morbus Boeck angewandt. Es kam dabei zu beträchtlichen Nebenwirkungen, die nur teilweise dosisabhängig waren. Da man über den Wirkungsmechanismus hoher Vitamin D-Dosen noch nicht viel wußte, führte ich Tierversuche an Hunden durch, die im Tierstall neben dem Ärztekasino gehalten wurden. Die Blutanalysen ließen merkwürdige unerwartete Schwankungen erkennen, bis ich dann herausfand, daß die benutzte Standard-Diät durch mitleidige Stationshilfen massiv aufgebessert wurde. Immerhin erhielten wir aber Ergebnisse, die Jahrzehnte später durch den Meister des Kalziumstoffwechsels, Professor Fleckenstein, interessiert zur Kenntnis genommen wurden. Es zeigte sich, daß wenige Stunden nach Vitamin D-Resorption bereits erhebliche Veränderungen des Kalziumgehalts der parenchymatösen und mesenchymatösen Organe einsetzten. Ein anderes Gebiet war die Beeinflussung der Schilddrüsenfunktion durch schwefelhaltige Verbindungen, eine damals neue Therapie, die auf Beobachtungen bei kropfreichen Bevölkerungen nach exzessivem Kohlgenuß beschrieben waren. Einige Versuchsreihen mit Meerschweinchen, die mit schwefelhaltigen Verbindungen schilddrüsengeblockt waren, mußte ich verwerfen, da die technische Assistentin die Protokolle gefälscht und getürkte Ergebnisse vorgelegt hatte. Eine Doktorandin hatte dies frühzeitig bemerkt und weiteren Schaden vermieden. Aber die Laborhilfskräfte und die Doktoranden arbeiteten recht zuverlässig, und ich habe einige Doktoranden für die ärztliche Weiterbildung übernommen. Ein leuchtendes Beispiel war Manfred Eggstein, der uns nach Marburg folgte, als H. E. Bock den Ruf an die Medizinische Klinik erhielt. Zusammenfassend kann ich feststellen, daß die Tübinger Zeit interessant, schön und wissenschaftlich ergiebig war. Das Wissenschaftsklima war sehr gedeihlich, die ärztliche Arbeit befriedigend, die Verbindungen zur Bevölkerung durch Warmherzigkeit und Hilfsbereitschaft geprägt.

Marburg

Ende 1949 erhielt H. E. Bock den Ruf auf das Ordinariat für Innere Medizin an der Universität Marburg. Er trat die Nachfolge von Alfred Schwenkenbecher an, der seinen Lehrstuhl mit Gustav von Bergmann getauscht hatte und von Frankfurt nach Marburg übergewechselt war. Schwenkenbecher war Schüler und Schwiegersohn von Ludolf Krehl und durch diesen geprägt. Er vertrat eine den ganzen Menschen erfassende Innere Medizin. Seine Wissenschaft und seine Vorlesungen waren entsprechend ausgerichtet. Die Marburger Klinik war durch Kriegsschäden ziemlich mitgenommen, und der Wiederaufbau mußte alsbald eingeleitet werden. Der neue Chef nahm diese Aufgabe mit großem Elan in Angriff. Er wurde dabei unterstützt durch die drei Oberärzte Heinrich Böttner, Herbert Trautwein und Bernhard Schlegel. Sie nahmen sich der Neuankömmlinge aus Tübingen liebevoll an und weihten sie in die klinische Aufgaben ein. Mit Rudolf Gross zog ich im Frühjahr 1950 in ein ziemlich heruntergekommenes Nebengebäude der Klinik ein, wo wir einige Monate unser Dasein fristeten. Es war ungemein schwierig, eine passende Wohnung zu finden, aber schließlich „eroberte“ ich eine Dreizimmerwohnung ohne jeden Komfort unterhalb des Marburger Schlosses, die wir mit einem jungen Ehepaar teilen mußten. Aber immerhin wurde die Familie wieder zusammengeführt. Es entwickelten sich schnell neben den kollegialen Verbindungen echte Freundschaften, die bis heute andauern. Die beiden Tübinger, mit dem Schlachtruf „die Trübinger kommen“ annonciert, fügten sich ohne Schwierigkeiten in das Kollegium der Medizinischen Klinik ein. Rudolf

Gross, dem engeren Fachgebiet des neuen Chefs verbunden, befaßte sich intensiv mit Fragen der Diagnose und Therapie von Blut- und Krebskrankheiten. So wurde Marburg bald zu einem Zentrum der Hämato-Onkologie mit zahlreichen engagierten Mitarbeitern. Paul Schölmerich, nach gründlicher Ausbildung am William-Kerkhoff-Institut in Nauheim unter Hans Schäfer, baute die Kardiologie auf und entwickelte die Klinik zu einem modernen Diagnosezentrum. Herbert Trautwein war für Infektionskrankheiten und speziell die Tuberkulose zuständig, bis er eine hessische Heilstätte als Leiter übernahm. Heinrich Böttner war die Seele der Klinik in allen klinischen Belangen. Als Marburger Kind, Angehöriger der Turnerschaft ATV, international renommierter Fußballer, Angehöriger der studentischen Nationalmannschaft, verfügte er über glänzende Kontakte zu den niedergelassenen Ärzten und speziell zu den Internisten. Er kümmerte sich in vorbildlicher Weise vor allem um die Schwerkranken, wobei ihm das oberhessische Idiom besonders zustatten kam. Bernd Schlegel, Berliner von Geburt, aktiv und beweglich, leitete die rasch wachsende Röntgenabteilung. Sein internistisches Spezialgebiet war die Rheumatologie. Ich hatte die große Privatstation des Chefs (34 Betten) zu betreuen. Mit einem Hilfsassistenten machte dies eine Menge Arbeit, nicht allein auf Station, sondern auch was die Abfassung der Krankenpapiere und die Korrespondenz anbelangte. Außerdem hatte ich die sehr schwierige Pathologische Physiologie als klinischer „Alleinunterhalter" zu lesen, zusammen mit dem kritischen Biochemiker Theodor Bücher und dem nicht minder kritischen Physiologen Kurt Kramer. Die Stationsführung schloß die Erhebung der Aufnahme-Befunde, der persönlichen Vorgeschichte, die erste gründliche Untersuchung und die Protokollierung der Befunde im Krankenblatt ein. Außerdem mußte ein diagnostisches Sofortprogramm entworfen werden, und schließlich legte der Chef Wert auf möglichst rasche Einleitung therapeutischer Maßnahmen. Die laufende Führung der Krankenjournale bis zum unterschriftsreifen Arztbericht erfreuten sich der besonderen Aufmerksamkeit des Herrn Direktors, der im übrigen auch die monatliche Abgabe der Krankenblätter der

Klinik selbst vornahm und dabei immer wieder ein phänomenales Gedächtnis offenbarte. Uns Jungen ließ er in vielen Entscheidungen freie Hand, war auch manchem etwas unerwarteten Ratschlag zugängig. Als der damalige Rektor der Universität Marburg schwer erkrankte und man sich mit der Diagnose schwer tat, machte ich den Vorschlag, doch noch einen internistischen Ordinarius zum Konsil hinzuzuziehen. Darauf flog ich hochkant aus dem Chefzimmer hinaus mit den Worten: „Sie haben wohl kein Vertrauen zu unseren eigenen Fähigkeiten". Als ich anderntags um halb acht Uhr von der bissigen Chefsekretärin Frau G. zum Chef gerufen wurde, verständigte ich rasch noch meine Ehefrau darüber, daß mein unmittelbarer Rausschmiß bevorstehe. Weit gefehlt, es wurden Ferdinand Hoff aus Frankfurt, Rudolf Schoen aus Göttingen und Herbert Schwiegk von der Marburger Poliklinik zum Konsilium gebeten, was der Meister mit den Worten ankündigte: „Sie hatten gestern völlig recht, und auch meine Frau fand Ihren Vorschlag ganz in Ordnung". Neue Erkenntnisse wurden durch dieses Konsilium nicht gewonnen, und die Krankheit nahm den erwarteten tragischen Verlauf. Autoptisch wurde dann ein mit damaligen Mitteln nicht diagnostizierbares Malignom festgestellt. Daraus habe ich gelernt. In schwierigen und unübersichtlichen Situationen habe ich nie gezögert, die Hilfe der klinischen Kollegen im Hause, aber auch von externen Spezialisten in Anspruch zu nehmen. Unklare Krankengeschichten trug ich bei der morgendlichen Klinikskonferenz vor, und ich habe immer wieder wichtige Anregungen aus der Assistentenschaft bekommen. Auch die Gewohnheit, zu später Stunde und an Sonn- und Feiertagen auf der Station nach Schwerkranken zu sehen, ist mir seit dieser Zeit selbstverständlich gewesen.

Von H. E. Bock habe ich auch die kontrollierte Ausbildung der Assistenten und Oberärzte gelernt, und schließlich habe ich das sehr persönliche Engagement bei Bewerbungen von Kliniksärzten für selbständige Positionen übernommen. In der Regel schrieb Bock Empfehlungsbriefe an Chefärzte oder Verwaltungsdirektoren von Hand. In Zweifelsfällen wurden auch den Entscheidungsgremien ein persönlicher Besuch angeboten. Ein Trick half mir in späteren Jahren bei der Unterbringung eigener Bewerber sehr gut weiter, der heute leider durch ministerielle Verordnung nicht mehr anwendbar ist. Ich bot den Krankenhausträgern an, den empfohlenen Kandidaten zunächst auf Probe einzustellen. Über die Bewährungszeit hinweg besetzte ich die Stelle nur mit einem Stellvertreter. Ich verpflichtete mich somit, meine Kandidaten bei „durchgefallen“ wieder aufzunehmen. Das war allerdings nie der Fall.

Obwohl ich bei der Auswahl persönlicher Mitarbeiter meistens (aber nicht immer) eine glückliche Hand hatte, ist es mir doch gelungen, die Tradition in der von Ludolf Krehl, Richard Siebeck, Victor von Weizsäcker und Karl Matthes geführten Klinik im Sinne der personalen Medizin des Altmeisters von Krehl weiterzuführen. Die Maximen dieser Altvorderen, die ärztliche Tätigkeit am Krankenbett immer in den Mittelpunkt zu stellen, wurden auch bei den notwendigen und unerläßlichen wissenschaftlichen Arbeiten gewahrt. Obwohl man rund um die Uhr mit der Krankenbetreuung zu tun hatte, blieb doch noch Zeit für den Aufbau einer Stoffwechseleinheit und eines leistungsfähigen modernen Laboratoriums. In den fünfziger Jahren wurden ja gerade auf dem Gebiete der Laboratoriumsmedizin enorme Fortschritte erzielt, von der Einführung der Elektrophorese bis zu Mechanisierung der Zellzählung, der Entwicklung immunologischer Methoden bis zur modernen Lipidanalyse. Mit drei tüchtigen Assistenten, Manfred Eggstein, Helmut Jobst und Friedemann Dietrich, bauten wir ein Lipidlabor auf, das sich zunächst der Diagnostik widmete, dann aber auch klinische Studien und Tierexperimente durchführte. Ich verweise auf das Kapitel „Lipidforschung in Deutschland“.

Schließlich sind es 117 Ärzte, die aus meiner Schule in selbständige Positionen gelangen.

Nach dem Ausscheiden von Heinrich Böttner und Herbert Trautwein übernahm ich mit Bernhard Schlegel die Oberarztfunktion der damals 360 Betten einschließenden Medizinischen Klinik. Als wir beide in eigene Positionen in Stuttgart bzw. Wiesbaden einrückten, übernahmen Paul Schölmerich und Rudolf Gross unsere Positionen. Die kollegiale Zusammenarbeit, auch mit anderen Kliniken, war bemerkenswert. Besonders gefordert wurde ich durch die große Infektionsstation und die immer wieder eingelieferten Poliomyelitis-Patienten. Da ein Impfschutz noch nicht bestand, kam es alljährlich in den späten Sommer- und frühen Herbstmonaten zum endemischen Auftreten von Poliomyelitis, die noch immer einen hohen Todeszoll forderte und andererseits durch Einführung der Eisernen Lunge einen enormen pflegerischen Aufwand erforderte. Zentrale Verlaufsformen endeten meist innerhalb weniger Tage tödlich, aber die peripheren Fälle mit den verbleibenden schweren Lähmungen stellten an die Pflegekraft der Schwestern und des Hilfspersonals größte Anforderungen. Auch andere Viruskrankheiten, bakterielle Infektionen und die damals noch weitgehend unbekannten Fälle von Listeriose waren zu betreuen, wobei die Zusammenarbeit mit den Behringwerken und dem Hygieneinstitut der Universität sehr hilfreich war. Auch die Hepatitisforschung wurde durch die speziellen Marburger Gegebenheiten wesentlich gefördert. Hier sind zu nennen Richard Haas, B. Schmidt und Hermann Schultze.

Die Marburger Medizinische Fakultät

Wie Tübingen war Marburg von kriegsbedingten Schäden verschont geblieben. Dies begünstigte den Aufbau einer Fakultät, die in den westlichen Besatzungszonen eine führende Stellung hatte. Das war das Verdienst des Anatomen Alfred Benninghoff, in enger Zusammenarbeit mit dem großartigen Kurator von Hülssen, einem bemerkenswerten Nachfahren des legendären Kultusministers Althoff, der das Schicksal der preußischen Universitäten nachhaltig beeinflußte und in vielen Bereichen gestaltete. Von solchen schöpferischen Persönlichkeiten und dem Sinn fürs Ganze können unsere heutigen Kultusministerien nur träumen. Für die Vorklinik zeichnete Benninghoff selbst verantwortlich.

entgegen. Sie erstreckte sich nicht nur auf die vorklinischen Fächer, sondern auch auf interdisziplinäre klinische Fächer. Besonders eng waren die Kontakte zur Frauenklinik, wo ich als Consiliarius vielbeschäftigt war und manche aktuelle Entscheidung zu fällen hatte. Meiner späteren Chefarzttätigkeit kam diese Erfahrung sehr zugute.

Erstklassige Chefs sind natürlich für die Ausbildung eines fähigen Nachwuchses prädestiniert. So bildete sich unter der Leitung der Marburger Klinikdirektoren eine große Gruppe von befähigten Oberärzten heraus. Sie besetzten im Laufe der folgenden Jahre zahlreiche Ordinariate, und man sprach spöttisch vom“neuen Marburger Bund“. Der originäre Marburger Bund war ursprünglich eine Gründung der angestellten Ärzte, der unter Mitwirkung von zahlreichen Marburger Assistenten und Oberärzten deren Interessen vertrat und der bis heute noch eine wesentliche Rolle im Medizinbetrieb der Bundesrepublik spielt. Viele der strukturellen Änderungsvorschläge gingen und gehen auf die Tätigkeit dieser wichtigen Einrichtung zurück. Der „neue Marburger Bund“ als Sammelbecken erfolgreicher junger Kliniker umfaßt mehr als 30 anerkannte „Nachwuchskliniker“. Unter ihnen möchte ich die späteren Ordinarien Gerd Hegemann, Georg Heberer, Horst Hamelmann aus der Chirurgie, die im Chirurgischen Zentrum arbeitenden Orthopäden Gerhard Exner und den Urologen Egbert Schmiedt, die Gynäkologen K. G. Ober, Josef Zander, den Ophthalmologen Hellmut Neubauer, die Hals-Nasen-Ohren-Ärzte Hans-Georg Boenninghaus und Walter Becker, die Dermatologen Hans-Joachim Haite und Egon Macher, den Pädiater Horst Bickel, die Hygieniker Georg Bieling und Richard Haas, den Anatom Rollhäuser, den Pathoanatomen Gedigk, die Psychiater und Neurologen Helmut Ehrhardt und Hermann Stutte und schließlich die Internisten Paul Schölmerich, Rudolf Gross, Eberhard Buchborn, Georg Wilhelm Löhr, Wolfgang Gerok, Hans-Dierk Waller, Manfred Eggstein, Gerhard Riecker, Wolfgang Wilmanns, Werner Kaufmann sowie der Labormediziner Maximilian Knedel nennen, die als Ordinarien bereits nun in der F1-Generation Internisten in hochrangigen leitenden Positionen ausbilden. Natürlich fehlte es nicht

Gedichte

H. E. Bock zur Geburtstagsfeier am 31.12.1968 gewidmet

I

Wer zählt die Freunde, nennt die Namen,
die festlich hier zusammenkamen
von Lahn- und Spree- und Dreisam-Strand,
aus Hessen, Rhein- und Schwabenland,
von allenthalben eilten viele
her zum elysisch-heit'ren Ziele,
wo es nun gilt, den Großen, Weisen
mit der Tragödie Kunst zu preisen.

Im Kreis von Heilern inn'rer Siechen
kennt man die Sprache alter Griechen:
„Odia“ mit dem „O“ ganz lang,
auf „i“ betont, heißt: „Lied“, Gesang“.
„Tragós“ hingegen, „en francais“
ist von „la chèvre“ der „monsieur“. –
Geschätzte Herren, edle Frauen,
verzeiht den Scherz, den „kahlen-lauen“,
es gilt, zu stimmen meine Leier
zur würdigen Geburtstagsfeier

des Manns, vital an Leib und Geist,
der „vornämlich“ Hans Erhard heißt
und jetzt seit fünfundsechzig Jahren
lebt in Aktion, Betrieb, Gefahren;
vulkanisch spielt er jede Rolle,
der ewig jugendliche Olle,
sofern sie ihn nicht unbedingt
zu Milde, Demut, Sanftmut zwingt!
Ein Supermann in Tat und Wort,
wie in der Klinik, so im Sport,
wie in der Forschung, so im Spiel,
pflegt „Stripp“ den nuklearen Stil,
läuft pausenlos auf höchsten Touren,
bringt alles um sich her zum Spuren,
doch was auch seine Mannen leisten –
er fordert von sich selbst am meisten!
Des Abenteurers Risiko,
das lockt ihn meist auf H_2O.

Der Präsident der Internisten
bolzt winters auf vereisten Pisten,
und Frankreichs wildeste Gewässer
durchtränken sommers den Professor!
Wer aber glaubt, ei kilopotz,
nur als Athlet und Muskelprotz
auf den Gebieten „Kraft und Mut“
sei dieser Mann besonders gut,
sei seine Klasse überörtlich –
der nimmt den Namen allzu wörtlich!
Ideenreichtum, Phantasie
daneben musisches Genie
und auch ein wacher Sinn fürs Schöne
ist Erbe vieler Volhard Söhne! –

Nach dieses großen Meisters Art:
„In work and play – live full and hard“
Das wünschen wir dem Jubilar
für dieses und noch manches Jahr!

Ihr aber, die als wack're Zecher
nun so begeistert schwenkt den Becher,
beschwört mir – Bacchus soll's Euch lohnen –
den Namen jetzt aus Marburgs Zonen,
dem hier Erinnerung gebührt,
weil er die Klinik einst geführt,
und Schwenkenbecher – auf mein Wort –
lebt auch in seinen Schülern fort!

Da wär' als erster gleich zu nennen
der *Heinrich*, den wir alle kennen
als *Böttner* mit den Fußballbeinen,
der souverän, so möcht' ich meinen,
in Marburg als Regent geherrscht,
bis dorthin kam der neue Ferscht,
der ihm als Sportler sehr sympathisch
und gleichfalls ATV-okratisch
gesinnt, den Ball dann übernommen
und bald recht flott ins Spiel gekommen.
Im Wissenschaftsberieb die meisten
versteh'n es, rezeptiv zu leisten
ihr Sitzfleischpensum – lesend, hörend
und auf der Meister Worte schwörend.
Wer dann noch fleißig schreibt, liegt besser –
der wird Dozent und auch Professor;
als produktive Leistung gilt
es nämlich, wenn in Wort und Bild
man seines Cerebrums Produkt

schön auf ein Trägermedium druckt.
Nun, der Gelehrte *Schölmerich*
erwog dies wohl und sagte sich:
„Bei Schülern Bocks gilt die sublime
und dennoch eiserne Maxime:
Will einer sich habilitieren,
dann muß er – erstens – publizieren –
teils solo, teils im Kollektiv
sei seine Leistung produktiv!
Doch außerdem – wie wundervoll –
gibt's noch ein zweites Leistungssoll,
das rezeptive mein' ich nun,
das man durch Lassen statt durch Tun
erfüllt, indem man ungestört
und passiv andre reden hört!"

In Wort und Schrift stets quick und kregel,
ein Spreegetaufter, *Bernd der Schlegel*,
hat sich Hans Erhards angenommen,
als jener an die Lahn gekommen
mit seinem „Trübinger" Gefolge:
Gross/Schettler – Mensch, det war'ne Wolke!
Der Mentor schwarzer Röntgenkunst
für Internisten schenkt die Gunst
wie ehedem auch heute allen
von ihm geschätzten Bock's-Vasallen!

Was ist der schrecklichste der Schrecken?
Ein „Urschwob" „unter Kölsche Jecken"!

Die Spätzlesmafia in der Tat
nimmt überhand in diesem Staat!
Der list'ge Onkologenboß,

bekannt der Welt als *Rudolf Gross*,
ist es gewohnt, im Blut zu waten,
und brütet über neue Taten.
Wann gibt's die nächste Sensation
um unsern Mann im Raume Bonn?

In diese Richtung sein Gehör
spitzt ganz besonders *G.W.Löhr*!
Auch er, ein blutiger Geselle,
regiert fortan an jener Stelle,
von wo sich die Heilmeyrologen
des Ludewig zurückgezogen,
vom harten Kampfe stark blessiert.
Doch bloody *Bolla* triumphiert!

Sein biochemisch Siegesliedel
begleitet *Gerok* auf der Fiedel,
dem starken Spielmann Volker gleich
voreinst im Nibelungenreich.
Der *Wolfgang Gerok* ist – wie Gross –
chromosomal ein Schwabensproß,
geschätzt ist sein berühmter Ahn
als Dichter und als Gottesmann.
Wo immer er sich bisher zeigte,
zuerst sich in die Herzen geigte
mit seiner Saitentöne Kraft
der Gerok, dem die Wissenschaft
inzwischen hold ward und gewogen
als Chef-Aminosäurologen.

Im wissenschaftlichen Geballer
schießt scharf, dabei gezielt, der *Waller*.
Enzymprobleme schürft er tief

mit Glück und Fleiß. Als repressiv
empfindet der *Hans-Dierck* aus Kiel
so manches, was der Umwelt Stil
ihm täglich so an Unbill stellt.
Biochemie ist seine Welt!

Beim Namen *Marx*, schockschwerenot,
sieht ein normaler Bürger rot!
Doch mein' ich jetzt den Linken nicht
mit dem Pfund Wolle im Gesicht,
der immer wirkt, als tät' er gammeln,
und den die Markensammler sammeln –
o nein, ich mein' den Pfarrerssohn,
der sich entschloß als Knabe schon,
im Bockschen Regiment zu dienen.
Dem Hospitale der Paulinen,
steht *Hans Hermann* nunmehro vor.
Er schlägt im Pulmologenchor
wie auch am festlich heit'ren Orte
mit Wonne das Piano. – Forte!

Es trabt auch manche frohe Nudel
in kapitalen Bockes Rudel,
die, ohne daß der Job verdrießt,
mal Resistenz, mal Umfang mißt
und beide Größen dann selbander
in Relation setzt zueinander.
Dem Unbefangenen leuchtet ein:
Sobald der Widerstand zu klein,
der opponiert gewissen Faxen –
dann muß schon bald der Umfang wachsen!

Wir wissen es – die Kardiologen
sind alle zahl- und maßbezogen,
jedoch nach Umfang und Gewicht
klassifizierte man noch nicht
bislang Experten für das Herz –
nicht hier und auch nicht anderwärts.
Ein Herz von *Stein* kann weich und warm sein,
und auch wer *Ernst* heißt, kann voll Charme sein.
Ernst Stein im Kreis erlauchter Geister
bleibt stets der schweren Klasse Meister,
und wenn der Appetit ihn juckt
nach Braunschweigs herrlichem Produkt,
der Leberwurst, dann soll er wissen:
Wir alle gönnen ihm 'nen Bissen!

Ein „Egghead" ist bei Angelsachsen
ein Mensch, der ganz normal gewachsen,
des' Kopf zwar nicht oval, doch helle!
Kurzum – der Intellektuelle!
„-head" oder „stein" – das ist die Frage,
die auch aktuell am heut'gen Tage!
Wer *Manfred* kennt, der leugnet nie,
das dieser *Eggstein* ein Genie!
Mit den Computern stand im Nu
das kluge Kind auf du und du.
Bei Mäusen, Menschen und Maschinen,
bei Lipoid' und Proteinen
und bei Hydraten auch von Kohlen –
da ist für keinen was zu holen,
der je sich wollte keck erfrechen,
den großen Forscher auszustechen.
Wo Einstein dilatiert die Zeit,
dehnt Eggstein auch mit Gründlichkeit,

mit Finten, Floskeln und Fermaten
„zet-be“: Handbuch – Erscheinungsdaten!

Dort, wo der Rhein noch leidlich sauber,
liegt eine Landschaft, deren Zauber
die Menschen prägt. Ganz im Südwesten –
in Lörrach – einer von den besten
erlebte seine Jugendtage;
des Stromes Fließen ward zur Frage
schon früh dem Knaben *Helmut Nieth*.
Wenn sowas Konsequenzen zieht,
dann fasziniert bis zur Askese
das Phänomen der Diurese!
Mit tausend Wundern bringt in Fühlung
die Wissenschaft der Wasserspülung,
gewöhnlich „Clearance“ auch genannt;
man wird berühmt im ganzen Land,
und schließlich auf geweihter Welle
schwimmt man nach Fulda – „auf die schnelle“!

Der Nephrologe fordert: „Piß mal!“
Ganz anders macht's *Hans-Peter Missmahl*,
wenn er verdient sein täglich Brot –
teils mit, teils ohne Kongorot:
Er fahndet nach Amyloiden
oral vom Kranz der Haemorr-hoiden.
Das Motto für den neuen Test?
„Ne falsum sit, quod rectum est!“

Ein Labsal ist für Rheumakranke
der Landesbaderchef, *Herr Franke*.
Sein Knochenaktivierungsladen
am Ort der Spielbank Baden-Baden

bewirkt, daß mancher über Nacht
dort ziemlich wilde Sprünge macht. –
Man sieht – auch diese Rheumasuhle
paßt würdig in die Bock'sche Schule!

Ans Thema „Springen“ angeknüpft:
Die Marburger Elite hüpft
im ATV recht exklusiv.
Denn hoher Blutdruck, der sinkt tief,
Stoffwechselschlacken im Gekröse
verliert auch der Voluminöse,
kurz, es bewahr'n vor Schädlichkeiten
sportive Sani-tätlichkeiten
selbst einen depravierten Saufmann!
Der Nephrologe, er heißt *Kaufmann*,
mit der ihm eignen Wendigkeit
erkannte dies vor langer Zeit:
Daß nämlich „frisch-fromm-fröhlich-frei“
auf Dauer nur, wer Sport treibt,sei!

Trinkt jemand Härteres als Brausen
grinst hämisch Herr *von Oldershausen*.
Er sieht die Leber ohne Rettung
anheimgegeben der Verfettung
durch alles, was da alkoholisch.
Ist sowas nicht schon diabolisch?
O nein, es ist nicht bös gemeint!
Der Freiherr ist kein Menschenfeind,
doch schöpferische Phantasien –
die hat er! – Neue Theorien
sind dem Spezial-Hepatologen
schon scharenweise zugeflogen.
Seit mit Renaten ist beweibt,

er lento „pathophysiologisch“ schreibt.
Man hört, er bastele hinieden
an neuen Hepatiti – tiden –
an leichten, mittleren und schweren,
reticulös – und zellulären,
der „dernier cri“, das sei die böse
Craniocaudal-mediomucöse!

Ein Bollwerk, fast in Freiburg's Näh',
Karlsruhe hält der Erich „*Zäh*“!
Er hat des Erdenlebens Wonnen
in einer Stadt mit „Z“ begonnen,
und dieser Schluß vom Alphabet
symbolisch auch am Anfang steht
beim Kardiologen aus Zwiefalten.
Wie sprach die Weisheit doch der Alten?
„Respice finem – denk zu Ende,
was du beginnst! Dann aber wende
dich frisch ans Werk. Mit Umsicht, Fleiß
und Nüchternheit gewinn den Preis!“
Sagt selbst – hat nicht den Spruch, den frommen,
der Zeh sich zäh zu Herz genommen?

Dies Motto stell' zu Nutzanwendung
ich nun ans Ende meiner Sendung.

Hans Erhard Bock zum 31.12.1973 gewidmet

II

„Des Menschen Tun kriegt seinen Sinn
auch durch erzielten Lustgewinn."
An diesem Satz ist etwas Wahres,
zumal am Ende eines Jahres,
wo viele Leute zu Silvester
verwandeln Äthanol in Ester.
Uns aber bietet diese Stund'
zu mehr als einem Trinkspruch Grund,
denn schließlich feiern wir am Ende
nicht den Moment der Jahreswende
so vordergründig platterdings –
für uns als Eingeweihte ging's
aus diesem Datum klar hervor:
Ihr Freunde, stimmt den Jubelchor,
mit lauten Tönen und mit leisen
den edlen Meister hoch zu preisen;
denn die Gelegenheit ergibt sich:
Hans Erhard Bock wird heute *siebzig*!
In Waltershausen unser Held
erblickte einst das Licht der Welt,
und jeder Kenner weiß sofort:
In Thüringen liegt dieser Ort!
Im weit'ren Lebenslauf geschwind
zum Jüngling reift heran das Kind;
studiosus medicinae war
der junge Mann mit neunzehn Jahr'.
Sein Wissensdurst trug ihn davon
nach Marburg, München, Jena, Bonn,

und nicht zuletzt studiert' derselbe
auch noch in Hamburg an der Elbe,
allwo als Assistent er fleißig
gewirkt bis neunzehn-dreiunddreißig.
Er flocht des ersten Ruhmes Kranz sich
jedoch schon anno achtundzwanzig,
wo zu den Iden des August
die Fakultät ihn ganz bewußt
zum „Doktor med." hat promoviert,
weil er was Kluges publiziert. –

Als erster Chef war ihm gewogen
Herr *Wohlwill* von den Pathologen.
Als nächster *Bornstein* nahm sich dann
pharmakologisch seiner an,
Herr *Hegler* als der Internist
ihm Lehrer auch gewesen ist,
eh' er sich hängte wie'ne Klette
noch an den Neurologen *Pette*,
den dreiunddreißig er verließ,
dieweil er dann zu *Volhard* stieß;
in Frankfurt ist ihm in fünf Jahren
dies unter anderm widerfahren:
Er hat sich schon nach kurzer Zeit
– denn fünfunddreißig war's soweit –
habilitiert als Internist,
dann Oberarzt gewesen ist
er erst bei Volhard – dann bei *Koch*
ab achtunddreißig war er doch
in Tübingen und in Berlin.
Dann mußt er nach Italien zieh'n
in Uniform, in taubenblauer.
Als Stabsarzt war er für die Dauer

von zweiundvierzig bis zu Schluß
im Kriege Consiliarius.
als Internist für Kesselring;
erst neunzehn-sechsundvierzig fing
er nunmehr als gestand'ner Mann
in Tübingen bei *Bennhold* an.
Er hielt es noch in dessen Haus
bis anno neunundvierzig aus.
Dann kam aus Marburgs hoher Schul'
ein Ruf auf *Schwenkenbechers* Stuhl!
Die hohe Ehre nahm er an,
war dreiundfünfzig auch Dekan –
den Gipfelpunkt auf diesem Sektor
erreichte sechzig er als Rektor
der Philipps-Universität!
Zwei Rufe hat er auch verschmäht:
Nach Düsseldorf und Hamburg locken
woll't damals mancher Meister Bocken
vergebens – erst als ihn die Schwaben
aus Tübingen gerufen haben,
folgt zweiundsechzig gern und schnell
er diesem dringenden Appell.
Doch haben dann in Marburgs Hessen
auch künftig keineswegs vergessen,
denn achtundsechzig mit Effe(t)
macht ihn zum „Dr.med.h.c."
die Fakultät am Strand der Lahn.
Wer aber führt den Titel an,
die überdies ihm *noch* verliehen?
Als Mitglied von Akademien
der Wissenschaft – Leopoldina,
von Heidelberg, von Argentina,
und als multipler Präsident

nicht nur in Deutschland man ihn kennt.
Karlsruhens Therapiekongreß
ward, was er ist, durch ihn indes.
Hämato- und Cancerologen,
die sind ihm dankbar und gewogen,
denn mitgeprägt ward teils durch ihn
dies Säkulum der Medizin.
Sozietäten aller Arten
in vielen Ländern, vieler Sparten,
die sicherten in Wort und Tat
sich seine Hilfe, seinen Rat.
Italien, Österreich, USA,
Türkei und Südamerika,
Sowjetunion und Mexiko,
selbst Taiwan oder Tokio
sind die Stationen eines Lebens
erfüllt vom Drang des Forschens, Strebens.
Doch nicht nur exklusiv im Tempel
der Wissenschaft – nein, als Exempel
lebt dieser Mann den Menschen vor,
was heut' so mancher längst verlor:
Sein Mut in allen Situationen
mag sich für ihn nicht immer lohnen,
doch der Persönlichkeit Gestaltung:
„Klar wie der Kopf auch stets die Haltung"
ist ein Prinzip, das nie verrät
als Lehrer, Chef Autorität
der Mann, von dem seit Jugendtagen
die vielen, die ihn kennen, sagen,
wenn's gilt, sein Wesen kurz zu fassen:
„Man kann sich stets auf ihn verlassen!"
Wenn nun das Alter Weisheit schenkt
dem Geist, der Schöpferisches denkt,

mit scharfem Sinne wägt die Dinge,
daß durch die Tat das Werk gelinge,
wem Gott einst musisches Genie
und Meisterschaft des Worts verlieh,
dem können wir als Wunsch nur geben:
„Lang möge er und glücklich leben!“

Den Mitarbeitern der Marburger „Inneren“ habe ich die folgenden Zeilen gewidmet

„Der Marstall H. E. Bock“

III

Es ist ein Ort auf dieser Erde
der „Marburg“ heißt – was „Burg der Pferde“
bedeutet, wenn man’s zeitversetzt
vom Althochdeutschen übersetzt;
vom Wortstamm „mar“ entwickelt wäre
dann schließlich die bekannte „Mähre“
in uns’rer Sprache; anderseits
zu wissen ist nicht ohne Reiz,
daß in der alten Griechen Tagen
im Reich der Mythen und der Sagen
die Rede war von einer Quelle,
aus der sich Dichter auf die Schnelle
erquicken konnten – damals schon
zum Zwecke der Inspiration –
da nun von Pegasusses Hufen
der Sprudel ward hervorgerufen

und weil das Dichterroß fürwahr
als Autor klar erkennbar war,
hat „Hippokrene" man benannt
den „Roßquell" in ganz Griechenland
(in Quellen-Angelegenheiten
war pingelig man zu jenen Zeiten!).
Nun – bis in kürzliche Epochen
hat Marburg streng nach Pferd gerochen
(von einem Bock-Stall hier zu sprechen,
wär' ein stilistisches Verbrechen!)
und manches Rößlein zum Gedenken
mag dort den *Schwenkenbecher* schwenken!
In seiner angestammte Tränke:
der „Alt-Berliner-Weißen"-Schänke
die man sich wohl mit reichlich „Schuß"
zum *Schlegel* passend denken muß,
denn sowas wäre in der Tat
kavallerie-corps-adäquat! –
In etwas gleicht Hengst Bernd dem Stiere:
Die Farbe „Rot" ihn echauffiere!
Gefohlt in Marburgs Stamm-gestüt,
Ballsport-int'resse im Gemüt,
jahraus – jahrein dann an der Ruhr
in Mülheims heiterem Parcours
stets eine ruhige Kugel schiebend,
als braver Gaul den Nächsten liebend:
Das Heinrich ist, den vehement
die Mitwelt auch noch *Böttner* nennt!

Wer Paulus heißt und schwarz wie Kohl ist
und wem bei „Rot" auch dann nicht wohl ist,
wenn dies des Brüderchens Couleur,
dann nennt den Rappen – bitte sehr –

der Pferdefachmann – täusch' ich mich?
doch sicher *Paulus Schölmerich*!

Ein Sohn von Stuttgarts Wappenroß
ist Rudolf, der bekannte *Gross*!
Als Leithengst einer großen Herde
geschätzter und berühmter Pferde
dies Kraxeltier seit langer Frist
unzweifelhaft der Größte ist!
Als sie ihn jüngst nach Freiburg riefen,
säat he: „Isch mööt en Kölle bliiven"

Wie's damals um Köln-Merheim ging,
der Gross sich *Kaufmann's* Werner fing
als flottes Hochdruck-leistungstierchen
und sehr patent in puncto Nierchen!
Zu sagen ist von ihm sodann:
„Geht zuverlässig im Gespann!"

Der Gehrock hat zu tun mit Würde,
drum häuft sich auch der Ämter Bürde
auf *Gerok*, der aus Schwaben stammt
und den man Wolfgang zubenamt.
Sensibel, klug und musikalisch
ist er kein bißchen theatralisch,
denn „understatement" liegt ihm nah',
nicht Show-effekt und Tsching-trara!
Solidität macht seinen Wert –
drum ist er auch kein Zirkuspferd!

Es bläht die Nüstern, spitzt die Öhrchen
das wilde Warmblut – unser *Löhrchen*
rennt höchst erfolgreich Meil' um Meilen
und liebt zuzeiten, auszukeilen!

Vom Temp'rament her auch ein Knaller,
- gewiß kein Wallach, doch ein *Waller* -,
dabei begabt mit dünner Haut,
obzwar nervös doch selten laut
geht im Geläuf den eig'nen Stil
ein edles Roß im Nordlicht – Kiel!

Ein Arbeitspferd die Scholle pflügt –
recht or'ginell und meist vergnügt.
den Boden von dem Schwabenland,
aus dem es selber einst entstand;
als Eingeborenen-vertreter
in Tübingen recht einsam steht er,
ein *Eggstein*, der die heile Welt
der Inn'-ren Klinik aufrecht hält
und sie bewahrt vor Einsturz-übel,
wie jener Eckstein in der Bibel!
Doch trotz der Relation, der frommen
kann ihn die Wut auch überkommen
und wenn dann die Klamotten fliegen,
ist's schwer, ihn in die Box zu kriegen!

Der edle Hengst *von Oldershausen*
tat nächtens durch die Landschaft sausen
wie's wilde Roß der Geisterreiter
entrückt, erratisch und so weiter;
zum Beispiel in Berlin und Chile
verfolgt er seine dunklen Ziele –
doch in der Schar der Bodensee'r
gibt's neuerdings 'nen Felchen mehr!

„*Will-manns*“ versuchen, fällt es schwer,
ein Wesen, das vom Cello her
geprägt, die Lebensbahn befährt,
verfremdet nun als Hottepferd
dem Publikum zu präsentieren!
Doch kann man's immerhin probieren:
Aus Marburgs Stall auf Bayerns Wiesen
verschlug es doch als ersten diesen
Hämato- und auch Onkologen,
(von Trainer Bodelschwingh erzogen).

Wer *Marx* mit Namen heißt, der ist
beileibe noch kein Atheist!
Wen Bethels Diakone prägen,
der wird auch anderen zum „Sägen“!
In Stuttgart und auch anderswo
trabt er in dulci jubilo
im Joch des Herrn von der Musik;
die Kantorei – das ist sein Glück!

Es grast der *Nieth* ganz allgemein
nicht mehr zu Lörrach, nah' am Rhein,
doch liebt er offenbar, zu wohnen
in den Prärie- und Grenzlandzonen;
als Rappen-hengst im roten Hessen
verdient getreulich er sein Fressen;
in Fulda findet ihn die Post –
das ist doch immerhin ein Trost!

In Hamburg gibt es auch Katholen!
Paradepferd ist unverhohlen
der, den auch „Un-stern“ Nannen meist
als seinen „schwäb'schen Doktor“ preist!

Und zeigt das Roß dann sein Gebiß mal,
ruft alles: „Hoch Hans-Peter *Missmahl*!“

Die Schwemme eines Landesbades
ist nicht vergleichbar mit dem Hades –
im Gegenteil! – zu Baden-Baden
wie auch in Aachen ist solch’Laden
als Wirkungskreis recht attraktiv,
drum an die Oos man *Franke* rief,
dieweil wo den Most holt der *Bartel*,
den Siechen zeigt in Aachen – *Hartl*!

Mobilität als hohen Wert
sowohl für Mensch wie auch für Pferd
verkündet einst nicht nur vom Stuhle
der Meister jener Hofreitschule
der, eh’ er züchtigt’ oder lohnte,
auch nie sich selber jemals schonte
und der den ganzen Pferdesport
noch praktiziert an einem Ort
ob Military oder Traber –
gerecht kriegt’ jeder seinen Haber
ob Hohe Schule oder Turf –
recht oft gelang der große Wurf
und mancher, der im Land gelehrt,
der rief verstört: „Mich tritt ein Pferd!“
wenn in den Fachlektüren-massen
er fand, was unter sich gelassen
in manch bemerkenswertem Falle
ein guter Gaul aus Marburg’s Stalle.
Der Stil in Bock’s Gestüt war stramm:
Kein Apfel fiel je weit vom Stamm;
als Führungsmittel hinten, vorn

wirkt Longe, Gerte, Trense, Sporn –
so ist, rittmeisterlich gezwungen,
auch selten nur ein Roß entsprungen –
(doch wurde wirklich mal ein sauer,
war dies nicht unbedingt von Dauer!).

Zum guten Schluß von dem Lied,
das ich als „Pegasusoid"
zum hochgeschätzten Anlaß mache,
ein kurzes Wort in eigner Sache:
Ich durfte aus dem Land der Schwaben
lang an des Meisters Seite traben,
in Marburg dann ein gutes Stück –
nach Baden-Württemberg zurück
führ'n schließlich uns des Lebens Pisten. –
Nun, dieser Kreis von Internisten,
Galoppern, Trabern, Karrenziehern
wünscht herzlich jetzt mit heit'rem Wiehern
dem Rosselenker, dem verehrten,
daß ihm die Götter nicht verwehrten,
sich in der Herde der Getreuen
noch lang der Fitness zu erfreuen,
die er an Körper und an Geist
bis heute pausenlos beweist!
Und so erkling's im ganzen Saale:
„Boss Bock – ad multos annos – vale!"

Stuttgart

Unter den Oberärzten Marburgs kursierte ein Gesellschaftsspiel, welches vom Ophthalmologen Hellmut Neubauer entworfen war. Es schilderte nach Art des „Mensch ärgere Dich nicht" die Wechselfälle und Fallgruben der akademischen Karriere. Da gab es zum Beispiel ein Feld, welches den sofortigen Vormarsch des Spielers um 20 Punkte erlaubte, „weil er der Frau Ordinaria zum Geburtstag einen prächtigen Blumenstrauß geschickt hatte". Oder er wurde um mehrere Positionen zurückversetzt, weil er dem frechen Sprössling eines Klinikchefs wegen ungebührlichen Betragens eine Backpfeife gegeben hatte. Verwerflich war es auch, wenn ein „nachgeordneter Assistenzarzt" auf irgendeine Art und Weise einen eigenen Kraftwagen erworben hatte. Dies wurde unnachsichtig mit Strafpunkten belegt. Schließlich gab es aber eine Rubrik: „Der Spieler bewirbt sich um eine Chefarztposition, wird gewählt, kauft sich sofort auf Pump einen Mercedes und scheidet aus". Das traf auf mich zu.

Natürlich strebte jeder Oberarzt eine eigene leitende Position an. Marburg war aufgrund seines Renommees ein gutes Sprungbrett für Chefärzte bekannter Krankenhäuser oder klinischer Ordinariate. Ich hatte Anfragen der Kruppschen Krankenanstalten in Essen und des Wuppertaler Städtischen Krankenhauses, ob ich mich um freiwerdende Positionen bewerben wollte. Natürlich wollte ich, hielt in Essen und Wuppertal Vorträge vor den ärztlichen Vereinen und liebäugelte speziell mit der Nachfolgeposition von Professor Klee in Elberfeld. Dann wurde durch den unerwarteten Tod von Kurt Beckmann die Chefarztposition am Cannstatter Krankenhaus in Stuttgart frei. Schon in meiner Tübinger Zeit, aber auch von Marburg aus, hatte ich immer wieder Verbindung mit dem bekannten Internisten und Leberspezialisten Beckmann. Kurz vor seinem unerwarteten Tode besuchte ich ihn noch im Rudolf Sophien-Stift. Beckmann war ein erfahrener, erfolgreicher, warmherziger und beliebter Chefarzt. Auch als wissenschaftlicher Herausgeber der Deutschen Medizinischen Wochenschrift hatte er einen glänzenden Ruf. Er sammelte eine Schar tüchtiger Internisten um sich und war mit dem Chef des Katharinen-Spitals Römer eine der führenden Persönlichkeiten der Ärzteschaft Stuttgarts. Nach eingehender Beratung mit dem Chef wagte ich es, mich um die vakante Position zu bewerben. Bei der ersten Vorstellung in Stuttgart stellte sich heraus, daß sich nahezu alle Oberärzte der renommierten Universitätskliniken beworben hatten. Ich war mit Abstand der jüngste Kandidat, aber man bedeutete mir auf dem Rathaus, daß dies nicht unbedingt ein Fehler sei. Wenige Wochen vor der Bewerbung war ich zum außerplanmäßigen Professor ernannt worden, was natürlich für die Bewerbung hilfreich war. Man suchte einen Internisten und Chefarzt, der möglichst die Breite des ganzen Faches vertrat. Dies war von der Bockschen Schule bekannt. Hatten wir doch während der Ausbildung sämtliche Stationen der Inneren Medizin durchlaufen. Als Oberarzt hatte man täglich Entscheidungen auf den verschiedensten Fachgebieten zu treffen. Darüber hinaus war die Konsiliartätigkeit in den benachbarten Kliniken von unschätzbarem Wert.

Das Bewerbungsverfahren in Stuttgart war insofern etwas Besonderes, als sich die Stadtväter und -mütter des Gemeinderates selbst ein Bild von den Bewerbern machen wollten. Nachdem unter der großen Zahl der Bewerber acht und später sechs durch ein Ärztekollegium und das Sozialreferat, geführt von Bürgermeister Schumm, ausgewählt wurden, bekam man ein Adressenverzeichnis des Gemeinderates ausgehändigt und mußte nun die Rundreise in die verschiedensten Stadtteile Stuttgarts antreten. Man erhielt so bereits einen guten Eindruck von dieser schönen Stadt. Als ich zum ersten Vorstellungsgespräch über die Obere

Weinsteige zum Rathaus fuhr, war ich von dem großartigen Panorama dieser Stadt zwischen Wald und Reben stark beeindruckt. Meine Bewerbung kam mir dabei recht vermessen vor. Schön wär's ja, aber ... ! Die meisten der aufgesuchten Gemeinderatsmitglieder wollten wohl nur einen Eindruck von dem späteren Chefarzt haben, aber einige führten sehr intensive Gespräche. Insbesondere die Ärzte unter ihnen, Frau Dr. Reinhardt und Frau Dr. Doll sowie die Fraktionsvorsteher Frau Schöttle und Herr Widmann hatten viele Fragen zu stellen. Schließlich waren noch drei Kandidaten übrig geblieben, welche vor dem Großen Gemeinderat ihre Vorstellungen, Chef eines renommierten Großstadt-Krankenhauses zu werden, darlegen mußten. Die drei „Delinquenten" trafen sich vor ihrem Auftritt in einem der Fraktionszimmer und wurden dann einzeln abgerufen. Man wartete bleich und gefaßt auf die Entscheidung, die von Bürgermeister Hirn dann persönlich bekanntgegeben wurde. Die sozialliberale Fraktion und die Freie Wählervereinigung hatten mich gewählt, und ich konnte nach Marburg telefonieren, daß ich mit meiner ersten Bewerbung Erfolg gehabt habe. Die persönliche Unterstützung durch den Chef, der den meisten Stuttgartern, insbesondere den Kollegen, von seiner Tübinger Tätigkeit her bekannt war, hatte zweifellos einen großen Anteil an diesem überraschenden Erfolg. Meine Stuttgarter Studienkollegen aus der Tübinger Zeit halfen nach Kräften. Unmittelbar nach der Wahl suchte ich die beiden weit auseinanderliegenden Kliniken im Rudolf-Sophien-Stift und im Stadtteil Berg auf und stellte mich als neuer Chef vor. Das moderne Cannstatter Krankenhaus war im Kriege als Lazarett verwendet worden, und die amerikanische Besatzungsmacht hatte es sogleich requiriert. So hatte der Chef zwei weit auseinanderliegende Häuser zu betreuen, was natürlich nur mit Hilfe hochqualifizierter Oberärzte und Assistenten möglich war. Im Rudolf-Sophien-Stift residierte H. Brügel, im Krankenhaus Berg K. W. Brückel, beide umsichtig und erfahren und von der Kollegenschaft wie von den Patienten geschätzt. Sie übernahmen bald eigene Chefarztpositionen und wurden durch Konrad Löhr und Burkhard Kommerell abgelöst. Löhr stammt aus der berühmten Reinweinschen Schule in

Kiel. Er brachte die strenge Ordnung und penible Dienstauffassung der Kieler Klinik mit, und ich habe von seiner Tätigkeit viel profitiert. Burkhard Kommerell, aus einer alten Stuttgarter Arztfamilie stammend, hat sich mir seit dieser Stuttgarter Zeit als tüchtiger und zuverlässiger Kollege bewährt. Als Ordinarius und Geschäftsführender Direktor übernahm er nach meiner Emeritierung die Ludolf-Krehl-Klinik in Heidelberg.

Viele der Beckmannschen Patienten kamen zu mir als seinem Nachfolger, obwohl die in solchen Positionen übliche Mißgunst mancher Kollegen zunächst kein gutes Haar an meinen klinischen Fähigkeiten ließ. Er sei ein guter Cholesterinforscher, war noch das positivste Urteil. Auch die übernommenen Assistenten waren zunächst etwas skeptisch. Es dauerte eine Weile, bis ich sie von der Leistungsfähigkeit der Bockschen Schule überzeugt hatte. Süffisante Bemerkungen des einen oder anderen über den jungen Mann als Chef wurden sowohl von Schwestern als auch von Patienten zurückgewiesen, und man scheute sich nicht, mir diese Vorgänge warnend mitzuteilen. In der direkten Aussprache wurden die Dinge dann geklärt. Eine gewisse Härte muß man in solchen Situationen wohl erst erlernen. Versucht wird es immer wieder, Schwachstellen des Chefs herauszufinden. Dann muß man hart reagieren. Als einer der Assistenten sich weigerte, Samstag-Sonntag-Dienst zu machen, weil er sich nicht dazu in der Lage fühlte (in Wirklichkeit wollte er zum Skilaufen fahren), war dies ein Entlassungsgrund, der auch von der Stadtverwaltung anerkannt wurde. Eine schlampige medizinische Assistentin, die eine wichtige Analyse von Rückenmarksflüssigkeit bei einem Patienten mit Verdacht auf Kinderlähmung kurzerhand fälschte und mir Phantasiezahlen lieferte, ging den gleichen Weg. Zwei Klagen vor dem Arbeitsgericht, unterstützt vom Betriebsrat, blieben erfolglos. Später hat die Dame in einer anderen Stellung sich ähnliches geleistet. Aber ich möchte dem Personal der Cannstatter Klinik mein hohes Lob aussprechen. Die Schwestern übten ihren Beruf nicht als Job aus, sondern ihre Zuwendung zu den Patienten war vorbildlich und von echter Hilfsbereitschaft bestimmt. Die Schwesternschaft vom

Roten Kreuz und darüber hinaus freie Schwestern arbeiteten höchst engagiert und erfolgreich. In späteren Jahren, als es auch unter den jungen Schwestern zu rumoren begann, haben wir alten „Stuttgarter" uns dieser Zeiten etwas wehmütig erinnert.

Beide Stuttgarter Kliniken hatten einen festen Stamm von einweisenden Ärzten, die ihre Patienten nicht selten im Krankenhaus besuchten und in enger Verbindung mit Chef und Oberärzten standen. Dies war eine der Besonderheiten in der Stuttgarter Kollegenschaft. Regelmäßig wurden fallbezogene Demonstrationen, wechselweise in beiden Krankenhäusern, durchgeführt. Ich verdanke den Kontakten mit den niedergelassenen Internisten sehr viel. Das Rudolf-Sophien-Stift, herrlich im Wald zwischen Heslach und Vaihingen gelegen, erfreute sich trotz schlechter Verkehrslage seit Kurt Beckmann eines ausgezeichneten Rufes. 130 Betten standen zur Verfügung, wobei Gastroenterologie, Stoffwechselkrankheiten, Nierenkrankheiten und Krankheiten der endokrinen Drüsen Schwerpunkte waren. Eine ausgedehnte Schilddrüsen-Sprechstunde fand überregionalen Zuspruch. Neu gebaut wurde ein Infektionstrakt, welcher insbesondere der Aufnahme der vielen Fälle mit Kinderlähmung diente. Das Beckmannsche Team hatte mit Hilfe der Stuttgarter Industrie aus alten Torpedo-Rohren eine Eiserne Lunge entwickelt, die ständig verbessert wurde. Die Betreuung der akut Kranken erforderte den ganzen Einsatz, insbesondere auch des Pflegepersonals. Einige der Unglücklichen mit nahezu totaler Lähmung verbrachten mehrere Jahre in solchen Eisernen Lungen. Es war bemerkenswert, wie diese Menschen mit ihrem Schicksal fertig wurden. Das war natürlich nur möglich durch intensive menschliche Zuwendung der Familien, des Krankenhauspersonals und vieler ehemaliger Patienten, welche sich über lange Jahre um die Kranken kümmerten. Das Jahr 1962 brachte mit der Schluckimpfung gegen Kinderlähmung den Durchbruch. 1962 wurde die Katastrophe des Contergans offenbar. Einige Fälle von Mißbildungen und schwerer Nervenentzündung waren bereits 1961 auch mir aufgefallen, aber deren Abklärung erfolgte erst später. In meine Stuttgarter Zeit fällt auch die Tragik des Ungarn-Aufstandes 1956, der Hunderte von Flüchtlingen auch nach Württemberg führte, sowie das weltalarmierende Ereignis des ersten bemannten Weltraumfluges des Russen Gagarin.

Die Abteilung Berg, im ehemaligen Kasernengelände gelegen, hatte 100 Betten, die vorwiegend von den Cannstatter Ärzten belegt wurden. Schwerpunkte waren neben der Allgemeinen Inneren Medizin die Haematologie-Onkologie, Rheumatologie und Nephrologie. Die Ärzteschaft Groß-Stuttgarts hatte in Zusammenarbeit mit der Stadtverwaltung einen Belegungsplan ausgearbeitet, an dem sich alle Krankenanstalten beteiligten. Das diensthabende Krankenhaus war also verpflichtet, die zugewiesenen Patienten aufzunehmen. Es mußte sich auf diese besonderen Dienste durch Freimachen von Betten rechtzeitig einrichten. Das hatte den Vorteil, daß eine Selektion der eingewiesenen Kranken gar nicht möglich war. Ein solches Verfahren sollte zum Wohle der Patienten eigentlich überall geübt werden, aber leider ließ es sich zum Beispiel in Heidelberg nie realisieren. Krankenanstalten vom Typ der Maximalversorgung könnten damit massiv entlastet werden, indem sie nicht tagtäglich zur Unterbringung von Akut- und Notfällen verpflichtet wären. Ein sanfter Dirigismus der Behörden wäre ganz gewiß kein Fehler, und die selbstverständlich gewährten Subventionen sollten zur Einführung einer solchen Kooperationsbereitschaft genutzt werden.

Die Stadtverwaltung in Stuttgart kümmerte sich sehr um ihre Krankenhäuser, und die ärztlichen Dienste waren glänzend besetzt. Man billigte mir bei Amtsantritt zu, neun mit halbem Salär ausgestattete Stellen in volle Planstellen umzuwandeln, so daß die ärztlichen Dienste in beiden Abteilungen bestens besetzt waren. Die Beckmannsche Tradition der wissenschaftlichen Arbeiten am Krankenbett konnte somit erfolgreich fortgesetzt werden und eine stattliche Zahl von Publikationen wurde in dieser Zeit von 1956-1961 erstellt. Es ist wohl auch kein Zufall, daß allein 14 Chefarztpositionen durch die damaligen Mitarbeiter besetzt werden konnten. Es wurden auch erste internationale Kontakte aufgenommen. Bemerkenswert waren die Verbindungen zum Stuttgarter Verlagswesen, das vieles aus dem Weltzentrum Leipzig an den Neckar übernommen hatte. Mit den aus Marburg übergewchselten Mitarbeitern Helmut Jobst, Heinrich Wagener, Bruno Frosch konnten unsere Arbeiten auf dem Gebiet des Fettstoffwechsels weitergeführt werden. Die neue Stuttgarter Mannschaft kam hinzu, so daß sich in Stuttgart ein Zentrum auch der klinischen Arterioskleroseforschung entwickelte. Es wurden insbesondere die Beziehungen zwischen Ernährung und Fettstoffwechsel in ihren Auswirkungen auf Gefäßprozesse untersucht. Die Ergebnisse erlaubten mir schließlich die Herausgabe eines Buches über Arteriosklerose. Ich hatte mich zu diesem Zwecke in ein Gartenhaus bei Hagnau am Bodensee zurückgezogen und innerhalb von drei Monaten die wichtigsten Kapitel geschrieben. Fachbeiträge wurden von den Pathologen Heinrich Bredt (Mainz) und Dr. Johannes Lindner (Hamburg), durch den Ophthalmologen Hans Sautter (Hamburg), durch die Psychiater Walter Schulte und Hanspeter Harlfinger (Tübingen) sowie den Chirurgen Charles Rob (London), erstellt. Dieses Buch war wohl auch das erste umfassende Werk im internationalen Schrifttum. Es wurde zusammen mit George Boyd (Edinburgh) erheblich erweitert und in einer Lizenz des Georg-Thieme-Verlages Stuttgart bei Elsevier Amsterdam herausgebracht.

Der „Ärztliche Verein“ in Stuttgart hatte bereits eine gute Tradition, als ich von von der Ärztekammer Stuttgart beauftragt wurde, seine Leitung zu übernehmen. Mir fiel dies deswegen leicht, weil ich durch Vermittlung eben dieser Ärztekammer in Stuttgart-Degerloch Mitglied des „Deutschen Senats für Ärztliche Fortbildung“ geworden war. Dieser war etwas ganz Besonderes. Der lange in China weilende Professor Albert Schretzenmayr verstand es, attraktive Lehrveranstaltungen für Ärzte aller Fachrichtungen, für niedergelassene und Kliniksärzte zu organisieren. Er hatte einen festen Stamm hochqualifizierter Referenten, die ihn bei der Ausarbeitung der international ausgerichteten Programme berieten. Sie fanden im Winter in Bad Gastein und in Davos, im Frühjahr in Grado, im Herbst in Meran und Montecatini statt. Während 14 Tagen wurden täglich zwischen sechs und acht Lehrveranstaltungen durchgeführt, der Rest wurde zu sportlicher Betätigung in den attraktiven Orten benutzt. Gastein und Davos richteten gemeinsam ein Programm aus. Das bedeutete, daß die Referenten nach Absolvierung ihrer Aufgaben in der Nacht jeweils den anderen Tagungsort aufzusuchen hatten. Je nach Wetterlage mit gehörigen Verspätungen des Express-Zuges Wien-Paris, konnte dies eine ziemliche Belastung sein. Schretzenmayr, der die Eröffnung der Kongresse regelmäßig übernahm, hat diese anstrengende Tätigkeit über lange Jahrzehnte durchgehalten. Seine Leistungen und sein enormes Geschick waren einmalig. Er wurde in Gastein unterstützt durch den Geheimen Sanitätsrat Professor Carl-Erich Alken aus Homburg/Saar. Die Leitung des Davos-Kongresses ließ sich Schretzenmayr nicht nehmen. Zusammen mit zwei weiteren Kollegen führten wir gut besuchte Programme durch. Die Spitzenteilnehmerzahl lag teilweise zwischen 3000 und 3500. Die örtliche Ärzteschaft war mit von der Partie, und die kantonalen Verwaltungen taten ihr Bestes, Davos zu einer Hauptattraktion der auslaufenden Wintersaison zu machen. Die räumlichen Verhältnisse waren zunächst sehr bescheiden. Man mußte in schlecht gelüfteten, überfüllten Sälen im Hotel vortragen. Die praktischen Übungen wurden unter ähnlicher räumlicher Behinderung im Institut für Lawinen- und Höhenforschung durchgeführt. Die Gemeindeverwaltung Davos erstellte schließlich mit kantonaler Unterstützung ein schönes Kongreßgebäude, das auch heute noch für internationale Veranstaltungen genutzt wird. Diese Auslandskongresse der Bundesärztekammer werden nun viel weniger frequentiert, da die Finanzverwaltungen die Abschreibung der entstehenden Kosten für das Ausland nicht mehr gestatten. Selbst sehr ansprechende Programme ziehen damit nur noch wenige Teilnehmer aus der Bundesrepublik an. Man unterstellte gelegentlich, diese Kongresse hätten eigentlich nur den Zweck, den Ärzten zusätzliche Ferien zu gewähren, dazu noch finanzielle Anreize zu geben. Aber in der Tat waren diese Programme aktuell, praxisnah und besonders für niedergelassene Ärzte wichtig. Höhepunkte waren jeweils die Eidophor-Veranstaltungen unter Einbeziehung der Davoser Kliniken.

Die Mitarbeit in diesem Deutschen Senat für ärztliche Fortbildung machte es mir leicht, gute Redner für Stuttgart zu gewinnen. So waren diese abendlichen Fortbildungsveranstaltungen immer gut frequentiert, und es entwickelten sich interessante Diskussionen. Auch für die Weiterbildung der niedergelassenen Ärzte waren diese Abende nützlich. Die Stuttgarter Ärzteschaft wählte mich zum 2. Vorsitzenden. Die Ärztekammer unter dem tüchtigen und umsichtigen W. Kreis hat manches bewegt und Akzente für die Zusammenarbeit zwischen niedergelassenen Ärzten und den Klinikern gesetzt.

Nachdem die Tübinger Fakultät mich aus Marburg wieder in ihren Reihen aufgenommen hatte, führte ich regelmäßig klinische Visiten für Stuttgarter Studenten durch, um meinen Lehrverpflichtungen nachzukommen. Für die Auswahl guter Nachwuchskräfte der Kliniken waren diese Visiten recht hilfreich.

Infolge der ungünstigen Verkehrslage der beiden Krankenanstalten wurde mir von der Stadtverwaltung erlaubt, die ärztliche Sprechstunde im Stadtzentrum durchzuführen. Unsere Wohnung in der Richard-Wagner-Straße wurde alsdann in eine vielfrequentierte ärztliche Sprechstunde einbezogen, die ich viermal pro Woche von drei Uhr bis in die Abendstunden abhielt. Das vermittelte ebenso wie die klinische Tätigkeit gute Kontakte zur Bevölkerung. Nach den eher idyllischen Universitätsstädten Tübingen und Marburg war die Großstadt Stuttgart natürlich eine besondere Attraktion. Wir haben diese Stuttgarter Zeit sehr genossen, und ich möchte rückblickend feststellen, daß diese fünf Jahre zu den schönsten gehörten, die ich durchleben durfte. Nicht nur die Arbeit und die guten ärztlichen Kontakte machten Freude, auch die damit verbundenen Bekanntschaften und Freundschaften möchte ich nicht missen. Der Abschied von Stuttgart fiel uns schwer.

Das kulturelle Leben Stuttgarts

Das kulturelle Leben in Stuttgart blickte auf eine lange und große Tradition zurück. Nach dem Kriege gelang es, das Theater- und Konzertwesen zu einsamen Höhen zu führen. Hinzu kamen die wertvollen Sammlungen in Museen und Wanderausstellungen und nicht zuletzt aufregende Auktionen des Kunst- und Antiquitätenhandels. Oper und Theater waren unter der Generalintendanz von Dr. Walter Erich Schäfer und dem Generalmusikdirektor Professor Ferdinand Leitner eine der Attraktionen der Bundesrepublik. In enger Zusammenarbeit mit den großen Opernhäusern, mit Bayreuth, Salzburg und Wien leistete das Ensemble Hervorragendes. Die enge Freundschaft mit Ferdinand Leitner brachte mir direkte Kontakte zu den ausübenden Künstlern und erweiterte mein Musikverständnis in großartiger Weise. Stand ich der Opernkunst, wohl mangels Erfahrung, recht zurückhaltend gegenüber, so wurde ich in Stuttgart mit dem Werk der großen Opernkomponisten, der Dirigenten und Sänger vertraut gemacht. Richard Wagner und Richard Strauss gehörten zum Standardprogramm, wurden aber durch Kontrakte mit internationalen Künstlern zu einmaligen Ereignissen. Die großen amerikanischen Sänger George London, Jess Thomas, die berühmten Josef Greindl und Gottlob Frick ergänzten die Stars des Stuttgarter Ensembles wie Wolfgang Windgassen, Fritz Wunderlich Otto von Rohr, Gustav Neidlinger. Unter den Damen brillierten Martha Mödl, Lore Wissmann neben Birgit Nilsson, Grace Hoffmann, Christa Ludwig, Lisa de la Casa und vielen anderen mehr. Ferdinand Leitner hatte ein besonders glückliches Verhältnis zur modernen Kunst, sowohl in der Oper als auch in der Orchesterarbeit. So fand eine Reihe von wichtigen Ur- und Erstaufführungen u. a. von Orff, Egk, Fortner und vielen anderen in Stuttgart statt. Nach den Premieren traf man sich in festlicher Runde, manchmal auch in kleinem Kreise. Als besondere Auszeichnung empfand ich anderntags ein Frühstück im kleinen Rahmen bei Leitners.

Unter den Opernaufführungen habe ich besonders in Erinnerung den Wagnerschen Ring-Zyklus unter der Inszenierung von Wieland Wagner und unter der musikalischen Leitung von Leitner. Parsifal, der gesamte Ring in glänzender musikalischer Besetzung standen den Bayreuther Aufführungen nicht nach, da hier ein hervorragend eingespieltes Orchester zur Verfügung stand. Lohengrin, Tristan und Isolde offenbarten unvergleichliche Leistungen der Birgit Nilsson, Martha Mödl, Lore Wissmann, Wolfgang Windgassen und Gustav Neidlinger. Wolfgang Fortner feierte mit seiner Oper „Bluthochzeit“ nach Frederico Garcia Lorca Triumphe. Überhaupt war Stuttgart eines der letzten großen Beispiele einer Ensemble-Oper. Die „Entrümpelung“ der Wagner-Aufführungen war Wieland Wagner durch Einsatz großartiger Lichteffekte glänzend gelungen. Die Moderne war vertreten mit „Wozzek“ und „Lulu“ von Alban Berg, mit „Der Revisor“ von Werner Egk, der „Penthesilea“ von Othmar Schoeck. Carl Orff: Der Mond, Oedipus der Tyrann (als Uraufführung im Dezember 1959) sowie Trionfi, Antigonae und Carmina Burana bevorzugte Stuttgart als Premierenort. Der Meister war jeweils zugegen, zumal ihn eine enge Freundschaft mit Ferdinand Leitner verband. Hervorgehoben werden müssen die Inszenierungen von Günther Rennert mit den Bühnenbildern von Caspar Neher sowie die glänzenden Chorleistungen unter Heinz Mende.

Eine Stuttgarter Besonderheit waren von jeher, zumal nach dem Ausfall von Dresden, die Aufführungen von Richard Strauß mit dem Rosenkavalier, Capriccio, Elektra und vor allem mit der Salome. Auch hier wirkte Wieland Wagner als Gast. Bei einem Zwischenfall wurde ich hinter die Bühne bemüht, als die Dame Salome kurz vor dem großen Schlußgesang im unterirdischen Kerker des Johanaan verschwand, auf den sie sich kriechend zubewegt hatte und abstürzte. Offenbar war die Primadonna durch ihr Engagement unmittelbar vorher im Ring des Nibelungen beträchtlich überfordert. Eine ungewöhnliche Variante des Abgangs nach dem Befehl des Herodes „Man töte dieses Weib!“

Die Gastspielreisen der großen Gesangsstars führten natürlich zu außergewöhnlichen Belastungen und gelegentlich auch einmal zu Zwischenfällen. Davon war Otto von Rohr betroffen, der als Gurnemanz kurz vor der Stuttgarter Aufführung bei einem Gastspiel der Stuttgarter Oper in Straßburg infolge einer starken Erkältung die Stimme verlor. Nun war große Not, denn am Karfreitag waren natürlich sämtliche „Parsifals" ausgebucht. Schließlich fand man einen Nachwuchssänger einer süddeutschen Provinzbühne, welcher neben dem Dirigenten stehend aus der Partitur sang, während der stumme Otto von Rohr auf der Bühne gemessen agierte. Phantastische Leistungen erbrachte Birgit Nilsson, im bürgerlichen Leben eine großartige, dabei einfache Persönlichkeit. Wurde sie durch einen arroganten Sängerkollegen auf der Bühne gereizt, so sang sie ihn gnadenlos nieder, was sie zweimal mit älteren italienischen Stars praktizierte. Auch die heitere Muse war vertreten durch die traditionellen Sylvester-Aufführungen der Fledermaus unter Leitner, in der Inszenierung von Werner Düggeli und dem Bühnenbild und den Kostümen von Leni Bauer-Ecsy. Die Choreographie stammte von John Cranko, dem großen unvergessenen Meister des Balletts. Unter seiner Leitung erlangte das Stuttgarter Ballett Weltgeltung. Erwähnen möchte ich Coppelia, The Lady and the Fool, Antigonae, den Pagodenprinz nach Benjamin Britten und als Glanzpunkt Der Widerspenstigen Zähmung. Was Cranko und sein Ensemble mit den Stars Birgit Keil und Marcia Haydee leistete, wird in Zukunft wohl kaum mehr erreicht werden. Als Präsident der Deutschen Gesellschaft für Innere Medizin schaffte ich es, die Stuttgarter mit „Der Widerspenstigen Zähmung" zur Festaufführung während des Jahreskongresses 1972 nach Wiesbaden zu holen.

Die Freundschaft mit Walter Erich Schäfer und Ferdinand Leitner erlaubte mir natürlich manchen Blick hinter die Kulissen, die nicht ausbleibenden Rivalitäten und Kabalen, aber auch in die Verwaltung und die Finanzierungsmöglichkeiten eines solchen Ensembles. Als Dr. Schäfer einen Ruf nach Wien erhielt und mich um meinen ärztlichen Rat bat, bevor er diese mörderische Aufgabe übernahm, riet ich ihm dringend ab, nach Wien zu gehen. Dies war wohl eine gewisse Vorahnung, denn wenige Monate danach kam er mit einem leichten Schlaganfall nach Stuttgart zurück, von dem er sich gottlob wieder erholte und noch mehrere Jahre weiterarbeiten konnte. Seine Lebenserinnerungen enthalten ein wichtiges Stück Stuttgarter und Württembergischer Kulturgeschichte. War er doch nicht nur für die Oper, zweifellos sein Lieblingskind, sondern auch für das Schauspielhaus verantwortlich. Ihm stand er bereits 1928–1934 als Dramaturg zur Verfügung bis er 1950–1972 die Generalintendanz wahrnahm.

Die Leistung Leitners wurde anläßlich seines 80. Geburtstages u. a. durch Joachim Kaiser in der „Süddeutschen Zeitung“ und Gerhard R. Koch in der „Frankfurter Allgemeinen Zeitung“ eingehend gewürdigt. Als Generalmusikdirektor mit Wieland Wagner machte er die Stuttgarter Staatsoper zum „Winter-Bayreuth“. Wieland Wagner inszenierte außer allen Wagner Opern in Stuttgart auch Fidelio, Salome, Elektra und – als letzte Regiearbeit überhaupt – 1966 Lulu. Damals war es noch selbstverständlich, daß die konsequente Entwicklung eines Musiktheaterstils nur auf der Basis eines stabilen Ensembles überhaupt möglich sei. Dazu gehörte die entsprechende Führung.

Leitner ging 1969 nach Zürich. Mit Uraufführungen von Klebe, Othmar Schoecks „Massimilla Doni“ hielt er am Faible für Neues und Rares fest. Auch als Konzertdirigent ist Leitner mit einem weitgefächerten Repertoire zwischen Haydn und B. A. Zimmermann immer wieder kompetent gewesen. Höhepunkte seiner Karriere waren die zahlreichen Gastspiele in Buenos Aires, Chicago und Tokyo.

Die Begegnungen mit Wieland Wagner sind unvergessen. Ich habe ihm in der Endphase seiner Krankheit auch nicht mehr helfen können.

Das Schauspiel erlebte Sternstunden mit dem früheren Dresdner Ensemble, von denen mich mit Erich Ponto, Paul Hoffmann und Edith Heerdegen eine herzliche Freundschaft verband. Ich hatte Ponto in seiner schweren, zum Tode führenden Krankheit zu behandeln. Seine beiden letzten großen Rollen Shylok und Nathan ergriffen das mit der Situation vertraute Auditorium zutiefst. Ponto ließ sich aus dem Krankenhaus zu den Aufführungen fahren und schleppte sich, mit schmerzstillenden Injektionen versehen, auf die Bühne. Einen Tag vor seinem

Tode las er seinen beiden Ärzten und den Freunden Paul Hoffmann, O. E. Hasse und H. A. Stuckenschmidt aus Thomas Mann's Dr. Faustus. Wir alle wußten, daß dies wohl sein letzter Auftritt war, und wenige Stunden danach verschied er in den Armen seiner treuen Lebensgefährtin Edith Heerdegen.

Zu den großen Ereignissen des Stuttgarter Kulturlebens gehören auch die glanzvollen Darbietungen des Stuttgarter Orchesters. Nach einer unvergesslichen Aufführung von Bruckners 9. Sinfonie verharrte das Publikum tief ergriffen nach dem Schluss lange Zeit schweigend, um danach den Künstlern Ovationen zu bringen. Ähnliches widerfuhr den Wiener Philharmonikern unter Carl Schuricht, ferner Paul von Kempen sowie den Bamberger Symphonikern unter Joseph Keilberth. Unter den Solistenabenden möchte ich Peter Pears, begleitet von seinem Freund Benjamin Britten, Dietrich Fischer-Dieskau, Lisa de la Casa und Maria Callas erwähnen. Gustav Gründgens gab eine seiner letzten großen Aufführungen des Wallenstein, die von Dolf Sternberger in der Frankfurter Allgemeinen Zeitung als einmalige Leistung gewürdigt wurden.

So war das Stuttgarter kulturelle Leben in seiner Dichte und seinem Niveau ein Beispiel für die Leistungsfähigkeit einer weltoffenen mittleren Großstadt. Natürlich trug die im Stuttgarter Raum konzentrierte Großindustrie zur finanziellen Leistungsfähigkeit bei, und die großen Mäzene Haspel, Koennecke, Staelin, Nallinger, Bosch, Burkhardt, Merkle, um nur einige zu nennen, sorgten mit den Oberbürgermeistern Arnulf Klett und später Manfred Rommel, den die Stuttgarter liebevoll „dem Wüschtefuchs soi Kloiner" nannten, für die gesunde finanzielle Basis. Und auch die Ministerpräsidenten Gebhard Müller, Kurt Georg Kiesinger, Hans Filbinger und Lothar Späth nahmen sich der kulturellen Belange der Landeshauptstadt in jeder Hinsicht an.

Zu den großen Ereignissen zähle ich auch die attraktiven Kunstauktionen, insbesondere expressionistischer Werke durch die Galerie Ketterer. Es gibt in Stuttgart großartige Sammlungen der deutschen Expressionisten, unter denen die von Max Fischer zu nennen ist. Als Tübinger Chemiestudent legte er sein Taschengeld in Blättern von Franz Marc,

Ludwig Kirchner, Erich Heckel an. Über Jahrzehnte erwarb er eine bedeutende Sammlung. Ihm verdanke ich das Verständnis dieser Künstler, deren Werke von den Nationalsozialisten als entartete Kunst verfemt wurden. Über Max und Gabi Fischer lernten wir Manfred und Lilo Behr kennen, zu denen wir eine enge Freundschaft entwickelten. Gemeinsame Reisen ins Ländle wie in die große weite Welt haben uns viel Freude bereitet. Manfred Behr hat über lange Jahre Forschungsprojekte des Herzinfarktinstitutes gefördert.

Bedeutende Ereignisse waren die hochkarätigen politischen Vorträge vor der Atlantischen Gesellschaft. Nach einem Vortrag von Franz-Josef Strauß über die politische Situation im Nahen Osten, der zunächst mit großer Skepsis aufgenommen wurde, war doch gerade die Spiegel-Affäre mit dem Bruch der Koalitionsregierung in Bonn über die Bühne gegangen, gab es begeisterten Beifall zur glänzenden analytischen und rhetorischen Rede. Unvergessen sind ferner die Vorträge von Golo Mann und die feierliche Ehrenpromotion des Nobelpreisträgers Professor Dr. Max Born durch die Technische Universität, an der auch dessen Sohn Gustav teilnahm, mein langjähriger Freund der Berliner und Heidelberger Jahre.

Einen ähnlichen Erfolg verzeichnete der Bundeskanzler Adenauer mit der Behandlung des umstrittenen Themas der Wiederbewaffnung. Trotz seiner eher spröden Rhetorik verstand er es, das Auditorium letztlich mit Fakten zu überzeugen.

Seit meiner Stuttgarter Zeit bestanden freundschaftliche Verbindungen zu den großen Häusern Württembergs, welche im kulturellen und politischen Leben des Landes eine große Rolle spielten. Die Häuser Leutrum, Adelmann, Neurath, Mackensen, Stauffenberg, Gemmingen, Dörtenbach, Wöllwarth und Massenbach waren Begegnungsstätten zahlreicher Politiker, darunter die früheren Ministerpräsidenten Gebhard Müller, Carlo Schmid, Kurt-Georg Kiesinger, Hans Filbinger, Lothar Späth; auch die Landesminister Wilhelm Hahn, Simpfendörfer, Stortz, Annemarie Griesinger, Angstmann, Krause, Hirrlinger und Gewerkschaftsvorsitzende wie Brenner und Georg Leber haben bei solchen Begegnungen viel bewegt und Akzente der Landes- und der großen Politik gesetzt. Auch für unsere Hochschulen waren diese Veranstaltungen ungemein wichtig, und ich habe Anliegen gerade der Ärzte und medizinischen Hochschullehrer vorbringen können. Besonders beeindruckend waren die Aktivitäten der Gräfin Leutrum, welche für die Landfrauen auf regionärer und nationaler Ebene enorm viel leistete. Auch auf kulturellem Gebiet spielten diese Salons eine große Rolle. Sie trugen zur kulturellen Blüte unseres Landes in diesen Zeiten maßgeblich bei.

Mit HAP Grieshaber verband mich eine jahrelange enge Freundschaft. Ich durfte ihn nicht nur ärztlich betreuen, sondern hatte mit ihm viele interessante, dabei oft hochpolitische Gespräche auf seinem originellen Anwesen auf der Achalm über Reutlingen. Nicht nur ideell, sondern auch materiell beflügelt ging man von solchen, durch deftige schwäbische Küche und nicht geringe Quantitäten von Kirschwasser begleitete Diskussionsrunden von dannen. HAP war bekanntlich ein politisch ungemein engagierter Künstler, der letzte große Holzschneider unserer Zeit. „A bissle verrückt bei sellem G'schäft muß mer scho sei", das war das Resümee seiner enormen Arbeitsleistung.

Das absolute Wohlbefinden, die Freude und das Behagen im und am Stuttgarter Leben wurde plötzlich irritiert durch eine Berufung an die Freie Universität Berlin als Nachfolger des nach Hamburg berufenen Professor Heinrich Bartelheimer. Mein Freund Willy Maßhoff, Lehrstuhlinhaber für Pathologische Anatomie an der Freien Universität Berlin, Weggenosse der Tübinger und der Stuttgarter Zeit, hatte mich als möglichen Kandidaten auf das Ordinariat hingewiesen und der bekannte Chirurg Fritz Linder machte sich dann auf den Weg, um vor Ort die Situation zu ergründen. Naheliegend war, daß das Zeugnis des bestrenommierten Stuttgarter Chirurgen, Professor Reichle vom Marienhospital, eingeholt wurde. Es fiel gut aus, da ich von ihm wiederholt als Konsiliarius beigezogen worden war und ihn sogar einmal selbst in schwieriger Situation betreut hatte. Kurzum, ich erhielt den Ruf ohne die damals übliche Probevorlesung in Berlin und wanderte mit diesem

Schreiben zu meinem Oberbürgermeister Dr. Arnulf Klett. Er, der meiner Anfangszeit in Stuttgart eher skeptisch gegenüberstand, setzte sich nun voll dafür ein, mich in Stuttgart zu halten, und auch die Chefarztkollegen und die städtischen Behörden taten ein übriges. Damals galt die Devise, der erste Ruf wird angenommen, und wenn es einen sehr wenig attraktiven Ort betrifft. Später hat sich dies gottlob nicht erhalten. Aber es stellte sich die grundsätzliche Frage, ob die Tätigkeit als renommierter Chefarzt eines städtischen Hauses mit zwangsläufig eingeschränkten wissenschaftlichen Möglichkeiten auf Dauer befriedigend sei. In dieser Zwangslage versuchte ich das Unmögliche, nämlich in Stuttgart eine Medizinische Akademie ins Leben zu rufen. Dies war in Anbetracht der Überfüllung der klassischen Fakultäten und der Bemühungen um eine Studienreform der Mediziner naheliegend und war andernorts erfolgreich praktiziert worden, so z. B. in Aachen und in Lübeck. Das Land Baden-Württemberg hatte sich als Gründer der Universitäten Konstanz und Ulm aufgeschlossen für solche Neugründungen gezeigt. Der Oberbürgermeister, weniger der Bürgermeister Hirn als Chef des Finanzressorts, griff diesen Gedanken sogleich auf und verhandelte mit den zunächst Betroffenen, nämlich mit den Chefärzten. Man ging davon aus, in Anlehnung an die Universität Tübingen ein Akademisches Lehrkrankenhaus einzurichten, was dann auch viel später Wirklichkeit wurde. Aber in der damaligen Situation vertrat die Mehrheit der Chefärzte die Ansicht, entweder eine selbständige Fakultät oder gar nichts. Das mußte natürlich zum Mißerfolg führen, und die hochfliegenden akademischen Pläne waren somit beendet. Der damalige hochzuschätzende Kultusminister Storz, dem ich später im Hause der Prinzessin Hessen bei Rhein wiederholt als Freund von Dolf Sternberger und Golo Mann begegnete, und der sich dieser Unterredung erstaunlicherweise noch erinnerte, sagte mir: „Da müssen Sie wohl in den sauren Apfel Berlin beißen, wenn Sie akademischen Ehrgeiz haben“. Aber noch war es nicht so weit. Sowohl die vorgesetzte städtische Behörde als auch meine Patienten und nicht zuletzt auch meine Assistenten rieten dazu, in Stuttgart zu bleiben und das politisch doch sehr problematische Berlin zu meiden. Die Berliner Fakultät hielt sich natürlich sehr zurück. Ich begann nun die Verhandlungen mit dem damaligen Kurator Fritz von Bergmann, einer großartigen, aufgeschlossenen und von hohem Verantwortungsbewußtsein geprägten Persönlichkeit. Ihm unterbreitete ich meine Wünsche zur Verbesserung der personellen und apparativen Ausstattung des im Westendkrankenhaus in Berlin-Charlottenburg untergebrachten zweiten klinischen Ordinariats für Innere Medizin. Die erste Medizinische Klinik wurde vom großen Hans von Kress geleitet. Trotz recht hoher Forderungen hat Herr von Bergmann alle die Wünsche erfüllt, wobei ihm die Deutsche Forschungsgemeinschaft, hier sein Freund von Mutius, und das Bundesministerium für Forschung kräftig halfen. Die Ausstattung der Klinik war gegenüber Stuttgart deutlich schlechter. Die gleichzeitige Übernahme des berühmten Westend-Sanatoriums in der Joachimsthaler Straße, wo schon Bier, Sauerbruch und Gorbandt gearbeitet hatten, machte die Sache doch recht attraktiv. Nach eingehender Beratung mit meinen Assistenten und nicht zuletzt der Familie entschloß ich mich, den Ruf nach Berlin anzunehmen, was in der Stuttgarter Bevölkerung nicht nur mit Mißvergnügen, sondern auch mit Unverständnis registriert wurde. Mit elf meiner ärztlichen Mitarbeiter, die sich entschlossen hatten, mit nach Berlin zu gehen, kündigte ich schweren Herzens die Position in Stuttgart auf und sagte in Berlin zu. Die Aufnahme der neuen Tätigkeit war für Anfang August vorgesehen. Wie eine Bombe schlug dann 1961 in diesen Tagen der Bau der Berliner Mauer ein. Zwei Tage nach diesem einschneidenden Ereignis fuhr ich mit dem VW durch die „Zone“ nach Berlin und meldete mich an meiner neuen Arbeitsstelle. Der allgemeine Zustand war in jeder Hinsicht desolat. Man erinnert sich wohl, daß in Anbetracht der eher unsicheren Situation viele Berliner sich in die Bundesrepublik begaben und daß die Bevölkerung zutiefst deprimiert war. Die Alliierten hatte dieses schockierende Ereignis ebenso wie die Bundesregierung ohne Reaktion hingenommen, und erst der Einmarsch einer amerikanischen Brigade unter Beteiligung des Vizepräsidenten Johnson besserte die allgemeine Stimmung etwas auf. Rut Brandt hat in ihren Erinnerungen die Situation trefflich geschildert.

Der „Tagesspiegel“ vom 17. September 1961 widmete unserer Ankunft einen fünfspaltigen Artikel. Neben der Würdigung des bisherigen wissenschaftlichen Wirkens und meiner Vorstellungen über die künftige Arbeit in Berlin stellte die Zeitung in dieser außerordentlich unruhigen Zeit fest:

„Dennoch: die Tatsache, daß ihm 14 Wissenschaftler aus dem Bundesgebiet nach Berlin gefolgt sind ... ist ein erfreulicher Beweis für das Vertrauen von Akademikern zu Berlin in seiner jetzigen Lage.“

Und ich werde zitiert:

„Zunächst empfand ich es doch als schockierend, festzustellen, wie explosiv diese Stadt ist. Aber ich hatte A gesagt und sah keinen Grund, nun nicht auch B zu sagen.“

Es fällt das Wort von „Berlin-Heroen“, sicher eine journalistische Überspitzung – doch Signal gesetzt und Aufmunterung gegeben hat unsere Entscheidung wohl doch.

Meine Assistenten waren, zunächst ohne Familien, mit mir nach Berlin eingerückt. Als wir uns zu einer ersten Situationsanalyse trafen, erreichte uns eine Botschaft des Oberbürgermeisters Dr. Klett, daß die Kündigungen in Stuttgart angehalten seien und wir jederzeit wieder zurück könnten. Wir stimmten nach längerer Diskussion ab, und alle waren der Meinung, daß man nun, nachdem man A gesagt habe, auch B sagen müsse. Wir blieben also in Berlin. Man suchte sich Wohnungen für die Familie. Zu uns stießen zwei Kieler Kollegen, Felix Anschütz und Wolfgang Piper aus der Reinweinschen Schule, die unser klinisches Kollegium verstärkten. Wir fühlten uns wie in einer Diaspora, und jeder von uns fragte sich in den ersten Wochen, was zum Teufel uns eigentlich nach Berlin geführt habe. Als ich, in der elterlichen Wohnung eines Berliner Assistenten als Zwangsjunggeselle hausend, einen Großeinkauf bei Rollenhagen tätigte, um wenigstens in leiblicher Hinsicht einigermaßen zufrieden zu sein, fragte mich die Kassiererin, die ich um eine Quittung bat, indem sie einen Zeitungsausschnitt mit Bild aus dem

„Berliner Tagesspiegel“ hervorzug: „Mann, sind Sie det? Sind se noch zu retten? De janze Welt looft weg, und Sie kommen mit dreizehn Mann hoch nach Berlin? Hamse Dreck am Stecken? Sind se Morphiumist, oder wat is in se jefahren?“ Dies war nicht gerade ermunternd, obwohl die Presse dieses bemerkenswerte Ereignis in der Flucht-Erscheingung würdigte. Nun, um es kurz zu machen, die Berliner Zeit hat uns sehr viel gegeben. Obwohl die Trennung vom geliebten Schwabenlande noch lange nachwirkte, hat die Arbeit in der Berliner Fakultät, im akademischen Unterricht, in der Patientenbetreuung und nicht zuletzt auch im gesellschaftlichen Bereich sehr viel Freude und Befriedigung gebracht.

Berlin 1961–1963

Als Dekan führte der Psychiater Helmut Selbach die Verhandlungen, die keine Schwierigkeiten brachten. Am Aufbau der Fakultät waren in den frühen fünfziger Jahren vor allem der Chirurg Fritz Linder, ein Schüler von K. H. Bauer, der Internist Hans Freiherr von Kress, Schüler von Friedrich von Müller, der Pharmakologe Hans Herken, Schüler von Otto Heubner, der Pathologe Wilhelm Doerr, Schüler von Edmund Randerath beteiligt. Das Bezirkskrankenhaus Westend war mühsam zu einem universitären Klinikszentrum ausgebaut worden, ohne freilich seinen ursprünglichen Charakter je aufzugeben. Erst mit der Erstellung des neuen Klinikums Steglitz wurde der Raum für eine moderne klinische Arbeit erweitert. Das Klinikum Charlottenburg-Westend wurde dadurch entlastet und arbeitete als zweite Fakultät weiter. Die dort erzielten Leistungen waren bemerkenswert. So machte Linder „das Westend" zu einem modernen chirurgischen Zentrum, das nicht nur die Westberliner Bevölkerung, sondern auch Patienten aus Ost-Berlin und aus der damaligen Sowjetischen Besatzungszone versorgte. Neben der Allgemeinen Chirurgie baute er ein Zentrum für die operative Behandlung von Lungen- und Herzkrankheiten, tatkräftig unterstützt durch seinen Freund William Longmire und andere amerikanische Kollegen, welche insbesondere bei der Einführung der extrakorporalen Techniken hilfreich waren. Linder verließ Berlin 1961, einer Berufung nach Heidelberg folgend. Die dominierende Persönlichkeit im Westend war Hans Freiherr von Kress, beeindruckend durch seine Menschlichkeit, unauffällige Führungskraft und sein von tiefster

Humanität geprägtes Arzttum. Auch die klinische Arbeit blieb natürlich von den politischen Problemen, die durch den Mauerbau entstanden waren, nicht verschont. Hans von Kress war dabei der ruhende Pol, der durch seine Haltung Ärzten und Patienten die so dringend notwendige Zuversicht vermittelte. Er half mir in großartiger Weise bei der Einarbeitung in das recht schwierige Feld, und es verband uns bald eine herzliche Freundschaft, die bis zu seinem frühen Tode im Jahre 1973 andauerte. Im Westend-Krankenhaus arbeiteten ferner die Kliniker Hans-Heinz Naumann als Hals-Nasen-Ohren-Arzt, Hugo Gasteiger als Ophthalmologe, Heinz Oeser als Radiologe, Wilhelm Brosig als Urologe. Die Gynäkologie war durch Herbert Lax vertreten, die Neurologie und Psychiatrie durch Helmut Selbach. Der Pädiatrischen Klinik standen Wilhelm Loeschke, der Mund-, Zahn-, Kieferheilkunde Ewald Harndt vor, der spätere Rektor der Freien Universität. Als Pathologe amtete damals Willy Maßhoff, welcher die große Tradition der Pathologen Robert Roessle und Wilhelm Doerr in Westberlin fortsetzte. Das Ordinariat der zweiten Medizinischen Klinik und der Medizinischen Poliklinik war vom Reinwein-Schüler Heinrich Bartelheimer geleitet worden, der vom Krankenhaus Moabit an die Universität berufen wurde. Er betreute neben dem Westend-Krankenhaus das „West-Sanatorium" und eine Spezialklinik für Diabetiker. Das Pharmakologische Institut, welches aus alter Tradition vielfach mit klinischen Fragen befaßt war, leitete Hans Herken. Er zweigte eine Abteilung für Klinische Pharmakologie ab unter dem Ordinariat von Helmut Kewitz. Dieser residierte bereits im neuen Klinikum in Steglitz, welches ein Zentrum für Innere Medizin, eines für Chirurgie und für Frauenheilkunde beherbergte. Die Planung dieses modernen Gebäudes, durch amerikanische Sponsoren für Westberlin eingerichtet, war recht aufwendig, da insbesondere die Architekten aus dem tiefen Süden der USA mit den klimatischen, aber auch mit den traditionellen baulichen Gegebenheiten in Westberlin wenig vertraut waren. Die Kliniker der alten Medizinischen Fakultät investierten enorm viel Zeit und Kraft in diese Planungen. Man sollte sich der Tatsache der großherzigen Spende der Amerikaner in schweren Zeiten gerade heute erinnern, da die Neuorientierung der Universitätskliniken und medizinischen Fakultäten nach der Wende ansteht. Unvergessen ist der Einsatz von Eleonore Dulles und der Ford-Foundation.

Die Funktion einer orthopädischen Universitätsklinik versah das traditionsreiche Oskar-Helene-Heim unter der Leitung von N. Witt. Als Nachfolger von F. Linder wurde Hermann Franke aus der Düsseldorfer Schule berufen. Auch er hatte mit Schwierigkeiten zu kämpfen, die mit dem Wechsel von einem Großstadtklinikum in Nürnberg mit einem weiten Umfeld in das mehr oder weniger isolierte Westberlin zusammenhängen. Als meine Mitarbeiter und ich die Arbeit im Westend aufnahmen, war es in der Stadt ruhig, allzu ruhig. Viele Berliner warteten in der Bundesrepublik oder in ihren Urlaubsorten im Monat August die weitere Entwicklung der Lage ab. Ohnehin hatten ja viele eine Zweitwohnung oder eine andere Art Refugium im Westen, da der Mauersituation vorerst nicht zu trauen war. Allmählich kam man dann zurück. Darüber hinaus gelang es immer wieder Bewohnern Ostberlins und der DDR, die nur allmählich schließende Mauer zu passieren. Nicht wenige wurden durch die sich verschärfenden Kontrollen erfaßt, so mein Freund Peter Pots, der als Gynäkologe an der Charité arbeitete, und dessen Familie bereits im Westen war. Sein Schicksal steht für viele andere. Nachdem er wegen „Republikflucht" eine lange Gefängnisstrafe abgesessen hatte, kehrte er an die Charité zurück. Bei einem zweiten Fluchtversuch wurde er bei der Schiffspassage nach Kopenhagen von einer Vopo-Streife verhaftet und ins Gefängnis gesteckt. Es gelang schließlich, ihn als schwer an insulinpflichtigem Diabetes Leidenden, der übrigens aus Ostfriesland und von der deutsch-holländischen Grenze stammte, durch die Bemühungen des legendären Rechtsanwaltes Vogel austauschen zu lassen, d. h. freizukaufen. Da ich die Familie Pots nach dem Mauerbau wiederholt in der Ziegelstraße besucht hatte, geriet ich, offenbar durch abgehörte Gespräche, in Verdacht der Beihilfe zur Republikflucht. Ich stand jedenfalls auf einer Fahndungsliste und wurde vom amerikanischen Stadtkommandanten anlässlich eines Rektoratsempfanges persönlich durch Professor Ernst Heinitz auf diese Situation aufmerksam gemacht. Meine Familie, die mit dem Wagen wiederholt durch die „Zone“ fuhr, wurde entsprechend belästigt, während ich ausschließlich die Flugpassagen benutzte. Als meine Frau wieder einmal gefilzt und nach meinem jetzigen Aufenthaltsort gefragt wurde, konnte sie vermelden, daß ich als Gast der UdSSR zu Vorträgen in Leningrad und Moskau weile. Das schien zu beeindrucken, aber während unseres gesamten Berlin-Aufenthaltes waren die Durchfahrten immer unerquicklich. Man scheint das heute leider zu vergessen oder zu verdrängen.

Der Wechsel von der stark frequentierten Stuttgarter Klinik und Praxis, wo die Patienten lange auf einen Einweisungs- oder Behandlungstermin zu warten hatten, in das Vakuum der neuen Tätigkeit, kam mir manchmal wie ein Albtraum vor. Das Semester hatte noch nicht begonnen, Vorlesungen und Praktika gab es noch nicht, die Laboratorien waren noch nicht eingerichtet, kurzum, mit meinen Mitarbeitern hatte ich unterschiedlich ausgeprägte depressive Phasen zu durchlaufen. Hinzu kam, daß das West-Sanatorium von den Besitzern in Anbetracht der neuen ungewissen Situation kurzerhand aufgelöst und an die ÖTV verkauft wurde. Damit war die klinische Wirkungstätigkeit nochmals stark eingeschränkt.

Ganz allmählich besserte sich aber auch diese Lage, und meine Klientel war in der Berliner Zeit dann schließlich etwas ganz Besonderes. Meine Stuttgarter Freunde hatten mir nämlich den Weg in die Berliner Künstlerszene geöffnet. Ich verdanke den Patienten aus den Kreisen der Schauspieler, der Musiker, der Intendanten und der Leute vom Ballett großartige Begegnungen. Unvergessen sind die Gespräche mit Erwin Piscator, der nach langer Zeit im Exil nach Berlin an die Volksbühne gekommen war. Unter den zugewiesenen Patienten aus seinem Tätigkeitsbereich gab es natürlich auch schwer körperlich Kranke. So schickte er mir den großartigen Ernst Ginsberg, bei dem sich plötzlich auf der Bühne Lähmungserscheinungen der Beine einstellten. Die bestürzende Diagnose einer progressiven Muskellähmung, die in wenigen Monaten zum Ende führte, konnte ich ihm natürlich nicht verschweigen. Wie G. mit diesem grausamen Schicksal fertiggeworden ist, war ungemein beeindruckend. Mit O. E. Hasse, Wolfgang Liebeneiner, Tilla Durieux und Heli Finkenzeller verbrachten wir ebenso schöne und interessante Stunden wie mit Eva Katharina Schulz, Berta Drews, Lola Müthel, Maria Becker, Adelheid Seeck, Elisabeth Rauh, Elisabeth Flikkenschildt und Hilde Krahl. Beeindruckend waren die Begegnungen mit Erich Schellow, Rudolf Fernau, Mario Adorf und dem witzigen Gert Froebe. Mit jenem besuchte ich, zusammen mit Sohn Jost, die Bundesligaspiele von Hertha BSC. Die Kommentare in gepflegtem Sächsisch erheiterten die Umgebung, zumal Thüringer Rostbratwüste und saure Gurken die nicht immer erstklassigen spielerischen Genüsse anhoben. Originalzitat in Zwickauer Sächsisch: Die Flankenläufe des Herrn Grau gommen gurz nach diesen sauren Gurken!

Mit Hans Caninenberg, der einen Praktischen Arzt mimte, machten wir unter der Leitung von E. Munck einen Film über „Der alte Mensch als ärztliches Problem". Dieser Film wurde mit einem eingespielten früheren UFA-Team in den Atze-Brauner-Studios abgedreht unter Mitwirkung des Pathologen Erich Letterer, des Chirurgen Georg Heberer und des Psychiaters Hermann Schulte. Dieser hatte nach den Aufnahmen einen Vortrag vor den Synodalen der evangelischen Kirche in Ostberlin zu halten und vergaß unglücklicherweise, sich vorher abzuschminken. Er wurde mit gewissem Befremden aufgenommen, da er wohl in die Gefilde jenseits anderer Ufer zu gehören schien. Erst in der Diskussion wurde er gewahr, was er da angerichtet hatte. Man hat ihm Kraft seiner glänzenden Rhetorik großmütig verziehen. Das Munksche Unternehmen war wohl einer der Schrittmacher des wissenschaftlichen Filmes. Die Dreharbeit mit den „alten Hasen" der UFA machte viel Spaß, zumal der eine oder andere immer wieder mit Anekdoten herausrückte. Sie hatten mit allen Berühmtheiten der späten dreißiger und frühen vierziger Jahre gearbeitet. Einige der Episoden finden sich in den Lebenserinnerungen von Berta Drews wieder.

In Berlin hatte der großartige Oratoriensänger Ernst Häfliger seine besten Zeiten. An der Oper gab er einen trefflichen Palestrina ab. Anlässlich des Schweizer Nationalfeiertages pflegte er eine interessante Runde einzuladen, zu der Rolf Liebermann, Boris Blacher und dessen Frau Gerty Herzog, die hervorragende Pianistin, sowie Günter Grass gehörten. Je nach Höhe des erreichten Alkoholspiegels verliefen die Gespräche amabile bis molto furioso e aggressivo. Vor allem ersparte Günter Grass sich und uns keine Provokationen. Nun, in der Erinnerung glättet sich vieles. Die Abende möchte ich jedenfalls nicht missen. Ebenso wie die Begegnungen mit Professor Reidemeister, dem die Berliner Gemäldegalerien unterstanden. Er hat als Experte in Berlin manches großartige Werk erhalten oder erworben. Insbesondere ermöglichte ihn dazu die persönliche Freundschaft mit Schmidt-Rottluff, der einen großen Teil seiner Alterswerke den Berlinern vermachte. Er war noch im hohen Alter eine hochinteressante, in manchen Bereichen recht eckige, bei anderen Gelegenheiten sehr verbindliche Persönlichkeit. Freundlich, dabei aber immer distanziert, verliefen die Begegnungen mit Dietrich Fischer-Dieskau, aber als ich dann seine Ehefrau, die aus Heidelberg stammende Tochter des großartigen Musikdirektors Poppen, als Patientin bekam, legte er seine, natürlich in solchen Fällen zuerst immer gebotene, Zurückhaltung ab. Der plötzliche, unerwartete Tod seiner geliebten Frau hat ihn in über Jahre geprägt. Wenige Stunden nach deren Tod im Wochenbett sang er die Matthäus-Passion in der Hedwigs-Kathedrale, ein tief erschütterndes Erlebnis.

In den Sommermonaten feierten wir mit einem munteren Völkchen, zu dem sich die Mediziner gesellten, Feste in unserem schönen Haus am Schlachtensee, das von Muthesius gebaut und alle stilistischen Besonderheiten dieses großen Meisters aufwies. Es war mir von einem gynäkologischen Kollegen zur Verfügung gestellt worden, mit dem ich Praxis in der Joachimsthaler Straße abhielt, und dessen Mitleid ich wohl irgendwie erregt hatte. Auch dieses Haus machte die Trennung von Berlin recht schwer. Der Zugang zum Consularischen Corps, einem Zentrum des gesellschaftlichen Lebens in der geteilten Stadt, eröffnete uns Freund Horst Kutsch mit seiner eleganten Hamburger Frau Thekla.

Aus Hamburg erreichten uns viele Hilfen. Axel C. Springer lud uns wiederholt in sein Büro in der Kochstraße ein und vermittelte wichtige Gespräche mit internationalen und lokalen Presseleuten.

Besonders enge Kontakte hatte ich natürlich mit der Berliner Musikwelt. Die Einweihung der Deutschen Oper und der Philharmonie brachten die so dringend notwendigen festlichen Ereignisse für die geteilte Stadt. Sie waren wirklich Sternstunden. Herbert von Karajan eröffnete mit Henryk Szeryng und Pierre Fournier die Philharmonie mit dem Brahmsschen Doppelkonzert. Ebert und Sellner brachten Fidelio heraus.

Eines Mannes muß ich noch gedenken, der wahrlich eine besondere Karriere aufwies, der Kammersänger Walter Ludwig. Er hatte eine glänzende internationale Laufbahn als lyrischer Tenor hinter sich, bis er dann altershalber als Professor für Gesangslehre am Berliner Konservatorium amtete. Das machte ihm keine recht Freude. Nun wußte ich durch seinen Jugendfreund Ferdinand Leitner, daß er einmal Medizin studiert hatte. In Königsberg trat er auf einem Studentenball auf, erweckte das Interesse eines dort weilenden Kurgastes, der sich als Intendant des Stadttheaters Schwerin entpuppte und ihn sofort engagierte. Von da aus avancierte er in Kürze an den großen Opern in Berlin, deren es damals bekanntlich vier gab. Gottlob hatte er die ärztlichen Vorprüfungen noch absolviert, so daß er nach längerem Zögern meinem Rate folgte, das klinische Medizinstudium wieder aufzunehmen. So machte dieses bemooste Haupt seine Runden durch die Hörsäle und die Krankenstationen, schaffte alle Zwischentestate und legte schließlich 1963 das Medizinische Staatsexamen ab. Anschließend promovierte er bei mir mit einer Arbeit „Über die Musik als therapeutischer Faktor“. In den folgenden Jahren arbeitete er als geschätzter und einfühlsamer Arzt an mehreren Sanatorien, bis er im Ruhestand im Badener Lande einem plötzlichen Herztod erlag. Natürlich wurde der Musikprofessor von seinen Patienten auch als Medizinprofessor voll akzeptiert. Heutzutage wäre er wohl ein anderer Professor Brinkmann in einer Krankenhausserie geworden, dazu noch mit einschlägigen Berufserfahrungen! Seine

Promotion wurde dann in Heidelberg kräftig gefeiert, wobei er als Hugo-Wolf-Sänger reaktiviert wurde und mein ganzes pianistisches Können als Begleiter herausforderte. Dieses war schon, freilich sehr kritisch und ironisch, von den Partnern aus den Berliner Philharmonikern gefordert worden, mit denen im „Lohnverfahren" Klaviertrios, Quartette und Quintette daheim exerziert wurden. Michael Schwalbé pflegte nach solchen kulinarisch-attraktiven Abenden zu sagen, ich solle ja nicht einmal auf die Idee kommen, mir von ihm den Blinddarm herausoperieren zu lassen. Womit alles gesagt war! Erwähnen möchte ich ferner die Vorlesungen, die Herbert von Karajan den Medizinstudenten in Westend über Möglichkeiten der Musiktherapie hielt. Als Arztsohn brachte er natürlich viel Verständnis für die lernbegierigen Studenten mit, und es entwickelten sich lange und interessante Diskussionen. Das Arzt-Patienten-Verhältnis war zwischen uns beiden „Widdern" allerdings etwas mühsam und spröde.

Mit Beginn des Semesters besserte sich natürlich die Stimmung ganz erheblich. Die Studentenschaft war äußerst kooperativ, aufgeschlossen und wißbegierig. So machten die Lehrveranstaltungen großen Spaß, und auch das zeitlich sehr aufwendige Prüfungssystem habe ich noch in der angenehmsten Erinnerung. Ich pflegte die geprüften Kandidaten, nachdem sie ihre Noten erfahren hatten, ausgiebig zu interviewen, was sie am Gang des Examens auszusetzen hätten, doch waren die Examinanden mit Prüfung und Benotung immer recht zufrieden. Darüber hinaus habe ich manches auf dem Gebiet der medizinischen und naturwissenschaftlichen Grundlagenforschung gelernt, was die Studenten aus ihren Vorlesungen mitbrachten. In den Laboratorien wurde auf allen relevanten Gebieten der Inneren Medizin gearbeitet unter Beteiligung zahlreicher Doktorandinnen und Doktoranden.

Das internationale Flair Berlins brachte auch auf dem Gebiete der Wissenschaft interessante Kontakte. So fand ein lebhafter Austausch zwischen den Universitäten der West- und Ost-Küste der USA sowie den maßgeblichen Universitäten in Großbritannien statt. Ein Schrittmacher war Fritz Linder, dessen Beziehungen dazu dienten, Assistenten und Oberärzte zur Weiterbildung an die renommierten Zentren der USA und Großbritanniens zu schicken. Daraus entstanden viele persönliche, lebenslang haltende Freundschaften und natürlich war dies mit weiteren Austauschmöglichkeiten in den späteren Jahren verbunden. Linder ebnete mir den Weg zu den New Yorkern Universitäten, zu Cornell, Columbia und Rockefeller, die ich von Berlin aus besuchte. Dann folgten Gegenbesuche an der Freien Universität.

Bekanntlich war ein Höhepunkt für das Berlin der frühen 60er Jahre der Besuch von John F. Kennedy, der seine bemerkenswerte Rede mit dem Bekenntnis „Ich bin ein Berliner“ vor der Freien Universität hielt, wobei die Professoren in vollem Ornat im Auditorium vertreten waren, ohne daß die später üblichen Störmanöver eintraten. Kennedy beeindruckte auch die Bürger der Freien Universität durch seine frische, zupackende Art. Als Absolvent einer Eliteuniversität hatte er natürlich solche Geschehnisse im Griff, aber die jubelnde Begeisterung der Berliner ergriff ihn doch sichtlich. Damit waren die miserablen Eindrücke, die mit der politischen Haltung der „Verantwortlichen für den Mauerbau“ verbunden waren, wenigstens teilweise kaschiert.

In Berlin erreichten mich Einladungen an die New York Academy of Sciences, wo ich mehrere Vorträge hielt und in den Diskussionen von alten Berlinern angesprochen wurde. Die gleichzeitig stattfindende Weltausstellung in New York hatte bei dem recht spartanisch ausgestatteten Stand Westberlins, die Bundesrepublik war nicht vertreten, eine besondere Attraktion, das Telefonbuch Groß-Berlins aus den späten 20er Jahren. Es war rührend zu sehen, wie den jüdischen Familien gezeigt wurde, wie unvergeßlich die damaligen Zeiten waren. Freilich kam auch manche Bitternis durch die späteren Geschehnisse auf, und wir als die eingeladenen Gäste hatten mit manchen Schwierigkeiten zu kämpfen. Auch die Akademie der Wissenschaften in Moskau und das berühmte Therapeutische Institut von Mnjasnikoff luden mich als West-Berliner zu Vorträgen ein. Ich traf in diesem Institut, welches die jetzt noch verantwortlichen Professoren des Gesundheits- und medizinischen Universitätswesens stellte, zufällig auf eine hochkarätige

Gruppe von amerikanischen Professoren, angeführt von Paul Dudley White. Zu dieser Delegation gehörten mein jüngster Freund aus dem National Institute of Health, Donald Fredrickson, der verantwortliche Direktor dieses Institutes, Ralph Knutti sowie Stewart Wolfe von der University of Oklahoma, mit dem ich später zwei Großkongresse in der Bundesrepublik ausrichtete. Die wissenschaftlichen Kontakte beschränkten sich auf Moskau, wobei uns der erwünschte Besuch von Laboratorien der Lomosov-Universität versagt blieb. Fredrickson legte großen Wert darauf, einen in Novosibirsk arbeitenden Biochemiker zu besuchen, aber es wurde ihm bedeutet, dieser sei nicht mehr an seinem alten Arbeitsplatz, sondern in Moskau. Es wurde ein Treffen arrangiert, das dann in einem Hotelzimmer stattfand. Offenbar war dieser Kontakt getürkt. Schwierigkeiten ergaben sich auch für den Senior der Internationalen Kardiologie, Paul Dudley White, als er wünschte, nach Kiew zu fliegen. Ich hatte die Besuchserlaubnis bereits in Berlin erhalten, indem ich Kontakte zum berühmten Gerontologischen Institut in Kiew hergestellt hatte. Schließlich konnte P. D. White mit allerhöchster Sondergenehmigung nach Kiew fliegen, und ich verbrachte mit ihm einige sehr interessante Tage. White wurde von einer großen Zahl westlich gekleideter Menschen empfangen, die offensichtlich auf ihn warteten. Es waren Ukrainer mit Angehörigen in den USA, die sich um direkte Kontakte bemühten. Auch einige Patienten wurden White vorgestellt, der sie mit großer Sorgfalt untersuchte. Ohne technische Hilfsmittel traf er doch offensichtlich die richtigen Entscheidungen. Uns beiden wurden dann in den geriatrischen Untersuchungseinheiten hochbetagte Patienten vorgeführt, deren Geburtsdaten allerdings recht dubios waren. Man vermutete, daß einige von ihnen noch die napoleonische Invasion mitgemacht haben könnten, wenn man den Eintragungen in den Kirchenbüchern vertraute. Es gab aber immerhin recht interessante Einblicke in die Lebens- und Ernährungsweise dieser hochbetagten Menschen, die zudem alle aus langlebigen Familien stammten. Der Besuch in den Kathedralen Kievs war von unseren Begleitern so eingerichtet, daß wir in den stillen Phasen des späten Vormittages hingeführt wurden. Es wurde uns aber von den Priestern bedeutet, daß man doch in den späten Nachmittags- und frühen Abendstunden wiederkommen solle. In der Tat herrschte dort ein großartiges Leben mit beeindruckenden kirchlichen Handlungen. Wir hatten Gelegenheit, die weltberühmten Chöre beim Ablauf der Heiligen Messen zu hören, wobei auch die Gemeinde mehrstimmig mitsang. Abends waren wir zu einer Zirkusvorstellung eingeladen. Die Artisten sprachen einen von Paul D. White als sehr sonderbar wahrgenommene Dialekt. Er meinte, es müsse kirgisisch oder kosakisch sein. Ich konnte ihn belehren, es gastierte der Staatszirkuns der DDR aus Leipzig!

Auch dieser Rußlandbesuch begründete einige persönliche Freundschaften, die unserer Arbeit in der Internationalen Arteriosklerosegesellschaft und in der Kardiologischen Gesellschaft zugute kamen.

Abschied von Berlin

Bereits in meinem zweiten Berliner Jahr waren einige Ordinariate in der Bundesrepublik zu besetzen, und man erinnerte sich des jungen Mannes, der in schwerer Zeit mit seiner Stuttgarter Mannschaft nach Berlin gezogen war. So wurde ich von der Mainzer Medizinischen Fakultät zum Vortrag aufgefordert. Nach intensiven Diskussionen und Vorbesprechungen erhielt ich den Ruf als Nachfolger von Professor K. Voith. Mitten in diese Verhandlungen platzte eine Anfrage der Marburger Fakultät durch ihren Dekan Herbert Huber, der die Nachfolge Carl Kaufmanns auf dem Lehrstuhl für Gynäkologie und Geburtshilfe angetreten hatte. Das internistische Ordinariat war durch den Weggang von Hans Erhard Bock freigeworden, der an seine alte Wirkungsstätte nach Tübingen zurückkehrte. Man riet mir, nicht an den Ort meiner „Jugendsünden" zurückzukehren, und ich erwog ernstlich, ob ich nicht in Berlin bleiben sollte. Ich blieb auch unsicher, als ich die Anfrage einer berühmten Forschungseinrichtung in New York und einer alpenländischen Fakultät erhielt. In Bleibeverhandlungen mit dem Kurator, Dr. von Bergmann, hatte ich eine wesentliche Verbesserung der Arbeitsbedingungen im Westend-Krankenhaus erreicht. Meine Entscheidung wurde mir aber dann leichtgemacht, als die Heidelberger Fakultät mit ihrem Dekan Josef Becker mich zu einem Vorstellungsgespräch im kleinen Kreise aufforderte. Der berühmte Lehrstuhl Ludolf von Krehls und Richard Siebecks war durch den unerwarteten Tod von Karl Matthes freigeworden. Die Berufungskommission unter Mitwirkung des Physiologen Hans Schaefer, des Neurologen Paul Vogel, des Poliklinikers Herbert Plügge und des Chirurgen Fritz Linder fühlte mir im Hause Hans Schaefers gründlich auf den Zahn und holte natürlich Auskünfte bei meinen Fachkollegen ein. Wohlwollend fragte man mich, ob ich einen Ordinarius als Gutachter nennen könnte, der nicht der Volhard-Bockschen Schule angehört. Guten Glaubens nannte ich den mir vermeintlich wohlgesonnenen Professor einer großen süddeutschen Universität, dessen Auskunft schlicht lautete: „Mein Fall is er net". Das machte mir nicht sehr viel Hoffnung auf einen Ruf. Zunächst begab ich mich zu einer sehr interessanten Tagung, der Deuel-Konferenz für Stoffwechsel- und Lipidforschung in Carmel, Kalifornien. Mein Freund Larry Kinsell hatte diese Deuel-Konferenzen ins Leben gerufen, die bis heute zu den bedeutendsten internationalen Fachkongressen gehören, etwa der Gordon-Konferenz entsprechend. Hier erreichte mich ein Telegramm meiner Frau des Inhaltes: Congratulation, Heidelberg Number One! Meine amerikanischen Freunde bereiteten meinem Mitarbeiter Heinrich Wagener und mir spontan ein Fest und versprachen, baldmöglichst einer Einladung nach Heidelberg zu folgen. Dies wurde dann zwei Jahre später realisiert.

Nachdem ich den Ruf durch den Kultusminister des Landes Baden-Württemberg erhalten hatte, verhandelte ich zunächst mit dem Kurator der Freien Universität. Dr. von Bergmann erwies sich wiederum als außerordentlich hilfsbereit und bewilligte weitere Mittel. Seine Großzügigkeit und die Offenheit der Fakultät und der Freien Universität für eine weitere gute Zusammenarbeit, nicht zuletzt auch das eben gewonnene Vertrauen der Studentenschaft und der Berliner machten mir den Entschluß, nach 27 Monaten Berlin zu verlassen, doch recht schwer.

Heidelberg

Ludolf-Krehl-Klinik

Meine Berufungsverhandlungen mit dem Oberregierungsrat Heinz Roesinger vom Stuttgarter Kultusministerium verliefen günstig. Sie wurden durch die von mir abgelehnten Berufungen nach Mainz und Marburg und die Absagen auf die Anfragen zweier ausländischer Fakultäten erleichtert. Meine Wünsche bestanden in der Verbesserung der baulichen Situation der doch recht überalterten Klinik, in der Aufbesserung der Personalstruktur und in der Zusage, ein modernes Laborgebäude mit entsprechenden Geräten und Betriebsmitteln einzurichten.

Die Bausubstanz der Krehl-Klinik mußte, ebenso wie die Einrichtungen der Pflegeeinheiten, wesentlich verbessert werden. Es wurde mir bedeutet, daß dies innerhalb kürzester Frist geschehen solle und daß das Finanzministerium bereits Grünes Licht gegeben habe. Die personelle Ausstattung der Klinik war bereits großzügig, so daß ich mit meinen Personalforderungen zurückhaltend sein konnte. Eine zusätzliche Oberarzt-, zwei Assistenzarzt- und vier Stellen für Medizinisch-Technische Assistenten wurden bewilligt, und auch der Errichtung eines Laborgebäudes wurde vorbehaltlich des Einverständnisses des Finanzministeriums zugesagt. Schließlich wurde die bereits durch meinen Vorgänger geplante Intensiv-Station in das vordringliche Bauprogramm aufgenommen. Ich hatte mich beim Baubeauftragten der Universität, Professor Niederländer, über den Stand der Dinge orientiert und konnte mit meinen Verhandlungen den Wünschen der Universität einen gewissen Nachdruck verleihen.

Nachdem mein Oberarzt Burkhard Kommerell, in Berlin noch habilitiert, als „Vorkommando" im August nach Heidelberg übergesiedelt war, folgte ich mit der bewährten Mannschaft im November nach.

Die Verhandlungen mit der Fakultät führte der Dekan Professor Josef Becker, Direktor der traditionsreichen Czerny-Klinik. Er lud mich in sein schön gelegenes Haus gegenüber dem Schloss ein und meinte, ein so schönes Panorama müsse die Verhandlungen doch gewiß erleichtern. Sie verliefen dann auch problemlos. Die Fakultät hatte überlegt, einen zweiten internistischen Lehrstuhl einzurichten, stellte dies aber zunächst nach den Vorstellungen der Kliniker in der Fakultät zurück, um mir die Übernahme einer geschlossenen Klinik zu erleichtern. Nach einem Jahr wurde das zweite Ordinariat eingerichtet und mit Professor Paul Christian, einem Schüler von Richard Siebeck und Victor von Weizsäcker, besetzt. Es entwickelte sich mit diesem vornehmen und kenntnisreichen Internisten und Neurologen, einem hervorragenden Vertreter der Psychosomatischen Medizin, bis zu seiner Emeritierung im Jahre 1977 ein sehr gutes, herzliches Verhältnis. Die psychosomatische Medizin hatte seit Krehls Zeiten in Heidelberg eine besondere Bedeutung. Sie wieder durch einen eigenen Lehrstuhl in der Ludolf Krehl-Klinik zu verankern, war deswegen ein wohlbegründetes Vorhaben. Daneben bestand das Extraordinariat für Psychosomatische Medizin unter Alexander von Mitscherlich, das in der späteren Folge unter dem Dekanat des Gerichtsmediziners Mueller durch ministerielle Verordnung in ein Ordinariat umgewandelt wurde. In der Medizinischen Klinik arbeitete eine psychosomatische Arbeitsgruppe unter W. Kütemeyer, der von meinem Vorgänger aus der Amtszeit von Richard Siebeck übernommen worden war, ohne daß eine juristische Bindung bestand. K. gehörte weder der Fakultät noch dem Kliniksperonal an. Die Forderung, eine Krankenstation in eigener Verantwortung zu betreiben, mußte ich aus juristischen Gründen ablehnen, zumal von den Betroffenen die Akzeptanz eines Gastarztvertrages verweigert wurde.

Das Rektorat unter dem Orthopäden Professor Lindemann und der Senat bestätigten einen Beschluß, die Station mit etatmäßig geführten Assistenten der Klinik zu besetzen. Es kam dann zu recht unangenehmen Auseinandersetzungen mit einigen Ärzten dieser Gruppe, die nach Auslaufen der gesetzlichen Arbeitsverträge beendet wurden. Die Mannschaft des so früh verstorbenen Professor Karl Matthes wurde von mir geschlossen übernommen. Dies löste bei den Betroffenen ein gewisses Erstaunen aus, denn man hatte verbreitet, der „Neue aus Berlin" würde alle Dienstverträge auflösen bzw. nicht verlängern. Die vakanten Oberarztpositionen, die bisherigen Inhaber hatten eigene Positionen erlangt, wurden unter Billigung meiner aus Berlin mitgekommenen Kollegen mit den Matthes-Schülern Lasch, Dengler, Meesmann und Friese besetzt. In Anbetracht der hohen klinischen und wissenschaftlichen Qualifikation der Matthes-Mannschaft war dies die einzig richtige Entscheidung. Dies wurde durch die in der Folgezeit rasch ergehenden Berufungen auf die Ordinariate Gießen (Lasch und Dengler), Essen (Meesmann) und an das Krankenhaus Ludwigsburg (Friese) bestätigt. Benno Hess, der Leiter der Laborabteilung, übernahm die Direktorstelle des Max-Planck-Institutes für Ernährung in Dortmund. Zum 1. Oberarzt der Klinik, Burkhard Kommerell, gesellten sich dann meine bewährten Mitarbeiter Felix Anschütz, Heinrich Wagener, Wolfgang Piper, Rolf Sanwald, Peter Wahl, ferner die Matthes-Schüler Klaus Schimpf, Werner Herberg, Rudolf Hild, die in den folgenden Jahren eigene Chefarztpositionen einnahmen. Die Klinische Pharmakologie, bis dato ein Stiefkind an den deutschen Universitäten, richtete ich als selbständige Abteilung ein. Ellen Weber aus dem Pharmakologischen Institut von Oskar Eichler führte sie bis zu ihrem frühen Tod mit großem Erfolg. Leider ist diese, auch von den Pharmakologen als Pionierleistung getroffene Entscheidung bis heute nicht an allen Universitäten nachvollzogen worden.

Die Matthessche Klinik hatte eine lebhafte wissenschaftliche Tätigkeit entfaltet mit den Schwerpunkten Herz-Kreislauf-Krankheiten, Hämatologie/Onkologie, Blutgerinnungsstörungen, Arzneimitteltherapie, Nieren- und Hochdruckforschung. Die Röntgenabteilung wurde von Hans-Jürgen Sielaff vorzüglich geleitet, nach dessen Weggang sein Oberarzt Hans Kuhn auf dem Gebiete der internistisch-klinischen Radiologie Vorbildliches leistete. Die Integration der alten und neuen Mitarbeiter bot somit keine Probleme. In Anbetracht der zunehmenden Bedeutung der Kardiologie und der Intensivmedizin wurde der Bau der Intensivstation unverzüglich in Angriff genommen. Darüber hinaus wurde die gesamte Innenausstattung erneuert. Die noch bestehenden großen Krankensäle wurden sukzessive zu kleineren Krankenzimmern umgebaut, und es wurden die dringend benötigten Nebenräume, Dienstzimmer für Ärzte und Schwestern und Behandlungsräume geschaffen. Die nach der Frontseite der Klinik gelegenen Balkone, ohnehin nur für Abstellzwecke genutzt, wurden zugemauert und in die Stationen einbezogen. Diese Maßnahmen wurden bereits seit langen Jahren geplant, aber noch nicht in Angriff genommen, weil die Übersiedlung der Klinik ins Neuenheimer Feld seit Jahren diskutiert wurde. Die Fakultät konnte sich seinerzeit über Pläne und Organisation eines neuen Zentrums für Innere Medizin nicht einigen, so daß Professor Philipp Bamberger, Direktor der Kinderklinik, das Rennen machte und eine neue schöne Klinik im Neuenheimer Feld erstellte. Ich ging also davon aus, daß ein Neubau wohl noch sehr lange auf sich warten lassen würde und führte Zug um Zug die notwendigen Baumaßnahmen durch. Die im Keller gelegene Bäder-Abteilung, aber auch die Röntgen-Einrichtungen hatten wahrhaft musealen Charakter, das gleiche galt für die sanitären Einrichtungen und die Feuersicherungsanlagen. Das Universitäts-Bauamt unter der Leitung von Ulrich Werkle bewährte sich über lange Jahre bei den notwendigen Baumaßnahmen, die ich während meiner gesamten aktiven Zeit in der Ludolf Krehl-Klinik zu ertragen hatte. Was dies bei voller Belegung des Hauses für das gesamte Personal, natürlich auch für die Patienten, bedeutete, kann man wohl ermessen. Rückblickend möchte ich feststellen, daß es zweifellos zweckmäßiger gewesen wäre, schon frühzeitig einen Neubau im Neuenheimer Feld zu errichten, wie das Jahrzehnte später durch Erstellung der ersten Baustufe, der sogenannten Kopfklinik, auch erreicht wurde. Vom Ministerium erhielten wir den Auftrag, die Errichtung eines Großklinikums auch unter Einbeziehung der Inneren Medizin zu planen. Mit leitenden Ministerialbeamten und Baufachleuten führte Fritz Linder eine Kommission an die amerikanische Westküste, während ich mit der gleichen Kommission Kliniken und Universitätseinrichtungen in Kanada und der US-Ostküste besichtigte. Alle unsere Planungen wurden dann freilich durch den Beschluss des Ministerrates im Jahre 1977 gestoppt, da die Finanzmasse für die gleichzeitige Sanierung aller Universitätsklinika im Lande nicht ausreichte. Somit waren ca. 15 Jahre intensiver Planungen vergeblich gewesen. Aber dem Regierungsbeschluss mußte man zwangsläufig zustimmen. Ich bin in einem Beitrag in der Festschrift für den Kultusminister Wilhelm Hahn auf die Planungen von Großkliniken eingegangen und habe insbesondere den gleichzeitigen Beginn von Großbauvorhaben, die sich über Jahrzehnte hinziehen, kritisiert. Es ist zu hoffen, und die Entwicklung der letzten Zeit scheint zu bestätigen, daß die noch im alten Klinikum verbleibenden Einheiten der Ludolf Krehl-Klinik, der Frauenklinik, der Psychiatrischen-, Psychosomatischen- und der Dermatologischen Klinik sowie der Medizinischen Poliklinik mit dem im Neuenheimer Feld angesiedelten Kliniken vereint werden. Dies ist nicht zuletzt im Interesse der Patienten dringend geboten. Aber die Arbeit in der alten Klinik mußte zügig weitergehen. Zur modernen Krankenbehandlung gehörte die Erneuerung vieler apparativer Einrichtungen und insbesondere die Erstellung moderner Laboreinrichtungen. Es ist erstaunlich, mit wie wenig Laborraum und unter welch bescheidenen Verhältnissen die Mitarbeiter der Siebeck- und Matthesschen Klinik hervorragend gearbeitet hatten. Aber es war unerläßlich, mehr Raum zu gewinnen. In einem modernen Laborgebäude wurde die Masse der Forschungslaboratorien, die der klinischen und der patientenbezogenen Forschung dienten, untergebracht.

Von 1972 bis 1975 wurde bei einem Bauvolumen von 2,3 Mio. DM das Infektionsgebäude umgebaut und instand gesetzt. 1980 wurde nach den Vorstellungen von Wolfgang Kübler mit dem Notprogramm Kardiologie begonnen und ein Überbau über der Notaufnahme-Station zwischen Ost- und Westflügel erstellt. Bei einem Bauvolumen von 5.6 Mio. DM wurde es 1983 beendet. Damit wurden der klinischen Kardiologie die großzügigsten Arbeitsmöglichkeiten eingerichtet. Schließlich wurden von 1977 bis 1980 die Abwasser- und Bettendesinfektionsanlage gebaut, eine Auflage mit einem Bauvolumen von 7,5 Mio DM. Die schon von Karl Matthes eingerichtete Einheit für Klinische Bakteriologie unter der Leitung der Akademischen Direktorin Dr. Annemone Iwand wurde mit modernen Arbeitsmöglichkeiten ausgestattet.

Durch den damaligen Finanzminister Angstmann wurde 1968 das Altklinikum besichtigt, der sich von der Untragbarkeit der baulichen Verhältnisse, insbesondere auf dem Pflegesektor, aber auch in den diagnostischen und therapeutischen Funktionsbereichen überzeugte und die Sanierung des Altklinikums freigab. Innerhalb von 14 Jahren wurden im Zentralbau der Ludolf-Krehl-Klinik für 10 Mio. DM die Bäder-Abteilung, die damalige Kardiologische Abteilung, die Nieren-Station, der Labor- und Röntgenbereich saniert. Schallschutzmaßnahmen, Verbesserungen der Pflegebereiche und der Küche, Brandschutzmaßnahmen und der Einbau einer Feuermeldeanlage fallen ebenfalls hierunter.

Die alte Heidelberger Fakultät

Seit der Wiedereröffnung der Heidelberger Universität unter dem Rektorat von Karl-Heinrich Bauer war es ein Hauptanliegen der Fakultät, wieder das Leistungsprinzip in den Mittelpunkt der täglichen Arbeit zu stellen. Dazu war es notwendig, frei von politischem Druck hochqualifizierte Hochschullehrer zu gewinnen. K. H. Bauer gliederte in die Chirurgie die Mitarbeiter seiner Breslauer Klinik ein und gewann darüber hinaus seine Breslauer Fakultätskollegen Oskar Eichler (Pharmakologie), Reinhold Ritter (Mund-, Zahn-, Kieferheilkunde), Viktor von

Weizsäcker (Innere und Psychosomatische Medizin). Dieser setzte mit dem Internisten Richard Siebeck großartige Zeichen einer anthropologisch ausgerichteten ganzheitlichen Inneren Medizin, deren Bedeutung gerade heute im Zeichen der Spezialisierung unseres Faches feststeht. Siebeck wurde durch Karl Matthes abgelöst, der aus Erlangen nach Heidelberg geholt wurde. Die Pädiatrie war durch Philipp Bamberger vertreten, die Frauenheilkunde durch Philipp Runge, die Medizinische Poliklinik durch Curt Oehme, die Dermatologie durch Walter Schönfeld, die Ophthalmologie durch Ernst Engelking, die Hals-,Nasen-Ohrenheilkunde durch Werner Kindler. Paul Vogel war als Neurologe ein glänzender Kliniker und akademischer Lehrer. Walter von Baeyer stand der Psychiatrie und Kurt Lindemann der Orthopädischen Klinik mit großer Souveränität vor. Die Gerichtsmedizin wurde vertreten durch Berthold Mueller, die Pathologische Anatomie durch Edmund Randerath, die Radiologie durch Josef Becker, die Hygiene durch Horst Habs. In der Vorklinik amteten auf hohem internationalen Niveau Hans Hermann Weber und Hans Schaefer (Physiologie), Hermann Höpke (Anatomie) sowie der bei den Studenten wegen seines praxisnahen Unterrichts geschätzte Physiologische Chemiker Waldemar Kutscher.

Diese Fakultät der ersten Nachkriegsjahre erneuerte sich in den sechziger Jahren. Fritz Linder baute ein den modernen Erfordernissen entsprechendes Zentrum für Chirurgie auf, Wilhelm Doerr kam nach Stationen in Berlin und Kiel an seine Heimatuniversität zurück und organisierte das Pathologische Institut neu, u. a. durch die Einrichtung weiterer dreier Ordinariate. Josef Zander aus der Schule von Carl Kaufmann, übernahm die Frauenklinik, Josef Hämel die Dermatologie, Wolfgang Jaeger die Ophthalmologie, Herbert Plügge die Medizinische Poliklinik, Wilhelm Brauss das Hygiene-Institut, Heinz Gänshirt die Neurologie, Horst Bickel die Kinderklinik, Hans Georg Boenninghaus die Hals-, Nasen-, Ohrenklinik.

Anläßlich eines Dekanatsfestes erlaubte ich mir, die ehrenwerte Fakultät auf Korn zu nehmen.

dummodo risum excutiat sibi, non hic cuiquam parcet amico
(Horaz sat.I, 4, 34/35)

Es haben kluge Psychologen
das Utopie-Problem erwogen
und dann als Fazit festgestellt:
Die Menschen sind in ihrer Welt
teils unbewußt, teils mit Verstand
an eine Gegenwart gebannt,
die räumlich-zeitlich definiert
als Wirklichkeit uns imponiert.
Man könnte sagen: Alle Leute
sind Sklaven ihres „Jetzt" und „Heute",
und man entrinnt trotz aller List
nicht ohne weitres dem, was ist.
Nun läßt sich manches besser, ändern
in Welt, Europa, Bund und Ländern,
in Heidelberg und Fakultät,
wenn man sich rackert früh und spät.
So hätt' man ohne Rast und Ruh'n
mit andern und sich selbst zu tun.
Geht's nicht als Flucht aus Zeit und Raum,
das spielt der Fantasie den Traum.
Die Wege zum realen Wissen
sind dicht gespickt mit Hindernissen
und deshalb mühsam zu beschreiten,
drum juckt es den Chronist zuzeiten,
die Dinge, wie sie hier bestehn,
durch's Wunderfernrohr zu besehn.
Drum Wissenschaftler, wandere,
erkenn Dich selbst, wie andere!
Es bilden sich des Geistes Streiter
mit vielerlei Methoden weiter,

nicht bloß in hergebrachter Weise
zu fahren auf dem alten Gleise.
Nein, neue Pfade kühn zu wagen,
egal, was andre Leute sagen.
Je nach Quanti- und Qualität
beurteilt man die Fakultät.
Es soll uns jetzt nicht irritieren,
wenn wir was Neues ausprobieren.
Wenn manchmal auch des Genius Fackel
dient als Laternenpfahl für Dackel,
so führ ich heute das hohe Haus
weit über Eidophor hinaus.
Wir schalten ein – doch halt, zuvor
ein Wort noch wie bei Eidophor.
Normale Seh- und Hörbegabte:
Das anderswo und -wann Gehabte
sinnfällig in realer Sicht
erleben, klappt die Sache nicht.
Bedingung, daß man was erkennt,
ist ein besonders Talent.
Direkte Schau durch Dimensionen
ist nur speziellen Mutationen
der species homo sapiens offen,
drum sei'n Sie bitte nicht betroffen.
Wenn Sie nichts sehn im Original
beweist nur: Sie sind normal.
Hingegen ich will mich verpflichten,
getreu beschreibend zu berichten,
was ich erkenn' zu referieren,
gelegentlich zu kommentieren –
kurz –, meine ganz speziellen Gaben
in Ihren Dienst gestellt zu haben
in einer optimalen Weise,

das bleibt mein Ziel bei dieser Reise!
Die Fehler in der Qualität
der Bilder liegen am Gerät.
Man kann es nicht exakt justieren
und so muß leider resultieren:
man kann das Bild, das wir erhalten
bedingt nur steuern, zielen, schalten.
Doch soll all dies uns nicht beirren,
wenn wir die Gegenwart entwirren,
indem die Einsicht wir vertiefen
in unsere Zeit durch Perspektiven,
die vor uns noch kein Mensch ersonnen.
Drum: frisch gewagt, ist halb gewonnen!

Wilhelm Doerr

Wir fangen an – das Bild wird klar
Gebäude – herrlich – wunderbar!
Das ist das Neuenheimer Feld
Sieh! Haben diese Leute Geld!
Jetzt näher 'ran! Am Knopfe dreh ich –
was ist das nur? – Aha, jetzt seh' ich –
das Ende aller Therapie –
das Doerr'sche Werk: Pathologie!
Ha, wie das funkelt, wie das gleißt,
welch hehrer Tempel für den Geist
des Meisters dreier Direktoren,
die als Vasallen ihm erkoren –
das sind die Drei schon – in der Tat,
Herr Pathochem, Herr Neuropath
und hinterdrein der Dritte schleicht –
ein Patholog', der bloß vergleicht!
Welch' eine Fülle von Maschinen,
die hier brillanten Forschern dienen!
In Sälen, riesig im Geviert

vollautomatisch wird seziert.
Altmeisters Büste thront im Vorraum
gleich neben einem Schild „Tresorraum“,
wo in Gewölben, Schränken, Truhen
die Strebel-Stiftungs-Mittel ruhen!
Dort eine Tür – drauf eine Schrift
die offenbar den Herrn betrifft,
der hinter dieser Türe brütet,
doch grade wortgewaltig wütet,
weil ihm das Schicksal aufgetragen
mit Krebsforschung sich ’rumzuplagen –
nicht etwa mit dem Krebs an sich –
das wäre nicht so fürchterlich –
nein, vielmehr mit dem Institut
das ebendies hauptamtlich tut –
kurz –, an der Tür steht etwas Wahres,
man liest dort: Primus inter pares!
Wir treten ungesehen ein
und hör’n den großen Redner fein
die Worte türmen auf zu Sätzen
und alle an den richt’gen Plätzen,
„gestochen scharf“ –, so demonstriert
der Histologe, so brilliert
Asklepios – Demosthenes!
Nur Doerr am richt’gen Posten es
verstand drum mit des Geistes Waffen,
die Fakultätsordnung zu schaffen.
Genug davon – und unverweilt,
der Nächste wird jetzt angepeilt:

Fritz Linder

Das ist schon wieder ein Professor
mit spitzer Klinge, scharfem Messer,
Herzkönig unter den Chirurgen,

Bauherr der Fakultätenburgen
mit spärlich zugeteilten Mitteln,
doch reich an Ehrendoktortiteln
nicht bloß von Iren, von bigotten –
nein, auch von sparbewußten Schotten
nebst vielem Volk in allen Landen
fühlt Linders Fritz sich warm verstanden!
Hoch ragt heraus der große Linder
aus einem Haufen geist'ger Kinder
die er geschart gleich einem Vater
um Rupert-Charlies Alma mater
in knapp fünf Jahren. – Dies beweist:
Dem Körperbau entspricht der Geist!
Markante Eigenschaft des Recken:
Er liebt es, andere zu necken,
doch wer zurückpflaumt isodosisch
der findet ihn ganz sanft mimosisch
in rezeptiver Reaktion. –
Und nun kommt auch der Nächste schon:

Friedrich-Wilhelm Brauss

Aus Dortmund stammt der kühne Reiter,
daß er von Münster schied, bereut er.
Das Dortmunder-Union-Gebräu
hilft ihm vergessen der Gebäu–
lichkeiten supermiesen Zustand:
Hygiene im Dornrös'chen Ruh'stand!
Ja, Pettenkofer, Robert Koch,
wie hatten die es früher doch
um so viel schöner, während heute
die Züchtung der Bakterienmeute
in seiner Knechte Refektorium
sich abspielt ohne das Brimborium,
das, wer die Wirklichkeit nicht kennt,

so hübsch naiv „hygienisch“ nennt!
Still von der Decke in der Tat,
da rieselt Kalziumkarbonat,
Nährbodenplatten überstaubend,
und dort wirkt Friedrich-Wilhelm glaubend,
daß einst ein Ende hat das Grausen
und daß ein Frühling naht für Braussen!
Weil nun der Frühling grad aktuell –
da dreh'n wir mal am Knöpfchen schnell –
und wirklich, auch im nächsten Bild
weh‘n Lenzeslüfte wundermild.

Paul Vogel

Inmitten einer großen Vogelschar
erscheint ein ganz besonderer Star.
Nun zwitschert er – das ist gelungen –
wie Wilhelm Heinrich einst gesungen –
der Große, dessen Ruhm unsterblich.
– Man weiß, Paul Vogels Lied ist „Erb“-lich!
Ringsum in distanziertem Bogen
da rühmt der Chor den Neurologen
den prominenten Klinikvater.
Das Monopol der Psychiater,
den eig'nen Vogel stolz zu zeigen
besteht nicht mehr, – doch in dem Reigen
gefiedert-flugbegabter Sänger
verweilen wir noch etwas länger,
denn mein Gerät hat aufgefaßt.
Weit oben auf dem höchsten Ast
des Baumes dorten auf dem Hügel
ein ganz besonderes Geflügel:

Die Krone aller Medizin
bewohnt der Vogel aus Berlin –
und die Humangenetik preist er
und jede Vaterschaft beweist er;
verhindernd Alimentenfluchten
will er doch selber auch „befruchten"
im Sommer, Winter, Herbst und Lenz.
Der Vogel, scheint mir, hat Potenz!
Das nächste Bild, getreu dem Schema
des Sichtgerätes, folgt zum Thema
spezieller Ornithologie:
Ein Ausschnitt aus der Psychiatrie!

Friedrich Vogel

In einem Käfig, ganz von Eisen
Baeyern-Ritter bändigt Meisen –
– besess'ne im akuten Schube.
Der Ort gleicht einer Schlangengrube.
Man glaubte einst, das sei für Kranke
mit Tassen-Defizit im Schranke
wenn auch nicht angenehm, doch löblich.
Kann sich der Apparat so gröblich
geirrt wohl haben im Jahrhundert?
Obgleich – wer hat sich nie gewundert
wenn auch noch heute mit der Elle
gemessen wird an höchster Stelle
statt nach dem metrischen System!

Walter v. Baeyer

Wie oft erscheint als unbequem
dem Bürokraten das Moderne.
Am grünen Tisch in weiter Ferner
wird Wichtiges und Zeitgemäßes
für manch' Formen des Gesäßes
nur zum Objekt des Denkmalschutzes –

Urs Schnyder

zum Beispiel jene Burg des Trutzes,
erbaut, als man die Lues kannte
nur als die Krankheit, die galante!
Dort im Behandlungstrakt blieb treu man
dem Sanitätsgefreiten Neumann,
bekannt durch grauer Salbe Schmierung
und höchst skurrile Isolierung
der losen Mädchen oder Knaben,
die es zu toll getrieben haben.
Zum Trost für jenes Hauses Gast
wirkt dort ein Mann. abhold der Hast,
ein Eidgenosse, – insofern
im Wesenszug geprägt von Bern –
doch wie ein Zürcher auch voll List –
wenn das nicht Urs, der Schnyder, ist!
Das Schicksal hat mit ihm Erbarmen –
zum Ausgleich gab es ihm Frau Carmen –
Hispano-Suiza-Qualität
beweist dies Paar von früh bis spät –
wir aber geh'n inzwischen weiter
zu einem anderen Gastarbeiter,
im internationalen Rahmen.

Josef Zander

Geschätzter Spezialist für Damen,
die ihre Früchte schöner Stunden
stets haben woll'n von ihm entbunden,
Heil ihm, dem Manne voller Charm'.
Ihn betet an der holde Schwarm
nicht nur zu Köln am Rhein, allwo
voreinst gewirkt der schöne Jo –
nein, auch von Schwetzingen bis Schwaben
die Damen ihn so gerne haben,
desgleichen in der Hinterpfalz,

dort liebt man Zander ebenfalls!
Den großen Endokrinologen
hat man schon oft hinzugezogen
bei heiklen und diskreten Fragen
im Fache der Gynäkophagen.
Als die Oranier-Dynastie
kriegt Töchter stets, doch Söhne nie
empfahl er neue Zuchtmethoden.
Nicht Gatten nur aus deutschem Boden
allein genügen, zu erwerben,
dem Holland-Thron den Manneserben –
für Lou van Burg'nen Alexander
im Austausch schafft nur Josef Zander!
Zehn Jahre älter ward gemacht
der große Forscher über Nacht
in aller Welt von den Gazetten.
Wer auszieht, Beatrix zu retten,
der sollte, wie die Leute meinen,
recht würdig und seriös erscheinen!
Aus Utrecht nun erreichte bald
ein Ruf das Haus im Odenwald,
wo Jüppken oftmals ungeniert
Hormon-Erforschung praktiziert –
er folgt dem Ruf – die Welt mit Grinsen
begrüßt der Niederlande „Prinsen“.
Der Zander, dieses gute Stück,
zieht dann bescheiden sich zurück,
behauptend, er sei's nicht gewesen,
man konnt' es in der Zeitung lesen.
Ein hohes Ziel, das ist ihm teuer:
daß man die Klinik bald erneuert!
Und dafür kämpft er zäh wie Kleister.
Auch sammelt er moderne Meister

abstrakte teils und teils naive
Gemälde; über die Motive
und die Sujets zu sagen wäre:
Nicht nur aus seines Faches Sphäre!
Nun läßt sich füglich nicht bestreiten,
daß kaum verhüllte Weiblichkeiten
nicht nur Ästheten gern betrachten.
Drum laßt auch uns nicht kostverachten:
Zum Nächsten laßt uns weitereilen
und doch beim Thema noch verweilen.

Paul Christian

Selbst noch als Kunst und allegorisch
stimmt Schönheit Kenner stets euphorisch
und doch – bei der Erkenntnis Bahn
kommts immer auf den Standpunkt an!
Die Statue hier, antik und klassisch
ist nicht nur reizend, sondern rassisch
auch unter anderem int'ressant
von anthropologischem Verstand.
Ich glaube – jede Wette gilt –
die Dame ist ein Götterbild,
und das Idol stellt wunderbar
die holde, zarte Psyche dar.
Sehr! – ein interner Mediziner,
der huldigt ihr als treuer Diener.
Es sucht – ich sage es und schreibe
nur Psyche stets in jedem Weibe
desgleichen auch in jedem Mann
Weizsäckerschüler Christian
und in der Tat – er findet die
vegetative Dystonie
in allen Menschen gegenwärtig
– ob glattgesichtig oder bärtig –

als Zerrbild seinen Heil'gen Grals,
des reinen Psycho-Ideals!

Friedrich Bahner

Nun gibt es in der Medizin
teils psychogen, teils endokrin
jetzt mehr und mehr die sogenannten
Volumen-Lipo-Plus-Varianten! –
Im Volksmund heißen sie: die Fetten,
wir fragen: Sind sie noch zu retten?
Die Dicken, voll geheimer Laster
voll Eifer rügt des Heilens Faster.
Nun denn – „in dubio pro reo"
der Meister aus dem Haus Elbeo,
der sich der Schönheit Dienst verschworen
zum eig'nen Wahlspruch hat erkoren.
Denn ach, was nützt der schönste Strumpf
wenn außer Form Bein, Kopf und Rumpf!
Wem irgendwo die Haut zu enge
dem hilft mit Güte und mit Strenge
mit Schrumpfdiät aus Kraut und Rüben,
sich bessern und Askese üben
wie er zu werden, rank und schlank
ein Bahner – tigergleich im Tank!
Ihn reizt auch, wie das Schaf den Puma
was kragensprengend wächst als Struma
nebst Nebennieren, Hypophysen
und andern endokrinen Drüsen.

Helmut Ferner

Beim Stichwort „Drüse" – was ist das
seh' plötzlich ich ein Pankreas
mit wunderschönen „Groß A-Zellen"
und dazu hör ich Hundebellen.
Den großen Nimrod seh ich schleichen,

im dunklen Tann pirscht auf er auf Leichen,
denn der Studenten helle Haufen
sich um das Recht des Schnipselns raufen!
Im Präparierkurs man erfuhr
Zusammenhänge der Struktur
des Menschen einst in jenen Jahren
als Leichen noch nicht selten waren.
Doch was tut heut' ein Anatom?
Er irrt von Graz nach Ham- und Hom–
burg, bis man ihn zuletzt
auch hier in Heidelberg noch hetzt.
Stets alle, die zu Ferner liefen
nur immerfort nach Leichen riefen
und dieses stimmt den Ärmsten bitter –

So, wie sein Zahnbrechhaus den Ritter, *Reinhold Ritter*
der dort, das Auge gramumflort
in Zähnen und Kiefern bohrt;
er starrt in aufgerissene Mäuler
und knirscht: „Das ist der letzte Heuler!
Ich lind're hier dentale Qual
in Räumen, die katastrophal
man nennen kann ganz objektiv.
Hier ist es eng und primitiv.
Nur als Museum wirkte traulich
der Schuppen – doch man darf ihn baulich
verbessern nicht und expandieren,
denn auch, die Stadt meint zu verlieren
ihr Geld beim Rückkauf dann am Ende,
wenn einst um die Jahrtausendwende
dort in den Neuenheimer Landen
das neuen Klinikum entstanden."
Ich geb nicht auf! Durch Kampf zum Sieg!

Ha! Streitgefährte Overdiek! *Heinz Friedrich Overdiek*
Mit steilem Kunstzahn bringst du Heilung
in der prothetischen Abteilung.
Dein rheinisch-sonniges Gemüte,
vergiß es, schalte um und wüte,
denn wenn einmal, vom Schmerz verwirrt,
ein Stadtrat sich zu uns verirrt –
wohlan! Dann fackeln wir nicht lange,
denn nehmen wir ihn an die Zange,
vergessen die Anästhesie
und bohren los – du weißt schon, wie! –
Bis uns das Opfer voller Hast
den herrlichen Dentalpalast
versprochen hat mit Brief und Siegel.
Es kommt zwar hinter Schloß und Riegel,
wer als Erpresser zwecks Moneten–
gewinnung andern nah' getreten,
doch, lieber Freund, bedenke dies:
Auch nicht das finsterste Verlies
kann ehrenwerte Leute schrecken,
die unverdient „im Loch schon stecken!"
Ich aber dreh' – verzehrt von Rührung
und Mitleid an des Bildes Führung
doch wehe uns – in schnellem Laufe
geht's jetzt vom Regen in die Traufe!

Wie schauerlich! – an jenem Saal *Herbert Plügge*
aus einem alten Pestspital
steht an der Pforte voller Zynik
ganz klar und deutlich „Poliklinik".
Welch ein Gedränge und Gedrücke
von Siechen – und wen seh' ich? – Plügge
wirkt mittendrin auf engstem Raum!

Wer dies erblickt, der glaubt es kaum,
daß mein Gerät getreu und brav
das richtige Jahrhundert traf
und daß ein Meter im Quadrat
pro Arzt und Kranken in der Tat
betrachtet ward als angemessen
in unsern Tagen – doch vergessen
wir dabei nicht: was machte groß
Alt Heidelberg? – Es ist das Schloß,
das als Ruine, halbzerfallen
stets den Romantikern gefallen.
Touristen aus der ganzen Welt
sie kommen, und sie bringen Geld.
Drum dachten wohl die weisen Alten
die uns regieren und verwalten:
Was wird dem Staat zum Heile dienen?
Das Beispiel zeigt: Es sind Ruinen
von hoher Rentabilität!
Drum soll die Universität
so ganz gemächlich erst vergammeln, –
als Attraktion Touristen sammeln,
hat sie sich erst mal ohne Hast
dem Stil des Schlosses angepaßt.
So können wir im Lauf von Jahren
manch rundliches Milliönchen sparen,
das wir ansonsten doch verlieren,
wenn wir's in Bildung investieren.
Zwar – einige wird dies ergrimmen –
egal! Wenn nur die Kohlen stimmen!
Ihr glaubt, ich wolle übertreiben?
Laßt mich das nächste Bild beschreiben!

Antiquitäten sonder Zahl *Hans-Georg Boenninghaus*
Gesamteindruck: höchst museal!
Dies photographische Labor
kommt mir wie ein Kuriosum vor,
für jene Röntgenkonstruktionen
da würde Denkmalschutz sich lohnen –
und wollt ihr wissen, wann und wo
man sowas findet? „HNO“
brauch' ich als Stichwort nur zu sagen.
Der Mann, der in vergang'nen Tagen
Karlsruhes Klinik recht modern
gestaltete – wie wär' er gern
als Ordinarius doch imstande
auch heute noch und hierzulande
an seiner Klinik solche Sachen
wie eine Hörprüfung zu machen
auf zeitgenössisch simple Weise!
In der Erinn'rung weint er leise.
Doch gibt es Trost für Boenninghaus
die Gattin Gudrun kennt sich aus.
Sie weiß das Leben ihres Alten
vorwiegend heiter zu gestalten,
Naturkind aus Masurenland
mit frohem Herzen und Verstand.
Genug davon. – Wir gehen weiter
und wieder mal treibt hier ein Reiter. –

Er reitet frisch durch Nacht und Wind, *Horst Bickel*
denn seine Liebe gilt dem Kind.
So ist er erstens Pädiater
und zweitens auch noch Vierfach-Vater.
Er ist von Marburg durchgebrannt,
aus strenger Zucht zum Neckarstrand.

Einst auf dem Rücken dreier Pferde
bereiste er die halbe Erde.
Sein Eheweib – die Haut wie Samt–
aus dem United Kingdom stammt.
Die ersten Schritte tat Sir Horst
in jener Stadt, wo man „mors-morst!“
Mit schrägem Blick nach München schielt er
und mit Aminosäuren spielt er.
Noch hat ihn Heidelberg beim Wickel
wer ist das wohl? Na ja, Horst Bickel!

Wolfgang Jaeger

Als Kontrapunkt zu diesem Mann
seh'n wir uns jetzt den Nächsten an.
Wo jenen treibt die Wanderlust
bleibt er im Lande ganz bewußt.
Sein Herz in Heidelberg verlor
schon der Student. Er rückte vor
in seiner Klinik bis zur Spitze
und will auf diesem Lehrstuhlsitze
nun ohne Ortsveränd'rung bleiben.
Schriftführer sein bedeutet: Schreiben,
was ihm der Freude steten Quell schafft.
Ophthalmologische Gesellschaft,
preis' glücklich dich aus vollem Hals
für diesen Jäger aus Kurpfalz,
der ewig vorziehn wird und immer
dem Staats-Theater das im Zimmer!
Solange noch der Schloßquell sprudelt
der Jäger niemals Hofbräu dudelt!

Wolfgang Trautwein

Leicht angelsächsisch angehaucht,
ist schon der nächste aufgetaucht.
Mit Leuten, die das Physikum

noch vor sich haben, schlägt sich 'rum
der Mann aus Konstanz, der Exoten
und ein paar Deutschen stets geboten
in Emsigkeit und Geisteskraft
froschmetzelnd seine Wissenschaft.
Die Elektroden durch die Haut ein–
führt Muskelphysiologe Trautwein
und danach folgt, das weiß man schon –
stets die erwünschte Reaktion.
Doch wieviel Mühe ist verloren
bei den Versuchen, tumbe Toren
mit Wissenschaft zu imbibieren
und Denkprozesse zu trainieren!
Nun, recht betrachtet, war das bloß
schon immer jeden Lehrers Los.

Hans Schaefer

Nun aber woll'n wir uns befassen
mit Hans, dem Dampf in allen Gassen,
der adlergleich schon längst entflogen
dem engen Nest der Physiologen.
Nun treibt er alles in der Welt,
doch das nicht mehr, was ihm gestellt
vom Fache her als Forschungsthema.
Als Lehrer sprengt er jedes Schema,
denn das Problem, das einzig Wahre,
sind ihm die Ärztehonorare
und wie man zu verrechnen hat
teils kassenmäßig, teils privat.
Des weiteren ist ihm wichtig sie
Spezial- und Schönheitschirurgie
und alles, was da medizinisch,
anthropologisch oder klinisch
und auch in der sozialen Sphäre

vielleicht noch umzukrempeln wäre –
so int'ressiert ihn auch enorm
der Studien gründliche Reform.
Ein ungebärd'ger Feuergeist
der grübelt, redet, schreibt und reist.
Mit schöpferischer Phantasie
entdeckt' er manches – doch ist die
Vermutung jener, die ihn lieben,
denn doch wohl maßlos übertrieben:
Er hat in freien Schäfer-Stunden
nicht auch den Schäfer-Hund erfunden!

Horst Cotta

Der Cotta und sein' Eh'frau Änne
seh'n aus als käm'n sie von der Penne,
so jung und frisch und appetitlich –
er orthopädisch, sie sehr niedlich.
Im Heim von Oscar und Helene
traktierte er Berliner Beene.
Von Spree und von der Havel Strand
kam'n sie zum Neckar, um die Band–
und andere Scheiben zu sanieren
und morsche Kniegelenk' zu schmieren.
Willkommen in dem Bach der Schlieren
wird er die Sektion C jetzt zieren.

Josef Becker

Wer wird denn auch, wenn er bei Sinnen
von hier aus balkanwärts entrinnen,
wenn Balkansöhne andrerseits,
gelockt vom Heidelberger Reiz,
den Ort zum Focus ihrer Strahlung
gewählt. So kann man gegen Zahlung
bescheidner Summen hierzulande,
wenn schmerzt die Scheibe in dem Bande,

bei Haarwuchslichtung auf dem Kopf,
bei großer Prostata und Kropf
getrost zu Josef Becker eilen,
denn er kann praktisch alles heilen!
Ein Mann wie Joschi, sehr lebendig,
gesellig, stets agil und wendig
als Radiologe ionisiert
er jeden, der ihn fasziniert,
so wie die Sonne allem leuchtet
was so auf Erden kreucht und fleuchtet.
Geduld im Umgang mit der Jugend
ist des Erziehers höchste Tugend.
Die Staatsgewalt in Stuttgart drüben
weiß dies und gibt, Geduld zu üben,
uns reichliche Gelegenheit.
So warten wir seit langer Zeit
auf ministeriellen Segen
für neuberufene Kollegen.
Wir kriegen den Pharmakologen
erst, wenn uns Vater Staat gewogen
und obendrein – man fürchte nichts –
ein Mediziner des Gerichts
sowie ein Biochemicus
wohl eines Tages kommen muß.
Ich hoffe sehr, daß dann auch drin isch
psychosomatisch-medizinisch
ein guter Mann für unsern Laden.
Doch gilt in Württemberg und Baden
vorerst noch immer, kurz und knapp:
„Wir warten – andre sahnen ab!"
Der Liebling Freiburg wird verhätschelt,
auch Tübingen wird sehr getätschelt,
es findet Hilfe stets geschwind

Kurt-Georgs Konstanz-Lieblingskind
im Ulmer Nest schon höchst verschmitzt
ein Kuckuck namens Ludwig sitzt
– die Mundart passend – grenzlandbayrisch
und das Benehmen heilemayrisch –
der mancherlei Problem sich löste
mit stetem Ruf „Ich bin der Größte!“
Die Heidelberger alma mater
war nicht geliebt vom Landesvater
und war doch während ziemlich langer
Gravidität mit Mannheim schwanger.
Nun ist das Kindchen auf der Welt,
gesund, hat Wünsche und will Geld
aus dem Etat auf eig’nes Konto.
Auch möcht’ es cito, presto, pronto
verlassen jetzt des Laufstalls Rahmen
mit Recht auf eig’nes Staatsexamen
und Habilitationsrecht eben
vollakademisch – frei schon leben.
Die Mutter spricht: „Sei nicht so wild!
Du wirst ja demnächst abgestillt,
dann kriegst du, meines Herzens Wonne,
zu deiner Pflege eine Bonne,
die nimmt dich sorglich an die Hand
und führt dich ins gelobte Land!“
Ich aber bleibe, Gott sei Dank
wohl auch nicht ewig mangelkrank.
Herr Angstmann läßt mich nicht verkommmen –
wie wird die gute Kost mir frommen.

Theoskleros, Diätberater *Gotthard Schettler*
hat sie bestellt beim weisen Vater!
Mein Stichwort fiel, ich komm’ zum Schluß:

daß alles einmal enden muß,
das ist so klar wie Neckarflut;
drum, liebe Freunde, seid so gut
und glaubt, was ich bekennen muß:
der Neckar ist mein Schicksalsfluß!
Was heißt nun Patenarius?
Patena hieß in Rom die Schüssel,
dies ist der etymolog'sche Schlüssel,
der Mann, der fabriziert die Schöttel
für Spätzle, Kraut und auch für Knödel
ward Patenarius genannt,
als schlichter Schüsselfabrikant.
Aus Schöttler ward nun mittels Lautverschiebung
der Schettler: Nach Graecifizierung
Theoskleros ihn vocativ
sein bibelfester Vater rief.
Mich hielten weder Lahn noch Spree –
nein, neckarabwärts nach HD
bewegt' ich mich durchs Land der Schwaben,
die meine ganze Liebe haben.
Erst Tübingen, dann Stuttgart waren
mir Heimat in vergang'nen Jahren.
Als Mensch und auch als Internist
hab' ich „die Schwobe" oft vermißt,
ihr wißt – wenn's diesem Volksstamm wohl isch,
nun, dann entgleist er metabolisch,
trinkt Alkohol in hohen Dosen,
schafft Leber-, Skler- und andre -osen,
die wiederum dem Arzt erlauben,
Liquidationen abzustauben
und dabei Forschung noch zu treiben!
Mein Heimweh kann ich nicht beschreiben.
Hier die Studiosi, Herrn und Damen,

sind mir nicht grün im Staatsexamen
vor allem, wenn ich von den Knaben
und Mädchen möchte schriftlich haben,
was über Medizin sie wissen
zeigt mancher sich als aufgeschmissen,
wünscht mich in weite, weite Ferne
und hat mich überhaupt nicht gerne.
Doch halt! Es streikt jetzt in der Tat
mein Zeitmaschinen-aggregat –
es hat den Augenblick erkoren
um still und heimlich durchzuschmoren. –
und weil das Ding jetzt leider hin is'
bin ich am Ende – Schluß und Finis!

Da eine Reihe neuer Fächer in die Fakultät einzugliedern war, wie Humangenetik (Friedrich Vogel), Psychosomatik (Alexander von Mitscherlich), und da mit der Neustrukturierung der Kliniken und Institute eine Reihe weiterer Ordinariate errichtet wurde, ergab sich die Notwendigkeit zu strukturellen Neuplanung der Fakultät. Diese wurden durch Wilhelm Doerr in seinem Dekanat 1964 und 1965 bravourös gelöst. Er richtete fachlich bestimmte Sektionen ein, die insbesondere Fragen der Krankenbehandlung und der Habilitation gründlich diskutierten und für eine Entscheidung in der Gesamtfakultät vorbereiteten. Diesen Sektionen oblag auch die Bewältigung der zunehmenden Zahl der Dissertationen. Doerr erstellte neben der neuen Fakultätsordnung ein Memorandum über die dringende Notwendigkeit der Errichtung eines vollständigen, modernen und zweckentsprechenden Universitätsklinikums, welches seine Wirkung nicht verfehlte. Alle die Sanierungsmaßnahmen im Bereich des Altklinikums wurden damit eingeleitet, und darüber hinaus wurden auch die Neubauvorhaben im Neuenheimer Feld entscheidend gefördert. Drittens ergriff Doerr die Initiative zur Einrichtung einer Medizinischen Fakultät in Mannheim. Er hatte bereits von Kiel aus in den Gründungsausschüssen für die Medizinische Fakultäten in Lübeck und Ulm seine Erfahrungen eingebracht. Fritz Linder war als Berater für die Gründung der Medizinischen Hochschule Aachen tätig, und ich wurde vom Bayerischen Kultusministerium in den Gründungsausschuß für die 2. Medizinische Fakultät in München – Krankenhaus Rechts der Isar – berufen. Wilhelm Doerr gelang es in kurzer Zeit, zusammen mit der Stadtverwaltung Mannheim und der tatkräftigen Mithilfe von Bürgermeister Dr. Martini und der Universitätsverwaltung Heidelberg, die notwendigen akademischen Einrichtungen in den städtischen Krankenanstalten Mannheim zu schaffen. Er konnte dabei auf die große akademische Tradition unter Volhard und Fahr zurückgreifen. Beim Aufbau des Lehrkörpers erhielt eine Reihe der Krankenhaus- und Institutsdirektoren zunächst einen Lehrauftrag. Sukzessive wurden Ordinariate eingerichtet. Dies geschah teilweise auf dem Wege einer Umwandlung der städtischen Direktorenposten in Ordinariate, wobei Gutachten auswärtiger Gelehrter ad personam eingeholt wurden. Andere freigewordene Posten sowie die neu zu schaffenden Positionen wurden auf dem Wege ordentlicher Berufungsverfahren besetzt. Bemerkenswerterweise konnten nach den Nominierungen durch die zuständigen Fachvertreter der Traditionsuniversitäten der Bundesrepublik, der Schweiz und Österreichs vorwiegend Hochschullehrer aus der Heidelberger Fakultät berufen werden. Dieser Vorgang setzte sich auch während meines Dekanates fort, das der Doerrschen Amtsperiode folgte. Besetzt wurden auf diese Art und Weise die Kernfächer Pathologische Anatomie, Pharmakologie, Interne Medizin, Chirurgie, Orthopädie, Urologie, Anaesthesiologie, Neurochirurgie, Neurologie, Psychiatrie, Hals-Nasen-Ohren-Heilkunde, Dermatologie, Radiologie und Gynäkologie. Aus Tübingen wurde der Hygieniker Wilhelm Wundt berufen. Mit dem Erlaß eines neuen Hochschulgesetzes des Landes Baden-Württemberg wurde dieser Modus der Berufungen verlassen, denn die Mannheimer Fakultät machte keinen Gebrauch von der eingeräumten Möglichkeit, weiterhin Heidelberger Hochschullehrer auf ihre Berufungslisten zu setzen, auch wenn eine entsprechende Qualifikation nachgewiesen werden konnte. Ich habe dieses „Ausschlußverfahren“ eigentlich nie verstanden, denn eine eigentliche Hausberufung hätte bei den getrennten Haushalten und dem akademischen Eigenleben Mannheims, in Übereinstimmung mit dem Hochschulgesetz, nicht bestanden.

Fragen der Berufung ergaben sich auch bei dem vierten großen Projekt unter dem Dekanat von Wilhelm Doerr, nämlich der Gründung des Deutschen Krebsforschungszentrums. Karl-Heinrich Bauer hatte es in zähen Verhandlungen durchgesetzt, ein solches Zentrum in Heidelberg zu errichten und hatte die Planungen für das große zentrale Institut in sorgfältigen Vergleichen mit internationalen Einrichtungen soweit vorangetrieben, daß die erste Baustufe in fünf Fertigbauten erstellt werden konnte. Es war die Idee Bauers, die onkologische Grundlagenforschung im neuen Institut anzusiedeln, welche in engem Verbund mit dem Universitätsklinikum arbeiten sollte. Natürlich hing das Wohl und Wehe einer solchen Großforschungseinrichtung von der Qualität der zu berufenden Abteilungsdirektoren ab. Das Kuratorium konnte sich hierbei nicht einigen, so daß es zum bedauerlichen Rücktritt der Professoren Büngeler und Butenandt kam. Schließlich brachte Wilhelm Doerr die Berufungen doch noch zustande. Die Bauplanungen gingen zügig weiter, und unter Finanzierung durch Bund und Land sowie unter Beiziehung erheblicher Drittmittel, welche K. H. Bauer mit der ihm eigenen Energie aufbrachte, konnte schließlich die Bauendstufe des Deutschen Krebsforschungszentrums (DKFZ) erreicht werden. Die Verbindung zwischen Klinikum und dem neuen Institut wurde durch einen Lenkungsausschuss hergestellt. Die Fakultät kam dem Wunsche K. H. Bauers nach, den berufenen Institutsdirektoren Ordinarienstatus einzuräumen und sie in die Fakultät aufzunehmen.

Schon bald ergaben sich Schwierigkeiten dadurch, daß einige Herren des DKFZ vom ursprünglichen Konzept Bauers, das von der Fakultät abgesegnet worden war, abwichen, um eigene klinisch-onkologische Einrichtungen zu schaffen. In Anbetracht der in den Großklinika Heidelberg und Mannheim vorhandenen Bettenkapazitäten mit entsprechender personeller Ausstattung widersetzten sich der Klinikumsvorstand und die medizinischen Fakultäten diesem Begehren. Nach langen, teilweise erbittert geführten Diskussionen, in die auch die Öffentlichkeit und die Presse einbezogen wurden, wurde letztlich eine vernünftige Einigung erzielt. Nach intensiven Vorarbeiten durch den aus Seattle berufenen Vorsitzendes des DKFZ, Professor Hans Neurath, und seinen Nachfolger Otto Westphal aus Freiburg konnte schließlich der neue Vorsitzende, Professor Harald zur Hausen, mit dem Rektor der Universität ein Abkommen abschließen, das sich bis heute als tragfähig und erfolgreich erwiesen hat. Damit hatte ich als Vertreter der Universitität im Kuratorium zusammen mit Ekkehard Bautz ein wichtiges Ziel erreicht. Als Vertreter der Universität im Senat des DKFZ konnte ich die Erfahrungen als Kliniker einbringen.

K. H. Bauer zeigte, was die Entschlußfreudigkeit und Tatkraft eines Menschen auch im Emeritusalter bewegen kann. Er hat ein in der Bundesrepublik einmaliges Erbe hinterlassen.

Aus der Hand Wilhelm Doerrs übernahm ich die Fakultät für das Akademische Jahr 1967/68. Die Wahl zum Dekan bedeutete damals eine hohe Auszeichnung, im Gegensatz zu den späteren Jahren, wo Kandidaten für die Dekanatsposition geradezu genötigt werden mußten. Die letzten Dekane der Übergangszeit zu den neuen Universitätsstrukturen, Hans-Georg Boenninghaus und Herbert Trautwein, versuchten das schlingernde Schiff der Fakultät durch die Stürme der Hochschulwirren zu steuern. Es ist ihnen, wenigstens teilweise, gelungen, aber schließlich wurden die alten Fakultätsordnungen durch ministerielle Verordnungen zur Einführung einer neuen „Hochschulautonomie“ zerschlagen. Die heute in fünf Fakultäten zerlegte akademische Vertretung der Mediziner, ein Unikum in der ganzen Welt, hat sich nun als Provisorium fast zwanzig Jahre gehalten. Es wäre m.E. dringend an der Zeit, diesen Anachronismus abzustellen. Wenn die Universität nicht dazu imstande ist, sollte sich die Landesregierung über ihr zuständiges Ministerium für Bildung und Wissenschaft zur Neuordnung durchringen. Man ist jetzt auf dem besten Wege.

In meinem Dekanat führte ich die Doerrsche Politik fort, indem ich am Aufbau der Mannheimer Fakultät und des Deutschen Krebsforschungszentrums im Sinne der Gründungsausschüsse arbeitete. Ich führte ferner die feierlichen Promotionen in der alten Aula wieder ein, um die brachliegenden Traditionen der Übergabe der Promotionsdokumente wieder aufzunehmen. War ich doch durch entsprechende Erfahrungen an angelsächsischen Universitäten und Ländern des Ostblockes angeregt worden, auch an einer altehrwürdigen deutschen Universität mit der längsten akademischen Tradition die Bedeutung der Promotionen nach außen hin sichtbar zu machen. Die jungen Doktoren wurden damit feierlich aus dem Verbund der Universität entlassen, und der jeweilige Dekan gab ihnen in einer programmatischen Ansprache das Notwendige für die neue Position als approbierte Ärzte auf den Lebensweg. Nach Unterbrechung in den Universitätsunruhen hat die Gesamtfakultät unserer Universität den Brauch wieder aufgenommen, und Promovenden und ihre Angehörigen versammeln sich zu diesem feierlichen Ereignis.

In enger Zusammenarbeit mit dem Senat der Universität versuchte ich, die Bauvorhaben im Bereich des Klinikums voranzutreiben und erfreute mich dabei der tatkräftigen Unterstützung durch die Rektoren Günter Bornkamm, Wilhelm Gallas und Margot Becke, unter denen ich die Funktion eines Wahlsenators wahrnahm.

Innere Medizin in Heidelberg

Die Innere Medizin in Heidelberg wurde über lange Jahrzehnte bestimmt durch die sogenannte Personale Medizin Ludolf von Krehls. Krehl stellte den kranken Menschen in den Mittelpunkt ärztlichen Handelns. Die wissenschaftlich ausgerichtete Erforschung von Krankheiten hat sich diesen Maximen unterzuordnen. Friedrich von Müller beschrieb den Weg Krehls: „Vom Symptom zur Krankheit und von der Krankheit zum kranken Menschen, zur Persönlichkeit". Damit ist der ärztliche Auftrag auch für die Medizin unserer Zeit festgelegt. Ihm folgten Krehls Schüler Siebeck und von Weizsäcker.

Anläßlich der Feier des 100. Geburtstages Victor von Weizsäckers wurden das Wesen der Krehlschen Medizin und die Wandlungen durch seine Schüler ausführlich dargestellt. Die Persönlichkeit des Arztes stand für sie im Mittelpunkt. Sie war gleichsam ein Teil der Therapie. Deren Möglichkeiten waren bis in die 40er Jahre noch sehr bescheiden. Mit der stürmischen Entwicklung der Diagnostik und der Therapie entstand die Gefahr, daß der Arzt der Vollstrecker technisch bestimmter Handlungen wird. Die menschliche Zuwendung wird dadurch behindert. Die Arbeit am Krankenbett ist dann eine Abfolge technischer Verrichtungen, die mit dem ärztlichen Auftrag nur noch wenig zu tun hat.

Diese Probleme stellten sich den Klinikern der letzten dreißig Jahren in besonderem Maße. Ich habe am Beispiel Ludolf Krehls darzustellen versucht, wie es zu dieser Entwicklung kam und welche Folgen sich daraus für die tägliche Arbeit ergaben. Das Erbe Krehls wurde bis 1952 durch Richard Siebeck verwaltet, welcher nach einem Intervall von acht Jahren 1942 aus Berlin wieder nach Heidelberg zurückkehrte. Ihm folgte 1952 Karl Matthes.

Er gehörte ebenso wie Ludolf Krehl zur Leipziger Schule. Die Vollendung des sechsten Lebensjahrzehntes hat er nicht mehr erleben dürfen. Am 8. November 1962 erlag er einem tückischen Krebs-Leiden. Hans von Kress hat die Persönlichkeit dieses Arztes und Wissenschaftlers ausführlich dargestellt, indem er seine Arbeiten an der Leipziger, Erlanger und Heidelberger Klinik abhandelte. Matthes hat auf dem Gebiete der Herz-Kreislauf-Krankheiten bahnbrechend gearbeitet. Hieran waren u. a. beteiligt seine Schüler Kurt Mechelke, Dietrich Wittekind, Werner Meesmann, Gernot Friese, Hellmut Hartert und Hans Dengler. Weitere Schwerpunkte waren die Hämatologie, Onkologie und Rheologie, verbunden mit den Namen Hanns Gotthard Lasch,

Adolf Linke, Klaus Schimpf. Auf dem Gebiete der Pulmonologie arbeiteten W. T. Ulmer und Dieter Herberg, auf dem Gebiet der Nephrologie Hans Jürgen Krecke, der Angiologie Rudolf Hild, der Radiologie Hans-Jürgen Sielaff und der Klinischen Chemie Benno Hess.

Neue Strukturen der Inneren Abteilungen

Bereits unter Karl Matthes machte sich die Fakultät Gedanken über neue Strukturen der Inneren Medizin in Heidelberg. Er empfahl die Einrichtung einer Kernklinik mit vier beigeordneten Spezialabteilungen. Die Deutsche Gesellschaft für Innere Medizin hat in zwei Denkschriften 1972 und 1985 unter der Federführung von Franz Grosse-Brockhoff (Düsseldorf) die Notwendigkeit einer Kernklinik begründet:

„Neben den Spezialaufgaben einer Klinik vom Typ der Maximalversorgung haben solche Kernkliniken die Aufgabe, Ärzte für Allgemeinmedizin und für Innere Medizin in den Grundzügen auszubilden und darüber hinaus Chefärzte für Innere Kliniken unterschiedlicher Organisationsformen heranzubilden. Beide Denkschriften gehen davon aus, daß der Bedarf an Fachärzten für Innere Medizin auch in Zukunft die Summe der internistischen Subspezialisten (Kardiologie, Gastroenterologie usw.) erheblich überschreiten wird. Die große Mehrzahl aller eingewiesenen Kranken gehört auf allgemein-internistische Abteilungen. Viele Patienten leiden nicht nur an einer, sondern an zwei oder mehreren Krankheiten. Es ist unmöglich, für alle internen Krankheiten Spezialstationen einzurichten."

Integrierte Krankenbetreuung

Die zweite Fassung der Denkschrift hebt noch einmal darauf ab, daß in jeder Medizinischen Klinik Abteilungen vorhanden sein müssen, welche das gesamte Gebiet der Inneren Medizin betreuen. Es ist dafür Sorge zu tragen, daß für alle Subspezialitäten, also z. B. für Rheumatologie, für die Hämatologie, die Onkologie, die Angiologie, für die Endokrinologie, für die Stoffwechselkrankheiten, in einer Universitätsklinik vertreten sind und „damit die Integration in die zentrale Medizinische Klinik gewährleistet bleibt". Es wird weiter ausgeführt, daß es besser sei, „wenn Fälle, die des Spezialisten bedürfen, in der Zentralen Medizinischen Klinik liegen und dort von ihm konsiliarisch betreut werden, als wenn allgemeininternistische Patienten in Spezialabteilungen versorgt werden müssen".

Nach diesen Vorstellungen ging ich daran, die Ludolf-Krehl-Klinik neu zu strukturieren. Von den ursprünglich 360 Patientenbetten bei meiner Amtsübernahme waren 80 den Baumaßnahmen zum Opfer gefallen. Fakultät, Universität und Ministerium stimmten der Einrichtung eines Ordinariates für Gastroenterologie zu, das 1972 mit Burkhard Kommerell besetzt wurde. Das außerdem bereits bewilligte Ordinariat für Kardiologie konnte von Helmut Wolters, den ich aus Berlin geholt hatte, nicht mehr übernommen werden, da dieser großartige Arzt einem plötzlichen, unerwarteten Herztod erlag. Das Ordinariat wurde neu ausgeschrieben und mit Wolfgang Kübler, Düsseldorf, besetzt. Paul Christian war bereits 1967 für Allgemeine Innere Medizin und Psychosomatik berufen worden.

Somit bestanden in der Klinik vier selbständige Ordinariate. Meine Abteilung Innere Medizin I umfaßte sechs Krankenstationen mit 107 Krankenbetten. Die in der Stiftung Rehabilitation untergebrachte Nephrologie war als Sektion dieser Abteilung zugeordnet, welche ich im Sinne der Vorstellungen unserer Fachgesellschaft als Kernklinik führte. Ich verstand mich soweit als Nachfolger von Ludolf Krehl,

Richard Siebeck und Karl Matthes. Nach meiner Emeritierung konnten sich Fakultät und Rektorat nicht entschließen, die Abteilung für Allgemeine Innere Medizin zu erhalten. Sie ist bis heute nicht wiederbesetzt. Meine ursprüngliche Abteilung wurde weiter verkleinert und wird von Reinhard Ziegler geleitet, der als Endokrinologe von der Medizinischen Poliklinik versetzt wurde. Die medizinische Poliklinik wurde von Herbert Plügge und später von Werner Hunstein geleitet. Friedrich Bahner stand der Abteilung für Endokrinologie vor, die nach seinem Tode von Reinhard Ziegler übernommen wurde. Hinzu kam die Abteilung für Stoffwechselforschung unter Hellmut Weicker.

Ich halte es nach wie vor für dringend geboten, Abteilungen für Allgemeine Innere Medizin in allen Kliniken, vom Typ der Regel- bis zur Maximalversorgung, zu haben und will dies begründen.

Ich habe mich bemüht, zentrale Aufgaben der Inneren Medizin in meiner Abteilung Innere Medizin I wahrzunehmen. Natürlich erfolgte keine strenge fachliche Abschottung der Abteilungen bzw. Stationen, sondern der von allen Abteilungen wahrgenommene Aufnahmedienst gewährleistet die gemischte Belegung mit allen Krankheiten, die eine Klinik vom Typ der Maximalversorgung einschließen. Es besteht Beratungspflicht für alle an der Klinik arbeitenden Ärzte. Klinische Teams der Abteilung I, welche natürlich wissenschaftlich ausgerichtet sind, betreuen Patienten mit Gefäßkrankheiten, Kranke mit Störungen der Atemwege und der Lunge, mit Blutkrankheiten und Blutgerinnungsstörungen und mit Störungen der allgemeinen Abwehrlage (Immunologie), Kranke des rheumatischen Formenkreises, der Endokrinologie und des Bluthochdrucks. Ein klinischer und wissenschaftlicher Schwerpunkt sind die Krankheiten des Stoffwechsels, insbesondere Diabetes, Gicht, Fettstoffwechselstörungen. Für die Abklärung derartiger Störungen stehen Spezialeinrichtungen zur Verfügung, die nach internationalem Standard arbeiten und ein überregionäres Einzugsgebiet haben. Ausgeprägte Stoffwechselstörungen, insbesondere auch mit Fettsucht einhergehende, werden auf der Spezialstation des Infarkt-Institutes aufgenommen und mit bestimmten Kostformen ernährt.

Krebskranke sind auf einer Spezialstation untergebracht, was für den einzelnen Patienten problematisch sein kann. Die pflegerischen Aufgaben sind auf solchen Stationen natürlich ungewöhnlich vielfältig und schwierig. Nachsorgeambulanzen betreuen zusammen mit den niedergelassenen Ärzten diese Kranken, und es bestehen natürliche enge Verbindungen zu den anderen Kliniken und Sachbereichen.

Ein weiterer Schwerpunkt sind Störungen der Blutgerinnung sowie der Lymphzirkulation. Eine überregionäre Schwerpunktstation dient der Versorgung von Vergiftungen, von verschiedenen Formen von Atemstörungen bis zum Atemstillstand sowie von Schockzuständen. Infektionskrankheiten werden im sog. I-Bau versorgt, wobei jene des Verdauungstraktes und der Leber von der Abteilung Gastroenterologie betreut werden, während allgemeine Infektionen einschließlich der Hirnhautentzündung, der Viruskrankheiten und der verschiedenen Formen von Blutvergiftung auf der Station Griesinger versorgt werden. Dort werden auch Patienten nach Selbstmordversuchen aufgenommen und durch ein Spezialteam versorgt. Es nimmt sich insbesondere auch der Nachsorge dieser unglücklichen Menschen an.

Es wird auch in Zukunft notwendig sein, Spezialambulanzen und Polikliniken zu führen. Die Aufgaben der modernen Poliklinik sind mit den niedergelassenen Ärzten und den Kassenärztlichen Vereinigungen in engem Kontakt mit den Krankenkassen neu zu definieren. Die immer wichtiger werdenden Bedürfnisse der Sozial- und Familien-Medizin, der kommunalen Prävention und der speziellen Nachsorge sollten in Zusammenarbeit mit den niedergelassenen Ärzten in Angriff genommen werden. Diese Einrichtungen sollten auch für die Lehre benutzt werden. In meiner Sicht sind die Universitätskliniken in ihrer heutigen Form nicht in der Lage, Ärzte für Allgemeinmedizin auf ihre Aufgaben vorzubereiten und entsprechend auszubilden.

Die Einrichtung von ein oder zwei Ordinariaten für Allgemeinmedizin hat nur eine Alibifunktion. Ich habe an vielen angelsächsischen Universitäten Kliniken und Polikliniken kennengelernt, welche die geschilderten Aufgaben vorbildlich wahrnehmen. Warum sollte Heidelberg und speziell die Innere Medizin an unserer Universität nicht neue Beispiele erarbeiten, nachdem Ordinarien wie Curt Oehme und Herbert Plügge zu ihrer Zeit wichtige Akzente setzten? Fachleute sind in unseren Fakultäten vorhanden. Es gilt nur, entsprechende Organisationsformen zu schaffen und in unser Gesundheitswesen zu integrieren. Das ist eine wichtige Aufgabe aller jener, die mit Gesundheitspolitik befaßt sind. Aber solche Reformen dürfen nicht auf Kosten der allgemeinen Krankenversorgung gehen, wie dies in der Einrichtung des „Arztes im Praktikum" geschieht. Nachdem man früher bereits die Stellen für Medizinal-Assistenten gestrichen hat, ging man nun daran, weitere Assistenzarzt-Stellen, die für die Krankenversorgung unerläßlich sind, zu streichen und anstelle eines planmäßigen Assistenten drei Studenten in den Klinken einzustellen.

Die Forschung in der Klinik

Die großen Kliniken sind industriellen Großbetrieben vergleichbar, aber sie sind als Einrichtungen der Krankenbetreuung ungleich sensibler als zum Beispiel Großforschungseinrichtungen oder industrielle Großbetriebe.

Solche Überlegungen müssen auch angestellt werden, wenn es gilt, die Ergebnisse der modernen Grundlagenforschung in die Bereiche der Krankenversorgung zu überführen. Wie dies gemacht werden kann, zeigt die Entwicklung des Deutschen Krebsforschungszentrums in seiner Kooperation mit den Universitätseinrichtungen. Diese Zusammenarbeit trägt reichlich Früchte. Ich schätze mich glücklich, als Vertreter der Mediziner im Kuratorium des DKFZ am Kooperationsvertrag beider Einrichtungen mitgearbeitet zu haben.

Ich halte es für essentiell, daß die molekularbiologischen Forschungseinrichtungen, die jetzt schwerpunktmäßig international beispielhaft, in

Heidelberg vorhanden sind, klinische Arbeitsmöglichkeiten bekommen. Solche Stationen lassen sich nicht neben der täglichen Routinearbeit und den zahlreichen Spezialaufgaben der Kliniken führen, sondern hier müssen neue Einrichtungen geplant werden. Auch hierfür gibt es bereits Vorbilder. Ich habe ein Beratungsgremium hierfür gewinnen können, welches Experten der internationalen molekularbiologischen Einrichtungen einschließt. Beispielhaft ist hierfür die Howard-Hughes-Stiftung in den USA, von deren Erfahrungen wir lernen sollten.

Klinisches Institut zur Erforschung des Herzinfarktes

In diesem Institut sind folgende Bereiche untergebracht:

Stoffwechsel, Ernährung, Psychosomatik, Epidemiologie. Das Institut wurde am 29. Oktober 1973 unter Anwesenheit von Kultusminister Prof. Dr. Hahn sowie des Nestors der Deutschen Pathologischen Anatomie, Professor Franz Büchner, Freiburg, eingeweiht. Nach vierjähriger Vorbereitungszeit wurde das Institut mit einem Kostenaufwand von 3,7 Millionen DM errichtet. Die aktuellen Forschungen haben die Zuordnung der Grundlagenforschung zur klinischen Forschung zum Ziele. So wurden die einzelnen Projekte in enger Zusammenarbeit mit den Abteilungen der Ludolf-Krehl-Klinik durchgeführt. Die Molekularbiologie mit ihren zytologischen, enzymatischen und hormonellen Besonderheiten hat ihre Schwerpunkte auch am Europäischen Molekularbiologischen Laboratorium und an den Molekularbiologischen Einheiten der Universität sowie des Deutschen Krebsforschungszentrums. Mit diesen Forschern wurden enge Kontakte geknüpft, welche sich u. a. in gemeinsamen Vortragsveranstaltungen, Symposien und Referaten äußerten. Ein Kernstück des Institutes ist die Bettenstation im Sinne der metabolic ward. Solche Einrichtungen sind in der Bundesrepublik außerordentlich selten, obwohl sie sich für die Durchführung von Stoffwechseluntersuchungen und Ernährungsprojekten hervorragend eignen. Für die Bilanzierung von Nahrungszufuhr und -einfuhr und für die Verstoffwechselung der verschiedenen Nahrungsbestandteile sind solche Stationen unerläßlich. Als Beispiel von koordinierten Untersuchungen kann die Studie über den „Intermediärstoffwechsel von Patienten aus Familien mit angeborenen Stoffwechselstörungen“ gelten. Diese Untersuchungen wurden in enger Zusammenarbeit mit den Universitäten Neapel und Padua unternommen, in deren Bereich solche angeborenen Stoffwechselstörungen nicht selten sind. Zu diesem Zwecke wurden die Kranken, meist Kinder, zusammen mit ihren Müttern in das Institut eingeladen, wo sie unter möglicher Beibehaltung ihrer lokalen Ernährungsgewohnheiten betreut wurden.

Das Institut dient ferner in hervorragendem Maße der Ausbildung von Nachwuchswissenschaftlern. So hatten wir wiederholt auch langfristig Gastwissenschaftler aus Italien, Frankreich, China, Japan, Argentinien, Brasilien und den USA in unserem Institut. Es dient ferner den internationalen Studien MONICA, CINDI und ERICA als Koordinationszentrum und erfüllt daher wichtige Aufgaben auf dem Gebiete der Vorsorge- und Rehabilitationsmedizin. Zu erwähnen ist ferner die Mitwirkung des wissenschaftlichen und administrativen Stabes an der Organisation von internationalen Kongressen, Workshops und Symposien.

Wenn in den letzten 23 Jahren zahlreiche internationale Symposien von uns durchgeführt wurden, so hat dies dem Ansehen unseres Landes und unserer Universität, unseren Aufgaben und unseren Zielen genützt. Bund und Länder haben uns im Rahmen ihrer Möglichkeiten unterstützt. Die Hauptfinanzierung erfolgte durch die Deutsche Forschungsgemeinschaft, den Stifterverband der Deutschen Wirtschaft und durch weitere Drittmittel der Industrie. Die tatkräftige Hilfe der Pharma-Industrie und überregionaler Forschungsverbände sei dankbar erwähnt. Forschung ohne Drittmittel ist in unserem Land heute wie früher nicht im notwendigen Ausmaß durchzuführen. Für die erforderliche Transparenz sorgen die Rechtsverodnungen und Gesetze unseres Landes.

Internationale Zusammenarbeit

Hier sind die Kontakte zu den kalifornischen Universitäten von La Jolla, Los Angeles, San Francisco, von Oklahoma, San Antonio und Houston (Texas) zum Nationalen Gesundheitsinstitut in Bethesda (NIH), zu den Universitäten von Seattle und Durham, dem Massachusetts Institute of Technology, dem Sloan Kettering Institute in den USA zu nennen. Lebhafter Austausch von Forschung und Ideen bestand ferner mit den Universitäten von Edinburgh, Cambridge, London, Haifa, Jerusalem, Tel Aviv, Budapest, Padua, Neapel und Siena, von Bern, Montpellier, Tokio und Wuhan (Volksrepublik China).

Auf dem Gebiete der Geomedizin und Epidemiologie haben wir neue Projekte über Ausbreitung, Verlauf und Prävention kardiovaskulärer Erkrankungen mit der Tokai Universität in Japan und der Tongji Universität in Wuhan begonnen. Gerade der Austausch von jungen Forschern und akademischen Lehrern ist für das Zusammenleben der Nationen m.E. ungemein wichtig. Dieses Geben und Nehmen ist in der Bundesrepublik seit den 50er Jahren möglich geworden. Dabei waren die ersten Kontakte nach dem Kriege doch recht mühsam. Als ich 1951 den ersten internationalen Kongress in den Niederlanden besuchte, konnte ich zwar einen kleinen Vortrag in englischer Sprache halten, beim anschließenden Bankett verließ jedoch meine Tischdame ihren Platz, da sie mit einem Deutschen nicht zusammensitzen wollte. Die deutsche Besatzungsmacht hatte offenbar fürchterliche Wunden auch in dieser Familie geschlagen. So war es insbesondere schwierig, Forscher aus den ehemals von der Wehrmacht besetzten Ländern zu wissenschaftlichen Veranstaltungen zu gewinnen. Am ehesten gelang dies problemlos mit italienischen und französischen Forschern, während sich die Angelsachsen zunächst merklich zurückhielten. Gute Kontakte wurden relativ frühzeitig mit den skandinavischen Ländern geknüpft. Aus Nazideutschland emigrierte Forscher der USA kamen dann erstmals in den frühen 60er Jahren zu uns nach Heidelberg. Als bemerkenswert kann ich einen gemeinsam mit Stewart Wolf in Lindau-Bad Schachen durchgeführten Kongress über Internationale Fragen der Herz- und Gefäßkrankheiten erwähnen, an dem wirklich erstklassige Kliniker und Grundlagenforscher teilnahmen. Nach einer Dampferfahrt über den frühlingshaft umstandenen Bodensee und einem Gesellschaftsabend im Schloss zu Meersburg erinnerten sich einige unserer amerikanischen Gäste wieder ihrer deutschen Sprachkenntnisse oder jener ihrer Eltern. In dieser Zeit wurden die Grundlagen für lebenslange Freundschaften gelegt. Beispielhaft ist das herzliche Verhältnis zu Gustav Born und zu Jerry und Rose Stamler. Unvergessen sind John French und seine Frau Anne aus Oxford, die bis zu ihrem frühen Tode Heidelberg freundschaftlich verbunden blieben. Ich verdanke diesen gemeinsamen wissenschaftlichen Veranstaltungen meine spätere intensive Tätigkeit in internationalen Wissenschaftsorganisationen, auf die ich später zurückkommen werde.

Bahnbrechend für unsere Kontakte zu den USA war eine kleine Konferenz im Jahre 1964,zu denen ich Donald Fredrickson vom NIH, E. H. Ahrens von der Rockefeller Universität, Larry Kinsell, von der Highland Alameda Clinic in Oakland, Californien, Ed. Gordon von der Madison University, Robert Furman von der University of Oklahoma sowie Robert Wissler von der Universität Chicago eingeladen hatte. Diese waren wirklich die Schrittmacher für weitere Unternehmungen, spielten sie doch schon damals in der amerikanischen Wissenschaft eine überragende Rolle. Zu den deutschen Teilnehmern gehörten Nepomuk Zöllner, einer der Pioniere der deutschen Lipidforschung sowie meine Mitarbeiter Heinrich Wagener und Bruno Frosch. Zur späteren Generation, die sozusagen die Rolle einer F1-Generation übernahm, gehörten dann Heiner Greten, der am NIH und in La Jolla, University of San

Diego, California, sowie Dietrich Seidel, der in Oklahoma bei der Gruppe von Bob Furman und Petar Alaupovic ausgebildet wurde. Die Lipidgruppe wurde von amerikanischer Seite vertreten durch die meist am NIH arbeitenden Forscher Daniel Steinberg, Dick Havel, Brian Brewer, Virgil Brown, Tony Gotto, Larry Kinsell, Scott Grundy, Robert Levy. John Glomset und Russel Ross von der Universität in Seattle verdanken wir enge wissenschaftliche Kontakte. Eine enge Freundschaft verband mich mit George Boyd, dem großartigen Biochemiker aus Edinburgh und Dick Lovell vom Royal Melbourne Hospital. Frühzeitig wurden auch Kontakte mit Japan geknüpft, hier vor allem mit der Keio Universität, dem Nestor der Lipidforschung in diesem Lande, Yuichiro Goto und seinen Mitarbeitern. Professor Numa von der Universität von Kyoto, ein Schüler von Fedor Lynen, beeinflußte nachhaltig unsere biochemischen Untersuchungen. Ich habe die große Hoffnung, daß das Herzinfarkt-Institut die forscherischen Unternehmungen, insbesondere auf dem Stoffwechselgebiet, noch ausbauen wird, denn solche Einrichtungen der klinisch bestimmten Grundlagenforschungen sind in der Bundesrepublik noch viel zu selten, und hieran nimmt auch die Kritik von international renommierten Forschern, wie die Nobelpreisträger Goldstein und Brown, an der Situation in der Bundesrepublik Anstoß. Man muß den erstklassig ausgebildeten jungen Forschern langfristige Arbeitsmöglichkeiten einrichten und darf nicht davor zurückschrecken, ihnen auch gesicherte Lebensstellungen zu garantieren. Leider stehen uns so riesige Finanzmittel wie die der Howard Hughes Stiftung nicht zur Verfügung, aber es ist immerhin ermutigend, daß der Wissenschaftsrat zusammen mit den zuständigen Bundes- und Landesministerien die Einrichtung solcher Einheiten für vordringlich hält.

Klinische Pharmakologie

Im Jahre 1968 wurde eine Abteilung für Klinische Pharmakologie eingerichtet, als zweite selbständige Abteilung dieses Faches in der Bundesrepublik. Sie hat sich auf dem Gebiete der Arzneimittelforschung, des Arzneimitteleinsatzes und der Arzneimittelsicherheit einen festen Platz erarbeitet und gilt als Vorbild für andere, später gegründete Abteilungen. Frau Professor Ellen Weber war darüber hinaus mit organisatorischen- und Reformaufgaben des Gesundheitswesens unserer Zeit auf Bundesebene befaßt. Die Ansiedlung dieser Abteilung in der Klinik machte die Arbeit des 1955 eingerichteten Ordinariates für Klinische Pharmakologie durch Oskar Eichler bis zur Übernahme des Lehrstuhls für Klinische Pharmakologie praxis- und patientennah. Ellen Weber erlag im Dezember 1992 einem Krebsleiden. Es gilt, ihr Erbe zu verwalten und ihre Ideen weiterhin zu vertreten.

Das Rehabilitationszentrum für Nierenkranke

Es wurde bereits ausgeführt, daß die Unterbringung der nephrologischen Station in keiner Weise den Bedürfnissen einer modernen funktionsgerechten und insbesondere hygienisch einwandfreien Ansprüchen genügte. So wurde ein eigenes Rehabilitationszentrum unmittelbar zwischen Herzinfarkt-Zentrum und dem Haupthaus der Klinik erstellt. Diese Einheit enthält alle Möglichkeiten für die Erkennung und Behandlung chronischer Nierenkrankheiten und dient auch der Langzeitbehandlung von chronisch Nierenkranken. Den besonders gefährdeten Kranken mit Immunschwäche und insbesondere mit Hepatitis wurde eine eigene Isolierstation zur Verfügung gestellt. Dieses Zentrum wurde nach jahrelangen, oft frustrierenden Bemühungen unter der tätigen Mithilfe der früheren Bundesminister Alex Möller, Käthe Strobel und vor allem der Landesminister Adalbert Seifriz, Wilhelm Hahn und Frau Annemarie Griesinger unter der Federführung von Werner Boll von der Stiftung Rehabilitation und unter großzügiger Unterstützung der Landesversicherungsanstalten Baden (Direktor Beck) und Württemberg (Direktor Dr. Hahn) erstellt. Es handelte sich hierbei um ein Pilotprojekt, das auch für zukünftige Unternehmungen richtungweisend sein könnte. Ein Kooperationsvertrag zwischen einem eingetragenen Verein für die Betreuung Nierenkranker, dem Land Baden-Württemberg und der Universität ist m.E. ein Beispiel für eine effektive und kostengerechte Patientenversorgung. Die Gründung eines Vereins „Heimdialyse", dem ich bis zu meiner Emeritierung als Vorsitzender diente, kam seit 1976 vielen hoffnungslos Nierenkranken zugute. Die Leitung des Zentrums, insbesondere der international renommierte Professor Eberhard Ritz und seine Mitarbeiter Professor Konrad Andrassy, Professor Jürgen Bommer, PD Johannes Mann sowie der jetzige klinische Partner Professor Reinhard Ziegler hatten mit dem Vereinsvorstand den Beschluss gefaßt, mich zum Präsidenten dieser Unternehmung zu wählen. Eine solche relativ selbständige Einrichtung ist m.E. beispielgebend auch auf dem Sektor des Abrechnungswesens, denn hier werden seit langen Jahren funktionsgerechte Pflegesätze mit den Kostenträgern ausgehandelt. Festzustellen ist, daß das Zentrum der regelmäßigen Kontrolle durch eine bestallte Treuhandgesellschaft unterliegt.

Alle diese Unternehmungen können als Beispiel dafür gelten, daß auch eine altmodische Klinik nach dem neuesten Stand funktionsgerecht umgebaut werden kann. Aber es ist den Empfehlungen des Wissenschaftsrates 1988 absolut zu folgen, daß die Klinik in den Gesamtkomplex des Großklinikums im Neuenheimer Feld bald und ohne schuldhafte Verzögerung eingegliedert werden sollte.

Klinikumsvorstand

Im Jahre 1973 wurde beschlossen, den Medizinischen Fakultäten einen Klinikumsvorstand an die Seite zu stellen. Im Auftrage des Kultusministers Professor Dr. Wilhelm Hahn wurde eine Kommission unter Federführung von Oberregierungsrat Heinz Roesinger eingerichtet, dem die Herren Wolfgang Gerok – Freiburg, Ernst Friedrich Pfeiffer – Ulm, Klaus Mayer, Tübingen und mir bestand. Zusammen mit den Verwaltungsdirektoren sollten die Fragen der Klinikführung und der Klinikstrukturen geklärt werden. In diesem Klinikumsvorstand waren alle geschäftsführenden Direktoren der Universitätskliniken sowie Vertreter der Oberärzte, der Assistenzärzte und der Pflegedienstleitungen vereint, die zusammen mit dem Verwaltungsdirektor und seinen Referenten dringliche Probleme zu bearbeiten hatten. Diese betrafen z. B. eine bedarfsgerechte Einrichtung von Krankenhausabteilungen mit entsprechender Bettenzahl, interdisziplinäre Zusammenarbeit der verschiedenen Kliniken und Institute der mittelbaren Krankenversorgung, Erstellung des Etats, Vorbereitung der Haushaltsbesprechungen mit den Krankenkassen usw. Zum Heidelberger Klinikumsvorstand gehörten die Herren Horst Bickel (Pädiatrie), Hans-Georg Boenninghaus (Hals-,Nasen-Ohren-Klinik), Walter Bräutigam (Psychosomatik), Wolfgang Jaeger (Ophthalmologie), Heinz Gänshirt (Neurologie), Werner Janzarik (Psychiatrie) Otto Just (Anaesthesiologie), Christian Herfarth (Chirurgie), Werner Hunstein (Medizinische Poliklinik), Kurt Kristen (Mund-Zahn-Kieferheilkunde), Fred Kubli (Gynäkologie und Geburtshilfe), Detlef Petzoldt als Nachfolger von Urs Schnyder (Dermatologie), Karl zum Winkel (Radiologie). Von den Instituten die Herren Wilhelm Doerr (Pathologie), Klaus Munk (Virologie), Hans-Günther Sonntag (Hygiene), Georg Schmidt (Rechtsmedizin), Friedrich Vogel (Anthropologie und Humangenetik), Klaus Rother (Immunologie und Serologie), Gustav Wagner und später Norbert Viktor (Medizinische Dokumentation, Statistik und Datenverarbeitung), Herwart F. Otto (Pathologie). Als Verwaltungsdirektoren nahmen die Herren Wilhelm Ernst und nach seinem Tode Manfred Wand, Dr. Schafheutle, R. Technau teil. Bis zum Jahre 1985 wurde ich wiederholt als Vorsitzender des Klinikumsvorstands gewählt, so daß ich das Amt rd. 11 Jahre wahrgenommen habe.

Der Klinikumsvorstand genoß in Fragen der Krankenversorgung eine Autonomie, war aber letztlich dem Verwaltungsrat und dem Rektor der Universität verantwortlich. Diese Einrichtung hat sich grosso modo bewährt, zumal die Zusammensetzung des Vorstandes die immer stärker gefragte Transparenz der Entscheidungen gewährleistete. Als mein gewählter Nachfolger übernahm Karl zum Winkel die Direktion, bis dann eine neue Klinikumsverordnung im Jahre 1987 verabschiedet wurde, welche als verantwortliches Gremium eine Dreiergruppe von zwei leitenden Ärzten und dem Verwaltungsdirektor bestimmte.

Das Klinikum der Universität Heidelberg und seine Institute habe ich anläßlich des 600jährigen Jubiläums der Universität Heidelberg 1985 in einem beim Springer Verlag-Heidelberg erschienenen Band zusammenfassend dargestellt, wobei die Kliniken und Institute mit ihren Direktoren und leitenden Mitarbeitern eigene Berichte verfaßten. Das alte Gremium mit der Vertretung aller leitenden Direktoren und allen in den Kliniken bzw. Instituten arbeitenden Mitarbeiter halte ich für transparanter und für durchaus handlungsfähig.

Stiftung Rehabilitation

Aus kleinen Anfängen des sogenannten Berufsförderungswerkes entwickelte sich die großartige „Stiftung Rehabilitation“ mit ihren eindrucksvollen ausgedehnten Anlagen in Wieblingen und ihren klinischen Schwerpunkten in Neckargemünd und Karlsbad-Langensteinbach. Der

Rehabilitationsgedanke wurde in der Bundesrepublik schon frühzeitig aufgenommen, wobei der frühere Breslauer Professor Dr. Ludwig Guttmann in England Pionierarbeit leistete. Sir Ludwig war dann wiederholt in der Bundesrepublik und förderte die Rehabilitationseinrichtungen vor allem im wissenschaftlichen Sinne. Seine Ideen wurden von Landesregierung und Bundesregierung aufgenommen und durch den Einsatz vieler politischer Persönlichkeiten realisiert. Unter ihnen ist vor allem zu nennen der Minister Professor Adalbert Seifriz, der seine administrativen und caritativen Aktivitäten mit der Einrichtung der Stiftung krönte. Er wurde durch den Bundesfinanzminister Alex Möller und die Gesundheitsministerin Käthe Strobel trefflich unterstützt. Auch die Baden-Württembergische Landesregierung mit ihren damaligen Chefs Kurt Georg Kiesinger und Hans Filbinger, später Lothar Späth, trugen zum Aufbau und Ausbau dieses international wohl einmaligen Unternehmens bei. Die Wiedereingliederung von Behinderten aller Schweregrade in ein beruflich angepaßtes Leben gehört zu den wichtigsten Zielen dieser Institution. Nahezu alle medizinischen Fachrichtungen sind vertreten. Als langjähriger Leiter des wissenschaftlichen Beirates konnte ich dazu beitragen, fähige Chefärzte und Abteilungsleiter zu gewinnen. Die Heidelberger Fakultät leistete hierbei logistische und personelle Hilfen. Mein Schüler und langjähringer Mitarbeiter Professor Curt Diehm übernahm 1991 als Internist eine zentrale Leitungsfunktion in Langensteinbach. Die guten Beziehungen zu der Bundesversicherungsanstalt und den beiden Landesversicherungsanstalten Baden und Württemberg trugen reiche Früchte, so daß aus dem Samenkorn, das durch Dr. Jenning und Pfarrer Kehr in den frühen sechziger Jahren gelegt wurde, ein großartiger Baum mit vielen Zweigen und Verästelungen wurde. Pionierarbeit leistete der von der medizinischen Fakultät mit dem Ehrendoktor ausgezeichnete Werner Boll, der nach einigen interimistischen Direktionen durch Klaus Hekking abgelöst wurde, welcher neue Ideen, neue Strukturen und neue Verwaltungselemente einbrachte. Unser Sozialversicherungswesen erlaubt auch heute noch die zuverlässige Versorgung Schwerbehinderter, nicht nur nach

Berufs- und Verkehrsunfällen, sondern nach schweren körperlichen, geistigen und seelischen Schäden ganz unterschiedlicher Ursachen.

Aus-, Fort- und Weiterbildung

Die großen Fortbildungsveranstaltungen stehen den Ärzten im Zuge der gesetzlichen Weiterbildungs-Verpflichtungen zur Verfügung. Beispiele dafür sind die internationalen Kongresse der Bundesärztekammer, die überregionalen Kongresse in Karlsruhe, Düsseldorf, München, Regensburg und Berlin. Den Deutschen Kongreß für ärztliche Fortbildung in Berlin durfte ich 30 Jahre mitgestalten.

Meinen Heidelberger Kollegen habe ich für aktive Mitarbeit in Berlin sehr zu danken.

Aber auch die regionären Fortbildungsveranstaltungen sind in ihrer Vielfalt und ihrer Realität bemerkenswert.

Zurückkommend auf die studentische Ausbildung kann jetzt festgestellt werden, daß noch zahlreiche Wünsche offen sind. Immerhin wurde durch mehrere Novellierungen versucht, die Dinge in den Griff zu bekommen. Aber noch einmal soll betont werden: Die weit überzogene Zulassungs- und Ausbildungsquote und die mangelhafte Studienbegleitung der Studenten einschließlich der mangelhaften permanenten Leistungsüberprüfungen verhindert nach wie vor die bestmögliche Ausbildung unserer Medizinstudenten. Ich habe wiederholt darauf hingewiesen, daß die Medizinischen Fakultäten hier nicht hinter denen der mathematisch-naturwissenschaftlichen und juristischen Fächer zurückstehen dürfen. Aber ich habe auch wiederholt scharf dagegen protestiert, daß politische Gremien in akademische Prüfungen eingreifen und ihre Resultate kurzweg annulieren. Die Neuordnung und Überprüfung der Studiengänge setzt natürlich voraus, daß die Fakultäten gewillt sind, ihre Aufgaben auftragsmäßig zu erfüllen. Wenn nur ein einziger verantwortlicher Hochschullehrer es ablehnt, Leistungsprüfungen in seinem Fach durchzuführen und die Dinge laufen läßt, so bedeutet dies eine entscheidende Behinderung der gesamten Fakultätsarbeit. Solche Beispiele gibt es leider, und es gibt leider auch Beispiele dafür, daß Lehrverpflichtungen durch Universitäts-Dozenten nur unwillig und schlampig wahrgenommen werden. Es gehört nun einmal zu den Dienstaufgaben des Universitäts-Assistenten, daß er neben den Aufgaben der Krankenversorgung auch jene der Lehre wahrnimmt und darüber hinaus sich in der Forschung engagiert. Einige wenige schwarze Schafe können hier viel Schaden anrichten. Es war schon immer eine Aufgabe der Leitungsgremien, hier Abhilfe zu schaffen, aber das setzt voraus, daß diese Leitungsgremien auch entsprechend motiviert sind. Das setzt ferner voraus, daß Hochschullehrer Aufgaben der akademischen Selbstverwaltung übernehmen. Die nach wie vor dringend notwendige Autonomie der Hochschulen wird dadurch entscheidend mitbestimmt. Sie, auch und gerade auf dem Gebiet der Medizin zu erhalten, ist ein heute noch aktuelles Gebot. Kosten-Nutzen-Analysen sind auch für die Arbeit der Medizinischen Fakultäten ihrer Kliniken und Institute notwendig. Aber sie müssen auch die in der Peripherie erarbeiteten Grundlagen und Erfahrungen verwerten. Die Arbeit der Ministerien muß sich dieser harten Daten, die von der täglichen Arbeit bestimmt sind, bedienen dürfen. Ich halte den jetzt beschrittenen Weg des Ministers Seehofer für falsch. In welchem „freien Beruf" werden die Arbeitsmöglichkeiten der Ärzte so beschnitten, wie es in der Beschränkung der Niederlassung geschieht? Wenn qualifizierte Ärzte nach ihrer Facharztausbildung auf der Straße liegen und arbeitslos sind, nachdem ihre Aus- und Weiterbildung den Staat Zehntausende von Mark kostete, ist etwas falsch. Hochschulen und Ärzte sollten bei gewiß nötigen Reformen das Sagen haben. Die zwangsläufig immer stärker werdende Bürokratie, die auch in das Versicherungswesen, in die Krankenhausstrukturen und in die Pharmaindustrie eingreift, wird die Situation nur verschlechtern.

Nachdem ich über vierzig Jahre, mit Unterbrechung meiner Marburger und Berliner Zeit, im Lande Baden-Württemberg gearbeitet und in der akademischen Selbstverwaltung nach besten Kräften mitgewirkt habe, glaube ich mich zu dieser Kritik berechtigt. Die alte Rektoratsverfassung war in vielen Bereichen sehr effektiv. Als ich unter den Rektoraten Bornkamm, Gallas und Margot Becke als Wahlsenator und als Dekan in diesem Leitungsgremium mitarbeitete, hatte ich Gelegenheit, am Ablauf der Rektoratsgeschäfte und der Universitätsverwaltung über lange Jahre teilzunehmen. Die Einheit der Universität war jedenfalls in dieser Ära noch gewahrt, und die Zusammenarbeit mit den Ministerien und der Regierung war gewiß nicht die schlechteste. Man muß berücksichtigen, daß nicht jeder Hochschullehrer auch ein politischer Kämpfer ist. Aber wenn gerade anläßlich des 600jährigen Jubiläums die Haltung von Hochschullehrern und ganzer Professorengenerationen kritisch beleuchtet wurde, muß auch festgehalten werden, daß manche Fehlentscheidungen nicht von den Universitäten verursacht wurden, sondern durch falsche politische Weichenstellungen und Auflagen erst ermöglicht wurden.

Die Aufgaben eines Klinikchefs

In meiner aktiven Hochschullehrerzeit nahmen die unerfreulichen Ereignisse nur einen kleinen Raum ein. Wenn ich mich frage, was mich in Heidelberg glücklich machte, so sind dies folgende Tatsachen:

Zuvorderst steht die tägliche Arbeit am Krankenbett. Daß ich mit meinen Mitarbeitern an der Klinik meine ärztlichen Aufgaben nach besten Kräften erfüllen konnte, erfüllt mich mit großer Dankbarkeit. Das Vertrauen der Patienten und der engagierte Einsatz aller Mitarbeiter haben mich tagtäglich motiviert. Der von meinen Vorgängern übernommene Auftrag, den kranken Menschen in den Mittelpunkt der Arbeit zu stellen, wird nun an meine Nachfolger weitergegeben. Ärztliche Ziele in einer modernen, auch von der Technik entscheidend bestimmten Medizin, müssen in humanem Sinne verantwortlich angestrebt werden. Ich habe zu diesen unverzichtbaren Forderungen der ärztlichen Ethik in therapeutischen Bezirken und in Grenzbereichen an anderer Stelle ausführlich Stellung bezogen.

Krankenversorgung, Forschung und Lehre müssen in unseren Kliniken nach wie vor die bestimmende Trias bleiben. Auch wenn es dem Einzelnen schwerfällt, dies in der täglichen Arbeit zu realisieren, so muß er sich diesen Verpflichtungen, die er mit dem Eintritt in die Klinik übernommen hat, stellen. Ist er dazu nicht in der Lage oder nicht willens, so soll er die Konsequenzen ziehen. Zwangsläufige Mißerfolge in der Betreuung von Schwerkranken dürfen uns nicht deprimieren, sondern müssen uns veranlassen, unser Bestes zu tun und den Versehrten und Verletzten Hilfe zu gewähren und Trost zu spenden. Auch hochtechnisierte Kliniken müssen im Geiste der Barmherzigkeit und des Mitgefühls geführt werden.

Auf dem Gebiete der Forschung glaube ich die Heidelberger Tradition fortgesetzt zu haben.

Die jährlichen Arbeitsberichte weisen aus, daß unser wissenschaftliches Spektrum der Heidelberger Hochschule gemäß ist.

Zu den schönsten Aufgaben zähle ich ferner die Ausbildung zahlreicher tüchtiger Internisten, die aus der Ludolf-Krehl-Klinik in die selbständige Arbeit entlassen wurden. Neben vielen Kollegen in der niedergelassenen Praxis sind es 117 Ärzte, die ich seit meiner Stuttgarter Zeit für leitende Positionen vorbereiten durfte. Diese F1-Generation, zu denen auch die von mir übernommenen Kollegen meiner Vorgänger Beckmann, Matthes und Bartelheimer zählen, wurde inzwischen durch eine F2-Generation ergänzt. Ich bin vor allem glücklich darüber, daß die Schulen von Krehl und Matthes mit jenen von Volhard und Bock zusammengeführt wurden. In unserer schnellebigen Zeit können wir Ärzte auf die Tradition nicht verzichten. Wir werden von ihr geprägt und motiviert. Heidelberg ist dafür ein lebendiges Beispiel.

Unruhen an den deutschen Hochschulen

Bekanntlich nahmen die weltweit ausbrechenden Revolten ihren Ausgang von den USA und insbesondere den kalifornischen Universitäten. Vordergründiges Motiv der studentischen Jugend war die krasse Ablehnung des Vietnamkrieges mit dem drohenden Einsatz auch der Studenten in Vietnam. Dafür konnte man gewiß Verständnis aufbringen. Die sich weltweit ausbreitenden Revolten hatten jedoch andere Ziele, wie die Entwicklung in den westlichen Demokratien, insbesondere in Frankreich und in der Bundesrepublik, zeigten. Bekanntlich war es nach dem Tod des Studenten Benno Ohnesorg in Berlin bei einer Demonstration gegen den Schah von Persien zum offenen Aufstand mit blutigen Straßenkämpfen, Häuser- und Institutsbesetzungen, Brandschatzungen und Plünderungen gekommen. Binnen kurzem wurde die ganze Bundesrepublik erfaßt. Es konnte festgestellt werden, daß Rollkommandos der unterschiedlichsten Zusammensetzung schwerpunktsmäßig an verschiedenen Hochschulen eingesetzt wurden. Heidelberg war eines der bevorzugten Zentren. Es ging bestimmten Gruppen nicht um eine Reform der Universitäten und der Studiengänge, sondern die Zerstörung der Universitäten sollte als Fanal zum Klassenkampf und zur Zerstörung der bisherigen Gesellschaft benutzt werden. Dies geht z. B. aus der Bekanntmachung des Allgemeinen Studentenausschusses der Universität Bonn vom Mai 1971 hervor.

„Wenn wir für das 'sozialistische Studium', für eine 'Ausbildung im Dienste des Volkes', antreten, so wissen wir, daß dieser Kampf ein Teil des Klassenkampfes gegen die Bourgeoisie ist. Den Studenten muß klar

*werden, was das ist. Es kann im Kapitalismus nicht in erster Linie um einzelne Reformen der Ausbildung gehen, sondern Wissenschaft und Studium müssen unter der Frage beurteilt werden, daß der Kampf um eine fortschrittliche Ausbildung nicht losgelöst ist von den Klassenauseinandersetzungen in unserem Lande, daß eine wirkliche Ausrichtung von Forschung und Lehre auf die Interessen der Werktätigen erst nach der Zerschlagung des kapitalistischen Ausbeutungssystems, erst im Sozialismus verwirklicht werden kann. Als ständiges Kampfprogramm gegen die bürgerliche Wissenschaft ist das sozialistische Studium imstande, in Verbindung mit der Einreihung großer Teile der Studenten in die antiimperialistische Front und den Kampf gegen den Abbau der demokratischen Rechte der Arbeiterklasse, alle fortschrittlichen und sozialistischen Studenten zu einen, das heißt auch für die Ziele der Befreiungsbewegung zu werben.«**

Bei der Aufarbeitung der über Jahrzehnte anhaltenden Strategien zur Unterminierung der gesellschaftlichen Ordnung in der Bundesrepublik Deutschland, überhaupt in den westlichen Demokratien, wird man möglicherweise auch Einblick in die Aktionen der „Staatssicherheit" und anderer Gremien der DDR erhalten. Der beträchtliche Zufluß finanzieller Mittel dürfte auch für den Unterhalt der revolutionären Aktionen an den deutschen Hochschulen zu beachten sein. Professor Margot Becke, die während der Heidelberger Unruhen wie ein Fels in der Brandung stand, hat eine Analyse der Unruhestifter vorgenommen:

1. Die Sektierer eines neuen Sozialismus mit den Idealen eines Rousseau und den Helden Mao Tse-tung und Ché Guevarra, die mit glasigen Augen stundenlange Reden auf sogenannten Vollversammlungen hielten. Unangenehm elitebewußt, intellektuell, mit eigener Sprache, eigener Tracht, vielfach begabt, manchmal psychopathisch.
2. Die kleinen Kader der echten Kommunisten mit Orientierung zur DDR und zur UdSSR, die wegen ihrer Intelligenz und ihrer unter-

* HPI-Hochschulpolitische Informationen, Nr. 9/1971)

kühlten Leidenschaft sehr gut Einfluß auf die anderen Gruppen nehmen konnten und nahmen.

3. Die frustrierten Assistenten und Privatdozenten, die unter hierarchischen Strukturen gelitten hatten, die sich – mit Recht – als Universitätslehrer fühlten und sich von dem ihnen zukommenden Einfluß ausgeschlossen sahen.
4. Liberale, idealistische jüngere und ältere Hochschullehrer, die sich vor einer Wiederkehr des Faschismus fürchteten und die 'Demokratie' an der Universität verwirklichen wollten. Typische Intellektuelle.
5. Dozenten und Professoren, die jung sein wollten und deshalb zu einer modischen Haltung neigten, die vorankommen wollten und die im Wind der Revolte Rückenwind für sich selbst spürten.
6. Die große Masse der Unpolitischen – vor allem der unpolitischen Studenten –, die die Engagierten bewunderten, die sich freuten, daß den Mächtigen Macht genommen werden sollte, die sich freuten, daß ein 'frischer Wind' (!) wehte.

Zunächst begannen die Unruhen im November 1967 relativ harmlos. Es wurden Lehrveranstaltungen, Sitzungen des Senates und die Jahresfeier der Universität gestört. Diese Störungen konnten im allgemeinen noch ertragen werden. Unvergeßlich ist ein Vortrag des zum Ehrenbürger der Universität ernannten Carl Zuckmayer zum Thema „Scholar zwischen Gestern und Morgen". Zuckmayer hatte nach dem ersten Weltkrieg als Student die Revolution in ihren Auswirkungen auch auf die Heidelberger Universität miterlebt und war von der tiefen Sorge betroffen, daß sich die Vorgänge nun in anderer Form und mit anderen Zielen wiederholen könnten. Seine eindringlichen Mahnungen wurden wohl auch von den ursprünglich zu Störungen entschlossenen Studentengruppen verstanden. Im Sommersemester 1968 ging der Allgemeine Studentenausschuss (AStA) auf absoluten Konfliktkurs. Es wurde versucht, Veranstaltungen des Außenamtes zu sprengen und in die geschlossenen Sitzungen des Senates einzudringen. Auch die Sitzungen der Fakultätsgremien wurden wiederholt attackiert. Die große Politik wurde nun zum

Gegenstand der Universitätsrevolten. Die Diskussion der Notstandsgesetze im Bundestag führten zu einem Streikaufruf des AStA zu Warn- und Hungerstreiks, zur Blockade der Neuen und Alten Universität. Bei den Versammlungen auf dem Universitätsplatz wurden immer mehr die roten Fahnen gezeigt, und es kam zu Rangeleien unter den Studenten, in die auch einzelne Hochschullehrer einbezogen wurden. Unvergessen ist der persönliche Einsatz der Rektorin Margot Becke, die versuchte, sich im Hexenkessel der aufgerührten Masse auf dem Universitätsplatz durchzusetzen und sich bemühte, den Rechtsstandpunkt der Universität klarzumachen. Als „Faschistin" verteufelt, verließ sie die Versammlung, aber die Unruhen gingen allenthalben weiter. Unterstützung durch auswärtige Genossen, insbesondere durch Revoluzzer aus Berlin, auch durch engagierte Linke trugen zur Polarisierung der Studenten und Assistenten, aber auch der gesamten Hochschule bei, denn weitaus die Mehrzahl dieser Gruppen blieb indolent. Gleichsam institutionalisiert wurden die Unruhen durch die Grundordnungsversammlung. Das neue Hochschulgesetz des Landes sah vor, daß jede Universität sich eine eigene neue Grundordnung zu geben habe. An der Wahl zur Gundordnungsversammlung beteiligten sich sage und schreibe nur fünf Prozent der Studenten, aber 80 Prozent der Professoren, 40 Prozent der Dozenten und über 40 Prozent der Assistenten. Jede Fakultät hatte den Dekan und einen Stellvertreter in die Gundordnungsversammlung zu entsenden. Für die Mediziner waren dies Professor Hans-Georg Boenninghaus, Hals-Nasen-Ohren-Kliniker, und der Ophthalmologe Professor Wolfgang Jaeger. Dieser weigerte sich, an diesem Unternehmen mitzuwirken, so daß ich als früherer Dekan meinem Freund Boenninghaus beisprang. In endlosen Sitzungen wurden nun Punkt für Punkt und Paragraph für Paragraph die neue Grundordnung diskutiert und zur Abstimmung vorbereitet. Die Masse der delegierten Assistenten stimmte mit der Gruppe der aufmüpfigen Studenten und mit einer nicht kleinen Zahl von frustrierten Dozenten gegen nahezu alle Voten der Professoren. Aber auch deren Gruppe war nicht einheitlich, und es war schon bemerkenswert, wie opportunistisch manche ehrenwerte Herren

Ordinarien reagierten und abstimmten. Immer wieder wurde versucht, Kompromisse zu finden, so zum Beispiel durch die Autoren des sogenannten „Odenwaldpapieres", aber die Mehrheit der rebellischen Gruppen war dadurch nicht zu durchbrechen. Bemerkenswert war, daß bei der Schlußabstimmung eine Reihe der Professoren fehlte. Der Dekan der Math.-nat. Fakultät Professor Staab und Frau Professor Becke als Prorektorin stellten ihre Mitarbeit in der Grundordnungsversammlung ein. Staab trat als Dekan der Math.-nat. Fakultät und Frau Becke als gewählte Prorektorin zurück und setzten damit Zeichen für den Widerstand, insbesondere der Hochschullehrerschaft Heidelbergs.

Gewalt an den Universitäten

Aus den Protokollen der damaligen Sitzungen geht hervor, daß es überwiegend egoistische und egozentrische Begehren waren, welche die scheinbar unterpriviligierten Gruppen beherrschten. Damals kam der Arbeitstitel des „Selbstbedienungsladens" solcher Gremien auf. Parallel zu den Grundordnungsversammlungen kam es dann zum Sturm auf die alte Universität, zur Besetzung von Universitätsinstituten, zu schweren Angriffen auf die Räume der Juristen. Polizeilich gesuchte Studenten wurden in den Räumen des AStA verborgen, und es kam zu Tumulten, welche die ganze Stadt erfaßten. Das Rektorat blieb besetzt. Ich bot dem Rektor mit seinen Angestellten sowie dem Senat an, in die Ludolf-Krehl-Klinik zu übersiedeln. Hierzu wurden die Bücherei, Räume des Direktoriates und zwei Oberarztbüros zur Verfügung gestellt. Der integre, liberale Rektor, der Schweizer Professor Baldinger, war den gewalttätigen Ausbrüchen nicht gewachsen. Aber es gibt für mich keinen Zweifel, daß auch eine robustere Persönlichkeit mit den damaligen Unruhen nicht fertiggeworden wäre. So gingen die Revolten weiter, und sie eskalierten unter dem Rektorat des Theologen Rolf Rendtorff.

Während einer Senatssitzung in der Bücherei der Ludolf-Krehl-Klinik erlitt Rektor Baldinger einen Zusammenbruch, so daß die Sitzung unterbrochen werden mußte. Ich wurde beauftragt, Frau Professor Becke zu bitten, wieder im Senat mitzuarbeiten und dessen Leitung zu übernehmen. Dies wurde aus verständlichen Gründen abgelehnt. Rektor Baldinger war die Zielscheibe auch gewalttätiger Aktionen. Nach einer Sitzung des Großen Senats im Großen Hörsaal des Chemischen Institutes im Neuenheimer Feld lauerte ihm eine Menge rebellischer Studenten vor dem Haupteingang auf. Baldinger wählte aber einen anderen Gebäudeausgang, so daß die Meute sich auf die jetzt heraustretenden Mitglieder des Großen Senates stürzten. Dies waren vorwiegend die Mediziner. Es entwickelte sich eine rüde Prügelei, nachdem die zum Schutz der Senatssitzung eingesetzten Polizeischüler aus Göppingen nach provokativen Diskussionen mit den Studenten eingeschüchtert waren und ihre Kopfbedeckungen und ihre Schlagstöcke einbüßten. Bei dieser Prügelei stürzte man sich auf den ehrenwerten Senator Professor Walter von Baeyer, und schickte sich an, ihn zu verprügeln. Ich habe den Haupträdelsführer zurückgerissen, der dann auf mich losging. Ich konnte aber den wild um sich schlagenden Herrn unschädlich machen und ihn in der Poliklinik der nahegelegenen Chirurgie mit einer Kieferfraktur abliefern. Ich zog mir eine massive Verstauchung des Handgelenkes zu, die sogleich mitbehandelt wurde. Tags darauf wurde ich vor den Landtag in Stuttgart zitiert und berichtete über die Vorgänge. Ich machte darauf aufmerksam, daß bestimmte Passagen des Hochschulgesetzes und der Grundordnung derartige Vorkommnisse geradezu provozierten. Sie spielten sich dann auch wiederholt in Heidelberg ab. In der unangenehmsten Erinnerung habe ich einen Sturm von Studenten und Assistenten, geführt von dem jetzt in Heidelberg in aller Ruhe arbeitenden Allgemeinmediziner Ripke, die sich zum Ziel gesetzt hatten, eine Versammlung der ausländischen Studenten zu sprengen. Zunächst wurden hierbei die Türen der Stadthalle eingetreten, einige dort weilende Professoren, unter ihnen der Gynäkologe Josef Zander und der Chirurg Fritz Linder, wurden massiv bedrängt. Sie konnten sich mit Mühe der Angriffe erwehren. Ripke und einige seiner Genossen haben auch wiederholt versucht, Fakultätssitzungen zu stören. Deswegen tagte die Fakultät extraterritorial in der Orthopädischen Universitätsklinik in Heidelberg-Schlierbach. Da die Durchführung von Großen Senatssitzungen und Wahlen der akademischen Gremien einschließlich des Rektors im Universitätsgelände nicht mehr möglich waren, bot der damalige Oberbürgermeister Reinhold Zundel den großen Rathaussaal für die Senatssitzung an, die dann auch ohne Störung verlief. Wer annahm, daß die Kliniken von direkten Angriffen ausgespart würden, sah sich bald getäuscht. Nach einer sogenannten studentischen Vollversammlung, auf der die Offenlegung von Versuchsprotokollen an der Medizinischen Fakultät gefordert wurde, setzte sich eine große Menge von Studenten, geführt von den damaligen Prorektoren, in Marsch und drang in die Ludolf-Krehl-Klinik ein. Da die Ausgänge verschlossen waren, kam man über eine Baustelle im Kellergeschoss schließlich in den Hörsaal und schickte sich an, das Chefzimmer aufzubrechen, um an die Personal- und an die Forschungsunterlagen heranzukommen. Dies konnte verhindert werden. Man unterstellte, hier würde Kriegsforschung betrieben, wobei ein Forschungsprojekt in Mannheim, unterstützt durch die Fraunhofer-Gesellschaft, als Grundlage diente. Hierbei ging es um die Isolierung und Zerstörung krankmachender Bakterien und um dadurch verursachte Schockerscheinungen. Stichwort: Kriegsforschung. Aus den Laboratorien des Forschers Dr. Urbaschek wurden die Unterlagen gestohlen, die sich später in Waschkörben im Klinikgelände wiederfanden. Der in der Klinik als Patient befindliche Finanzminister Angstmann stellte fest, in welchem Umfang der Klinikbetrieb und insbesondere die Ruhe und Unversehrtheit der Kranken gestört waren und berichtete im Kabinett darüber. Der Ministerpräsident Dr. Hans Filbinger beschloß nun, nachdem auch noch andere gewalttätige Ereignisse stattgehabt hatten, schärfer durchzugreifen, was insbesondere dann im Rektorat Niederländer erfolgte. Vorher hatte der amtierende Rektor, der Theologe Rendtdorff, nichts unversucht gelassen, die Strukturen der Universität zu zerstören. In seinem

Rektorat wurde die Klinikverwaltung wiederholt besetzt. Unter diesen Besetzern waren Angehörige des „Sozialistischen Patientenklollektivs" (SPK), aus dem später Terroristen hervorgingen und deren Namen der Öffentlichkeit als Angeklagte und Verurteilte in zahlreichen Terroristen-Prozessen bekannt wurden. Auch beim Geiseldrama in Stockholm waren Terroristen aus dem SPK aktiv. Einige der damals beteiligten Studenten, die noch heute in Gefängnissen ihre langzeitigen Freiheitsstrafen abbüßen, besetzten die Klinikverwaltung und wurden dann von Klinikbediensteten hinausgetragen. Rektor Rendtorff beantragte vor dem Kleinen Senat, das SPK zu einer Universitätseinrichtung zu machen. Dies wurde abgelehnt, und später griff das Kultusministerium unter Professor Wilhelm Hahn mit entsprechenden Weisungen ein. Rendtdorff versuchte daraufhin eine private, der Universität unterstehende Stiftung für die Unterstützung des SPK heranzuziehen. Auch das konnte verhindert werden. Rendtorff umgab sich im Rektorat mit Mitarbeitern, welche die Aktivitäten der Radikalen förderten. Im Rektorat fand sich eine entsprechende, merkwürdig zusammengesetzte Gruppe ein. Eines der führenden Mitglieder des SPK, der Arzt Dr. Huber, wurde in der Nähe Heidelbergs von der Polizei gestellt. Nach einem Schußwechsel tauchte er unter und wurde bis heute nicht mehr gesehen. In der Rendtorffschen Zeit kam es immer wieder im Großen Senat zu schweren Angriffen auf die Mediziner, insbesondere auf die Ordinarien und die Kliniks- und Institutsdirektoren.

Was sich in den Kliniken abspielte

Die Studentenschaft merkte natürlich, was sich in den Kliniken abspielte, und es wurde von linken Gruppen versucht, auch die Vorlesungen zu stören. Das Hauptkolleg, das ich vierstündig pro Woche las, wurde massiv gestört, es wurden Säuglinge in die Lehrveranstaltungen mitgebracht und gestillt. Einige junge Damen setzten sich provokativ in die erste Reihe und verzehrten das mitgebrachte Vesper oder oblagen ihrer Handarbeitstätigkeit. Ich sah mir dies einige Minuten an, erklärte, daß sich hier kranke Menschen für den Unterricht zur Verfügung gestellt hätten und daß ich unter diesen Umständen nicht in der Lage sei, die Lehrveranstaltung durchzuführen. Nach einer Frist von fünf Minuten verließ ich dann den Hörsaal und kündigte an, daß die Vorlesung morgen wiederholt würde. Der gleiche Vorgang spielte sich auch am nächsten Tag ab. Als ich bei der dritten Störaktion den Studenten mitteilte, daß dadurch die Testierung ihrer scheinpflichtigen Lehrveranstaltungen gefährdet sei, besann sich die große Mehrheit der Hörer, und in offener Abstimmung wurden weitere Störversuche unterbunden. Der Vorlesungsbetrieb wurde dann in der Ludolf-Krehl-Klinik bis zum Semesterende fortgeführt, doch gab es entsprechende Störungen in anderen Kliniken, z. B. der Augenklinik, der Neurologischen Klinik, der Chirurgischen Klinik u. a. Üble Angriffe richteten sich gegen den Direktor der Chirurgischen Universitätsklinik, Fritz Linder, vor allem gegen seinen Vorgänger, den weltbekannten, hochgeachteten Chirurgen K.-H. Bauer, dem man nazistische Grundhaltungen und rassistisches Taktieren vorwarf. Sachliche Diskussionen waren mit den Aufwieglern nicht möglich. Um die klinischen Einrichtungen der Universitäten des Landes vor weiteren Unruhen und Schäden zu bewahren, ergriffen die Landtagsabgeordneten Bender, Gaa und Kimmel die Initiative und schufen die Voraussetzungen einer Klinikumsordnung.

Mit dem Erlaß der Klinikumsverordnung wurden neue Unruhen entfacht. Es bildeten sich Demonstrationsgruppen, Protestumzüge im Klinikgelände und in der Stadt, an der zahlreiche Schülerinnen und Schüler, aber auch Angehörige der Schwesternschulen, teilnahmen, die von den Studenten aufgewiegelt waren. Wir versuchten in verschiedenen Gesprächen, den Sinn einer Klinikumsordnung, die ja auch in haushaltsrechtlicher Sicht außerordentlich wichtig war, zu erklären. Aber selbst ruhige und zuverlässige Schwestern und Schwesternschülerinnen, die wir von der Stationsarbeit her kannten, ließen sich in solche Aktionen einspannen.

Der harte Kern des Widerstandes gegen die Radikalisierung der Universität und gegen die Illegalitäten des Rektors Rendtorff war der „Bund Freiheit der Wissenschaft". Ohne diese Organisation wären gezielte Maßnahmen, z. B. Dienstaufsichtsbeschwerden, Schutz von Vorlesungen, Publikationen der Rechtswidrigkeiten, Pressekampagnen und vor allem Beratungen nahezu aller Fakultäten nicht möglich gewesen. Eine wichtige Aufgabe des Bundes bestand in der Unterstützung staatstreuer Teile der Studentenschaft. Auch die Medizinische Fakultät hat sich oft Rat geholt. Mit dem Rektorat Hubert Niederländer änderte sich die Situation. Er erklärte in einem Pressegespräch „Die Universität darf kein rechtsfreier Raum sein". Entsprechend handelte er dann. Mit Hilfe einer relativ kleinen Gruppe von Professoren und Dozenten schaffte er es, mit den vielen Provokationen und Gewalttaten der Radikalen fertigzuwerden. Tatkräftig unterstützt wurde Niederländer von den beiden Prorektoren, Hans-Joachim Zimmermann und Klaus Ebert, deren Verantwortungsbewußtsein und Mut sich vielfach bewiesen. Unterstützt wurden die Bemühungen nicht nur von großen Teilen der Universität, sondern auch von der Heidelberger Bürgerschaft, die die Randale in ihren Mauern nicht mehr tolerierte. Auf die vandalistischen Störungsakte an Universitätsgebäuden und an Privathäusern, das Beschmieren mit kommunistischen und marxistischen Parolen, von denen auch Häuser in der Nähe meiner Wohung nicht verschont blieben, war schließlich unerträglich geworden. Unterstützt wurden Niederländers Aktionen von den Gerichten. Die von Niederländer gestellten Strafanträge wegen Freiheitsberaubung, Nötigung und Hausfriedensbruchs wurden von den zuständigen Gerichten akzeptiert. Eine Reihe von jungen Rechtsanwälten, die sich zur linken Szene bekannten, spielte eine sehr unangenehme Rolle. Allmählich ließ die Unterstützung der Unruhestifter von außen nach. Niederländer ist es andererseits zu danken, daß er die Selbstverwaltung der Universität gegen eine zu starke Fachaufsicht des Ministeriums schützte. Sah sich das Kultusministerium, wie das gesamte Kabinett, doch immer stärker genötigt, die Universität im Zuge der Fachaufsicht wieder unter Kontrolle zu haben. Niederländer kritisierte die im Entwurf eines neuen Hochschulgesetzes des Landes Baden-Württembergs vorgesehene Weisungsbefugnis des Kultusministeriums, was schließlich auch von Erfolg gekrönt war. Karl Doehring hat in einer Festschrift für Hubert Niederländer anlässlich dessen 70. Geburtstages Persönlichkeit und Werk Niederländers treffend gewürdigt: „Es gelang ihm, die Atmosphäre herzustellen, in der die Würde der Universität wieder erstehen konnte. Rechtsordnung und Wissenschaft wären verloren, wenn es nicht Persönlichkeiten gäbe, für die die Verantwortungsübernahme keine Selbstdarstellung, sondern Pflichterfüllung bedeutet“

Der Ruf nach Reformen der Medizinischen Ausbildung

Die Mediziner stellten im Zuge der studentischen Revolten Ausgang der späten 60er Jahre fachspezifische Forderungen. Mit der Zunahme der Studentenzahlen wurde der direkte Kontakt zwischen Lehrenden und Lernenden immer schwieriger. Die großen Vorlesungen waren überfüllt und wegen fehlender persönlicher Kontakte Ziel der ersten Angriffe. Bei einer Semesterstärke von 40, wie sie in den Vor- und ersten Nachkriegsjahren an den mittelgroßen Universitäten wie Freiburg, Tübingen und Heidelberg üblich waren, gab es persönliche Kontakte sowohl innerhalb der Studentenschaft als auch zwischen Studenten und Dozenten. Die rasch ansteigenden Studentenzahlen machten dies unmöglich. Wenn pro Jahr zwischen 500 und 700 neue Studenten an die Universität kamen, so mußten dringend neue Unterrichtsformen gefunden werden. Eine Hauptforderung bestand in der Verstärkung des direkten Unterrichts am Krankenbett. Hinzu kam massive Kritik am

Prüfungsverfahren. Das bisherige medizinische Staatsexamen, welches in den Hauptfächern durch zwei Dozenten innerhalb von vier Tagen abgehalten wurde, sollte, so lautete eine andere Hauptforderung der Studenten, durch anonyme Verfahren des Multiple-Choice-Systems abgelöst werden.

Ich habe zwischen 1964 und 1978 in Heidelberg sechshundert Mediziner geprüft. Vor allem die „schwachen" Kandidaten haben mir viele Mühen bereitet. Aber immerhin habe ich 130mal die Note I, 180mal eine II, 120mal eine III erteilt. 72 Kandidaten fühlten sich mit einer IV und 23 mit einer V gerecht beurteilt. 75 Prüflinge schickte ich wegen mangelhafter Leistungen ohne Noten zurück. Sie haben am Schluß des Gesamtexamens, bis auf fünf Ausnahmen, die Wiederholungsprüfung bestanden, einige mit sehr gutem Erfolg!

Das Multiple Choice Verfahren wurde nach langen Beratungen im Medizinischen Fakultätentag in den einzelnen Fakultäten eingeführt. Wohin dies schließlich führte, haben die Querelen der letzten Jahre gezeigt. Als gewählter Vorsitzender des Westdeutschen Medizinischen Fakultätentages, der repräsentativen Vertretung der westdeutschen medizinischen Fakultäten, habe ich 1968 bis 1971 mit meinen Kollegen versucht, den geforderten Reformen gerecht zu werden und eine neue Approbationsordnung für den Gesetzgeber vorzubereiten, welche ausländischen Studiensystemen vergleichbar schien. Das setzte natürlich voraus, daß Unterricht und Lehrkörperstrukturen z. B. den angelsächsischen oder skandinavischen Fakultäten angeglichen würden. Davon konnte beim bestehenden Zulassungs- und Prüfungsverfahren keine Rede sein. Es gab keine zuverlässige Ausleseverfahren. Die Zulassungszahlen, teilweise gerichtlich erzwungen, verdoppelten sich, ohne entsprechende Verbesserung der Lehrkörperstrukturen. Die Einbeziehung der Akademischen Lehrkrankenhäuser war sicher hilfreich, konnte aber das letztendliche Scheitern der neuen Approbationsordnung nicht verhindern. Die vom Staatssekretär des zuständigen Bundesministeriums gemachten Versicherungen, ein überregionäres Prüfungsinstitut sei vom Bund finanziert, trafen nicht zu. Erst später wurde das Mainzer

Prüfungsinstitut eingerichtet. Es bediente sich sogenannter Gegenstandskataloge für die Ausarbeitung der Prüfungsfragen. Die Gegenstandskataloge für Lehre und Prüfung waren in erster Linie vom Lehrstoffangebot bestimmt. Die zur Stellungnahme aufgeforderten Fachgesellschaften überzogen großenteils ihre Forderungen, gelegentlich in grotesker Weise. Je kleiner das Lehrfach, um so größer waren im allgemeinen die Lehrstoffkataloge. Basisfächer, wie zum Beispiel die Frauenheilkunde, beschränkten sich in ihren Vorschlägen auf einige wenige Sätze. Vorschläge einer Kleinen Kommission, an der auch Schweizer Professoren mitarbeiteten, gingen von falschen Voraussetzungen über das Zahlenverhältnis zwischen Studenten und Lehrkräften aus und trugen zur Fehlentwicklung auf diesem so wichtigen Reformgebiet bei. Hinzu kamen überzogene und unsinnige Forderungen von Seiten der Studenten- und Assistenten-Vertreter. So wurde von den Vertretern der sogenannten Bundesassistenten-Konferenz und einiger Medizinischer Fachschaften ernstlich gefordert, Zulassung und Ausbildung sowie die staatlichen Prüfungen sollten durch ein drittel-paritätisch besetztes Gremium von Studenten, Assistenten und Hochschullehrern verantwortlich übernommen werden. Diese Forderung wurde vor dem Bildungspolitischen Ausschuß des Deutschen Bundestages von der damaligen Spitze der Westdeutschen Rektorenkonferenz ausdrücklich befürwortet! Als böser Geist entpuppte sich der Generalsekretär der Rektorenkonferenz, ein Dr. Fischer, der im ledernen Gewand nach Muster des Che Guevara eine üble Rolle spielte. Der damalige Vorsitzende der Rektorenkonferenz, der Karlsruher Rektor R., war sich wohl nicht im klaren, wozu er benutzt wurde. Der Vorsitzende des bildungspolitischen Aussschusses, Professor Lohmar, brach jedenfalls die öffentliche Anhörung zum Thema Hochschulreform der Mediziner kurzerhand ab. Daß die medizinischen Staatsprüfungen voll verantwortlich von Studenten und Assistenten im Zuge der Drittelparität vorgenommen werden sollten, verstieß eindeutig gegen die gesetzlichen Regelungen und war damit gegenstandslos.

Auch die Institute und Kliniken sollten durch derartige drittelparitätisch besetzte Gremien geleitet werden, die u. a. für Einstellung und Entlassung von Assistenten und Dozenten verantwortlich zeichnen sollten. Haushaltskommissionen wurden nach dem gleichen Prinzip oder viertelparitätisch besetzt, wobei die Gruppe von nicht-wissenschaftlichen Mitarbeitern oft noch die vernünftigsten Urteile abgab. Nach diesen Verwaltungsprinzipien arbeiteten jahrelang Universitäten, z. B. die Freie Universität Berlin. Immerhin waren Umsätze von mehreren hundert Millionen DM zu verwalten. Von einigen Landesregierungen eingesetzte internationale Kommissionen unter Beteiligung von Australiern, Kanadiern, Schweden, Briten und Amerikanern standen derartigen Verhältnissen fassungslos gegenüber. Da der Status der Universitäten wie auch der Fakultäten der Bundesrepublik sehr unterschiedlich, teilweise chaotisch war, und da insbesondere keine verbindlichen Zusagen über die Finanzierung der „Reformen" zu erzielen waren, trat ich mit dem Vorstand des Medizinischen Fakultätentages von meinem Amt als gewählter Vorsitzender zurück. Vorher war die von einigen Fakultäten aufgeworfene Frage zu klären, ob die Mediziner im Verband der Universitäten verbleiben wollten oder aber eigene Hochschulen, die vor allem von den Verpflichtungen auf dem Gebiete der Krankenversorgung bestimmt wurde, gründen sollten. Nach langen Beratungen mit dem damaligen neuen Vorsitzenden der Rektorenkonferenz, Professor Ruegg, Frankfurt, entschied man sich zum Verbleib bei den Universitäten. Die Entscheidung war recht knapp, denn die Mediziner waren mit Recht verbittert, daß sie in den Leitungsgremien der Universität oft von anderen, besonders „reformbeflissenen" Fakultäten überstimmt wurden. Auch in Heidelberg stellten sich solche Fragen unter dem Rektorat Rendtorff. Die Neustrukturierung der Kliniken gipfelte hier in der Forderung nach der Einrichtung von Mini-Abteilungen, etwa 20 davon waren für die Medizinische Klinik Heidelberg vorgesehen, die jeweils ihre eigenen Leitungsgremien, und natürlich Privatstationen haben sollten. Die Universitätskliniken sollten, wie von der Bundesassistenten-Konferenz später durch Dr. W. Kahlke vor dem Deutschen Ärztetag gefordert wurde, aus der gesamten Facharzt-

Weiterbildung herausgenommen werden und lediglich Aufgaben in Lehre und Forschung wahrnehmen. Diese grotesken Forderungen wurden letztlich von den zuständigen Landes- und Bundesbehörden abgelehnt. Aber die Entscheidungsgremien der Universitäten waren, wie sich viele erinnern werden, unglaublichem Terror ausgesetzt. Die öffentlich tagenden Grundordnungsversammlungen der Baden-Württembergischen Universitäten sind ein unrühmliches Beispiel. Daß viele Hochschullehrer dies nicht mitmachten und unter Protest diese Gremien verließen, wobei neben den Medizinern vor allem die Naturwissenschaftler und die Juristen zu nennen sind, setzte letztendlich die notwendigen Zeichen zur Umkehr.

Internistenkongreß

Als Höhepunkt einer wissenschaftlichen Karriere darf die Präsidentschaft der Deutschen Gesellschaft für Innere Medizin auch heute noch angesehen werden. War es seit der Gründung dieser Gesellschaft im Jahr 1882 der Brauch, Ordinarien und Krankenhauschefs am Ende ihrer Karriere mit dem Vorsitz zu betrauen, so faßte der Vorstand 1969 unter der Leitung von D. Jahn, Nürnberg, früher Ordinarius in Prag, den Beschluß, es auch einmal mit einem Jüngeren zu versuchen. Wohl in Anbetracht meiner Erfahrungen in der Leitung großer Fortbildungskongresse und internationaler wissenschaftlicher Gesellschaften fiel die Wahl auf mich.

Da der Vorsitzende freie Hand in der Organisation und in der Auswahl der wissenschaftlichen Thematik hat, schlug ich dem Ausschuß der Gesellschaft eine Reihe von Änderungen vor, die seither, mit einer einzigen Ausnahme, bis heute beibehalten wurden.

Die Eröffnung des Kongresses fand bis dato immer am Montagmorgen statt. In Anbetracht zunehmender Verkehrsschwierigkeiten kam es nicht selten zu Verzögerungen, da Ehrengäste und offizielle Redner zu spät kamen. Das wissenschaftliche Programm geriet am ersten Kongreßtag in Schwierigkeiten. Ich eröffnete daher den Kongreß am Sonntagnachmittag durch eine Festsitzung mit einem eingeladenen Hauptreferenten, der die programmatischen Begrüßungsansprachen des Präsidenten ergänzen sollte. In Anbetracht der nun bereits mehrere Jahre andauernden Unruhen an den Universitäten, die auch in den Medizinbereich übergriffen, bat ich 1972 den Nobelpreisträger Sir Hans Krebs aus Oxford zu einem Vortrag über die wissenschaftliche Forschung in der heutigen Medizin. Dessen Ausführungen wurden deswegen so stark beachtet, weil er, 1938 zur Emigration gezwungen, den Ereignissen in der Bundesrepublik mit gebührender Distanz, aber auch mit der gebotenen Kritik gegenüberstand. In Anbetracht der auch heute noch gültigen Aussagen möchte ich diesen Vortrag aus dem Jahre 1972 im Wortlaut anführen:

Wissenschaftliche Forschung in der heutigen Medizin

von Nobelpreisträger Sir Hans Krebs

„Ich habe vor, allgemeine Fragen der Forschung zu erörtern, wie die Wahl relevanter Forschungsprobleme, die Organisation der Forschung, die Beziehungen zwischen Forschung und Unterricht – Fragen, die heute vielerorts zur Diskussion stehen, besonders aber in der Bundesrepublik. Wenn ich an die früheren Wiesbadener Kongresse zurückdenke – ich nahm 1928, 1930, 1932 und 1952 daran teil –, dann kommt es mir in der Tat erstaunlich vor, daß die aufgezählten Fragen heute so heftig debattiert werden. Früher – noch 1952 – stellten sich diese Fragen nicht, denn es war selbstverständlich (ganz besonders in Deutschland, in dem seit Generationen die Forschung einen hervorragenden Platz einnahm), daß Forschung in der klinischen Medizin prinzipiell immer relevant ist (wenn sie gut ist). Es war selbstverständlich, daß die Organisation in den Händen derjenigen lag, die durch ihre Leistungen bewiesen hatten, daß sie zur Erfüllung dieser Aufgabe fähig waren. Es war selbstverständlich, daß in der Medizin, die sich ständig weiterentwickelt (weshalb wir auch unser ganzes Leben lang nicht auslernen), die Forschung und der Unterricht eng verbunden sein müssen. Ein englischer Universitätslehrer sagte einmal in diesem Zusammenhang: „Wer von einem lernt, der selbst mit

Lernen beschäftigt ist, trinkt vom fließenden Bache. Wer von einem lernt, der all das, was er lehrt, schon gelernt hat, trinkt vom grünen Mantel eines stehenden Pfuhls."

Was hat sich nun im Laufe der letzten Jahre geändert, daß diese früheren Selbstverständlichkeiten nicht mehr gültig sind? Ich sagte schon, daß diese Änderung in der Einstellung in allen Ländern, wo eine freie Meinungsäußerung möglich ist, beobachtet wird, wenn auch in verschiedenem Ausmaß und mit unterschiedlicher Vehemenz. Da sich meine persönlichen Erfahrungen in erster Linie auf Großbritannien (und in zweiter Linie auf Nordamerika) erstrecken, werden Sie verstehen, wenn sich mein Bericht hauptsächlich auf Erfahrungen aus diesen Ländern stützt. In England hat die Debatte, wie auch wohl sonstwo, ihren Ursprung in zwei Quellen. Die eine Quelle ist die sog. radikale, d. h. politisch und nicht akademisch orientierte und motivierte Studentenschaft, die in England eine sehr kleine Minorität bildet und sich fast ausschließlich aus nichtnaturwissenschaftlichen Fächern rekrutiert. Diese Minorität wird von der großen Mehrheit der Studenten ignoriert. Sie hat daher bislang die naturwissenschaftlichen Fächer und die medizinischen Fakultäten nicht unmittelbar beeinflußt. Diese Bemerkungen beziehen sich, wie ich betonen muß, auf die politisch radikale Studentenschaft. Denn fruchtbare Diskussionen zwischen Lehrern und Studenten haben in England schon immer stattgefunden.

Die zweite und viel wichtigere Quelle für die Debatte in England stellen diejenigen Instanzen dar, die für die Entwicklung der Forschung und des Unterrichts in der Medizin direkt verantwortlich sind. Dazu gehören erstens die Regierungsstellen, die Forschung, Krankenpflege und Gesundheitspolitik finanzieren, und zweitens die Universitäten und Forschungsinstitute, die über die beste Verwertung der zur Verfügung gestellten Mittel zu entscheiden haben.

Warum Neuorientierung

Die Hauptgründe, warum in der Forschung eine Neuorientierung angestrebt wird, liegen einerseits in finanziellen Erwägungen und andererseits in der Überlegung, ob die großen praktischen Probleme der modernen Gesellschaft hinreichend berücksichtigt werden, wenn die Mehrzahl der Wissenschaftler in der Wahl ihrer Forschungsthemen vollkommen frei ist. Was die finanzielle Seite angeht, so ist wohl wegen der schnell ansteigenden Kosten in der Forschung überall die Frage akut geworden, wieviel vom Bruttosozialprodukt für Forschung und Entwicklung zur Verfügung gestellt werden kann. Früher machte dies im Gesamtetat des Staates einen sehr kleinen Bruchteil aus; heute handelt es sich um einen beachtlichen Prozentsatz.

Die Kunst der Problemwahl

In der Diskussion über die Finanzierung der Forschung taucht natürlich oft die Frage nach der Relevanz auf. Welche Probleme sind vom wirtschaftlichen sozialen und gesundheitlichen Gesichtspunkt aus relevant? Die Antwort auf diese Frage ist schwierig (was oft unterschätzt wird), und zwar aus folgenden Gründen:

1. *Forschungsprobleme lassen sich auf allen Gebieten leicht formulieren, denn sie sind zahllos, weil wir noch viel zu wenig wissen – besonders im Bereich der Biologie und Medizin.*
2. *Andererseits ist in jedem Forschungsgebiet die Frage, welche Probleme mit den verfügbaren Methoden erfolgreich angegangen werden können, außerordentlich schwierig zu beantworten.*

Bei der Formulierung des Problems kommt es darauf an, die Methodik und insbesondere die Möglichkeiten, neue Methoden zu entwickeln und Schwierigkeiten zu überwinden, richtig einzuschätzen. Dazu gehört eine ausgiebige Kenntnis und Erfahrung. Das gilt vor allem für die Medizin, wo die Grundlagen, von der die Forschung ausgehen muß, ungewöhnlich breit und vielschichtig sind. Daher benötigt der Anfänger in der Forschung eine ausgedehnte Anleitung, eine „Lehrlingszeit". In meiner eigenen Laufbahn dauerte die „Lehrlingszeit", die ich hauptsächlich im Laboratorium von Otto Warburg verbrachte, bis zu meinem 28. oder 29. Lebensjahr, d. h. 10 Jahre von Beginn des Medizinstudiums an gerechnet. Ich glaube, daß in der Medizin – in der Mathematik und Physik und wohl auch in der Chemie ist es anders – diese „Lehrlingszeit" selten kürzer als 10 Jahre für diejenigen ist, die in der Forschung der klinischen Medizin tätig sein wollen. Natürlich gibt es überall die vereinzelte Ausnahme des Genies.

Dies sind einige der Gründe, warum die Beurteilung der Relevanz der Forschung eine sehr, sehr schwierige Angelegenheit ist.

Voraussage der Relevanz

Was ich bisher über Relevanz gesagt habe, schneidet nur eine Seite des Problems an; eine andere und die allerschwierigste ist die Voraussage der Relevanz. Wirkliche Forschung ist eine Fahrt ins Unbekannte. Ob das, was dabei zu Tage kommt, relevant ist, ist nie gewiß. Man macht häufig die Erfahrung, daß Ergebnisse, die zunächst rein theoretisch und praktisch irrelevant erscheinen, später große praktische Bedeutung gewinnen, vorausgesetzt natürlich, daß es sich um zuverlässige Ergebnisse und wesentliche neue Kenntnisse handelt – „wesentlich" vom Standpunkt der Grundlagenforschung aus.

Grundlagenforschung oder praktische Forschung – eine falsch gestellte Frage

Damit komme ich zu einem anderen wichtigen Punkt: dem Unterschied zwischen der Grundlagenforschung, die nach Aufdeckung neuer Tatsachen, nach neuer Naturerkenntnis strebt, und der angewandten For-

schung, die die Lösung praktischer Fragen zum Ziele hat. Diese Trennung zwischen reiner und angewandter Forschung ist keine natürliche Trennung, denn die reine Forschung von heute ist die Grundlage für die Lösung praktischer Fragen von morgen. Ich möchte dies an Hand von drei Beispielen illustrieren.

Das erste Beispiel liefert die Geschichte der Antibiotikatherapie. Ernst Chain, dem die praktische Anwendung des Penicillins in erster Linie zu verdanken ist, hat kürzlich darüber folgendes gesagt: „Der einzige Grund, der mich veranlaßte, mich mit Penicillin zu beschäftigen, war rein wissenschaftliches Interesse. Ich bezweifle sehr, ob man es mir in einem praktisch orientierten Industrielaboratorium erlaubt hätte, die Penicillinwirkung zu untersuchen." Er erklärte ferner, daß er und Florey bei dem Entschluß, die Penicillinwirkung zu analysieren, überhaupt nicht daran gedacht hatten, daß diese Arbeit für die praktische Medizin von Bedeutung sein könnte. Sie gingen nämlich von der Arbeitshypothese aus, daß die lytische Wirkung des Penicillins einem – vielleicht lysozymähnlichen – Enzym zuzuschreiben sei. Da Enzyme Eiweißkörper sind, versprachen sie sich von Penicillin keinen chemotherapeutischen Nutzen. Chain erklärte weiter, warum Fleming selbst die Frage der therapeutischen Anwendung des Penicillins nicht ernsthaft verfolgt hatte. Der Grund war sehr einfach. Fleming arbeitete in einem Milieu, wo man unter dem Einfluß von Almroth Wright nicht an die Chemotherapie der Infektionskrankheiten glaubte und sich von der Immuntherapie weit mehr versprach. Wie viele andere dachte er, die Chemotherapie sei für den Wirtsorganismus viel gefährlicher als für den Infektionserreger. Um 1930 herum – etwa 6 Jahre vor Einführung des Prontosil und der Sulfonamide – waren solche Ansichten weit verbreitet. Diese Geschichte illustriert, wie schwierig es ist, eine scharfe Linie zwischen reiner und angewandter Forschung zu ziehen. Nebenbei bemerkt zeigt sie auch, wie gefährlich falsche Hypothesen für den Fortschritt sein können.

Das zweite Beispiel ist die Geschichte des Augenspiegels. Als man Helmholtz anläßlich seines 70. Geburtstages wegen der Erfindung des

Augenspiegels als Wohltäter der Menschheit feierte, erwiderte er: „Was schließlich den Dank betrifft, den Sie mir zu schulden behaupten, so würde ich unaufrichtig sein, wenn ich sagen wollte, das Wohl der Menschheit habe mir von Anfang an als bewußter Zweck meiner Arbeit vor Augen gestanden. Es war in Wahrheit die besondere Form meines Wissensdranges, die mich vorwärts trieb und mich bestimmte, alle brauchbare Zeit, die mir meine amtlichen Geschäfte und die Sorge für meine Familie übrigließen, für wissenschaftliche Arbeit zu verwenden."

Er führte weiter aus, daß die Entdeckung des Augenspiegels seinem Interesse für die Theorie des Augenleuchtens entsprang. Er wollte wissen, warum die Pupille bei starker Beleuchtung rötlich erscheint, d. h. warum das Licht, das aus dem Augapfel herauskommt, rot ist. Wegen dieser Frage konstruierte er ein Instrument, mit dessen Hilfe man in das Auge des lebenden Menschen hineinsehen konnte.

Er wußte natürlich, daß solch ein Instrument für den Ophthalmologen nützlich wäre, aber das Interesse der Ophthalmologen stand nicht Pate bei der Konstruktion des Augenspiegels.

Das dritte Beispiel stammt aus der Transistorentechnologie, die für viele Gebiete der Medizin, z. B. Schrittmacher und Hörgeräte, entscheidende Fortschritte brachte. William Shockley, der Physiker, dem wir in erster Linie die Transistoren verdanken und der dafür den Nobelpreis erhielt, sagte in seinem Nobel-Vortrag, daß man ihn oft gefragt hätte, ob seine geplanten Versuche zum Gebiet der reinen oder angewandten Physik gehörten. Ihm erschien das eine ganz unwichtige Frage. Wichtiger war ihm – dem Physiker, der sein ganzes Berufsleben in der Industrie (Bell Telephone Company und Beckman Instruments) verbracht hatte – ob die Versuche neue Kenntnisse über die Natur bringen würden. Wenn Forschungsergebnisse einen guten Beitrag zur Grundlagenforschung bedeuten, sagte er, so ist das letzten Endes viel wichtiger als die Bemühungen mit der rein „ästhetischen" Befriedigung des Experimentators oder mit der Suche nach einer verbesserten Stabilität von Transistoren zu begründen.

Die Entwicklung der Transistoren illustriert auch die Bedeutung der Industrieforschung für die Medizin. In diesem Zusammenhang sei betont, daß unter den wirklich wirksamen Pharmaka, die in den letzten 40 Jahren herausgekommen sind, die große Mehrzahl – etwa 90 % – in der Industrie und nicht in Hochschulen und freien Forschungsinstituten entdeckt – entdeckt und nicht nur entwickelt – worden ist. Unter den Ausnahmen befinden sich die Antibiotica. Da die Industrieforschung oft kritisiert wird, möchte ich die Wichtigkeit ihrer Beiträge zur Therapie hervorheben. Merkwürdigerweise gilt diese Feststellung fast nur für die Industrie des Westens. Man wüßte gerne, warum die Industrie des Ostens sehr, sehr wenig zum Schatze der modernen Therapeutika beigetragen hat. Eine vorurteilsfreie Analyse der Gründe für diese Unterschiede wäre von größtem Interesse.

Gute und schlechte Forschung

Wie gesagt, ist der Unterschied zwischen irrelevanter Grundlagenforschung und relevanter praktischer Forschung oberflächlich und falsch. Entscheidend ist der Unterschied zwischen guter und schlechter Forschung. Gute Forschung, die neue Kenntnisse zutage bringt, selbst wenn sie unmittelbar keine praktischen Konsequenzen hat, wird früher oder später (gewöhnlich früher als erwartet) praktisch bedeutsam. Schlechte Forschung, die von unnützen Fragestellungen und unzureichender Methodik ausgeht, ist wertlos, selbst wenn sie auf praktische Probleme zielt.

Wertlose Forschung gibt es in der ganzen Welt, wenigstens wenn man als Kriterium die Annahme oder Ablehnung einer Veröffentlichung in einer angesehenen Zeitschrift nimmt. Auf dem Gebiet der Biochemie werden in England, den Vereinigten Staaten und in den europäischen internationalen Zeitschriften 30 bis 40 % der unterbreiteten Arbeiten als ungenügend abgelehnt. Diese Zahl demonstriert den Umfang unzulänglicher Forschungsbemühungen, obzwar manche der abgelehnten Arbeiten doch noch irgendwo veröffentlicht werden. Man muß ferner bedenken, daß gar nicht so selten die Forschungsbemühungen überhaupt nicht die Stufe einer geschriebenen Arbeit erreichen.

Organisation der Forschung

Was die Organisation der Forschung betrifft, so kann man vielleicht zwei Stufen unterscheiden: Einerseits die großen Richtlinien, andererseits die Leitung im einzelnen. Die großen Richtlinien in der Organisation der Forschung, d. h. wieviel Geld für die verschiedenen Forschungsrichtungen, z. B. Atomforschung, Krebsforschung, zur Verfügung gestellt, werden soll, sind letzten Endes abhängig von der allgemeinen Wissenschaftspolitik und eine Frage der Strategie. Wenn Präsident Nixon kürzlich riesige Summen – über eine Milliarde Dollar – für die Krebsforschung bereitgestellt hat, so ist das eine politische Entscheidung. Wahrscheinlich geschah das in der Hoffnung, daß diese Plage der Menschheit durch großzügige Forschung schnell gelindert werden könnte. Nixon hat keine entsprechenden Mittel der Soziologie zur Verfügung gestellt trotz der zahlreichen und wichtigen Gesellschaftsprobleme, wohl weil viele führende Fachleute in den Vereinigten Staaten und anderswo der Ansicht sind, daß die heutige Soziologie noch nicht in der Lage ist, durch Forschung in großem Maßstab zur Lösung der drängenden sozialen Fragen beizutragen. Die Soziologie besitzt nicht die erforderlichen Methoden, denn sie befindet sich noch in einem sehr frühen Entwicklungsstadium, kaum der Medizin des 18. Jahrhunderts vergleichbar.

Die großen Richtlinien festzulegen und das heißt, die Möglichkeiten der Forschung vorauszusagen, ist eine schwierige Sache. Nur Gremien von sehr erfahrenen Forschern können es wagen, solide Voraussagen über die Möglichkeiten zu machen.

Soviel über die Organisation der Richtlinien; nun zur Frage der Durchführung der Richtlinien.

Es kommt, wie schon gesagt, vor allem auf die richtige, d. h. relevante

Fragestellung und die richtige Einschätzung der verfügbaren Methoden an. Wenn man als Referent Forschungsprogramme zu beurteilen hat, dann sieht man, daß viel mehr sich berufen fühlen, als ausgewählt zu werden verdienen. Erfolg in wissenschaftlichen Arbeiten hängt von einer ganz besonderen Konstellation von intellektuellen und charakterlichen Eigenschaften ab. Gute Absichten und Intelligenz sind nicht genug. Zur erfolgreichen Forschung gehört eine Mischung von schöpferischer Phantasie und Selbstkritik, von Selbstvertrauen und Bescheidenheit, von sehr viel Fleiß, Geduld, Ausdauer und Disziplin. Ob diese Konstellation von Eigenschaften vorhanden ist, kann am Anfang einer Forschertätigkeit niemand vorhersagen; nur die Leistung kann dies entscheiden. Dieses Prinzip ist in England und Nordamerika eine der wichtigsten Grundlagen der Forschungsorganisation. Selbst die radikalen Studenten maßen sich dort nicht an, eine Forschung leiten zu können, bevor sie etwas gelernt haben.

Wie findet man die zukünftigen Leiter der Forschung? Sie entwickeln sich während ihrer „Lehrlingszeit" als Doktoranden und Assistenten. In England und Nordamerika und wohl auch in Deutschland haben viele die Möglichkeit, ihre Talente zu entwickeln, aber nicht alle können erwarten, daß sie selbständige Forschungsleiter werden.

Exzessive Kritik und ihre Ursachen

Ich betonte anfangs, daß sich im Laufe der letzten Zeit Umstände entwickelten, die eine fortlaufende Analyse und Kritik der Forschung vom Standpunkt der Relevanz und Finanz erfordern. Zu den beiden Gesichtspunkten der Finanz und Relevanz kommt noch ein dritter hinzu, der Anlaß zu einer Neuorientierung gibt. Ich denke an das jetzt veraltete System der Pyramidenstruktur an den Universitäts-Instituten und Kliniken, die dem Mann an der Spitze viel unabhängige Macht verleiht. Es ist sicherlich nicht selten vorgekommen, daß die Ausübung dieser Macht Grund zu berechtigtem Unwillen gegeben hat, Unwillen aus dem Gefühl von Ungerechtigkeiten und selbstsüchtiger Ausbeutung seitens der Personen in Machtstellungen. Es ist nicht nötig, daß ich auf diese wohl bekannten Dinge weiter eingehe. Ich möchte lediglich betonen, daß eine Kritik dieser Umstände berechtigt ist – oder berechtigt war, denn in den letzten Jahren hat sich ja viel geändert. Nicht berechtigt und für den Zuschauer schwer verständlich sind jedoch die groben Übertreibungen und Auswüchse, die die Kritik des traditionellen und in vieler Weise erprobten Systems mit sich brachte, und zwar besonders an deutschen Universitäten.- Diese Auswüchse stellen für die gesunde Zukunft der deutschen Universitäten und damit der praktischen Medizin (deren Wurzeln in den Universitäten liegen) eine große Bedrohung dar. Ich habe mit Bestürzung Berichte gelesen, warum Universitätslehrer von hohem Rang es kürzlich ablehnen mußten, Stellungen an deutschen Universitäten, die einst begehrenswert und ehrenvoll waren, anzunehmen. Einige Auswüchse, wenn auch in sehr gemäßigter Form, gab es auch in Amerika und in England, aber sie haben das Universitätsleben nicht ernsthaft bedroht.

Wir müssen uns fragen, warum es zu solchen Auswüchsen im Laufe des letzten Jahrzehnts in den demokratischen Ländern kam. Wenn derartiges auch etwa Neues im 20. Jahrhundert ist, so lehrt doch die Geschichte, daß homo sapiens in früheren Epochen unter vergleichbaren sozialen Umständen ähnlich reagiert hat.

Lassen Sie mich Platon aus dem achten Buch seines „Staates", Kapitel 562 und 563 zitieren:

„Aus der Demokratie entwickelt sich Tyrannei, wenn Freiheit im Übermaß bewilligt wird. Der Demokrat denkt „Freiheit ist alles". Gleichheit ist die Parole. Anarchie wird Gesetz, und zwar nicht nur im Staat, sondern auch im Privathaus. Eltern und Kinder, Lehrer und Schüler, Alt und Jung, alle sind gleich. Der Vater fürchtet den Sohn, und der Sohn hat keinen Respekt vor den Eltern. Der Lehrer fürchtet die Schüler und schmeichelt ihnen, und die Schüler verachten ihre Lehrer. Freiheit und Gleichheit wird sogar das Prinzip in den Beziehungen zwischen den Geschlechtern. Schließlich tolerieren die Bürger keine Art von Autorität

und Gesetz, geschrieben oder ungeschrieben. Sie tolerieren keinen Herrn über sich. Die Folge ist letzten Endes Tyrannei. Das Übermaß von Freiheit führt zum Übermaß von Sklaverei, und je größer die Freiheit, desto größer die Sklaverei.“

Soweit das Zitat. Zusammengefaßt sagt Sokrates durch Platons Feder: Ein unvernünftiges Maß von Freiheit ist gefährlich und führt letzten Endes zum Untergang der Freiheit und zur Tyrannei. Ist Übermaß von Freiheit nicht dasselbe wie die übertolerante Gesellschaft („Permissive Society“) von heute? Wenn Freiheit nur ein Deckwort für Egoismus wird und ohne Rücksicht auf die Freiheit anderer ausgeübt wird, dann führt sie zu Katastrophen. Wir müssen uns darüber klar werden, wo und wann Toleranz im Namen der demokratischen Freiheit aufhören muß. Offensichtlich kann die Gesellschaft nicht alles tolerieren, wenn sie sich nicht selbst zerstören will. Das Instrument, das die Gesellschaft benutzt, um die Freiheit zu beschützen und im Zaume zu halten, sind Gesetze und Gerichtshöfe. Gesetze sind zunächst nur ein Stück Papier. Es gehören Mut und Kraft und Weisheit dazu, den Geist der Gesetze in praktisches Handeln zu übersetzen. Ich habe keineswegs nur die Bundesrepublik im Sinn. In England und in den Vereinigten Staaten machen sich viele darüber Sorgen, daß aus sog. Humanitätsgründen die Gesetze großzügig – oder zu schwach – ausgelegt werden. Selbst wenn Übeltäter für schuldig befunden und verurteilt werden, wird die gesetzliche Strafe oft nicht ausgeführt, und die Gesellschaft bleibt den Übeltätern ausgesetzt. Ferner: Wenn es sich um Dinge handelt, die durch die gewissenhafte Durchführung der Gesetze kontrolliert werden könnten, dann fehlt es den Behörden oft an Mut, ihre gesetzmäßige Autorität auszuüben. Sie sind zu schwach, das Übermaß von Freiheit, und das heißt häufig die Tyrannei der unverantwortlichen und uniformierten Massen zu verhindern und die wahre Freiheit zu beschützen. Das ist dann keine Demokratie mehr, sondern „Mobokratie“, die Herrschaft des Mobs, des Pöbels.

Nach der Lektüre vieler diesbezüglichen Aufsätze, die in Deutschland erschienen sind, habe ich den Eindruck, daß die Diagnosen der gegen-

wärtigen Probleme und Schwächen der Forschung eindeutig und klar gestellt sind. Die Wege der Therapie sind wohl ebenfalls eindeutig und klar. Wie auch sonstwo, mag die Therapie Unannehmlichkeiten mit sich bringen – die Therapie durch Reformen. Die Durchführung solcher Reformen erfordert Männer oder Frauen, die alle zur verantwortlichen Leitung notwendigen Tugenden besitzen: Eingehende Kenntnisse der Umstände, Zivilcourage, Gradheit, Charakterstärke, Aufopferungsfähigkeit, die Bereitwilligkeit, ein Vorbild zu geben, und absolute Vertrauenswürdigeit. Deutsche Studenten haben mir kürzlich gesagt, daß es hier zu wenig solcher Persönlichkeiten gäbe. Ich kann das nicht glauben. Ich bin überzeugt, daß die gegenwärtigen Krisen überwunden werden.

Dies sind einige Gedanken – ungeschminkte Gedanken – die mir in den Sinn kamen, als ich mir die Probleme der Forschung (in der Medizin) von heute – besonders in der Bundesrepublik – durch den Kopf gehen ließ."

Soweit Hans Krebs.

Zweifellos verfehlten diese mahnenden und kritischen Worte nicht ihre Wirkung, zumal drei Bundesminister der betroffenen Ressorts, nämlich Frau Käthe Strobel (Gesundheitswesen), Alex Möller (Finanzen) Klaus von Dohnanyi (Bildung und Wissenschaft) und der Ministerpräsident von Rheinland-Pfalz Helmut Kohl zugegen waren.

Nach einer kritischen Ansprache des damaligen Präsidenten der Bundesärztekammer, Ernst Fromm, ging ich in meiner Eröffnungsansprache auf aktuelle Fragen der Wissenschaftspolitik, der Lehre und Forschung an den Universitäten und des Krankenhauswesens ein.

Es lag nahe, die von Hans Krebs aufgeworfenen Fragen näher zu behandeln und ihre Bedeutung für die damalige Situation an den Hochschulen zu kennzeichnen. Man muß sich darüber im klaren sein, daß sich die Situation in den späten 60er und den frühen 70er Jahren mit der heutigen Lage nicht vergleichen läßt. Die Unruhen an den deutschen Hochschulen machten auch vor der Medizin nicht Halt. Es bildeten sich Gruppen, nicht nur unter den Studenten, welche eine radikale Änderung des gesamten Medizinbetriebes in der Bundesrepublik zum Ziele hatten. Es schien mir daher wichtig, die Fragen zur Ausbildung zum Arzt, das Leistungsprinzip in dieser Ausbildung, die Weiterbildung zum Facharzt, die Weiter- und die Fortbildung zum Internisten noch einmal anzusprechen. Die Struktur der Inneren Abteilungen sowie die Krankenversorgung an den Universitätskliniken, wurden heftig diskutiert und kritisiert, wobei die sogenannte Bundesassistentenkonferenz sich zum Wortführer machte.

Wenn es gelungen ist, mit den damals so drängenden Problemen fertigzuwerden, so ist dies in erster Linie der Haltung der betroffenen Ärzte und Hochschullehrer selbst zu verdanken. Leider blieb die so dringend notwendige politische Unterstützung in diesen Zeiten oft aus, wofür die Freie Universität in Berlin ein markantes Beispiel war. Manche Probleme wurden erst durch ministerielle Erlasse aufgeworfen, und man ließ – wie der Verlauf der Grundordnungsversammlung in Heidelberg zeigte – dann die Betroffenen lange Zeit sich selbst überlassen.

Ich habe am Schluß meiner Ausführungen, die sich ja von jenen meiner Vorgänger und in vielen Bereichen auch meiner Nachfolger im Amt des Präsidenten der Deutschen Gesellschaft für Innere Medizin nicht unterschieden, noch einmal die Unversehrtheit der Heilkunde und der ärztlichen Tätigkeit klar formuliert.

Heute, etwa 20 Jahre nach diesem Vortrag, fällt die Bilanz an den Kliniken und an den Medizinischen Hochschulen durchaus positiv aus. Es haben sich andere, wichtige Probleme in den Vordergrund geschoben, die in erster Linie durch die Kostendeckung in unserem Gesundheitswesen verursacht wurden. Wir sind leider auch heute noch weit davon entfernt, diese Dinge im Griff zu haben und insbesondere gilt es, das Anspruchsdenken, das sich in unserer Gesellschaft so breit gemacht hat, auf ein vernünftiges Maß zurückzuschneiden. Dies ist in Anbetracht der heute drängenden großen politischen Aufgaben in unserem wiedervereinigten Vaterland und in Europa eine absolute Notwendigkeit.

Neuordnung des Internisten Kongresses

Nach zahlreichen Diskussionen mit Internisten aller Tätigkeitsbereiche unternahm ich nun den Versuch, den Kongreß thematisch neu zu ordnen. Ein vorwiegend wissenschaftlich ausgerichtetes Programm, das der Fortbildung zu dienen hatte, wurde von Referaten zur Grundlagenforschung abgetrennt. Unser Kongreß hatte von jeher die Aufgabe, dem praktisch tätigen Internisten neue Kenntnisse zu vermitteln, und er ist daher im eigentlichen Sinne ein Fortbildungskongreß auf hohem wissenschaftlichen Niveau. Die Entwicklung zahlreicher Forschungseinrichtungen und die von der Grundlagenforschung mitbestimmten Themen der klinischen Forschung brachten es mit sich, daß sich auch unter den Internisten kleine und sehr spezifische Arbeitsgruppen bildeten, die ihre eigene Sprache sprechen. So wurde in den letzten Jahren versucht, Arbeitskreise zusammenzufassen, die nach Art von Symposien getrennt tagten. Unter der Leitung sachverständiger Vorsitzender wurde wertvolle Arbeit geleistet. Es ließ sich aber nicht vermeiden, daß hier Ergebnisse vorgetragen wurden, welche auf den Tagungen der Fachgesellschaften behandelt oder in den Zeitschriften bereits veröffentlicht waren. Andererseits wurden manche wichtige Originalergebnisse Wiesbaden zugunsten spezieller Fachsymposien entzogen, auf denen auch die internationalen Spezialisten zugegen sind. Wir versuchten daraus Konsequenzen zu ziehen.

Den Hauptsaal hatten wir für Themen der Fortbildung vorbehalten, welche den Internisten aller Richtungen und darüber hinaus auch den Spezialisten anderer Fachgebiete einen Überblick des Wissensstandes geben sollten. Wir wollten mit diesem Programm auch den Arzt für Allgemeinmedizin ansprechen, dessen Arbeit ja in immer stärkerem Maße intern-medizinisch bestimmt wird. Trotz der angestrebten Praxisnähe blieb es nicht aus, daß früher manche Kollegen den Einführungsreferaten der Grundlagenforschung nicht folgen konnten. Es wurde daher angeregt, die Basisreferate auf wenige übergreifende Einführungsvorträge zu beschränken, welche Morphologie und Funktion behandelten. Wir haben dies berücksichtigt.

Um die Kommunikation mit ausländischen Wissenschaftlern zu verbessern, welche die deutsche Sprache nicht sprechen, hatten wir im Programm der wissenschaftlichen Grundlagenforschung auch englische Referate angeregt, die zwischen die deutschsprachigen Vorträge eingebaut wurden. Die Referenten kamen aus 17 Ländern (Belgien, Dänemark, Finnland, Frankreich, Großbritannien, Israel, Italien, Jugoslawien, Kanada den Niederlanden, Norwegen, Österreich, Schweden, der Schweiz, der UdSSR, Ungarn und den USA). Die Diskussion würde zwangsläufig in Englisch zu führen sein, und hier ergaben sich schwierige Aufgaben für die Moderatoren und Tagespräsidenten. Es war ein Anliegen, die ausländischen Gäste an die Ergebnisse der jüngeren Kollegen heranzuführen und umgekehrt diese direkteren Kontakte auch unseren Mitarbeitern zu vermitteln. Die internationale Wissenschaft bedient sich heute eben vorwiegend der englischen Sprache. Viele Spezialisten waren für unseren Kongreß nur durch eine solche Neuorganisation zu gewinnen. Wir waren uns der Risiken bewußt. Aus diesem Versuch würde man sicher Erfahrungen für die Zukunft sammeln können. Das galt auch für die sogenannte Stop-Press-Conference zur Mitteilung wichtiger neuester Forschungsergebnisse. Hierdurch sollten die langen Anmeldefristen wissenschaftlicher Vorträge überbrückt werden.

Die behandelten Themen haben seither immer wieder die wissenschaftliche Welt und speziell die ärztliche Fortbildung beschäftigt. Nach Häufigkeit und Bedeutung der in der Praxis behandelten Krankheiten wurden die Krebskrankheiten, die arteriellen Verschlüsse sowie die Probleme des plötzlichen Herztodes abgehandelt. Die bereits von Franz Grosse-Brockhoff eingeführten Rundtischgespräche wurden mit praxisnahen Themen erweitert und durch das gesellschaftlich wichtige Thema der Rauschmittelsucht aktualisiert. Das Leitthema der wissenschaftlichen Grundlagenforschung war die Molekularbiologie, für deren Abhandlung ich neben internationalen Forschern Mitglieder der Max-Planck-Institute gewinnen konnte. Für das Gebiet der Lipoproteinosen zeichneten Forscher des National Institute of Health in Bethesda sowie Mitglieder der Europäischen Atherosklerose-Gruppe verantwortlich. Mit dem Berufsverband der Internisten wurden schließlich Fragen der Früherkennung in ihrer Auswirkung auf Prävention und Rehabilitation innerer Krankheiten diskutiert.

Dieses Programm wurde im allgemeinen akzeptiert und vor allem von den niedergelassenen Ärzten, den Krankenhausärzten, aber auch von den Mitgliedern wissenschaftlicher Forschungsgruppen begrüßt.

Erwähnen möchte ich schließlich, daß auf dem Kongreß erstmals wieder Wissenschaftler aus Israel und aus der Sowjetunion referierten. Zu korrespondierenden Mitgliedern der Gesellschaft wurden ernannt : Richard J. Bing, Pasadena, Donald Fredrickson, Bethesda, N. Shvadsebaja, Moskau, Albert Lambling, Paris, sowie als Ehrenmitglieder die Herren Reinhard Aschenbrenner, Hans Erhard Bock und Sir Hans Krebs.

Ich bemühte mich ferner, dem gesellschaftlichen Beiprogramm, das im Laufe der Jahrzehnte gewisse Ermüdungserscheinungen erkennen ließ, neuen Schwung zu verleihen. So gelang es mir, das weltberühmte Stuttgarter Staatsopernballett mit einer Aufführung „Der Widerspenstigen Zähmung“ nach Wiesbaden zu holen. Darüber hinaus führte ich einen Rheingauer Gesellschaftsabend ein, welcher anstelle eines Festbanketts Jung und Alt zu fröhlichem Treiben vereinte. Bernhard Schlegel hatte die deutsche Weinkönigin eingeladen, die just am gleichen Tage wie ich Geburtstag hatte. Sie kredenzte mir zu mitternächtlicher Stunde einen anderthalb Liter fassenden Humpen Rheingauer Weines, den ich, wie weiland der Bürgermeister von Rothenburg, ohne abzusetzen zu leeren hatte. Es wurden Wetten abgeschlossen, ob dies ohne Folgen bliebe. Wenn ja, würde die Diagnose eines geübten Alkoholikers gestellt, wenn nein, fiel ich dem Bedauern eines über Gebühr gestreßten Kongreßpräsidenten anheim. Wie ich dem drohenden akuten Alkoholspiegel hinter der Bühne entgegensteuerte, ist eine andere Sache.

Mein Nachfolger im Amte des Präsidenten, Herbert Begemann aus München, konnte sich zu diesen organisatorischen Neuerungen nicht entschließen. Vermutlich war die Vorbereitungszeit zu kurz. Er versuchte, neue sozialpolitische Akzente zu setzen, was in der üblichen Vollversammlung am Mittwoch früh zu beträchtlichem Rumoren führte. Es konnte durch das umsichtige Eingreifen von Franz Grosse-Brockhoff in Grenzen gehalten werden. Immerhin ist festzustellen, daß die neuen Formen der Kongreßgestaltung bis heute Bestand haben.

Die Deutsche Gesellschaft für Innere Medizin hat heute andere Probleme, die nicht zuletzt mit der Zerlegung unseres Faches in viele Subspezialitäten zusammenhängen. Wie dem zu begegnen sei, das hat Kurt Kochsiek in seiner Präsidialrede 1991 dargelegt.

Zusammenfassend ist festzustellen, daß die von Sir Hans Krebs angesprochenen Probleme noch aktuell sind. Alle die von ihm gestellten Fragen müssen auch heute noch beantwortet werden. Sir Hans Krebs erkannte es durchaus an, daß auch unter den deutschen Studenten eine beträchtliche Unruhe aufkam. Diese galt natürlich auch dem eigenen Fortkommen. Dieses Anliegen wurde von den zuständigen Stellen erkannt. Neben den vielen ministeriellen Hilfen und Aktivitäten auf Bundes- und Länderebene, ganz besonders aber die groß angelegten Programme der Deutschen Forschungsgemeinschaft haben es vermocht, den Standard der Wissenschaft in unserem Lande beträchtlich zu verbessern. Insbesondere die Zusammenarbeit mit ausländischen Teams, die von uns über Jahre praktiziert wurde, führte zu ungewöhnlichen Erfolgen. Betrachtet man die ausländische Literatur, so findet man unter den Autoren sehr viele deutsche Stipendiaten und Assistenten. Viele dieser begabten und erfolgreichen Forscher sind leider nicht in die Bundesrepublik zurückgekehrt, weil sie keine entsprechende Position mehr fanden. Die Voraussetzung zur Gewährung von Ausbildungsstipendien, nämlich die Zusicherung eines Arbeitsplatzes, wurden überhaupt nicht oder in einer Weise eingehalten, daß sie den Kandidaten nicht angemessen waren. Es hatte keinen Sinn, daß man den von einem ausgezeichneten Forschungsteam zurückkehrenden jungen Wissenschaftler für ein oder zwei Jahre beschäftigte, um ihn dann entweder zu entlassen oder in der ausschließlichen Krankenbetreuung unterzubringen, die eine weitere effektvolle wissenschaftliche Tätigkeit nicht ermöglichte. So ist mancher der vielversprechenden „Heimkehrer" gescheitert. Beunruhigend ist heutzutage die Tatsache, daß erstklassige junge Forscher erst gar nicht versuchen, in die Bundesrepublik zurückzukommen, sondern permanente Positionen vor allem in den Vereinigten Staaten einnehmen. Hier sehe ich eine ungewöhnliche Gefahr, und es wird höchste Zeit, daß man gerade in der experimentellen, aber auch in der angewandten klinischen Forschung Arbeitsplätze schafft, welche eine zielstrebige Weiterverfolgung der Forschungen erlaubt. Diese Forderung wurde immer wieder erhoben, von dem Präsidenten der Rektorenkonferenz und der großen Forschungseinrichtungen wie Max-Planck-Gesellschaft, Fraunhofer-Gesellschaft, von der Deutschen Forschungsgemeinschaft und auch vom Wissenschaftsrat. Wolfgang Gerok als Internist und Harald zur Hausen als erfahrener Leiter von Großforschungseinrichtungen haben in letzter Zeit immer wieder auf das beträchtliche Defizit in der deutschen Forschungslandschaft hingewiesen. Für die Beurteilung von relevanter Forschung und für die notwendigen Handlungen können die Ausführungen von Sir Hans Krebs auch heute noch als richtungweisend akzeptiert werden.

Lehrbücher und Monographien

Die Taschenbücher der Inneren Medizin sind seit 1964 nunmehr in der 8. Auflage erschienen. Schon in meiner Assistententätigkeit in Marburg und später in Stuttgart und Berlin hatten Studenten den Wunsch geäußert, handliche Ausgaben eines Lehrbuches der Inneren Medizin zur Verfügung zu haben, die man z. B. auch in die Vorlesungen mitnehmen konnte. Es gibt zwar in der deutschen Fachliteratur eine Reihe hervorragender Lehrbücher der Inneren Medizin bis hin zu glänzend ausgestatteten Handbüchern, aber für den täglichen Gebrauch, sowohl im Unterricht als auch für die rasche Orientierung in Klinik und Praxis der Inneren Medizin, war ein solches Unternehmen durchaus aktuell. Es ist ein Vorteil der in rascher Folge erscheinenden Neuauflagen, daß die neuen Ergebnisse der Forschung und der klinischen Erfahrung eingearbeitet werden konnten. Durch ausgedehnte Befragung des Leserkreises konnten die Beiträge aktualisiert werden. Interessanterweise benutzen nicht nur die Medizinstudenten und Ärzte aller Fachrichtungen, sondern auch die Angehörigen der medizinischen Assistenzberufe, wie Krankenschwestern, Krankenpfleger, Medizinisch-technische Assistentinnen und Gehilfinnen, diese Taschenbücher, die unter den Bestsellern der medizinischen Fachliteratur eingereiht sind. Mit einer gewissen Genugtuung konnten wir das Erscheinen von Auflagen in chinesischer, japanischer und spanischer Sprache feststellen. Insbesondere in der Volksrepublik China stellte das von Angehörigen der Medizinischen Fakultät Wuhan überarbeitete und übersetzte Taschenbuch der Inneren Medizin ein Unikat dar, das auch zu erschwinglichen Preisen angeboten werden konnte. Die zweite chinesische Auflage 1991 wurde in Form und Inhalt wesentlich verbessert.

Die 8. Auflage des Taschenbuches besorgte ich zusammen mit Professor Heiner Greten. Es kam mir immer darauf an, das Wesentliche der einzelnen Kapitel herauszuarbeiten und aus der Masse der vorliegenden Daten und Ergebnisse das für die Praxis Wichtige darstellen zu lassen.

In meiner Stuttgarter Zeit nahm ich alsbald Verbindung mit Dr. Bruno Hauff und Dr. Günther Hauff vom Thieme Verlag in Stuttgart auf. Sie veranlaßten mich, das von J. Kottmaier gegründete Taschenbuch der Praktischen Medizin neu zu fassen. Es enthält Beiträge auf dem Gebiete der gesamten Medizin und erfreut sich großer Beliebtheit. Nach der 4. Auflage im Jahre 1957 übernahm ich die Neugestaltung dieses Taschenbuchs, das inzwischen nun die 11. Auflage erreicht hat. Nach meiner Emeritierung konnte ich Professor Klaus-Henning Usadel als Mitherausgeber gewinnen. Wir haben im Laufe der Jahre die Beiträge und die Gewinnung neuer Autoren auf den auf den aktuellen Stand gebracht.

Mit der Leiterin der Abteilung Klinische Pharmakologie, Frau Professor Ellen Weber, gab ich ein Lehrbuch der Therapie innerer Krankheiten (Internistische Therapie in Klinik und Praxis, 1985) heraus, das sich allerdings in Konkurrenz mit den bereits vorhandenen Standardwerken etwas schwer tat.

Mein engstes Forschungsgebiet, die Arteriosklerose und die degenerativen Herz- und Gefäßkrankheiten sowie die Lipidstoffwechselstörungen, habe ich wiederholt in Monographien und in Sammelbänden abgehandelt. Anlaß war hierbei zunächst die Aufforderung des Springer-Verlages und des verantwortlichen Redakteurs Professor Herbert Schwiegk, den Handbuchartikel zum Thema „Lipidstoffwechselstörungen (1955)“ neu zu fassen. Innerhalb weniger Wochen konnte ich in einem Forschungsurlaub dieses Kapitel fertigstellen, das dann auch den später erscheinenden Monographien auf dem Gebiete des Lipidstoffwechsels als Grundlage diente.

Das mit W. Kahlke herausgebrachte Buch Lipids and Lipidoses

(1967) beim Springer Verlag war lange Zeit das Standardwerk der Lipidstoffwechselstörungen. Ich hatte es als Fortsetzung der beiden Monographien von Siegfried Thannhauser geplant. Damit wurde die Tradition dieses großen richtungweisenden Stoffwechselforschers fortgesetzt. Die Arteriosklerose, die mich seit den Tagen im Pathologischen Institut unter Erich Letterer interessierte, wurde zwar in vielen Einzelarbeiten abgehandelt, aber es gab bisher keine zusammenfassende Darstellung seit dem letzten großen Standardwerk von Cowdry aus den dreißiger Jahren. Nach Absprache mit Dr. Günther Hauff vom Thieme Verlag zog ich mich für zwei Monate in das Gartenhaus eines Kollegen nach Hagnau am Bodensee zurück und schrieb dort den Großteil der Monographie über Arteriosklerose, die mehrfach wiederaufgelegt wurde. Das Buch wurde gut besprochen, so daß wir uns entschlossen, eine Version in englischer Sprache herauszubringen. Sie wurde dann wesentlich umfangreicher, da eine Reihe neuer Autoren gewonnen werden konnte (Atherosclerosis 1969). Die ursprünglich in deutscher Sprache verfassten Kapitel wurden von einer Verlagsdolmetscherin des Elsevier-Verlags übersetzt und dies erwies sich schlechthin als Katastrophe. Die Dame, eine gelernte Theologin, hatte von der medizinischen Fachsprache nicht die geringste Ahnung und meine wiederholten Interventionen blieben beim Verlag unbeachtet. In den Rezensionen wurden diese grotesken Dinge natürlich genüsslich ausgewertet. Dies tat mir insbesondere für meinen Coautor und Freund George Boyd sehr leid, der enorm viel Arbeit in diese englische Version investierte.

Besser erging es einer spanischen Ausgabe des Buches, die bei Salvat erschien und gut aufgenommen wurde (1975). Heute ist sie wohl nur als Nachweis für die ältere Literatur verwertbar, während die deutsche Version auch heute noch in vielen Grundzügen akzeptiert ist.

Pathogenese und Diagnostik von Lipidstoffwechselstörungen wurden wiederum bei Thieme in einem Taschenbuch der Lipidosen unter Mitarbeit meiner damaligen Schüler Günter Schlierf, Heiner Greten und Dietrich Seidel herausgebracht

In Anbetracht der immer umfangreicheren Materialien beschränkte ich mich dann darauf, Verhandlungsberichte wissenschaftlicher Sitzungen zum Thema Arteriosklerose zu erstellen, so bei Schattauer (1969) zu dem Thema Arteriosklerose und Herzinfarkt und im Deutschen Ärzteverlag mit einer Arteriosklerose-Serie, die 1985 publiziert wurde. Auch die Verhandlungsberichte der Heidelberger Akademie der Wissenschaften zum Thema „Arterielle Verschlußkrankheiten und Molekularbiologie der Arteriosklerose“ (1987) können als Standardwerke zum Thematik angesehen werden. Eine Anregung von Dr. Hauff folgend, verfaßte ich das in zwei Auflagen (1966, 1972) erschienene Paperbackbändchen über „Alterskrankheiten“ unter Mitwirkung von dänischen und holländischen Autoren. Es ist in zwei Auflagen auch in japanischer Sprache herausgebracht worden.

Das Handbuch der Lipidsenker (Handbook of Experimental Pharmacology, Volume 109, „Principles and Therapy of Lipoprotein Disorders“) ist 1993 bei Springer erschienen. Es ist ein internationales Review-Buch zur Pathogenese und Therapie der Lipidosen.

Die Neuordnung des Medizinstudiums mit der Einführung des Praktischen Jahres und des Arztes im Praktikum veranlaßte mich, mit Frau Professor Waltraud Kruse, der Lehrbeauftragten für Allgemeinmedizin an der Rheinisch-Westfälischen Hochschule – Medizinische Fakultät Aachen, ein Sammelwerk für diese Gruppe herauszugeben, welches vor allem die in der Praxis vorhandenen Fälle und Probleme darstellt.

Die vorliegende Autobiographie „Erlebtes und Erdachtes“ übergab ich der jungen Tochter renommierter internationaler Verlage, dem medizinischen Verlag Ullstein Mosby in Berlin. Er bemüht sich insbesondere um die Verbreitung der international anerkannten englischsprachigen Medizin-Literatur und zugleich um die Nutzung des fachpublizistischen Erbes aus der DDR. Sein Credo „We bring you the world of medicine“ entspricht auch meinen Intentionen. Die Heterogenität dieses Werkes verlangte sorgfältige Planung und Ausführung, so bin ich insbesondere Dr. med. Dolf Künzel für die aufgeschlossene Zusammenarbeit dankbar. Ich hoffe, daß trotz der persönlichen Betrachtungsweise ein informatives und dabei kritisches Werk entstand.

Die Lipidforschung als ein besonderes Anliegen

Welche Bedeutung deutsche Lipidforscher in der internationalen Wissenschaft frühzeitig erlangten, geht aus dem Artikel „Summing up" von Konrad Bloch aus dem Jahr 1987 hervor. Er schildert eingehend seine Kindheit in Neisse (Oberschlesien) mit dem historischen und landschaftlichen Hintergrund. Von seinen Schullehrern spricht er mit Lob und Anerkennung. Er begann an der Technischen Hochschule in München ein Mineralogiestudium, wechselte aber bald zur Chemie über. Das Kolleg von Hans Fischer über organische Chemie faszinierte ihn. Die Naturstoffchemie erlebte damals in Deutschland eine Blüte. Mit Richard Willstaetter, Heinrich Wieland, Adolf Windaus bildete Hans Fischer ein glänzendes Quartett, das dann auch mit Nobelpreisen ausgezeichnet wurde. Besonderes Lob zollte Konrad Bloch Heinrich Wieland, der sich offensichtlich auch politisch frühzeitig gegen die Nationalsozialisten wandte. 1934 konnte Bloch infolge der Rassengesetze nicht weiterstudieren. Er versuchte bei Adolf Butenandt in Danzig und F. Kögel in Utrecht unterzukommen, allerdings vergeblich. Fischer verhalf Bloch dann zu einer Position am Schweizerischen Höhenforschungsinstitut in Davos. Die Leitung hatte der Pathologe Frederic Roulet, Freund meines Lehrers Erich Letterer. Er weckte Konrad Blochs Interesse für die Lipide. Er hatte über den Cholesterin- und Phospholipidgehalt der Tuberkelbazillen zu arbeiten. Offensichtlich interessierten Roulet Fragen der Immunologie. Er stieß dann auf die Arbeiten von R. J. Anderson und Rudolf Schönheimer, welcher mehrere Jahre Chefchemiker am Pathologischen Institut in Freiburg war, bis er dann zur Emigration gezwungen wurde. Untersucht wurde die granulombildende Wirkung von Phosphatiden aus Tuberkelbazillen. Auf diesem Gebiet hatten die beiden Tübinger Chemiker Thierfelder und Ernst Klenk gearbeitet. Da die Aufenthaltserlaubnis in der Schweiz nicht verlängert wurde, wandte er sich an Anderson in Yale, der ihm eine unbezahlte Stelle am Biologisch-Chemischen Institut anbot. Vorher versuchte er mit Roulets Unterstützung an der Universität Basel zu promovieren. Trotz Fürsprache des Dekans Bernoulli scheiterte dieser Versuch im Jahr 1936. Ein Fakultätsmitglied hatte dagegen gestimmt, was damals für die Ablehnung genügte. Bei einem späteren Besuch in Basel fand man dann heraus, daß der Opponent in der Arbeit nicht genügend zitiert worden war. Bloch beklagte schon damals, daß der Habilitand an deutschen Universitäten keinerlei finanzielle Zuwendungen hatte und seine wissenschaftliche Karriere mit eigenen finanziellen Aufwendungen aufzubauen hatte. Die Rolle des Privatdozenten der damaligen Zeit führte deswegen oft sehr rasch zum Wechsel in die Industrie. In den USA halfen ihm die Empfehlungsschreiben von Richard Willstaetter und Hans Fischer entscheidend weiter, obwohl letzterer nur formuliert hatte, „Herr Bloch ist gut". Fischer empfahl ihn an Max Bergmann am Rockefeller Institut, einen anderen Emigranten, welcher ihn bekanntmachte mit Leo Wallerstein, der schon früh Deutschland verlassen hatte und der in der Brauindustrie arbeitete. Er gewährte eine ausreichende finanzielle Unterstützung, so daß Bloch weiterarbeiten konnte, u. a. beim Schüler von Adolph von Bayer, Hans Clarke. Dieser übernahm von Bayer dessen Gewohnheit, eine gelungene Analyse des Studenten oder Assistenten durch Liften seines Kalabresers den Erfolg anzuzeigen. Bloch arbeitete dann in Schönheimers Labor weiter, wo ja bekanntlich Bahnbrechendes auf dem Gebiete der Cholesterinsynthese erarbeitet wurde. In deren weiteren Aufklärung war dann Bloch schließlich so erfolgreich, daß er mit dem Nobelpreis ausgezeichnet wurde. Die Arbeit von Sonderhoff und Thomas aus Göttingen aus dem Jahre 1937 erwies sich offensichtlich als richtungweisend, die mit markierter Essigsäure aus Hefe gearbeitet hatten.

Zu den großen Lipidforschern deutscher Herkunft gehörte auch Fritz Lipmann, ein anderer Nobel-Laureat.

Ohne die bahnbrechenden Arbeiten dieser Wissenschaftler wären pathogenetische und schließlich auch therapeutische Ansätze bei Lipidstoffwechselstörungen und insbesondere bei den degenerativen Herz-Kreislauf- und Gefäßkrankheiten nicht möglich gewesen.

Es war der Kliniker Siegfried Thannhauser, welcher sich systematisch mit den Störungen des Lipidstoffwechsels befaßte. Im Mittelpunkt standen zunächst die sogenannten Speicherkrankheiten. Als Ordinarius in Heidelberg und Freiburg bereitete er eine Monographie über Fettstoffwechselstörungen vor, die dann später in Boston herauskam, nachdem Thannhauser aus Deutschland vertrieben war. Etwa zum gleichen Zeitraum beschrieben M. Bürger und O. Grütz eine schwere angeborene Fettstoffwechselstörung. Bürgers Interesse war damit geweckt, und er arbeitete ein Leben lang erfolgreich auf diesem Gebiete weiter. Er verstand es, zahlreiche Schüler mit der Materie zu befassen. Er stellte erstmals systematisch die Beziehungen zwischen Fettstoffwechselstörungen und Alterskrankheiten her. Seither gilt er als der Nestor der Geriatrie. Die Freiburger Schule entwickelte sich zu einem hervorragenden Zentrum der Lipidforschung. Auch Nikolai Anitschkow aus Petersburg arbeitete mit den Freiburgern intensiv zusammen. Dessen experimentelle Arbeiten über die Bedeutung des Cholesterins im Arterioskleroseprozeß sind heute noch richtungweisend und haben auch die Klinik beeinflußt. Ludwig Aschoff nahm in seiner Monographie über die Arteriosklerose darauf Bezug. Der aus Wien stammende David Adlersberg führte aufgrund von Fallstudien den Beweis, daß Patienten mit Koronarkrankheit erhöhte Cholesterinspiegel aufwiesen. Er fand mit seinem Kollegen E. P. Boas heraus, daß das gleichzeitige Vorkommen von Hypercholesterinaemie und Arteriosklerose nicht auf seltene Hautkrankheiten vom Typ der Xanthomatose beschränkt war, sondern daß eine massive familiäre Belastung mit Hypercholesterinaemien zu frühzeitigen und schweren Koronarsklerosen führte. Mit der Einführung der Isotopen in die Stoffwechselforschung wurde dann ein Durchbruch auch der klinischen Lipidchemie erzielt. Fedor Lynen und seine Schüler führten die große Tradition der deutschen Lipidforscher weiter. Seine Arbeiten zur Synthese und zum Abbau des Cholesterins und anderer Steroide wurden mit dem Nobelpreis ausgezeichnet. Auch die Klinik der Herz- und Gefäßkrankheiten und des Diabetes, bestimmter Formen der Fettsucht und degenerativer Veränderungen im Bereich der Leber wurde durch diese Arbeiten befruchtet. Merkwürdigerweise ist die Bedeutung des Lipidhaushaltes für das Gehirn bisher ungenügend abgeklärt worden. Die Molekularbiologie mit ihren modernen Methoden wird hier zweifellos weitere Erfolge erzielen.

Cholesterin als krankmachender Faktor

Heute ist es jedermann, insbesondere durch die Arbeit der publizisitischen Medien geläufig, daß die Arteriosklerose und der Herzinfarkt eng mit Störungen des Cholesterinhaushaltes verbunden sind. So ist die ursprüngliche sogenannte Lipidhypothese in der Entstehung der Arteriosklerose durch sichere Kenntnisse abgelöst worden. Ein wesentliches Merkmal des Herzinfarktes ist bekanntlich der Verschluss durch fetthaltige Vorwölbungen in den Arterien, der sogenannten Atherome, die zum großen Teil aus Cholesterin bestehen. Auf dem Boden dieser Atherome entstehen dann auch Blutpfröpfe, welche zum schlußendlichen Herztod infolge einer totalen Gefäßblockade führen. Bestimmte Konstellationen der Blutfette und der verschiedenen Unterarten begünstigen Frühentwicklung von arteriosklerotischen Herden und sind auch für den gelegentlich sehr stürmischen Verlauf verantwortlich. Ich habe seit 1947 auf diese Zusammenhänge hingewiesen. Es schien mir wichtig, die Ergebnisse der wissenschaftlichen Untersuchungen einem breiten Publikum verständlich zu machen, und ich habe es deshalb unternommen, zum Thema Arteriosklerose und Herzinfarkt mit meinen Mitarbeitern Hubert Mörl und Curt Diehm zwei Bände herauszubringen. In verständlicher Form wurden dabei die Prinzipien der Entstehung des Herzinfarktes, die Ursachen, das klinische Bild, die Komplikationen, vor allem aber die möglichen therapeutischen- und Vorsorgemaßnahmen besprochen. Nach den bisherigen Auflagezahlen, welche sich der halben Million nähern, werden derartige Darstellungen von Ärzten und der Bevölkerung durchaus akzeptiert.

Internationale Forschungsprojekte

Weltweit spielt die Arteriosklerose als Krankheits- und als Todesursache nach wie vor die größte Rolle. Dies gilt nicht allein für die Industrieländer, sondern auch die Entwicklungsländer werden in zunehmendem Maße in diese Epidemie einbezogen. Dies hängt in erster Linie mit dem Lebensstil zusammen. Wichtige Beispiele sind die ursprünglich zu den Entwicklungsländern zählenden Regionen Malaysia, Singapur, Korea und Indonesien. Hier ist es mit der Anhebung des Lebensstandards und der Annäherung des Lebensstils an westliche Gewohnheiten zu einem raschen Anstieg der arteriosklerosebedingten Krankheiten gekommen. Es ist daher nicht verwunderlich, daß die Arteriosklerose-Forschung nach wie vor im Mittelpunkt vieler wissenschaftlicher Unternehmungen steht. Trotz unbestreitbarer Erfolge durch Vorsorgemaßnahmen besteht in vielen Gebieten nach wie vor der Trend zur Zunahme der koronaren Herzkrankheiten. Dies trifft insbesondere für die Länder des früheren Ostblocks zu. In Polen, der Tschechoslowakei, Rumänien, Bulgarien, aber auch in der früheren DDR ist noch immer ein Anstieg der koronaren Krankheits- und Todesfälle zu beobachten. In der Bundesrepublik ist ein gewisser Stillstand erreicht, und bei den Menschen mittleren Lebensalters sind Erfolge – klinische und präventive – in der Krankheitsstatistik nachweisbar.

Vergleich: BRD und China

In einem großangelegten Untersuchungsprojekt haben wir die Todesursachen in der Bundesrepublik Deutschland mit jenen in der Volksrepublik China verglichen.

Man sieht daraus, daß die arteriosklerosebedingten Krankheiten und Todesfälle in China wesentlich seltener vorkommen als in der Bundesrepublik Deutschland. Zwar gelten diese Werte vorwiegend für ein Kollektiv von Industriearbeitern zwischen dem 40. und 65. Lebensjahr; aber neuere Untersuchungen haben gezeigt, daß sie repräsentativ für die Gesamtbevölkerung sind. Nachuntersuchungen des Kollektivs aus dem Jahre 1982, die nach fünf Jahren vorgenommen wurden, haben die Ergebnisse bestätigt. Nennenswerte Unterschiede der beiden chinesischen Kollektive wurden nicht gefunden. Die Untersuchungen in China ergeben nun insofern wichtige Hinweise auf die Pathogenese der Arteriosklerose, als krankmachende Faktoren wie Hypertonie und Zigarettenrauchen in China für die Entwicklung der koronaren Herzkrankheiten allein nicht durchschlagen. Zum Aufbau von Gefäßverschlüssen werden Blutfettstoffe und Gerinnungsfaktoren in ausreichendem Maße benötigt. Es wurde festgestellt, daß auch Gerinnungsstörungen, insbesondere auf dem Fibrinogen-Sektor, in der Pathogenese der Arteriosklerose eine wesentliche Rolle spielen. Bei extrem niedrigen Fibrinogen- und Lipidwerten im Plasma können sich keine Atherome entwikkeln, welche von sich aus einen Koronarverschluß herbeiführen können. Darüber hinaus gibt es verschließende Thromben bei solchen Konstellationen ungewöhnlich selten. Es ergeben sich also Wechselwirkungen zwischen den Plasmalipiden und den Gerinnungsfaktoren.

Nach weltweiten Untersuchungen besteht kein Zweifel daran, daß gewisse Risikokonstellationen den Arterioskleroseprozeß beeinflussen. Bekanntlich unterscheiden wir die Risikofaktoren erster Ordnung, wie arterielle Hypertonie, Dyslipoproteinämie, Zigarettenrauchen und Diabetes, von der zweiten Kategorie mit massivem Übergewicht, Bewegungsmangel, Hyperurikämie, Steigerung der Blutviskosität und den verschiedenen Arten von psychosozialem Streß. Auch für den Streß gilt die Tatsache, daß nur bei gleichzeitig bestehenden weiteren Risikofaktoren eine Gefährdung vorliegt. Die Palette dieser Risikofaktoren ist durchaus beeinflußbar, während auf der anderen Seite die nicht beeinflußbaren Risikofaktoren im Alter, in der Konstitution, im Geschlecht und in der familiären Belastung bestehen. Alle epidemiologischen Untersuchungen zur Pathogenese, aber auch zur Prävention und zur Therapie müssen von diesen Gegebenheiten ausgehen. Wenn man die globale Strategie praktiziert, welche in der Erfassung ganzer Bevölkerungen besteht, so sind in diesem Verfahren auch die Hochrisikoträger eingeschlossen. Bekanntlich gibt es ja angeborene Störungen auf dem Gebiete des Lipidstoffwechsels, der Hypertonie, des Diabetes, des massiven Übergewichts. Man muß diesen Dingen Rechnung tragen, wenn man die Erfolge speziell auf dem Gebiet der Prävention und der Therapie abwägen will.

Nach den Feststellungen einer Expertengruppe der Weltgesundheitsorganisation ist davon auszugehen, daß schwere Formen der Arteriosklerose mit ihren klinischen Spielarten bei niedrigen Plasmalipidwerten und insbesondere bei niedrigem Plasma-Cholesterin nicht vorkommen.

Diese Feststellung hat die Vorsorge und therapeutischen Maßnahmen der auch heute noch führenden Krankkeiten in Deutschland maßgeblich bestimmt. Im Gesamtkonzept der Gesundheitspolitik, wie sie auch die Bundesregierung betreibt, spielen diese Daten eine wesentliche Rolle. Die großen internationalen Vorsorgeprojekte beruhen auf diesen Feststellungen. Ich habe solche Risikobündel für die Entwicklung der Arteriosklerose als meinen wesentlichen Beitrag in der Krankheitserforschung immer wieder herausgestellt.

Schon in Marburg stellte ich eine Forschergruppe zur Erfassung von Lipidstoffwechselstörungen in der Klinik zusammen. Ursprünglich war ich vom Gedanken der Atherogenese durch Cholesterinstoffwechselstörungen nicht überzeugt. Ich sah die Wirkung des Cholesterins eher im Tierexperiment. Die überzeugenden Ergebnisse der Epidemiologie und der Klinik der Herzkreislauf-Krankheiten veranlaßten mich, mehr in diese interessante Materie einzudringen. Dies begann mit Doktorarbeiten in Tübingen und wurde in Marburg fortgesetzt. Wesentliche Ergebnisse auf dem Triglyzeridgebiet, einschließlich einer noch heute gültigen Methode zur Erfassung der Triglyzeride, wurden von Manfred Eggstein erbracht. Helmut Jobst konnte mit Untersuchungen im Dunkelfeld eine Klassifizierung der Chylomikronen vornehmen, die er auch chemisch-analytisch aufarbeitete. Diese Untersuchungen sind als Vorläufer der mit subtileren Methoden heute möglichen Trennung der Triglyzeride aufzufassen. Friedemann Dietrich kümmerte sich um die Auftrennung der Lipoproteine mittels der Elektrophorese im Stärkemedium. Die beträchtlichen methodischen Schwierigkeiten hat er systematisch überwunden, und es gelang eine Klassifizierung der Lipoproteinstoffwechselstörungen zu erreichen, die im Prinzip auch heute noch gültig ist. In Zusammenarbeit mit John W. Gofman in Berkely und unter Benützung moderner Verfahren der Kälte-Salz-Fällung waren wir in der Lage, bestimmte Spektren der Lipoidstoffwechselstörungen zu erarbeiten. Die Klassifizierung der Lipoproteine mittels Stärkeelektrophorese ist auch heute noch gültig. Da die Methoden allerdings sehr aufwendig sind, haben sie in der Praxis keinen Eingang gefunden. Erst mit der Vorbehandlung von Filterpapier mittels Humanalbumin gelang dann der Gruppe von Fredrickson in Bethesda eine zuverlässige Trennung der Lipoproteine. In Stuttgart arbeiteten wir auf dem Sektor der diätetischen Beeinflussung der Serumlipide weiter unter Mitwirkung von Heinrich Wagener und Bruno Frosch. Diese hatten sich der Analyse von Gallensäuren gewidmet und wurden für ihre Arbeiten u. a. mit dem Heinrich-Wieland-Preis ausgezeichnet. Heinrich Wagener arbeitete dann auf dem Gebiete der Phospholipide weiter und wurde durch Ernst Klenk und Willy Stoffel auf diesem Sektor wesentlich gefördert. Diese Arbeiten wurden dann in Berlin fortgesetzt, wo wir die Zusammenhänge zwischen Gerinnungsstörungen und Lipidstoffwechselstörungen zum Schwerpunkt machten. Unter der Leitung von Burkhard Kommerell wurden hier wichtige Ergebnisse erarbeitet. Blutgerinnungsstörungen sind ja auch heute noch ein Schlüsselprozess in der Atherogenese. In Heidelberg hatten wir dann Gelegenheit, unser Team wesentlich zu erweitern und neue Schwerpunkte zu setzen. Es hat sich damals schon bewährt, fähige Studenten und Doktoranden mit Ausbildungsstipendien in den wichtigen Zentren der USA unterzubringen. Hier sind Heiner Greten und Dietrich Seidel zu nennen. Nicht jeder der sorgfältig ausgebildeten Doktoranden setzte seine Laufbahn nach Rückkehr aus den USA fort, denn die Doppelbelastung durch Klinik und Laboratoriumsarbeit war nicht jedermanns Sache. So endete die Zusammenarbeit mit Wilfried Kahlke mit einer großen Enttäuschung, denn nach Erstellung einer interessanten Doktorarbeit über das Refsum-Syndrom am Physiologisch-Chemischen Institut in Köln unter Ernst Klenk erlosch die wissenschaftliche Arbeit nahezu völlig. Bei der Erstellung des Handbuchs „Lipids and Lipidoses“ hatte Kahlke ausgezeichnete Literaturübersichten zusammengestellt, um so enttäuschender war sein Versagen in der experimentellen und klinischen Lipidforschung, die schließlich seinen Wechsel in das Gebiet der Hochschuldidaktik bedingte. Bezeichnend war es, daß er seine Doktorarbeit sowohl für die Habilitationsschrift als auch für die Probevorlesung und für die Antrittsvorlesung benützte. Mit derartiger Schmalspurigkeit konnte er sich natürlich gegen das erfolgreiche Team der Lipidforscher an der Ludolf-Krehl-Klinik nicht behaupten.

Professor Dr. Heiner Greten gehört zu den erfolgreichsten Mitgliedern unseres Teams. Nach seiner Promotion unter Albert Fleckenstein in Freiburg und seinem Staatsexamen kam er als Medizinalassistent an die Medizinische Klinik Heidelberg. Aufgrund seines lebhaften wissenschaftlichen Interesses erhielt er ein Stipendium der Deutschen Forschungsgemeinschaft am Institut für Physiologische Chemie an der Universität Köln unter Willy Stoffel. Nach zweijähriger Ausbildung wechselte er an die National Institutes of Health in Bethesda, USA, wo er unter Donald S. Fredrickson in der molekularbiologischen Abteilung arbeitete, die sich vorwiegend mit Stoffwechselstörungen befaßte. Als Assistent und Oberarzt der Medizinischen Universitätsklinik in Heidelberg führte er Untersuchungen zum enzymatischen Abbau triglyzeridreicher Lipoproteine durch. Dies führte zur Isolation, Reindarstellung und Charakterisierung zweier wichtiger Fermente für den Abbau von Triglyzeriden und der wesentlichen Lipoproteinpartikel. Greten konnte mit seinen Mitarbeitern den Grundstein für seine späteren Arbeiten über den unterschiedlichen Stoffwechselweg von HDL, VLDL und LDL legen, die er in Hamburg als Ordinarius für Innere Medizin und Direktor der Medizinischen Kernklinik und Poliklinik fortsetzte.

Zur Lipoprotein-Arbeitsgruppe in Hamburg gehören Wilhelm Krone, Wolfgang Daerr, Eberhard Windler, Frank-Ulrich Beil und Gerald Klose.

Wilhelm Krone kam nach seiner Habilitation für das Fach Physiologische Chemie an der Universität Hamburg und nach weiterer zweijähriger Ausbildung in London unter J.Galton, M.Besser und J.Landon an die Heidelberger Klinik, wo er sich nach sechsjähriger klinischer Tätigkeit für das Fach Innere Medizin habilitierte. 1991 wurde er als Direktor der II. Medizinischen Klinik und Poliklinik auf den Lehrstuhl für Innere Medizin der Universität Köln berufen.

Wolfgang Daerr erhielt seine wissenschaftliche Grundausbildung ebenfalls am Kölner Physiologisch Chemischen Institut, wo er vier Jahre als wissenschaftlicher Angestellter arbeitete. Nach zweijährigem Aufenthalt am Baylor College of Medicine in Houston/Texas unter Professor A.M Gotto trat er 1979 in die Heidelberger Universitätsklinik ein. 1981 wechselte er mit Greten nach Hamburg. Er hat hervorragende Arbeit, insbesondere auf dem Gebiete der Phospholipide und der Lipidstoffwechselstörungen bei Nierenkrankheiten geleistet.

Eberhard Windler dissertierte als Stipendiat der Studienstiftung des Deutschen Volkes am Institut für Zellforschung des Deutschen Krebsforschungszentrums und erhielt dann ein Stipendium der DFG am Kardiovaskulären Untersuchungsinstitut der Universität Kalifornien, San Francisco unter R. J.Havel. Nach dreijähriger Tätigkeit setzte er seine Arbeiten in Heidelberg fort und war insbesondere mit der Regulation des intravaskulären Stoffwechsels verschiedener Lipoproteinklassen beschäftigt. Er hat sich an der Analyse bestimmter Apoproteine beteiligt, und er hat sich insbesondere dem Mechanismus der Aufnahme von triglyzeridhaltigen Verbindungen in die Leber gewidmet.

Frank-Ulrich Beil stieß als Stipendiat am Max-Planck-Institut für Medizinische Forschung unter Prof. Hasselbach nach zweijähriger Ausbildung am Veterans Administration Hospital, La Jolla, USA, unter W. Grundy 1979 zu unserer Arbeitsgruppe. Der Heidelberger Stamm hat dann zusammen mit der Privatdozentin Dr. Ulrike Beisiegel, die vom Utermannschen Institut nach Hamburg wechselte, einen Schwerpunkt für Stoffwechselforschung mit Bezug zur rezeptorvermittelten Aufnahme bestimmter Lipoproteinklassen aufgebaut. Diese Arbeitsgruppe ist mit ihren klinischen Schwerpunkten zweifellos das wichtigste universitäre Stoffwechselzentrum im deutschsprachigen Raum und verfügt über laufende Ausbildungs- und Weiterbildungsmöglichkeiten. Es spricht für die Qualität der wissenschaftlichen Arbeiten, daß der Chef Heiner Greten ebenso wie seine Mitarbeiter Windler und Daerr die höchste Auszeichnung der Deutschen Gesellschaft für Innere Medizin, den Theodor-Frerichs-Preis, erhielten.

Gerald Klose ist ein ausgewiesener klinischer Spezialist auf dem Gebiete der Stoffwechselstörungen in ihren Beziehungen zur Endokrinologie, zur Intensivmedizin und zu den Infektionskrankheiten. Er hat sich auf dem Gebiete der klinischen Gastroenterologie mit den Beziehungen von Stoffwechselstörungen und Krankheitsmanifestationen auf dem Verdauungssektor befaßt, z. B. bei Fettleber, Hepatitis, Leberzirrhose, beim Zustand nach Lebertransplantation und bei Pankreatitis. Dies befähigte ihn zur Mitarbeit in Fachkommissionen des Bundesgesundheitsamtes in Berlin und in der Arzneimittelkommission der Deutschen Ärzteschaft. Seit 1987 ist er Direktor der Medizinischen Klinik am Zentralkrankenhaus Links der Weser in Bremen.

Zu den profiliertesten Mitgliedern unserer Gruppe gehört Professor Dr. Dietrich Seidel, jetzt ordentlicher Professor für Klinische Chemie und Direktor des Klinischen Instituts für Klinische Chemie in München. Seidel promovierte am Institut für Strahlenbiologie und am Kernforschungszentrum in Karlsruhe, wo er unter Prof. A. Catsch arbeitete. Seine wissenschaftliche Ausbildung wurde durch den bedeutenden Physiologen Hans Hermann Weber am Max-Planck-Institut für Medizinische Forschung in Heidelberg begründet. Hier befaßte er sich mit Affinitätsstudien von Proteinen zu Nukleotiden und mit dem molekularen Feinbau von glatten Muskelfasern. Dies befähigte ihn zur Annahme eines Stipendiums am Oklahoma Medical Research Foundation, wo er unter der Leitung der renommierten Forscher Robert H. Furman und Petar Alaupovic an der physikochemischen und immunologischen Charakterisierung der menschlichen Plasmalipoproteine arbeitete. Es gelang ihm hier die Isolierung eines abnormen Plasmalipoproteins (LP-X), das große klinische Bedeutung erlangte. 1969 stieß er dann zu unserer Gruppe, der er bis 1976 angehörte.

Seidel und seine Mitarbeiter haben auf dem Gebiete der Analytik der Lipoprotein- und Apoproteinsysteme Wesentliches geleistet und haben dies für Untersuchungen zur Regulation des Fettstoffwechsels unter physiologischen und pathologischen Verhältnissen genutzt. Dies gilt insbesondere für die Identifizierung von Risikofaktoren der Atherosklerose. Ihm ist der Aufbau der ersten quantitativen Lipoproteinelektrophorese in Gelen zu verdanken, was für die weitere Quantifizierung der Lipoproteine enorm wichtig ist. Schwerpunkt seiner Forschungen war und ist die Erkennung von Stoffwechselstörungen bei Leber- und Nierenkrankheiten sowie bei Störungen des Hormonhaushaltes. Besondere Bedeutung kommt dem Lipoprotein-X für die Aufklärung schwerer Gelbsuchtsformen zu. Mit modernen Verfahren ist Seidel in der Lipoproteinrezeptorenforschung tätig, um die Austauschvorgänge zwischen Plasmamembranen und Plasmalipoproteinen weiter abzuklären. Zur Arbeitsgruppe Seidel gehören Prof. Heinrich Wieland, Leiter des Zentrallaboratoriums an der Universität Freiburg, Dr. Joachim Thiery, der sich um die Struktur von Lipoproteinen und den Einbau von Lipoproteinen im Gewebe bemüht, Prof. Autar Walli, der mit Untersuchungen zum Lipoproteinstoffwechsel bei Leberkrankheiten befaßt ist sowie Dr. Peter Cremer, der sich epidemiologischer Untersuchungen in der Göttinger GRIPS-Studie über Herzinfarktausbreitung in der BRD angenommen hat. Die Ergebnisse dieser Studie wurden weltweit beachtet und sind in Vergleichsprojekten internationaler Vorhaben eingebaut worden.

Nach seiner Berufung nach Göttingen und später nach München hat Dietrich Seidel eine höchst effektive Arbeitsgruppe aufgebaut, welche das sogenannte HELP-Verfahren zur Beseitigung schwerer Fettstoffwechselstörungen entwickelte. Hierbei handelt es sich um eine extrakorporale Plasmatherapie, bei welcher in schonender Weise die krankmachenden Partikel aus dem Blutserum entfernt werden, die bei Weiterbestehen innerhalb weniger Jahre zum Tode durch Infarkt führen. Derzeit läuft eine internationale Multizenterstudie über die Ergebnisse derartiger therapeutischer Ansätze.

Professor Dr. Günter Schlierf ist einer meiner ältesten Mitarbeiter. Ich „entdeckte" ihn 1961 im Rudolf-Sophien-Stift in Stuttgart und veranlaßte ihn, auf dem Gebiete der Ernährung wissenschaftlich zu arbeiten. Er begann seine Ausbildung am Ravenswood Hospital in Chicago und wechselte dann zu meinem Freund Larry Kinsell an das Institut für

Stoffwechselforschung in Oakland, Kalifornien über. Dort bekam er seine Grundausbildung in Ernährungslehre und Lipidstoffwechselforschung. 1965 baute er eine vielfrequentierte Lipidambulanz auf und richtete eine Stoffwechselstation am Klinischen Institut für Herzinfarktforschung ein. Diese hat Vorbildfunktion für die klinische Stoffwechselforschung in der Bundesrepublik erlangt und diente insbesondere der Durchführung von Pilotprojekten an Stoffwechselkranken. An der Aufklärung verschiedener vererbter Lipidstoffwechselstörungen hatte er in Zusammenarbeit mit den Arbeitsgruppen in Padua und Neapel wesentlichen Anteil. Das Hauptziel seiner wissenschaftlich klinischen Tätigkeit ist der Einfluß von modifizierten Ernährungsformen auf den Prozeß der Arteriosklerose und speziell der Koronarsklerose. Er hat sich unter Zuziehung spezieller kardiologischer Verfahren um die sicher nachweisbare Regression durch körperliche Tätigkeit und modifizierte Ernährung befaßt und bemerkenswerte Erfolge untersucht. Er widmete sich ferner dem Nahrungsbedarf des wachsenden und speziell aber auch des alternden Organismus und deckte eine Reihe von Defiziten, insbesondere in der Ernährung alter Menschen auf. Dies wurde in die Arbeit der Deutschen Gesellschaft für Ernährung eingebracht, der er 1986–1990 als Präsident vorstand. Zusammen mit Peter Oster amtet er als Chefarzt einer internistisch-geriatrischen Abteilung in Heidelberg. Eine epidemiologische Untersuchung, die er zusammen mit Lenore Arab durchführte, brachten ihm wichtige Erkenntnisse in der Vorsorge und Behandlung alter Menschen. Mit Hilfe des Landes Baden-Württemberg baute er eine Muster-Geriatrische-Einheit im Krankenhaus Bethanien in Heidelberg auf. Sie besteht aus einer Akut-Geriatrie-Tagesklinik und widmet sich der geriatrischen Rehabilitation-Kurzzeitpflege und dem geriatrischen Konsil für die Region und speziell der Universitätskliniken. Nach wie vor arbeitet Schlierf eng mit der Abteilung für Stoffwechselforschung und präventive Epidemiologie in Stanford unter Peter Wood zusammen. Als ich ihn um Überlassung von Daten aus seiner Laufbahn bat, erwähnte er eine Besonderheit meines Führungsstils, nämlich die sorgfältige Beobachtung der Nachwuchssituation. So bemühte ich mich, jedem Neugeborenen aus den Kreisen der Assistentenschaft ein Strampelhöschen zu überreichen. Einige der damals somit Begünstigten strampeln nun bereits auf dem Felde der Wissenschaft, haben sich habilitiert und sogar schon einige Positionen erreicht. Das ist also die F1/F2-Generation unserer Schule.

Unter den jüngeren Mitarbeitern des Teams zeichnete sich Professor Dr. Jan Augustin aus, der nach einer Ausbildung in Physiologie am Max-Planck-Institut für Medizinische Forschung in Heidelberg ein Ausbildungsstipendium der DFG erhielt, das ihn an die hochkarätige Abteilung für Stoffwechselerkrankungen im Department für Innere Medizin an der Universität von Kalifornien, an San Diego, unter Daniel Steinberg führte. Augustin befaßte sich nach Rückkehr aus Kalifornien mit dem intravasalen Katabolismus der Lipoproteine. Besonders stimuliert wurden diese Arbeiten durch die Lipidambulanz und die Stoffwechselstation des Herzinfarktinstitutes die auch die Zusammenarbeit mit klinischen Forschergruppen in Neapel, Padua und Mailand ermöglichte. Als Mitglied im „Sonderforschungsbereich 90-Kardiovaskuläres System" und des Schwerpunktprogrammes der DFG „Nahrungsbedingte Regulation des Kohlenhydrat- und Fettstoffwechsels" hat er ausgezeichnete Arbeiten erstellt. Ein bemerkenswerter Erfolg war die Klonierung der hepatischen Triglyzeridlipase. Die Deutsche Gesellschaft für Innere Medizin verlieh ihm für die Arbeiten auf diesem Sektor den Theodor-Frerichs-Preis. Die Untersuchungen zum „Metabolismus triglyzeridreicher Lipoproteine" wurden mit der Venia legendi und der Habilitation für Innere Medizin ausgezeichnet. Alle die erworbenen Kenntnisse, insbesondere die ausgedehnte klinische und experimentelle Arbeit, befähigten Jan Augustin zur selbständigen Arbeit als Leiter des Bereichs Medizin bei einem renommierten Pharmaunternehmen.

Professor Dr. Horst Kather trat nach zweijähriger Assistentenzeit am Max-Planck-Institut für Ernährungsphysiologie in Dortmund in unsere Klinik ein und hat sich speziell der Adipositasforschung angenommen. Seine Arbeiten über die Stoffwechselveränderungen im Fettgewebe sind international anerkannt, insbesondere was die hormonale

Regulation des Fettgewebsstoffwechsels angeht. Als Vorsitzender internationaler Gremien hat er eine Reihe von Fachsymposien erfolgreich abgewickelt.

Dr. Eberhard von Hodenberg kommt aus der Arbeitsgruppe von Jan Augustin, bei dem er über die quantitative isoelektrische Fokussierung und Apolipoproteine arbeitete und dabei die Zusammenarbeit mit der Gruppe von Gaetano Crepaldi (Padua) pflegte. Entscheidend war für ihn wohl die Zusammenarbeit mit Daniel Steinberg in La Jolla. Er befaßte sich dort mit der Mobilisierung von Triglyzeriden aus Schaumzellen und mit dem Abbau von LDL in der Arterienwand. Das Steinbergsche Konzept der modifizierten Lipoproteine für die Bildung von Schaumzellen wurde von ihm benutzt und in eigenen Arbeitsvorhaben ausgebaut. Nach Rückkehr aus Kalifornien übernahm von Hodenberg eigene Projekte zur Lipidaufnahme und Mobilisierung von Makrophagen in Zusammenarbeit mit Dr. Aviram, Haifa. Weiter besteht eine gute Zusammenarbeit mit den Dres. K. Howell und H. Bond vom Europäischen Molekularbiologischen Laboratorium in Heidelberg. Forschungsschwerpunkte sind Untersuchungen über die Bedeutung von Interaktionen glatter Muskelzellen und Makrophagen bei der Atherogenese. Auf ähnlichem Gebiet arbeitete Eberhard Wieland, der von Heidelberg aus zur Steinberg-Gruppe stieß, ehe er dann an das Zentrallaboratorium der Medizinischen Klinik der Universität Göttingen unter Dietrich Seidel überwechselte. Eberhard von Hodenberg ist als Oberarzt der Kardiologischen Klinik unter Wolfgang Kübler maßgeblich an der metabolischen Ausrichtung der Arbeitsgruppe beteiligt.

Privatdozent Dr. Hans Alois Dresel promovierte in den Hauptfächern Molekulare Biologie und Biochemie zum Dr. rer. nat. und nahm dann sein Studium der Medizin in Heidelberg auf. Er befaßt sich ebenfalls mit der Rezeptorforschung und der rezeptorunabhängigen Einschleusung von Cholesterin und Lipoproteinen in Zellen und Gefäßwänden. In Zusammenarbeit mit David Via hat er am Baylor College in Houston (Texas) ausgezeichnete Arbeiten auf diesem Gebiete erstellt. Auch er arbeitet intensiv mit der Arbeitsgruppe von Daniel Steinberg in

La Jolla zusammen. Gegenwärtig ist er Leiter der Abteilung für Arterioskleroseforschung bei Boehringer Mannheim und steht dort der Abteilung für Molekulare Pharmakologie vor. In Zusammenarbeit mit dem Deutschen Krebsforschungszentrum hat auch er Brücken zwischen der Arterioskleroseforschung und der Krebsforschung erkannt.

Dr. Karl Lackner hat sich als Mitarbeiter der molekularbiologischen Gruppe von Brian Brewer am Nationalen Gesundheitsinstitut in Bethesda, USA mit Fragen der Lipolyse beschäftigt und ging nach Erlangung des Facharztes für Kardiologie in Heidelberg an das Biochemische Institut Regensburg. Lackner befaßte sich ferner mit der Beziehung zwischen Lipidstoffwechsel und Krebsentstehung.

Professor Dr. Andreas Habenicht wechselte nach der Promotion über Quantifizierung von Plasmalipoproteinen an die University of Washington in Seattle über. Hier arbeitete er mit der internationalen Gruppe von Glomset, Bierman und Ross von 1977 bis 1980 zusammen. Er konzentrierte sich zunächst auf biologische Effekte des Wachstumsfaktors PDGF auf den Lipidstoffwechsel kultivierter glatter Muskelzellen. Er untersuchte ferner den Mechanismus der hämatopoetischen Zelldifferenzierung. In Zusammenarbeit mit dem Europäischen Molekularbiologischen Laboratorium in Heidelberg (Thomas Graf) und dem Karolinska-Institut in Stockholm (Bengt Samuelsson) widmete er sich der Synthese von Entzündungsmediatoren und verschiedener Onkogene. Er untersuchte ferner mit J. A. Glomset in Seattle die Rolle von Plasmalipoproteinen in der Synthese von Entzündungsmediatoren. Er konnte einen neuen Transport- und Stoffwechselweg der langkettigen Fettsäure Arachidonsäure identifizieren. Kürzlich entdeckte er den molekularen Mechanismus der LDL-Effekte auf den Arachidonsäurestoffwechsel. Auch Andreas Habenicht hat es verstanden, eine ausgezeichnete Gruppe junger Forscher aufzubauen, die in enger Zusammenarbeit mit Seattle, dem EMBL, dem Karolinska-Institut und dem Deutschen Krebsforschungszentrum international anerkannte Publikationen verfaßt hat. Zu ihr gehört auch Matthias Goerig, der in Erlangen eigene Projekte erarbeitet und einen guten Ruf erworben hat.

Zusammenarbeit mit japanischen Forschern

Japan nimmt unter den westlichen Industrieländern und den Ländern der sogenannten Dritten Welt eine Zwischenstellung ein. Mit der Annäherung der japanischen Ernährung an westliche Verhältnisse war ein deutlicher Anstieg der ernährungsbedingten Krankheiten und insbesondere der Arteriosklerose verbunden. Wir haben nun in Zusammenarbeit mit der Gruppe von Yuichiro Goto in Japan Vergleichsstudien über die Riskokonstellationen in der japanischen Bevölkerung angestellt. Die Ergebnisse wurden von Gert Stehle und der japanischen Expertengruppe erstellt.

Die Frage, ob erbliche Veranlagungen oder Veränderungen der Lebensweise für Entwicklung und Verlauf der Herz- und Gefäßkrankheiten wesentlich seien, wurde durch ein gemeinsames Projekt mit Professor Daniel Brunner, Tel Aviv, untersucht. Brunner hatte früher Familienuntersuchungen bei Kibbuzim durchgeführt und herausgefunden, daß zugewanderte Juden aus den Entwicklungsländern ein wesentlich niedrigeres Infarktrisiko aufwiesen als Ortsständige oder Einwanderer aus Industrieländern und aus dem Osten. Dies war verbunden mit bestimmten Konstellationen im Blutserum. Es wurde nun unternommen, die Anfang der 60er Jahre untersuchten Gruppen erneut zu überprüfen und dabei auch Kinder und Kindeskinder in die Untersuchungen einzubeziehen. Neben der Gefährdung durch Herz- und Gefäßkrankheiten wurden auch das Vorkommen und die Entwicklung von Krebskrankheiten untersucht. Diese Untersuchungen sind noch im Gange, doch es hat sich bereits jetzt herausgestellt, daß im Vergleich zur Bundesrepublik generell in Israel eine niedrigere Gefährdung besteht. Allerdings zeigen sich auch hier Änderungen im Risikoprofil, welche durch Umweltfaktoren bestimmt sind. Dies hat sich insbesondere an Einwanderern aus dem Jemen und aus Äthopien gezeigt. Die Untersuchungen sind im vollen Gange und werden gemeinsam mit dem Deutschen Krebsforschungszentrum unter der Leitung von Professor Wahrendorf durchgeführt. Die Göttinger und Heidelberger Infarktinzidenzstudien werden zum Vergleich herangezogen. Solche internationalen Projekte können dazu beitragen, die Gefährdung von Bevölkerungen oder auch von Gruppen frühzeitig zu erkennen und durch Vorsorgemaßnahmen herabzusetzen.

Internationale Aktivitäten

Präsident von drei internationalen kardiovaskulären Gesellschaften:
Europäische Arteriosklerose Gesellschaft (European Atherosclerosis Society, EAS)
Internationale Gesellschaft und Föderation für Kardiologie (International Society and Federation of Cardiology, ISFC)
Internationale Arteriosklerose Gesellschaft (International Atherosclerosis Society, IAS)

Europäische Arteriosklerose Gesellschaft

Auf Veranlassung von Dr. Jacques Cottet, Paris, wurde 1964 eine Gruppe von Wissenschaftlern eingeladen, um die internationale Zusammenarbeit auf dem Arteriosklerosegebiet zu koordinieren und zu verstärken. Aus Großbritannien kamen Allan Howard, Austin Gresham und George Boyd; aus Belgien Henry Vastesaeger; aus Italien Silvio Garattini.

Die Gruppe hatte es sich zur Aufgabe gemacht, Kolloquien und Symposien abzuhalten und den Austausch der Wissenschaftler in Europa, die auf diesem Sektor arbeiten, zu verstärken. Gemeinsame Projekte sollten angeregt, ihre Ergebnisse in den wissenschaftlichen Zeitschriften rasch publiziert werden. Akademische Austauschprogramme für junge

Studenten und Assistenten waren geplant. Außerdem sollte die Gesellschaft hilfreich bei der Gewinnung von finanziellen Zuwendungen durch Staat und Sponsoren wirken.

Das erste Meeting fand im September 1964 in Mailand statt. Ihm folgten dann weitere Symposien, im allgemeinen fanden jährlich zwei bis drei Treffen statt.

In der Zusammenarbeit machte sich besonders der Edinburgher Biochemiker George Boyd verdient, der die Programme für 40 Symposien mitgestaltete. Er verstarb allzufrüh im Jahre 1983. An der Europäischen Atherosklerose Gesellschaft (EAS) waren schließlich alle Länder Europas beteiligt, sogar jene des damaligen Ostblocks konnten – wenngleich unter erheblichen Schwierigkeiten – gewonnen werden. Hier spielten natürlich die finanziellen Beiträge eine besondere Rolle. Die Vollversammlung der EAS wählte mich im zweijährigen Turnus zum Präsidenten, bis ich schließlich nach elfjähriger Präsidentschaft mein Amt an Lars Carlson, (Stockholm) abgab. Er wurde nach drei Jahren von Jean-Louis Beaumont (Paris) abgelöst. Dann folgten Rodolfo Paoletti (Mailand) und Anders Olsson (Linköping). Der gegenwärtige Präsident ist Yechezkiel Stein (Jerusalem). Die Gastgeber für die inzwischen 58 Symposien wechselten von Fall zu Fall. Ich konnte mit meinen Heidelberger Mitarbeitern in der Bundesrepublik neun Symposien durchführen, wobei drei in München unter der Leitung von Nepomuk Zöllner besonders gelungen waren. Eine in Lindau tagende Bodensee-Konferenz vereinigte erstmals Wissenschaftler von Übersee mit unserer europäischen Gruppe. Inzwischen ist die Zusammenarbeit mit der American Heart Association und der American Atherosclerosis Society wesentlich verstärkt worden. Auch mit britischen und italienischen Atheroskleroseforschern haben wir eng zusammengearbeitet. Eine Reihe junger italienischer Wissenschaftler aus Mailand, Padua, Rom und besonders Neapel arbeiteten in unserem Herzinfarkt-Institut und erhielt eine Ausbildung in den grundlegenden Methoden der Lipidforschung. Diese Zusammenarbeit ist bis heute noch fruchtbar.

Die Internationale Gesellschaft und Föderation für Kardiologie (ISFC)

Die zweite Internationale Gesellschaft, in der ich lange Jahre in leitender Funktion mitarbeitete, ist die International Society and Federation of Cardiology, ISFC.

Als Dachorganisation der nationalen kardiologischen Gesellschaften wurde sie als internationale Vereinigung gegründet. Unter der Federführung von Franz ross, Heidelberg, wurde es erreicht, auch die entsprechende Laienorganisation mit den wissenschaftlichen Gremien zu vereinigen. Die International Society and Federation of Cardiology (ISFC) umfaßt alle nationalen Herz-Kreislauf-Gesellschaften einschließlich der Laienorganisationen. Sie haben weltweit die Aufgabe, sich der Krankheitsverhütung und der allgemeinen Verbesserung des Lebensstils anzunehmen. Grundlagenforschung und praktisch-klinische Projekte werden koordiniert und auf gemeinsamen Tagungen vorgetragen. Aus den Beiträgen der verschiedenen Länder wird das Budget der ISFC gespeist. Zu diesem Zwecke wurden folgende wissenschaftliche Councils eingerichtet:

- Arteriosclerosis
- Cardiac Metabolism
- Cardiomyopathies
- Clinical Cardiology
- Epidemiology and Prevention
- Hypertension
- Paediatric Cardiology
- Rehabilitation of Cardiac Patients
- Thrombosis and Haemostasis

In diesen Councils arbeiten zwischen 10 und 20 Experten verschiedener Länder zusammen. Die Councils werden von einem geheim zu wählenden Chairman des Scientific Board koordiniert. Seine Aufgabe ist es, mindestens einmal jährlich gemeinsame Sitzungen durchzuführen, neue Projekte zu entwerfen und begutachten zu lassen und darüber hinaus nationale und internationale Kongresse vorzubereiten. Alle drei Jahre findet ein internationaler Kongreß statt, für dessen Programm in erster Linie der Scientific Board verantwortlich ist. Er dient der Bilanzierung und der Programmierung aller Bereiche der Kardiologie, wobei auch die gemeindebezogene Kardiologie im Sinne der kommunalen Prävention behandelt wird. Als Vertreter der Europäischen Arteriosklerose Gruppe wurde ich in den Council für Arteriosclerosis gewählt und alsbald zu dessen Chairman bestellt. Im Jahre 1985 wurde ich dann zum Chairman des Scientific Board als Nachfolger von Jeremiah Stamler, dem engagierten Präventionsmediziner aus Chicago, bestellt, der auf dem Gebiete der Epidemiologie über Jahrzehnte führend war. Sein Vorgänger war der Pharmakologe Franz Gross, Heidelberg. Ihm verdankt die ISFC eine straffe organisatorische Ausrichtung, wobei ihm seine große Erfahrung als früherer wissenschaftlicher Direktor von Ciba-Geigy zugute kam. Franz Gross war eine der großen Persönlichkeiten der internationalen Hochdruckforschung. Sein früher Tod im 71. Lebensjahr hat eine große Lücke in der wissenschaftlichen Gemeinde hinterlassen.

Als Chairman des Scientific Board hatte ich die internationalen Kongresse in Moskau, Washington und Manila vorzubereiten. Darüber hinaus hat der Scientific Board auch bei der Gestaltung des erfolgreichen Düsseldorfer Kongresses der Europäischen Kardiologischen Gesellschaft mitgewirkt. Der Board widmete sich ferner der Ausarbeitung von Empfehlungen über die sekundäre Prävention kardiovaskulärer Erkrankungen. Auf einer Klausurtagung in Titisee wurden entsprechende weltweit publizierte Empfehlungen ausgearbeitet, die in enger Verbindung zu den Empfehlungen der Weltgesundheitsorganisation in Sachen der primären Prävention formuliert wurden. Ein weiteres Symposium fand in der Akademie der Wissenschaften in Heidelberg zum Thema „Wiedereröffnung verschlossener Koronargefäße“ statt. Diese für die tägliche Praxis wichtigen Erkenntnisse haben zur Standardisierung moderner Behandlungsverfahren beigetragen. Erwähnenswert sind ferner die 10-

Tages-Seminarien für Epidemiologie, die vom Council für Epidemiologie alljährlich durchgeführt werden und der Ausbildung von epidemiologischen Fachleuten weltweit dienen. Die ISFC ist somit eine wichtige Ergänzung der Weltgesundheitsorganisation, zumal nahezu alle Nationen vertreten sind.

Die Internationale Arteriosklerosegesellschaft (IAS)

Anlässlich des IV. Internationalen Symposiums über Arteriosklerose in Tokio 1976 wurde der Beschluß gefaßt, eine internationale Gesellschaft zu gründen, welche die regelmäßige Durchführung von Symposien, die Aufstellung und Koordinierung von deren Programmen, die Sicherung des Budgets und die Förderung insbesondere jüngerer Mitglieder zum Ziel hatte. Die Gesellschaft entwickelte sich im Laufe der Jahre unter dem Sekretariat von Professor Daria Haust, London/Ontario kräftig. Beim ersten Symposium in Athen hatte man ursprünglich 100 Teilnehmer, und inzwischen ist die Gesellschaft auf über 4 000 Mitglieder aus 20 Nationen angewachsen. An den Symposien nehmen in der Regel durchschnittlich mehr als 1 000 Wissenschaftler teil, wobei insbesondere von den von mir beim Kongreß in Berlin eingeführten Poster-Präsentationen reichlich Gebrauch gemacht wird. Die internationale Zusammenarbeit wird durch derartige Symposien außerordentlich gefördert. So wurden nicht selten gemeinsame Forschungsprogramme ausgearbeitet, und auch die Erstellung von Manuskripten und deren Publikation wird durch die Gesellschaft sehr gefördert. In zunehmendem Maße beteiligen sich junge Wissenschaftler an den Symposien. Nach den Treffen in Athen 1966 (Costas Miras); Chicago 1969 (Robert Wissler), Berlin 1973 (Gotthard Schettler), Tokyo 1976 (Yuichiro Goto), Houston/Texas 1979 (Tony Gotto), trafen wir uns 1982 erneut in Berlin.

Dieser Kongress war deswegen bemerkenswert, weil man sich über die politischen Schwierigkeiten in der geteilten Stadt hinwegsetzte. Es gelang in der Tat, zahlreiche Teilnehmer aus den Ostblockstaaten und speziell aus der UdSSR nach Berlin zu holen. Eröffnet wurde der Kongress mit einer bemerkenswerten, programmatischen Ansprache des damaligen Regierenden Bürgermeisters Dr. Richard von Weizsäcker über die internationale Zusammenarbeit der Wissenschaften. Es folgte 1985 ein beachtenswerter Kongress in Melbourne (Paul Nestel), und danach 1988 der VIII. großartige Kongress in Rom unter der Leitung von Gaetano Crepaldi. 1991 war der IX. Kongress für Jerusalem vorgesehen. Unter der umsichtigen Leitung von Yechezkiel Stein wurden großzügige Möglichkeiten für dieses Meeting geschaffen. Nach dem Ausbruch des Golfkrieges wurden diese Vorbereitungen unterbrochen, und es ergab sich die Notwendigkeit, den Kongress von Israel in die Vereinigen Staaten von Amerika zu transferieren. Er fand dann im Rosemont-Kongresszentrum in Chicago statt.

Die IAS wählte mich zu ihrem ersten Präsidenten, und ich habe dieses Amt mit viel Freude bis zum Jahre 1985 ausgeübt. Der gegenwärtige Präsident Dr. Antonio Gotto, Houston, bringt als erfahrener Chairman internationaler Körperschaften und langjähriger Präsident der American Heart Association alle Voraussetzungen mit, zusammen mit seinem Executive Committee, Dr. Daria Haust, Dr. Louis Smith sowie den Vizepräsidenten Dr. Gaetano Crepaldi, Dr. Yechezkiel Stein und Jean Davignon die Arbeit auch weiterhin erfolgreich zu gestalten. Im Board bin ich als Past-President vertreten. Gegenwärtig wird das X. Symposium für 1994 in Montreal vorbereitet. Als Präsident hatte ich die Ehre, die Eröffnungsreferate in Houston, Melbourne, Rom und zweimal in Berlin zu halten.

Für die jungen Forscher, selbstverständlich auch für die etablierten Wissenschaftler und Kliniker in Deutschland war die aktive Mitarbeit in diesem internationalen Gremium von besonderer Bedeutung, denn die jahrelange erzwungene Abstinenz von der wissenschaftlichen Forschung wurde damit endgültig überwunden. In Deutschland wurde eine ganze Reihe wichtiger wissenschaftlicher Symposien durchgeführt, so z. B. in Frankfurt, Hamburg, Köln, Marburg, München, Münster und Heidelberg. Die Heidelberger Akademie der Wissenschaften war wiederholt Gastgeber für solche Unternehmungen.

In Zusammenarbeit mit der internationalen pharmazeutischen Industrie wurden jeweils Fachausstellungen veranstaltet, welche den Kontakten der Wissenschaftler natürlich ebenfalls zugute kamen. Viele gemeinsame Projekte wurden auf diesen Meetings vorbereitet. So fügt sich die Arbeit der International Atherosclerosis Society in die weltweiten Aktivitäten der Internationalen Society and Federation of Cardiology und der European Atherosclerosis Society ein.

Die Zusammenführung der IAS mit der International Society and Federation of Cardiology (ISFC) war etwas problematisch, wurde aber schließlich erreicht. Bei erhaltener wissenschaftlicher Selbständigkeit haben sich die drei Organisationen IAS, ISFC und EAS zu gemeinsamen Aktionen, insbesondere auf dem Gebiete der Wissenschaftspolitik und der internationalen Zusammenarbeit, vereinigt.

Ehrungen

Ich hatte es mir zur Aufgabe gemacht, unsere Forschergruppen wieder in die internationalen Wissenschaftsorganisationen als gleichberechtigte Mitglieder einzubringen. Die internationalen Meetings der drei genannten Gesellschaften haben dazu in hohem Maße beigetragen. Daß ich in geheimen Wahlen wiederholt in leitende Funktionen gewählt wurde, darf als Zeichen dafür gewertet werden, daß es gelungen ist, die Forscher und Arbeitsgruppen der Bundesrepublik wieder „hoffähig“ zu machen. Daran waren Forschergruppen in Erlangen, Frankfurt/M., Gießen, Hamburg, Heidelberg, Köln, Mainz, Marburg, München, Münster in besonderem Maße beteiligt. Meine Bemühungen um die internationale Zusammenarbeit der Stoffwechsel-, Herz- und Gefäßforscher, wurden durch akademische Auszeichnungen gewürdigt. So sind die Ehrendoktorate in Edinburgh (1978), Padua (1983) und Budapest (1987) zu verstehen. Die eindrucksvollen Zeremonien der gastgebenden Universitäten werden in den Abbildungen (siehe Bildteil) deutlich. Ich habe mich bemüht, meine Dankesreden in der Landessprache zu halten. Dies ist mir in England und Italien, nicht aber in Budapest gelungen.

Meine Versuche in ungarischer Sprache endeten mit einer großen Belustigung des Auditoriums.

Ich muß offenbar Schreckliches von mir gegeben haben. Petra Thorbrietz schildert die Tücken der ungarischen Sprache am Beispiel eines Trinkspruchs – Auf Deine Gesundheit = ägeschegüdre! Dieses ständig gebrauchte Wort ist so hinterhältig, da eine einzige kleine Unachtsamkeit, einmal nur statt des langen „e" ein kurzes „e" und schon ist es heraus, das „auf den vollen Arsch", das Du der würdigen Dame gegenüber gewünscht hast. Ähnliches muß auch ich wohl verbrochen haben.

Ich habe auch darauf verzichtet, meine Dankesrede anläßlich der Ernennung zum Ehrenprofessor der Wuhan-Universität in China (1992) in der Landessprache abzustatten. Diese fand aber auf Wunsch des Auditoriums in deutscher Sprache statt.

Das Ehrendoktorat der Freien Universität in Berlin (1986) wurde mir vor allem wegen meiner Bemühungen um den Kongress für ärztliche Fortbildung in Berlin verliehen und jenes in München (1973) war durch meine Zusammenarbeit mit der Münchner Fakultät an der Technischen Universität begründet. Die Zusammenarbeit im Rahmen der deutsch-französischen Allianz führte zum Beschluß der Medizinischen Fakultät in Montpellier (1984), mir den Dr.h.c. zu anzutragen.

Besonders angerührt wurde ich durch die Verleihung der Ehrenmedaille der Universität Hiroshima (1973), der Von-Euler-Medaille durch die Internationale Gesellschaft der Lipidforscher in London (1985) und durch die Goldmedaille der Europäischen Arteriosklerose Gesellschaft (1988).

Als eine ganz besondere Ehre empfand ich die Verleihung der Jerusalem Medaille in Silber durch den Staat Israel. Die Texte meiner Adressen in Edinburgh und Chicago sind als Zeitdokumente vielleicht akzeptabel.

Akademie der Naturforscher Leopoldina

Als ungewöhnliche Auszeichnung habe ich immer meine Berufung in die Akademie der Naturforscher Leopoldina angesehen. Ich schätze mich glücklich, nicht nur an den Jahressitzungen teilnehmen zu dürfen, sondern auch eigene Referate gehalten zu haben. Als Präsident der Heidelberger Akademie der Wissenschaften und Vorsitzender der Konferenz der Akademien in der Bundesrepublik Deutschland hatte ich die Gelegenheit, in manchen kritischen Situationen der Leopoldina in der damaligen DDR mit Rat und Tat zur Verfügung zu stehen. Die famosen Präsidenten Kurt Mothes und Heinz Bethge, welche die Akademie in den Stürmen und Anfechtungen des gesellschaftlichen und wissenschaftlichen Lebens der damaligen DDR immer auf Kurs hielten, sorgten für die ungefährdete Position dieser weltältesten Akademie in der internationalen Wissenschaft. Für viele hochangesehene emigrierte Wissenschaftler war die Leopoldina immer die Heimstatt der deutschen Kultur. Bei den Jahrestagungen wurden dann die historischen Stätten Deutschlands aufgesucht und durch sachkundige Führungen zu unvergesslichen Erlebnissen. Bei einem Besuch in Erfurt hatte ich sogar Gelegenheit, ein kleines improvisiertes Orgelspiel den Leopoldinern darzubieten, das freilich nicht die volle Billigung des städtischen Organisten fand. Mein 70. Geburtstag wurde 1987 in Halle gefeiert und durch das folgende Poem des „Schulpförtners“ Dr. F. Ulrich kommentiert.

Nenne mir, Muse, den Namen des hochgepriesenen Mannes,
πολυτρόπου ἀνδρός – aber wähle die Worte:
vielgewandt, klug,- auch: verschlagen und vielgestaltig – wie Proteus,
πολλῶν δ' ἀνθρώπων ἴδεν ἄστεα καὶ νόον ἔγνω
listenreich – wie Odysseus und mannigfaltig im Wirken.
Sieben Dezennien zurück in – terra advocatorum
grüßt das Licht dieser Welt mit kräftigem Schrei er,
Theoskleros geheißen vom Vater in Falkensteins Pfarre.
Nicht der Mäander – doch Elster und Zwickauer Mulde
und die schäumende Göltzsch waren ihm frühe Gespielen,
seiner Kindheit Orplid des Auersberg Sanfte.
Später trank er in Auerbachs Schul' und in Auerbachs Keller
Weisheit und Wern'sgrüner Bier und lebte in Jene kurz bene,
hatte auch Wiener Geschichten und graste am Neckar;
trutzte dem „Vater der Dinge" mit blutigen Flügeln,
streifte erneut Klein-Paris und den Prater in klirrender Rüstung,
um sich an Tübingens Strand den ersten der Hüte zu holen,
den – nach dem Sturze des Mars – er bei Bennhold mit Purpur verbrämte.
Marburg–Bad Cannstatt–Berlin; in Heidelberg schloß sich der Bogen.
Krehl, Siebeck, Matthes vorauf – Theoskleros nahm ihre Fackel,
zündete Feuer in Herzen und Hirnen und gab sie
ungebeugt weiter als Zeit war, sie weiter zu geben.
Edinburgh, München, Padova und andre verliehen ihm den Dreispitz der Ehren,
schwer wiegt die Bürde der Würden aus allen Regionen,
daß er sie lange noch trage, wir wünschen's ihm heute.
Möge die Zahl seiner geistigen Kinder auch weiterhin wachsen,
möge sein blau-weißes Thiemesches Erbe sich ungestört mehren, möge der Schettler den „Schettler" der Jugend bewahren –
so wie die Jugend im „Schettler" den Schettler bewahrt. –

F. Ulrich wurde nach der Wende zum Ordinarius für Innere Medizin in Halle ernannt und ordentliches Mitglied der Leopoldina. Damit wurde seine vorbildliche Haltung gewürdigt, die er in zahlreichen kritischen Gedichten zum Alltagsgeschehen und der Politik der DDR geäußert hat. Infolge tragischer Mißverständnisse, Willkür und irrtümlich ausgelegter Dokumente geriet Ulrich ins Schußfeld polemischer Attacken, die er nicht ertrug. Dieser integre Arzt und Wissenschaftler suchte den Freitod. Er ist ein tragisches Beispiel der Verstrickung junger Menschen unter dem Regime der SED. Bei der Evaluierung von Forschungsprojekten und der Begutachtung von Forschern und Hochschullehrern der früheren DDR sollte man sehr vorsichtig überprüfen, wie die tatsächlichen Verhältnisse und Hintergründe von Haltung und Aktionen einzelner Hochschullehrer waren. Natürlich ist es unerläßlich, daß man eine saubere Trennungslinie zu eindeutig politisch geprägten Personen zieht. Dies haben der Deutsche Wissenschaftsrat und die Konferenz der Deutschen Akademien der Wissenschaften mit Erfolg getan. Die Überführung der wissenschaftlichen Institute, die in der DDR ausschließlich in der Akademie der Wissenschaften angesiedelt waren, an die Universitäten, ist in vollem Gang. Der personelle und finanzielle Aufwand ist erheblich. Man soll nicht vergessen, daß Hochschullehrer und Wissenschaftler über lange Jahrzehnte unter den schwierigsten Bedingungen gearbeitet haben. Nach ihrer Emeritierung ist ihre Berentung absolut ungenügend. Die Bemessung von ca. DM 2000,00 pro Monat ohne Berücksichtigung des Dienstalters und der gezeigten Leitungen ist für den Einzelnen eine Katastrophe. Diese Gruppe von Menschen sollte alsbald eine angemessene Besoldung erhalten. Der sogenannte Einigungsvertrag zwischen DDR und Bundesrepublik hat diese Dinge nicht entsprechend berücksichtigt. Hier besteht dringender Nachholbedarf.

Auch die Leopoldina ist im wiedervereinigten Deutschland zu neuen Ufern aufgebrochen, am Erfolg dieser Unternehmungen, auch unter manchen wirtschaftlichen Schwierigkeiten, besteht kein Zweifel.

ich habe aufgegeben

ich habe aufgegeben dieses land zu lieben
dieses land niemand sahs außer mir
dieses land gabs nie
was es gab
waren die oben die unten und die dazwischen
was es gibt
sind die
die mit den hunden den mauern den minen
die mit scheinwerfern stacheldraht und
maschinenpistolen
die mit der lüge foltern mit der wahrheit
verhöhnen
die sich das unsichtbare blut unter den nägeln
hervorbürsten abends vorm heimweg
die mit der schlagzeile für die welt
mit dem schlagbaum für die macht
mit dem schlagstock für die gedanken
ich habe aufgegeben dieses land zu lieben
und niemand vermocht meinen traum zu töten
sie habens gewußt

F. Eckhard Ulrich

Reden

After Dinner speech, delivered on the occasion of the honorary degree at Edinburgh, 28th May 1978, Prestonfield House.

Dear Friends, the University of Edinburgh has honoured our team at the University of Heidelberg by conferring on me an honorary doctorate in medicine. I am therefore now the proud possessor of two honorary doctorates from cities that belong to the most beautiful in the world and that, in addition to this, share many characteristics: I am speaking here, ladies and gentlemen, of Munich and Edinburgh.

Scotsmen and Bavarians have a long list of similar features, behaviour patterns, tendencies and reactions, all of which contribute to making them clearly different from neighbouring ethnic groups. The Scots and the Bavarians are equally distinguished by a marked tendency to individualism that makes itself shown in many different ways. In this respect, one need not think only of national costume, the kilt or leather shorts, nor need one refer merely to the marked love in both nations of traditional folklore, the square dancers or the clog dances; one can recognize both groups as being distinguished by their language – their dialects I think one might say, that mark them as being different from the rest of the two countries of Great Britain and Germany. The main contributor to this linguistic difference is probably the consonant r, which is especially emphasized in both Scotland and Bavaria and, indeed, often doubly emphasized. In the vernacular of northern Germany this consonant seems hardly to exist as may be seen by comparing the southern German *garnicht* with the northern German *ganicht, Fahrzeug* as opposed to *Faahzeug, Haarnadel* as opposed to *Haanadel* and so on. There's more in an r than meets the eye. It is not only the main difference between Japanese and Chinese, since it also quite clearly serves to distinguish the Edinburghensien from the Glaswiegen.

Another factor that is shared by the Scots and the Bavarians is the urge to achieve political independence in the face of imagined or real regimentation from the hands of an alien parliamentary majority. In Scotland this form of government comes from the South, in Bavaria from the North. These apparent polarities begin to blur when we consider how strongly the British monarchy has been influenced by north German Hannoverians. But we must not overlook the temperate and sober influence of the Bavarian Coburg dynasty on the British monarchy. Another shared characteristic may be seen in the attitude towards financial matters. Both nations have a tendency to take good care, to preserve and to increase financial gains. In this respect, the Bavarians are very different from their north-western and eastern neighbours, that is to say, from people in the Rhein districts and in Austria where giddy heads can be found more often than in earthy Bavaria. And I am sure there must be similar regional differences in the population of the United Kingdom.

According to my colleague, Egbert Nussel, the north-south gradient plays an important role in the frequency of coronary heart diseases. They befall northern and southern Europe, but also northern Germany and southern Germany. Fortunately, there is no evidence of an east-west gradient in this respect and this proves that heart attacks have nothing to do with politics. But if one considers an Edinburgh-Stockholm study, there are in fact differences in the East and in the West. They influence the risk-factor in both populations. In the Edinburgh, as opposed to the Stockholm diet, there is more hypertonicity, more cigarette smoking and less unsaturated fatty acids. This surely indicates an increase in the risk-factor. However, we run into difficulties when we consider a recently published report that revives the claim that alcohol has a protective function against heart attacks. I myself am not at all certain as to whether the figures about the consumption of alcohol in Edinburgh and Stockholm can be regarded as statistically accurate and exact evidence. I have, for example, seen considerably more drunkards in Stockholm than here in Edinburgh. But perhaps one ought to resort to the football stadiums for field work in this matter. There is still need for proof that the quality as opposed to the quantity of alcohol consumed plays an important role in this respect. Working hypotheses would need to include, for example, the effect of whisky versus aquavit, English beer as against Bavarian beer, whisky versus Rheinland and Mosel wines and Burgunder as opposed to vodka. In speaking of the origins of heart attacks, some have put the blame on hard and soft quality water. In the same way, one could draw the difference between hard and soft alcohol and especially ways in which this might influence metabolism. But we have no hard data about such matters. Perhaps the HDL research will take us a little further in this matter. An increase of the HDL classes in serum is observable in cases of mild alcoholism and the same can be said about regular physical exercise and sport in general. Research is still needed into the problem of whether long distance runners and alcoholic joggers enjoy an accumulative increase in the HDL class in serum and therewith an increase in protective factors. By having, for example, those most subject to heart attacks, namely, young and middle aged men, take regular doses of Oestrogens a certain perfecting of such protective constellations could be achieved. It is, however, true that research would only be possible after subjecting the entire population to a public opinion poll. Amongst preventative factors, there is no doubt that the urge to indulge in physical exercise must be given top marks. The Bavarians with their mountain climbing, skiing and clog dances must enjoy as good a prognosis as the Scots with their golf, their shooting and their climbing. I am not clear about the role of football in this respect.

In both Scottish and Bavarian football teams, a marked tendency to extreme success has been regularly replaced by cyclical depression. Very recent history has I think given us support for this contention at both the regional and, I am afraid, the international level. One would have to consider exactly where there is the strongest tendency to physical movement, on the field or amongst the fans. And of course the role of muscle movement in the vocal cords would have to be considered in relation to the decrease of dangerous VLDL and LDL classes. And here we would need to consider the role of alcohol, too, as an interference factor.

The list of features common to both Bavaria and Scotland could be continued indefinitely. It is, for example, remarkable that some individuals who live north of the river Tyne describe themselves as Scottish although they come from the deep South and that the majority of Munich's population now consists of people from the Baltic, or Berlin, and of north German pensioners. Here there are clearly a number of risk-constellations that would also need to be explained in terms of metabolism. This would be worth studying on a team basis. We should, therefore, do our best to animate our respective ministries of health and education to support such initiative. I am sure that not a few serious researchers would be willing to be guinea pigs for some, if not all, of the necessary experiments.

In this way we could play our part in adding to the palace of science. In view of the proven individualism and common urge to isolation in both Scotsmen and Bavarians, we could mark off the whole experiment with a picket fence of the kind that has been so well described by the poet Christian Morgenstern:

Der Lattenzaum	Translation The Picket Fence
Es war einmal ein Lattenzaun, mit Zwischenraum, hindurchzu- schaun. Ein Architekt, der dieses sah, stand eines Abends plötzlich da – und nahm den Zwischenraum heraus und baute draus ein großes Haus. Der Zaun indessen stand ganz dumm, mit Latten ohne was herum. Ein Anblick gräßlich und gemein. Drum zog ihn der Senat auch ein. Der Architekt jedoch entfloh nach Afri- od- Ameriko.	There used to be a picket fence with space to gaze from hence to thense. An architect who saw this sight, approached it suddenly one night, Removed the space from the fence, and built of them a residence. The picket fence stood there dumbfounded with pickets whooly unsur- rounded, A view so naked and obscene, The Senate had to intervene. The architect, however, flew to Afri- or Americoo.

In matters of science, we have long tended to regard America as producing everything that is useful or good. But one can observe a certain feed-back from Europe to America, even if this is only in matters affecting interspace, as in space-research. Let me therefore close with a toast to our Scottish friends: May Scottish-German friendship become firmer and more intensive with the aim of making life more agreeable, more useful and less full of risk-factors.

After dinner speech held on the occasion of the 9th International Symposium on Atherosclerosis, Rosemont-Chicago, USA, October 6–11. 1991

A small group of scientists researchers met in Athens in 1966 and decided to hold regular scientific meetings on atherosclerosis research. The first symposium took place in Athens under the chairmanship of Costas Miras. One of the participants of this meeting was Paul Dudley White, the famous cardiologist, also named „Mr. Coronary", as he had successfully treated President Eisenhower. This first meeting had about 100 participants. It was decided to hold the next symposium in Chicago, and since then international symposia have been organized in a 3-year-rhythm. Bob Wissler, who is present today, was responsible for the second meeting. He published a remarkable report together with R.J. Jones.

These proceedings were succeeded by further volumes published at the following meetings. Among the participants of the first Chicago Meeting was again Paul Dudley White, furthermore Irving Page and the great experimental cardiologist Louis Katz, who together with his coworkers gave important impulses to the atherosclerosis research. I could show Louis Katz a page from an old Berlin telephone-book where his family was still recorded.

Today we have come to Chicago again to a special event, following Frankie Sinatra's motto „This is my kind of town, Chicago". To remain in chronology, the first Chicago meeting was succeeded by the first West Berlin Symposium which was held in spite of considerable political difficulties. West Berlin's special political status made a lot of political actions necessary. Dr. Richard von Weizsäcker, then Mayor of West Berlin, gave a remarkable address about international scientific cooperation, then finally the meeting took place. Numerous scientists from the East block countries participated in this symposium.

The next meeting was held in Tokyo in 1976. There it was decided to establish (the so far loose cooperation by founding) an International Society. This Society has since then developed its own scientific life, which became obvious at the following meeting held in Houston/Texas under the chairmanship of our present President Tony Gotto. Increasing numbers of participants reflected the worldwide interest in the young International Society, the aims of which include not only the preparation and organization of congresses but also the intensification of international cooperation and the obtaining of financial support.

The Texas Meeting was succeeded by another Berlin Meeting which I had the honour to chair. Then we went to Melbourne, Australia, where a remarkable congress took place under the chairmanship of Paul Nestel. Three years later, Gaetano Crepaldi organized the next Symposium in Rome.

The present Chicago Congress is an example for the enormously increased activities, not only in the field of basic research but also of applied atherosclerosis research including prevention, therapy and rehabilitation. Thus the whole spectrum of medicine, reaching from psychosocial medicine up to special surgery, is being covered by atherosclerosis research. Having been a member of the Society from the beginning and as Past President of the IAS I was given the task by the staff to give an address to you. I am very pleased to do this, although, nominating an emeritus involves certain risks, as I will show you later.

Presently the International Atherosclerosis Society has 4061 members from 21 nations. The number of individual but also of official members has increased from year to year. It is certainly not easy for the staff and especially the responsible Scientific Chairman to cope with the national peculiarities and differences. Luigi Barzini spoke about the „elusive Europeans“, especially mentioning the „imperturbable British“, the „mutable Germans“, the „quarrelsome French“, the „flexible Italians“, the „careful Dutch“, and the „baffling Americans“. You will understand that this classification which was meant politically, is also valid for scientific areas. I would like to add the „indolent Russians“, the

„pokerface Japanese“, and the „silent Cokneys from Australia“. Further Asiatic and South-American nations can easily be included in such a classification. On the occasion of the 25th Anniversary of the European Atherosclerosis Society, I mentioned some scientific peculiarities of the different nations. This can of course be extended on the IAS members.

The Chicago Meeting has some exceptional features which had no precedent so far. The events of the Gulf War made it necessary to transfer the carefully prepared Congress form Israel to Chicago. Regrettable as this may be, we have to appreciate that the organizing staff, especially the President himself together with his helpers but also with all their ideas have been transferred from Jerusalem to Chicago. We express our thanks to our American friends, but especially all those who have been dealing with the preparation and planning of the Jerusalem Meeting, first of all Professor Yechezkiel Stein, his wife, Olga Stein, and all wellknown colleagues.

On this occasion we remember a prominent scientist who left us far too early, namely Henry Neufeld, who rendered outstanding contributions to the merging of the IAS with the International Society and Federation of Cardiology.

The Israel Government and the responsible Departments have offered enormous help for the Congress, which however could not be maintained after the transfer to the USA. We would like to express our thanks for this help, too. But also for the present conditions and possibilities.

The preparation of such a congress requires a lot of toughness and patience and often instant decisions. This reminds me of the story of the Spanish professor who visited his Irish colleagues in Dublin. He asked the Irishmen: „Tell me, do you have any word in Ireland corresponding to our 'manana'?“ „Yes“, replied his Irish host, „certainly we do, in fact three or four. But you know none of them gives that sense of urgency.“

One of the major subjects of this meeting is the definition and avoidance of risk factors, overweight playing a special role.

The famous G. K. Chesterton was markedly obese and said of himself that he was the only man in England in a position to get up in the London Underground and offer his seat to three ladies.

Chesterton and G. B. Shaw were friends but also rivals. They certainly looked very different: GBS long and thin, also rabidly vegetarian; GKC short and fat and a great believer in „roast beef and beer“ as the natural English diet. Once they met for the first time in a long time. GK Chesterton looked up at Shaw and said: „My goodness, G. B. , you look as if you had just been through the seven lean years!“ G. B. Shaw replied: „ And you, Chesterton, look as if you had caused them!“

G. K. Chesterton was a very good example for an emeritus, notoriously absent-minded. A poor journalist but a popular public speaker, he earned „extra“ money by lecturing to clubs, societies, etc. in the English provinces. Caring as she was, his wife made a habit of taking him to one or other of the (then) five great London Railway Stations to make sure he caught the right train.

One day she saw him off at Euston Station at 8 in the morning. At noon she received a telegramme in their London home. It was postmarked „Nottingham“ and the message read: Why am I here?

I need not ask myself „Why am I here?“ I am here as the Past President of the IAS being a good example for a real professor emeritus. The new definition of a Professor is a person who talks in somebody else's sleep.

And then of course there's the one about the Professor who dreamed that he was giving a lecture – and when he woke up, he was.

There are three key disadvantages to getting old. They all have to do with loss. And what might those three things be? Well, the first is the way one forgets names. And the second is the way one begins to forget numbers. And the third one is ... What third one? I've quite forgotten what the third one is.

Thus the process of getting old requires a fair amount of self-confidence, and I would like to close with the well-known story about the three English Lords who sat in their London Club considering the question, what made Britain a great nation. Number one said „I guess it is the Royal Family". The other said, „No I guess it was the Royal Navy", and the third had the right definition that the English language made Britain Number One of the world. And he gave an example. „If you look at this instrument, the French call it couteau, the Italians call it cotello, the Germans call it ein Messer, and the English call it a knife, and that's it what it is."

Speaking about the language, this reminds me of Oscar Wilde at the occasion of a visit to the United States, when he stated: „ We share so many things with our American brothers, except, of course, the language."

So, what makes an after-dinner-speech acceptable? It is the slogan, which my wife just passed on to me, Kiss, that means „keep it short, stupid".

And so I raise this vessel – one hundred percent free of cholesterol and therefore with crystal-clear and quite chirpy walls – and propose a heartfelt vassail to our hosts on this festive and joyous occasion.

Auslandsreisen und Konsilien

Aufgrund meiner Tätigkeit in internationalen Fachgesellschaften konnte es nicht ausbleiben, daß ich zu Konsilien ins Ausland gerufen wurde. Solche Reisen waren nicht nur fachlich äußerst interessant, sondern gewährten auch Einblicke in die aufgesuchten Länder, welche einem gewöhnlichen Touristen verborgen blieben. Unvergesslich sind ärztliche Konsilien in Nepal, in Teheran, in Rot-China, der UdSSR, am persischen Golf und in mehreren europäischen Ländern. Bei der Rückkehr aus Rot-China nach Hong Kong hatte die drahtlose Nachrichtenübermittlung bereits dafür gesorgt, daß ich mich im Hotel Peninsula ganz besonders aufmerksamer Betreuung erfreuen durfte, die sich vor allem auf den Zimmerservice und auf den trefflichen Schneider bezogen, der es sogar ablehnte, von mir ein Entgelt entgegen zu nehmen, da ich doch den großen Vorsitzenden untersucht habe.

Auf einem Flug zu einem Potentaten der Golf-Region im Privatjet verlangte ich vom britischen Piloten einen Schraubenzieher, der mir aber versicherte, vor mir hätten schon andere versucht, den massivgoldenen WC-Deckel zu mobilisieren. Immerhin brachte ich den Patienten mit seinem gesamten Hofstaat zur Weiterbehandlung sicher nach Baden-Baden, wo er einige Wochen verblieb und die dortige Rennwoche durch seinen international hervorragend renommierten Rennstall bereicherte. Die Presse hat sich dessen natürlich besonders angenommen, ebenso wie im Falle eines bekannten Politikers der früheren UdSSR. Er war wegen Herzrhythmusstörungen dringend eines Schrittmachers bedürftig, hatte aber kein rechtes Zutrauen in diese

Empfehlung. So wurde ich von seinen Leibärzten als Konsiliar zugezogen, und nach Einsetzen des Schrittmachers hat sich der Patient auch äußerlich hervorragend erholt. Eine große deutsche Boulevardzeitung hatte freilich diesen Erfolg einem georgischen Kräuterweiblein zuerkannt, das offensichtlich auch konsiliarisch hinzugezogen war. Meine Sekretärin meinte nach meiner Rückkehr, ich müßte mir nur einen neuen Arbeitskittel als Kräuterspezialist zulegen.

Auch als Gynäkologe war ich auf einer Flugreise von Chile nach San Francisco gefordert, als eine junge Dame ihre im 4. Monat befindliche Schwangerschaft versuchte loszuwerden. Das Notfallbesteck der internationalen Fluglinie bestand aus zwei Ampullen Glukoselösung und einem Blutdruckmessgerät. Mit meinen eigenen Sanitätspäckchen habe ich Hilfe geleistet, mußte aber schließlich in Erinnerung an meine studentische Famulatur in Wien den in Gang befindlichen Abort rein manuell komplettieren. Am Zielflughafen in San Francisco stand die Patientin frisch und munter am Ausgang. Es war die Zwillingsschwester, der ich die neue Adresse des Schwesterleins in Los Angeles übermittelte. Die renommierte Fluglinie überging übrigens dieses dramatische Ereignis mit Stillschweigen. Glück muß der Mensch haben.

Als ich zur Abklärung rätselhafter Krampfzustände einer Dame des königlichen Hauses in Nepal, die ja bekanntlich einen göttlichen Status hat, mittels Kalziumspritze zu einer Wunderheilung verhalf, war dies natürlich die Sensation am könglichen Hof. Es handelte sich schlichtweg um eine Hyperventilationstetanie, die durch ein weiter abklärendes Gespräch beseitigt werden konnte.

Die deutsche Medizin, welche bis zum 2. Weltkrieg in hohem Ansehen stand, wurde erst allmählich wieder international attraktiv. Insbesondere die arabischen Potentaten wechselten in zunehmendem Maße aus London in die Bundesrepublik über, wobei natürlich auch politische Motive eine Rolle spielten. Nicht zu unterschätzen ist dabei auch die Aktivität der zahlreichen arabischen Studenten, die in der Bundesrepublik studierten und ihren geschätzten Lehrern prominente Patienten oder auch Familienangehörige zuführten. So entwickelten sich lebhafte

Verbindungen zu den Heidelberger Klinikern. Wie häufig in derartigen Situationen kamen neben Bagatellfällen auch hoffnungslos Kranke ratsuchend zu uns, und es war eine Tragik, diese Unglücklichen ihrem Schicksal in den Heimatländern zu überlassen. Erschüttert hat mich das Schicksal eines fähigen und fairen Ministers aus einem arabischen Land, welcher die Bundesrepublik sehr verehrte und wichtige Verträge abschloß. Er kam mit einer schweren Leberkrankheit zu mir. In den Monaten seiner Krankheit entwickelte sich zu ihm und seiner Familie eine enge Freundschaft, die auch den Tod dieses großartigen Menschen überdauerte.

Besonders enge Verbindungen hatte gerade Heidelberg zu angesehenen Bürgern des Iran. Von ihnen waren einige mit Deutschen verheiratet, fühlten sich der deutschen Tradition und Bildung eng verbunden und kamen regelmäßig zu Untersuchungen nach Heidelberg. Auch Gegenbesuche in Teheran waren äußerst eindrucksvoll. Diese Verbindungen wurden durch die Revolutionsereignisse zunächst brutal unterbrochen, wurden aber, wenn auch unter anderen Voraussetzungen, später wieder aufgenommen.

Auf Einladungen von Fachgesellschaften und Universitäten lernte ich die Welt kennen. So hielt ich in Japan Vorträge an den Kaiserlichen Universitäten und lernte das Land in sieben Reisen kennen. Die Gastfreundschaft war überwältigend, ebenso war es bei den drei Reisen nach Rotchina und nach Taiwan. Thailand, Indochina, Indien besuchte ich je dreimal auf Veranlassung der Weltgesundheitsorganisation, die auch je fünf Vortragsreisen nach Ägypten, Ostafrika und Südamerika veranlaßte. Unvergeßlich sind Besuche in Kambodja mit den weltbekannten Ruinenstätten Angkorwat und Angkortom sowie die Reisen nach Nepal. Der ferne Osten hat es mir besonders angetan, und ich bin meinen Gastgebern zu tiefem Dank verpflichtet.

Die Beziehungen in Israel waren besonders intensiv. Sie bestanden nicht nur in Vortragsreisen, sondern auch in gemeinsamen wissenschaftlichen Unternehmungen.

Zwanzig Reisen in die USA, von New York, Harvard, Philadelphia bis in den mittleren Westen und an die Westküste mit Seattle, San Francisco, Los Angeles und San Diego waren wissenschaftlich ebenso ergiebig wie die Besuche in Dallas, Houston, Atlanta, Durham, Chapel Hill, Baltimore, Washington und Chicago. Die weite Welt stand uns offen. Wir haben dies genützt und neben vielem Schönen auch manches Nützliche für unser Land gewonnen. Auf den Reisen in alle Länder Europas kann ich hier nicht eingehen. Sie haben mir viele Freundschaften beschert. Dafür bin ich dankbar.

Ich möchte darauf verzichten, die zahlreichen Konsilien bei interessanten Persönlichkeiten zu spezifizieren. Sie waren m.E. der Beweis, daß die Innere Medizin in Deutschland und speziell in Heidelberg auf dem richtigen Weg ist. Über die Weltgesundheitsorganisation konnten dringende Fragen der Gesundheitspolitik insbesondere in den Ländern der dritten und vierten Welt angegangen werden.

Der Deutsche Kongreß für ärztliche Fortbildung

Im Jahr 1952 faßten einige Ärzte in Westberlin den Beschluß, eine Kongreßgesellschaft zu gründen, welche insbesondere der Begegnung mit den Ärzten Ost-Berlins und der Sowjetischen Besatzungszone dienen sollte. Treibende Kraft war Dr. Brendan Schmittmann, der den Kongreß über lange Jahre gestaltete. Diese Gründung war ein Unternehmen der Ärzteschaft und einiger Ordinarien der Freien Universität, unter ihnen Gerhard Joppich, Heinrich Bartelheimer, Georg Henneberg und Hans von Kress. Die ersten Vorsitzenden waren Brendan Schmittmann, Werner Borgmann 1954 und 1955, Heinrich Bartelheimer 1956–1960. Ihm folgte G. Henneberg, den ich 1962 ablöste.

Der Kongreß war nach dem Mauerbau in eine akute Krise geraten. Bis dahin kamen Tausende von Ärzten aller Fachrichtungen, vor allem aber niedergelassene Kollegen, in das Ausstellungsgelände am Berliner Funkturm, um Freunde zu treffen, vor allem auch um hochkarätige Fortbildungsveranstaltungen zu besuchen. Diese bestanden damals in erster Linie aus Vorlesungen. Eine Besonderheit dieses Berlin-Kongresses war die rege Beteiligung der nahezu vollständig vertretenen Pharmaindustrie der Bundesrepublik und Westberlins. Die Ausstellungsstände boten eine Fülle von Informationsmaterial an, und die dort arbeitenden Kollegen und Pharmaberater hatten große Vorräte von „Ärztemustern" zur Verfügung. Gerade die Kollegen aus dem Osten der geteilten Stadt und aus der sowjetischen Besatzungszone deckten ihren Praxisbedarf vor allem mit solchen Präparaten. So hat die Pharmaindustrie den Kollegen und damit auch den notleidenden Patienten im anderen Teil unseres Vaterlandes wertvollen Beistand geleistet. Mit dem Mauerbau wurden diese Kontakte abrupt unterbrochen. Zunächst erhielt keiner der Kollegen die Erlaubnis, den Kongreß zu besuchen. Später wurde die Besuchserlaubnis für Ärzte im Rentenalter etwas gelockert. Auch die Kontakte zu den anderen Ländern des Ostblocks, die zunächst noch sehr intensiv waren, wurden ab 1961 unterbunden. Es galt nun, dem Berlin-Kongreß ein neues Gesicht zu geben. In Anbetracht der Isolation Westberlins von der Bundesrepublik und des weithin fehlenden Umfeldes konnte dies nur dadurch erreicht werden, daß man das wissenschaftliche Niveau des alljährlich in der Woche nach Pfingsten stattfindenden Kongresses hochhielt und noch verbesserte. Dies wurde letzten Endes dadurch erreicht, daß die zum Vortrag aufgeforderten Kollegen aus der Bundesrepublik, der Schweiz, aus Österreich zusammen mit deutschsprechenden Kollegen anderer europäischer Länder bereit waren, nach Berlin zu kommen. Wir gingen dann dazu über, in zunehmendem Maße Praktika und Seminare anzubieten. Den Löwenanteil der Referate hatten natürlich die Berliner Ärzte selbst zu übernehmen. Sowohl die Krankenhausärzte als auch die Angehörigen der Berliner Medizinischen Fakultät haben sich mit erfahrenen niedergelassenen Ärzten bereitgefunden, ihre Beiträge, die sie mit erheblichem Zeitaufwand vorzubereiten hatten, zu liefern. Bewährt hatten sich Kontakte auf Fakultätsebene, und es ist den Medizinischen Fakultäten aller bundesdeutschen Universitäten ebenso zu danken, wie den Schweizer Fakultäten in Basel, Bern, Fribourg, Genf, Lausanne und Zürich, den Österreichischen Fakultäten in Graz, Innsbruck, Salzburg und Wien. Die deutschsprechenden Referenten aus den angelsächsichen Ländern, darunter viele Emigranten, haben den Berlin-Kongreß ebenfalls stark bereichert. Eingeleitet wurden diese Jahresversammlungen durch Referate bekannter Persönlichkeiten und Wissenschaftler, die in der folgenden Liste aufgeführt sind:

1962 Die Ausbildung des Arztes in der Pharmakotherapie
H. Herken, Berlin

1963 Der Psychotherapeut im Spiegel seiner Patienten
W. Schulte, Tübingen
1964 Gedanken zur Arzneimittelforschung
E. B. Chain, London
1965 Referate der Parteien CDU/CSU,SPD und FDP zu gesundheitspolitischen Fragen
1966 Experiment und praktische Medizin
H. Selye, Montreal,Canada
1967 Der Mensch und seine Nahrung – Rückblick und Ausblick
J. Kühnau, Hamburg
1968 Der Arzt und die Wahrheit
F. Hoff, Frankfurt a. M.
1969 Manipulation des Menschen als Schicksal und Bedrohung
A. Portmann, Basel,
1970 Leitbilder ärztlicher Ausbildung
H. Schipperges, Heidelberg
1971 20 Jahre ärztliche Fortbildung der Kongreßgesellschaft Berlin
Freiherr Hans von Kress, Berlin
1972 Die Bedeutung von Sport in der Rehabilitation von Körperbehinderten
Sir L. Guttmann, Aylesbury, England
1973 Rundtischgespräch „Aufgaben und Verantwortung der medizinischen und biologischen Forschung“
Leitung: *H. Aebi*, Bern,
1974 Rundtischgespräch: „Die ärztliche Praxis der Zukunft“
Leitung: *J. F. Volrad Deneke*, Köln
1975 Rundtischgespräch „Fortbildung – freiwillig oder erzwungen“
Leitung: *G. Schettler*, Heidelberg
1976 Forschung und Humanität
P. Sitte, Freiburg
1977 Die Situation auf dem Arzneimittelgebiet
R. Aschenbrenner, Hamburg

1978 Über das Gewissen
D. Sternberger, Darmstadt
1979 Glück als Thema der Sozialforschung
Frau E. Noelle-Neumanmn, Allensbach
1980 Jugendkriminalität vom biologisch-medizinischen Gesichtspunkt
H. A. Krebs, Oxford, England
1981 Die Rolle und das Selbstverständnis des Arztes
H.-E. Richter, Gießen
1982 Rundtischgespräch „Humanität im Krankenhaus"
Leitung: *H. Heimpel*, Ulm
1983 Altern – Schicksal oder Krankheit?
W. Doerr, Heidelberg
1984 Gegenwärtige Situation und zukünftige Entwicklung der molekular-biologischen und gentechnologischen Forschung
H. H. Schöne, Frankfurt/M.
1985 Die Gesunderhaltung des Menschen im Spannungsverhältnis zwischen Staatsfürsorge und Individualentscheidung
K. Doehring, Heidelberg
1986 Werte – ihr Wandel, ihre Konstanz
P. Wapnewski, Berlin
1987 Wertewandel – kulturelle Folgen sozialen Fortschritts
H. Lübbe, Zürich
1988 Der Arzt – Herr über Leben und Tod?
A. Laufs, Heidelberg
1989 Alternative Heilmethoden in medizinhistorischer Sicht
H. Schadewaldt, Düsseldorf
1990 30 Jahre ärztliche Fortbildung in Berlin
G. Schettler, Heidelberg

Die Themen sind gewissermaßen Schlaglichter der ärztlichen Aufgaben in der Gesellschaft. Diese feierlichen Eröffnungsveranstaltungen waren natürlich auch ein allgemeinpolitisches Ereignis. Wurden doch die gehaltenen Reden sowie die ärztlichen Fortbildungsvorträge durch Radioübertragung teilweise live übertragen und nach Ostberlin und in die DDR ausgestrahlt. So kamen die zuständigen Bundesminister ebenso wie die Regierenden Bürgermeister zu den Eröffnungen und hielten teilweise faszinierende programmatische Vorträge. Unter ihnen möchte ich erwähnen die Ministerinnen Elisabeth Schwarzhaupt, Käthe Strobel und Anke Fuchs, ferner Rita Süssmuth, 1986, die Staatssekretäre Werner Chory und Manfred Steinbach.

Alle Regierenden Bürgermeister ließen es sich nicht nehmen, den Kongreß durch die Grußadressen und programmatische Reden zu eröffnen, so Willy Brandt, Pastor Albertz, Klaus Schütz, Dietrich Stobbe, Richard von Weizsäcker, Jochen Vogel und schließlich Eberhard Diepgen. Der Senat zu Berlin erwies sich in besonderer Weise großzügig, indem er den Kongreßteilnehmern in den Räumen der Philharmonie einen Empfang gab, der sich an ein attraktives Konzert anschloß. Unvergeßlich sind die Konzerte der Berliner Philharmoniker, teils in großer, teils in kammermusikalischer Besetzung, des RIAS-Sinfonieorchesters sowie einiger kammermusikalischer Vereinigungen. Es waren für unsere Kongreßbesucher, insbesondere aus der Bundesrepublik, gewiß großartige Erlebnisse. Diese Besucher rekrutierten sich vor allem aus der fortbildungswilligen niedergelassenen Ärzteschaft, wobei die Berliner Kollegen den größten Anteil stellten. In zunehmendem Maße kamen aber auch Teilnehmer aus Bayern, Nordrhein-Westfalen, Niedersachsen und Baden-Württemberg nach Berlin. Die nördlichen Bundesländer hielten sich merkwürdigerweise immer zurück. Natürlich waren unter unseren Besuchern aus Westdeutschland viele ehemalige Berliner, die die Gelegenheit benutzten zu einem Abstecher in den anderen Teil der Stadt und in die DDR, soweit dies überhaupt von Zeit zu Zeit möglich war. Erfreulicherweise hatten wir viele jugendliche Besucher, insbesondere auch aus der Studentenschaft und aus Bereichen des Pflegepersonals. Ich war nämlich dazu übergegangen, den ursprünglich nur für Ärzte angelegten Kongreß auch für unsere Mitarbeiter, für die Krankenschwestern und Krankenpfleger, für die medizinisch-technischen Assistenten und das gesamte sogenannten ärztliche Assistenzpersonal zu erweitern. Es wurde ein gesondertes Fortbildungsprogramm angeboten, das von unseren jungen Mitarbeitern und Kollegen selbst gestaltet wurde, andererseits aber auch durch erfahrene Ärzte komplettiert wurde. Bis zum Jahre 1989 wurden unter unserer Leitung 20 gemeinsame Kongresse durchgeführt. Gleichzeitig tagten mit uns auch die Zahnärzte.

Das Kongreßgelände am Berliner Funkturm bot über lange Jahre beste Möglichkeiten für die internationale Pharmaausstellung, und auch die Hersteller von medizinisch-technischen Geräten beteiligten sich an dieser Ausstellungsmesse. Die Vortragssäle waren so angelegt, daß die Teilnehmer sich erst durch die Gänge zwischen den Ausstellungsständen bewegen mußten, um schließlich ihr Ziel, die Vortragssäle zu erreichen. Dies wurde so lange noch hingenommen, wie es an den Ständen der Pharmaindustrie noch etwas „zu holen" gab. Die Abgabe von Medikamenten als Ärztemuster wurde schließlich untersagt, was letzten Endes dem Kongreß zugute gekommen ist. Auch die drastische Beschränkung der postalischen Musteranforderungen muß letztlich bejaht werden. Die Pharmaindustrie muß und wird neue Wege finden, um auch mit den Kongreßteilnehmern ins Gespräch zu kommen. Die jetzt sich ergebenden Schwierigkeiten einer vernünftigen Pharmapolitik, insbesondere für die forschende Pharmaindustrie, hat sich natürlich auch auf das Kongreßleben niedergeschlagen. Aber die Großkongresse bieten nach wie vor eine gute Gelegenheit, Kontakte zwischen den Ärzten und der Pharmaindustrie herzustellen. Die intensivere Beratung der Ärzte in ihren Praxen und ihren klinischen Arbeitsbereichen durch Pharmaberater kann die guten Informationsmöglichkeiten bei einem wissenschaftlichen Großkongreß nicht ersetzen. Darüber hinaus waren diese Kongresse ja auch immer der Ort für die Selbstdarstellung der Pharmaindustrie, für die Einführung von neuentwickelten Präparaten, aber auch für die Diskussion prospektiver Möglichkeiten der Pharmakotherapie. Ich habe es immer als ein wichtiges Spezifikum der Berliner Kongresse angesehen, daß sich auch die Medizinstudenten der klinischen Bereiche wieder den Großkongressen zugewandt haben. In den Zeiten der universitären Unruhen Anfang der siebziger Jahre, waren auch die Kongresse vor allem wegen der Beteiligung der Pharmaindustrie ins Schußfeld geraten und waren das Ziel besonderer Basisgruppen. Als wir beispielsweise ein Fachsymposium über Fertilitätsstörungen ankündigten, drangen lautstarke Störtrupps ein und verlangten eine Diskussion über Schwangerschaftsabbrüche und den Paragraphen 218. Motto war der Slogan „Mein Bauch gehört mir". Auch bei anderen Gelegenheiten kam es zu Störversuchen, die aber ohne Gewalt und insbesondere ohne polizeiliche Eingriffe von den Kongreßteilnehmern und der Kongreßleitung ausgestanden wurden. Dabei hat es sich gut bewährt, daß ich mit den Hauptwortführern der Protestierenden einen festen Diskussionstermin auch unter Beiziehung der Presse vereinbarte. Es ist dabei auch manches vernünftige Gespräch zustande gekommen. Die Medizinstudenten der Freien Universität wurden ergänzt durch Gruppen aus der Bundesrepublik, welche in den letzten 20 Jahren zusammen mit Schwestern, Krankenpflegern und weiterem medizinischen Assistenzpersonal mit Omnibussen aus Heidelberg nach Berlin fuhren. Meine Hinweise, daß diese Studenten ja die Ärzte von morgen seien, und daß diese Gruppen von den Pharmaberatern nicht erreicht würden, daß die praxisnahen Themen eine wichtige Ergänzung des studentischen Unterrichtes darstellen, führten immerhin dazu, daß wir in den letzten Jahren je Kongreß zwischen 2000 und 3000 studentische Teilnehmer hatten. Eine Analyse der Teilnehmer ergab überhaupt, daß die Gruppe der Teilnehmer bis zum 45. Lebensjahr weit überwog. Leider mußten wir in den letzten Jahren auf ein hervorragendes didaktisches Mittel verzichten, das uns seit Anbeginn an zur Verfügung stand, nämlich Eidophor. Aus Gründen der Kosteneinsparung ist diese großartige Möglichkeit von der Firma Ciba zurückgezogen worden. Durch Übertragung aus den ärztlichen Wirkungsstätten, aus den Operationssälen, aus den Behandlungszentren der Kliniken über Großbilddarstellung für Tausende von Zuschauern und Zuhörern war es möglich, Einblicke auch in subtile Techniken zu erhalten. Darüber hinaus waren Gespräche zwischen Patienten und Ärzten zu problematischen Themen hochwillkommen. Danken möchte ich bei dieser Gelegenheit dem großartigen Einsatz unserer Schweizer Kollegen, geführt von Professor Kielholz (Basel) und seinem Nachfolger Professor Pöldinger, welche mit ihren Patienten aus Bereichen der Psychiatrie und Psychosomatik nach Berlin geflogen waren, um dort freimütig zu diskutieren. Auch die hervorragenden Darstellungen aus den Operationssälen, z. B. auf dem Gebiete der Unfallchirurgie, der Herz- und Lungenchirurgie, aber auch der kosmetischen Chirurgie, möchte ich hervorheben. Eine einmalige Attraktion war die simultane Konferenz zwischen dem Berliner Kongreßzentrum und einer Ärzteversammlung in Zürich, die durch den unvergessenen Professor Robert M. Hegglin moderiert wurde. Über hunderte von Kilometern war es möglich, direkte Gespräche zwischen den Ärzten und ihren Patientengruppen zu führen, als ob die Übertragung aus einem benachbarten Saal erfolgte. Solche Kontaktveranstaltungen fanden später dann auch mit Stuttgart und Heidelberg statt. Leider konnte ich meine Absicht, solche Veranstaltungen auch mit den Kollegen im Bereiche des Ostblocks durchzuführen, nicht realisieren.

Ich möchte hier auch nicht versäumen, den Mitarbeitern des Ciba-Operationsteams für ihren selbstlosen Einsatz herzlich zu danken.

Der Berlin-Kongreß stand auch für die Diskussion sogenannter unbewiesener oder problematischer Behandlungs- und Diagnoseverfahren offen. Ich habe dabei den Standpunkt vertreten, daß diese Tätigkeitsbereiche, die von zahlreichen approbierten Ärzten vertreten werden, auch die Möglichkeit zur Selbstdarstellung haben sollten. Bewährt haben sich unter diesen Besonderheiten, die dann auch von anderen Großkongressen übernommen wurden, die Referate der anthroposophisch bestimmten Ärzte und der Ärzte für naturgemäße Heilverfahren. Merkwürdigerweise blaß blieben die Darstellungen der homöopathischen Ärztegruppen, die zwar mit viel Vorschußlorbeeren bedacht wurden, aber durch einen raschen Zuhörerschwund im Laufe der Veranstaltungen nahezu austrockneten.

Aufgrund der Erfahrungen der letzten 30 Jahre bin ich der Meinung, daß Großkongresse vom Typ der Berliner Veranstaltungen auch in Zukunft ihre Berechtigung haben, und daß sie dazu dienen, neue Kenntnisse und Erkenntnisse der breiten Öffentlichkeit bekannt zu machen. Wir haben uns hierbei der lebhaften Unterstützung durch Presse, Funk und Fernsehen erfreuen können, und die darauf beruhenden teilweise weltweiten Informationen der Öffentlichkeit, aber auch der Ärzteschaft möchte ich außerordentlich hoch einschätzen. Die wichtigsten Vertreter der Medizinjournalisten haben den Berlin-Kongreß so bereichert, wie die Vertreter der Fachpresse mit täglichen Informationen über das Kongreßgeschehen. Auch unter diesem Gesichtspunkt sollten die Strategien der Pharmaindustrie und ihrer Marketing-Direktoren gesehen werden. Der Erfolg der Kongresse beruht nicht allein auf der Zahl der Kontaktgespräche an den Ständen, sondern auf der breiten Wirkung einer vernünftigen Öffentlichkeitsarbeit.

Die Bundesärztekammer ist in den letzten Jahren Mitträger des Berlin-Kongresses. Damit wird auch die berufspolitische Bedeutung dieser Veranstaltung offenbar. Die Betreuung und Behandlung von kranken Menschen ist ein allgemeines humanes Anliegen, welches durch politische Schranken nicht erschwert werden sollte.

Im letzten Jahre hatte ich die große Genugtuung, daß im Zuge der Wiedervereinigung auch der Berlin-Kongreß wieder eine zentrale Stellung erreichte. Der erste gemeinsame Kongreß mit Kolleginnen und Kollegen sowie ihren Mitarbeitern, den Schwestern und Krankenpflegern, den Laborantinnen und Laboranten und den sonstigen Helfern war ein großes freudiges Ereignis. Es war wie in alten Zeiten, als sich die Besucher an den Kassenhäusern drängten und sowohl die Vortragsveranstaltungen als auch die pharmazeutische und die medizinisch-technische Ausstellung bevölkerten. Unsere Besucher aus dem „Osten" genossen mit uns die wiedergewonnene Freiheit, und es kam zu bewegenden Begegnungen mit den so lange von uns getrennten Besuchern. Es war für mich die rechte Gelegenheit, die Leitung des Kongresses abzugeben. Mit dem Geschäftsführer der Berliner Kongreßgesellschaft und des Medicus-Verlages, Wolf Dietrich Germer, der mir über lange Jahre eine unentbehrliche und sachverständige Hilfe war, gab ich die Leitung des Kongresses in die Hände des erfahrenen Berliner Chirurgen Rudolf

Häring und des Internisten Reinhard Gotzen. Ich habe dem glänzend eingearbeiteten Stab der Kongreßgesellschaft großen Dank zu sagen und insbesondere dem nimmermüden Klaus Hechler, den Damen Renate Benndorf, Dela Starke und Bärbel Kartmann mit ihren Helfern zu danken. Professor Rolf Dohrmann hat sich vor allem um die Veranstaltungen für Schwestern und Krankenpfleger verdient gemacht.

Der Regierende Bürgermeister Eberhard Diepgen entließ mich in einer festlichen Veranstaltung aus meinen Pflichten, und es war eine große bewegende Ehrung, daß er mir im Auftrage des Herrn Bundespräsidenten das Große Bundesverdienstkreuz mit Stern verlieh.

Ich bin sicher, daß dieser Berlin-Kongreß in der neuen Form weiterhin ein Zentrum der ärztlichen und medizinischen Fortbildung bleiben wird. Bereits jetzt ist die aktive Beteiligung von Referenten aus den neuen Bundesländern zu erwähnen. Es gilt, eine Bestandsaufnahme der so unterschiedlichen Systeme zu machen. Wir können daraus lernen, denn manches aus der ärztlichen Versorgung, aber auch der studentischen Ausbildung in der früheren DDR ist der Dikussion wert.

Die Bundesärztekammer ist sich der großen Verpflichtung bewußt. Gerade wir Älteren sollten uns weiterhin voll einsetzen. Ich habe dies über Jahrzehnte getan, und so ist wohl auch die Verleihung der höchsten Auszeichnung für deutsche Ärzte, der Paracelsus Medaille zu verstehen, die ich 1991 in Hamburg erhielt. Meine Antwortrede möchte ich dem geneigten Leser nicht vorenthalten:

Im Namen der Laureaten darf ich dem Vorstand der Bundesärztekammer den Dank für die Zuerkennung der Paraselsus-Medaille aussprechen.

Theophrastus von Hohenheim, der sich später Paracelsus nannte, hat der Nachwelt eine Vielfalt von Leitsätzen für ein gesundes Leben, aber auch für ärztliche Tätigkeiten hinterlassen. Obwohl er in vielen Bereichen noch der große Unbekannte geblieben ist, hat man sich seines Namens kräftig bedient; von den Paracelsus-Kliniken und -Apotheken, von den Paracelsus-Bänden und -Ringen, Paracelsus-Gesellschaften bis zu internationalen Paracelsus-Tagungen gibt es ein breites Angebot. In das Jahr 1991 fällt der 450. Todestag des Theophrastus, der auch uns Ärzten noch viel geben kann, wenn er fordert: Wer sein eigen sein kann, soll niemand anderem folgen. Ein jeder bleibe wie ein Fels in seinem Wesen, sein eigener Herr mit Herz und Verstand. Dann kann er frei und gebefreudig schalten und walten, sich ein freies Herz behalten."

Welch eine großartige Parole für jedes ärztliche Leben! Wir drei haben, jeder auf seinem Gebiete und nach seinen Möglichkeiten, dem ärztlichen Berufe gedient. In der Praxis, in der Klinik, in der Weiterbildung und in der Fortbildung. Wir haben es dabei als eine selbstverständliche Pflicht angesehen, in der studentischen Ausbildung und ärztlichen Weiterbildung aktiv zu sein. Persönlich habe ich als Vorsitzender des Fakultätentages an der ersten Fassung der neuen Approbationsordnung mitgewirkt. Ich habe sie praxisnahe zu gestalten versucht, bin gescheitert und unter Protest gegen die Entwürfe von meinen Amt zurückgetreten. Leider sind die Grundzüge auch in den zahlreichen Neufassungen der letzten Jahre erhalten geblieben. Das gilt insbesondere für das Multiple-Choice-Verfahren, dessen Fragenkatalog immer grotesker wird. Mit praktischer Medizin, dem eigentlichen Anliegen des Medizinstudiums, hat das nichts mehr zu tun. Die Examinanden pauken nach Fragenkatalogen und sind weit entfernt von einer so wichtigen Basisausbildung in den ärztlichen Kernfächern. Man habe endlich den Mut, mit diesem Unsinn aufzuhören und die Beckmesserei wildgewordener Super-Spezialisten abzustellen.

Wir haben uns in den ärztlichen Standesorganistionen auf verschiedenen Ebenen engagiert. Die ärztlichen Tätigkeiten sind gerade in dieser Zeit neu zu bewerten. Die personale Medizin eines Ludolf von Krehl ist wieder in den Mittelpunkt unserer Tätigkeiten gerückt. Sie wird ergänzt durch die großartigen Fortschritte der diagnostischen und therapeutischen Technik, aber eben nur notwendig ergänzt. Ein noch so üppiger Arzneimittelschatz, wir folgen Paracelsus, hat an sich keinen Wert. Er kann nicht als statisches Rezeptarium eingesetzt werden. Die größte Perle und der edelste Schatz des Arztes ist die Heilung. Sie ist in der ganzen Arznei alles, und nichts ist auf Erden, das größer sei als die

Kranken zu heilen. Der Arzt ist dabei der Fachmann für den Menschen, der auch in die anderen Fakultäten hineinreicht. Nach ihm erst kommt der Theologe, der um den Leib wissen soll, ehe er die Seele zum Teufel verbannt. Danach kommt der Jurist, der solch edle Kreatur nicht wie eine Sau behandeln und wie ein Kalb aburteilen sollte. Der praktische Arzt soll das Bildnis des Menschen bedenken, sein Urbild im Lichte der Natur. So weit Paracelsus.

Er hat uns heute noch Wesentliches zu sagen. Jeder soll durch diese Philosophie des ärztlichen Berufes getragen werden. So ist die Paracelsus-Medaille der Deutschen Ärzteschaft ein Symbol für den ärztlichen Auftrag und für das ärztliche Bekenntnis in der Zukunft.

Präsident der Heidelberger Akademie der Wissenschaften

In Deutschland gibt es zur Zeit sechs Akademien der Wissenschaften, nämlich in Göttingen, Heidelberg, Mainz, München, Düsseldorf und Leipzig. Sie haben sich in der Konferenz zusammengeschlossen. Es ist zu erwarten, daß die beiden aufgelösten Berliner Akademien nach ihrer Neukonstituierung als Berlin-Brandenburgische Akademie der Wissenschaften in die „Konferenz der Deutschen Akademien der Wissenschaften" aufgenommen wird.

Diese Konferenz vertritt die Interessen der Akademien auf Länder- und Bundesebene sowie im internationalen Kontakt. Sie ist freilich von einer Nationalen Akademie weit entfernt.

In Gesprächen mit dem Herrn Bundespräsidenten, dem Herrn Bundeskanzler und Wissenschaftspolitikern der Parlamente wurde immer wieder betont, daß die föderative Struktur der Bundesrepublik der Errichtung einer Nationalen Akademie der Wissenschaften entgegensteht. So waren die bundesdeutschen Akademien in den internationalen Gremien im Gegensatz zur DDR-Akademie nicht vertreten. Auch heute noch gibt es Schwierigkeiten, die Konferenz der Akademien als Mitglieder dieser Organisationen anzuerkennen. Offenbar sind die Deutschen vor allem als Zahlmeister für diese Gremien willkommen.

Als gewählter Vorsitzender der Akademienkonferenz bemühte ich mich, mit den zuständigen Landesregierungen den Status der Akademien-Konferenz international repräsentativer zu gestalten. Mit namhaften Juristen an den Akademien, von denen ich Prof. H. Mosler, Heidelberg und Prof. Ch. Starck, Göttingen, nennen möchte, scheiterten zunächst unsere Bemühungen, insbesondere an den Vertretern der Länder. Bayern und Nordrhein-Westfalen. Sogar mein Vorschlag, dem Verein den Titel „Union der Akademien“ zu geben, wurde ebenso abgelehnt wie unsere Idee, ein Büro im Wissenschaftszentrum in Bonn einzurichten „wegen der räumlichen Nähe zu Bundesministerien“. Schließlich haben die Präsidenten der Akademien es geschafft, die Konferenz zu konstituieren und ein zentrales Büro in Mainz mit einem eigenen bescheidenen Etat zu planen. Es lag im Interesse unserer Arbeit, die verantwortlichen Politiker und Behörden mit den Strukturen und Arbeiten der Akademien besser vertraut zu machen und den Sachverstand ihren Mitgliedern auch in Fragen der Begutachtung anzubieten.

Was stellen die Akademien heute dar?

Die Akademien sind der Ort wissenschaftlicher Kommunikation und sind mit arbeitsteiliger Forschung befaßt. Grundsätzlich bestehen sie in einer naturwissenschaftlichen und einer geisteswissenschaftlichen Klasse. Zu ihr gehören pro Klasse 40 Gelehrte aus dem Sitzland der Akademie. Hinzu kommen 80 korrespondierende Mitglieder ohne landsmannschaftliche Begrenzung. Hierdurch ist die internationale Struktur der Akademien gewährleistet. Zur Abwicklung von Forschungsprojekten sind Mitarbeiter durch Arbeitsvertrag an die Akademien gebunden. Es sind spezialisierte Fachleute, die unter der Leitung eines Akademiemitgliedes besondere Aufgaben wahrnehmen.

In Heidelberg gibt es 38 Forschungsprojekte, mit denen 120 Fachleute befaßt sind. Ein übergreifendes Projekt beider Klassen stellt das gemeinsam mit der Göttinger Akademie und der früheren Berliner Akademie bearbeitete Goethe-Wörterbuch dar. Projekte der mathematisch-naturwissenschaftliche Klasse sind:

„Castel del Monte“ mit dem Zweck der weiteren baugeschichtlichen

Erforschung des Schlosses von Friedrich II. in Apulien, die Forschungsstelle Archäometrie, die radiometrische Altersbestimmung von Wasser und Sedimenten, Kommissionen für Geochronologie, Mathematische Logik, Geomedizin, Theoretische Pathologie und die Mathematik. Die mathematisch-naturwissenschaftliche Klasse betreut ferner den wissenschaftlichen Nachlass von Hans Spemann, die Statistische Theorie ungeordneter Festkörper und mesoskopischer Systeme und die Regulation von Schwachstellen der Nitrat-Assimilation.

Projekte der Philosophisch-historischen Klasse sind:

Inschriften-Kommission; Corpus der Medaillen der Pfalzgrafen und Kurfürsten bei Rhein; Altgaskognisches und Altokzitanisches Wörterbuch; Altfranzösisches etymologisches Wörterbuch; Melanchthon-Forschungsstelle; Kommission für Alamannische Altertumskunde; Anée Philologique; Internationale Kommission für die Erforschung der Vorgeschichte des Balkans; Bildlexikon der Klassischen Mythologie; Kommentierung des Briefwechsels von Johann Georg Hamann (1730–1788); Geschichte der Universität Heidelberg; Deutsches Rechtswörterbuch; Vetus Latina; Cusanus-d Edition; Felsbilder und Inschriften am Karakorum Highway; Spanisches Wörterbuch des Mittelalters; Sammlung Griechischer Rechtsinschriften; Osiander-Edition; Martin Bucers Deutsche Schriften; Edition der Staatstheoretischen Schriften Lupolds von Bebenburg; Cappella Sistina; Papyrus-Edition; Luther-Register; Heidelberger Antikensammlung; Geschichte der Mannheimer Hofkapelle im 18. Jahrhundert und die Edition sämtlicher Schriften Johann Peter Hebels.

Es ist leicht zu erkennen, daß solche Projekte, die vergleichsweise auch an den anderen Akademien bestehen, weder durch Universitätsinstitute noch jene der Großforschungseinrichtungen und der Max-Planck-Gesellschaft bearbeitet werden können. Die Akademien haben somit eine genau definierte Position in der Wissenschaftslandschaft. Das gilt insbesondere für die Langzeitprojekte, die in Form von Editionen und Wörterbüchern seit Jahrzehnten erarbeitet werden. Ein Schwerpunkt der philosophisch-historischen Klasse in Heidelberg sind die Unternehmungen der nachlutherischen Periode mit den Editionen zu Osiander, Melanchthon, Martin Bucer und Cusanus. Die Edition des Luther-Registers bereitete wegen des großen finanziellen Aufwandes beträchtliche Schwierigkeiten, doch ist es dank des Eingreifens des damaligen Ministerpräsidenten des Landes Lothar Späth gelungen, diese Projekt für Heidelberg zu erhalten. Dies mag als Beispiel dafür gelten, daß die Arbeit der Akademien natürlich ein allgemeines politisches Anliegen ist. Dies wurde beim Besuch des Ministerpräsidenten Lothar Späth und des Bundespräsidenten Richard von Weizsäcker betont.

Zu den wichtigen Aufgaben der Akademien gehört seit jeher die Durchführung von Symposien. Die in Heidelberg ansässigen Großforschungseinrichtungen, das Deutsche Krebsforschungszentrum, das Europäische Molekularbiologische Laboratorium, das Max-Planck-Institut für medizinische Forschung und das Zentrum für Melokularbiologie an der Universität legten es nahe, Themen dieser Bereiche zusammenfassend an den Akademien abzuhandeln. Die Weltgesundheitsorganisation und die Internationale Kardiologische Gesellschaft waren wiederholt mit Symposien in der Akademie zu Gast. Sehr aktuelle Fragen der Wissenschaftsverantwortung wurden mit dem Forschungsschwerpunkt Technologierecht der Universität unter der Leitung des Herrn Nicklisch und E. Jayme bearbeitet. Zum Thema „Wirtschaft-Wissenschaft-Öffentlichkeit“ fanden sich Politiker, Naturwissenschaftler, Mediziner, Philosophen, Verwaltungsfachleute, Industriemanager und Journalisten zusammen.

Das wissenschaftliche Spektrum der Veranstaltungen reichte von epidemiologisch-methodischen Fragen (Standardisierung von Ernährungserhebungs-Methoden 1986; Deutsche Herz-Kreislauf-Präventionsstudie 1989; Assessment of Practical Problems in Combining International Data for Central Analysis 1989; Modelling of Noncommunicable Diseases and Prevention Programmes 1990) über klinisch-medizinisch orientierte Themen (Nephrologische Falldiskussion 1991; Rechte und Pflichten von Arzt und Patient 1987; Possibilities to

Improve and Reconstruct Occluded Coronary Vessels 1987) bis zu anspruchsvollen theoretischen Aspekten (beispielsweise: Molecular Biology of the Arterial Wall 1986; Eukaryotic Genome 1987; Molecular Biology of Aging 1991; Cellular Metabolism of the Arterial Wall and Central Nervous System 1992; Dynamics on Cellular Organization 1988) oder Randproblemen der Medizin (wie Rechtliche Probleme der Abfallwirtschaft 1992; Probleme der Vertragsgestaltung beim Computereinsatz 1989 und die Amaldikonferenz 1992 International Security in a Transformed World).

Gerade die Vielfalt und Aktualität der Thematik erklärt das Interesse an diesen Symposien der Heidelberger Akademie, die stets nahmhafte Experten anzogen. Immerhin nahmen in den letzten vier Jahren mehr als 2000 Wissenschaftler aus 27 Ländern an den Symposien teil.

Es wird erwartet, daß die Konferenz der Akademien mit den Europäischen Wissenschaftsorganisationen zusammenarbeitet, z.B. mit der European Science Foundation, der Academia Europaea, der Union Academique International, die auch auf dem Gebiet der Geisteswissenschaften Schwerpunkte bearbeiten. Der Präsident der Europäischen Gemeinschaft Jacques Delors erhofft von den potentiellen Energien auch der deutschen Akademien Ideen und Aktivitäten, die nicht nur den Ländern der EG sondern, auch des früheren Ostblockes zugute kommen.

Eine dringliche Aufgabe der Akademien-Konferenz ist es, die Akademien der früheren DDR an jene der Bundesrepublik heranzuführen. Die Ost-Berliner Akademie wurde von den Machthabern der früheren DDR zu einer „Deutschen Akademie der Wissenschaften zu Berlin“ hochstilisiert, um damit den gesamtdeutschen Anspruch zu dokumentieren. Diese Akademie war nach dem Prinzip der sowjetischen Akademie gestaltet. Sämtliche Forschungseinrichtungen der DDR wurden den Akademien der Wissenschaften zugeordnet, in erster Linie also der Berliner Akademie. Die Universitäten hatten sich um die Lehre zu kümmern und die Universitätskliniken um die Krankenbetreuung. Es entwickelte sich bald ein politisch motiviertes sozialistisches Forschungsgebilde mit naturwissenschaftlichen, technischen und medizinischen, aber auch mit einer großen Zahl von geisteswissenschaftlichen Instituten. Man ist nun daran gegangen, die dort bestehenden Einrichtungen zu überprüfen und sie hinsichtlich ihres wissenschaftlichen Charakters und ihrer Leistungsfähigkeit zu evaluieren. Damit waren der Deutsche Wissenschaftsrat und die Konferenz der Akademien der Wissenschaften befaßt. Es gibt Empfehlungen zur Weiterführung qulifizierter Institute und Forschungsvorhaben, während andere, vorwiegend sozialistisch-politisch motivierte Einrichtungen nicht weiter existieren werden. Ein wichtiges Anliegen der Neustrukturierung der wissenschaftlichen Landschaft in den neuen Bundesländern wird sein, die Forschung wieder an die Universitäten zurückzuführen und die personell völlig überfrachteten Forschungseinrichtungen den westlichen Gegebenheiten anzupassen. Unter diesen Gesichtspunkten ist es angezeigt, Wissenschaft und Forschung in der früheren DDR zu schildern.

Wissenschaft und Forschung in der DDR

Die medizinische Forschung in der DDR stützte sich auf sechs Universitäten, drei medizinische Akademien sowie auf die Institute der Akademie der Wissenschaften. Personelles Forschungspotential der Universitäten wurde durch gleichzeitige Aufgaben in Forschung, Lehre und Krankenversorgung beschnitten. Die Forschung war auf 20–30 Prozent der Arbeitskraft beschränkt. Im Sprachgebrauch der DDR hieß es: VbE = Vollbeschäftigungseinheit, eine VbE = 2000 Stunden pro Jahr. Die Akademie der Wissenschaften hatte einen Personalbestand von ca 25000. Auch in den Universitäten war medizinische Forschung möglich, sie war dem Ministerium für Gesundheitswesen und nicht dem für Hoch- und Fachschulwesen unterstellt. Die Forschungsschwerpunkte wurden durch den Rat für medizinische Wissenschaften beim Gesundheitsministerium festgesetzt. Nichtparteigenossen waren auch bei hoher fachlicher Kompetenz in diesen zentralen Gremien kaum gefragt, abgesehen davon, daß sie auch an den Universitäten und Akademie-Instituten in der Regel nicht in jene Leitungsstellen berufen wurden, aus denen sich der Rat rekrutierte. Hauptziel aller Forschungsaktivitäten war die Praxisrelevanz der Ergebnisse. Grundlagenforschung und Erkundungsforschung ohne unmittelbar erkennbaren Nutzen wurden kaum unterstützt. Forschungsschwerpunkte wurden jeweils zu Forschungsprojekten zusammengefaßt. Ein Projektrat, bestehend aus Vertretern klinischer und theoretischer Fächer, erarbeitete das Generalthema. Die jeweils für fünf Jahre aufgestellte Planung von Hauptthemen wurde in Pflichten-Heften für die Jahresplanung spezifiziert. Zum Jahresende mußten dem Projektrat entsprechend dem Themenheft schriftliche Rechenschaftsberichte übergeben werden. Diese wurden dann durch Prüfgremien diskutiert, wobei die Planerfüllung gemäß Pflichtenheft entscheidend war. Die Ergebnisse wurden also intern und nicht etwa durch Fremdgutachter überprüft. Das bedeutete einen enormen Mangel an Effizienz. Drittmittel standen nicht zur Verfügung, alle Mittel kamen aus dem Staatshaushalt. Hier wurden die Staatsplanthemen besonders gefördert. Mangel an Mitteln, insbesondere beruhend auf dem Valuta-Sektor, machte sich nachteilig bemerkbar. Der Bedarf an Geräten und Verbrauchsmitteln wurde aus der Eigenproduktion der DDR gedeckt. Innerhalb des Rates für gegenwärtige Wirtschaftshilfe vorgenommene Produktionsverlagerungen führten zu einem heillosen Chaos in der Belieferung. Qualifizierte Forschungseinrichtungen haben darunter zu leiden. Bewilligte Finanzmittel verfielen mit dem laufenden Kalenderjahr, was dazu führte, daß nicht selten vor ultimo sinnlose Einkäufe getätigt wurden.

Zwänge und geistige Situation der Forschung in der DDR

Der Anspruch der marxistischen Ideologie auf die Wahrheit in allen Bereichen, einschließlich der Forschung und die diktatorische Durchsetzung dieses Anspruches durch den zentralistisch-dirigistisch organisierten Machtapparat der SED beeinträchtigte natürlich jede Kreativität. Innere Protesthaltung bis zu vollständiger Lähmung waren nicht selten die Folge. Die Berufungspolitik in alle Leitungsämter war durch die SED bestimmt. Nichtangehörige der SED hatten kaum eine Chance auf ein Ordinariat oder ein Direktoriat. Von den neun Direktoren der Pathologischen Institute in der DDR waren acht Mitglieder der SED. Das Gesetz zur Hochschulreform führte dazu, daß aus opportunistischen Erwägungen der eine oder andere doch in die Partei eintrat, oder aber resignierte und in die innere Emigration ging.

Die drastische Behinderung der Reisemöglichkeiten führte zu widersinnigen Selbstisolierungen. Wissenschaftliche Tagungen im westlichen Ausland waren nur den sogenannten Reisekadern zugängig. Deren Auswahl erfolgte unter dem von der SED-Führung in Zusammenarbeit mit dem Staatssicherheitsdienst formulierten Auswahlkriterien. Nur ein kleiner Kreis von Auserwählten, meist parteipolitisch gebundene Wissenschaftler, konnte reisen. Sie vertraten die DDR dann auch in internationalen Gremien und waren dann Ansprechpartner für westliche Wissenschaftler und Institutionen. Die naturwissenschaftliche Forschung litt unter diesen massiven Behinderungen der internationalen Kommunikation. Es war nur ein Austausch mit den Ländern des sozialistischen Blocks möglich, wo die Gastgeber unter denselben Mangelerscheinungen litten wie die Gäste. Für zehn Jahre bestand ein Publikationsverbot in westlichen Zeitschriften. Publikationen durften nur in DDR-Zeitschriften erfolgen. Wenn ein Autor den Wunsch nach internationaler Publikation äußerte, so wurde folgender Weg durchschritten:

– Genehmigung durch Abteilungsleiter
– Institutsdirektor
– Direktor für Forschung des Bereiches
– Bereichsdirektor
– Direktor für Forschung der Universität
– und letztlich durch den Rektor

Die personelle Politik wurde natürlich durch äußere Gegebenheiten stark beeinflußt, wie die Zuweisung von Wohnungen, Sonderzuteilungen von Industrieprodukten usw. Nichtwillkommene Kollegen wurden in allen Lebens- und Arbeitsbereichen behindert. Besonders betroffen waren jüngere Mitarbeiter, die im Aufbau einer Familie und einer Existenz begriffen waren. Das mag auch erklären, daß der eine oder andere junge Mensch sich der SED anschloß.

Es muß im Einzelfalle sorgfältig abgewogen werden, wie er innerlich zum Staat, zum System und zur Partei stand. Gerade jetzt im Zuge der Überprüfungen der Stasi-Kontakte sollte man sehr sorgfältig jeden Einzelnen überprüfen und nicht nur nach Eintragungen in den Stasi-Akten beurteilen. Ich halte es für äußerst verhängnisvoll, wenn die Stasi jetzt sozusagen im zweiten Zugriff Zwietracht und Unfrieden in der Bevölkerung aufkommen läßt, indem persönliche Daten, die natürlich sehr sorgfältig erstellt und manipuliert waren, das Schicksal des Einzelnen bestimmen. Man ist betroffen, daß in der Sicht der Öffentlichkeit eindeutige Straftatbestände unbeachtet bleiben und daß auf der anderen Seite unsägliches neues Leid bei der Aufarbeitung des Stasi-Materials erzeugt wird. Willy Brandt hat anläßlich der Verleihung des Dolf-Sternberger-Preises davor gewarnt, durch zügellose Aktionen, von den Medien unterstützt, Feindbilder im Kleinen wie im Großen zu schaffen. Mit der uns eigenen deutschen Gründlichkeit werden die Spannungen der letzten Jahre und Jahrzehnte in neue Aufregungen und nicht selten in persönliche Katastrophen übergeführt. Daß es sich bei dem angeblich belastenden Material um willkürliche, rein zweckbestimmte Dokumentationen handeln kann und daß große Mengen belastendes Material durch die Stasi selbst vernichtet wurde, macht die Lage noch prekärer.

Mit der Neuordnung unseres Staates und dem Einbau der alten deutschen Länder Brandenburg, Mecklenburg-Vorpommern, Sachsen-Anhalt, Sachsen, und Thüringen, die man heute die neuen Bundesländer zu nennen pflegt, haben wir eine epochale Aufgabe vor uns, die durch Beckmesserei und Intrigen wahrlich nicht gestört werden sollte.

Mit der Neukonstituierung der Berliner Akademie durch die Länder Berlin und Brandenburg wurde die Möglichkeit geschaffen, die Akademiearbeit von Grund auf neu zu gestalten. Professor Hubert Markl, Konstanz, der langjährige Präsident der Deutschen Forschungsgemeinschaft, ist mit seinen Kollegen vom Berufungsausschuß der Garant für den Erfolg dieses Unternehmens. Es wird notwendig sein, die Öffentlichkeitsarbeit der Akademien wesentlich zu verstärken. Auch die Verbindung zu anderen großen Wissenschaftsorganisationen des Bundes und des Auslandes müssen verstärkt werden. Ich halte es für dringend geboten, daß die Konferenz der deutschen Akademien der Wissenschaften ihren Sitz in der Allianz der Forschungseinrichtungen der Bundesrepublik erhält. Die Konferenz hat beschlossen, regelmäßig ein Mitteilungsblatt herauszugeben, das über aktuelle Forschungsprojekte ebenso berichten soll wie über Symposien, internationale Kooperationen und Personalia. Das „Akademie-Journal“ wird durch ein Redaktionskomitee der sechs Akademien geleitet, die mich zum Redakteur gewählt haben. Wir sehen unsere Aufgabe auch darin, die Öffentlichkeit mit Sinn und Arbeit der Akademien vertraut zu machen und nicht zuletzt die zuständigen Politiker mit Informationen zu versehen.

Geomedizinische Forschungsstelle der Heidelberger Akademie

Auf Veranlassung des Hygienikers Ernst Rodenwaldt war diese Forschungsstelle eingerichtet worden, die mehr als 20 Jahre unter der Leitung von Helmut Jusatz vom Südasien-Institut der Universität die Verbreitung der wichtigsten Infektionskrankheiten weltweit untersuchte. Die Ergebnisse wurden in einem aufwendigen Welt-Seuchen-Atlas zusammengestellt. Darüber hinaus wurden auch Erhebungen über Häufigkeit und Verbreitung von Viruskrankheiten, Wurmkrankheiten, durch Zecken hervorgerufene Gesundheitsstörungen, die Verbreitung der Malaria und insbesondere therapieresistenter Formen untersucht. Nach dem altersbedingten Ausscheiden von Professor Jusatz im Juni 1985 wurde ich als Leiter der Geomedizinischen Forschungsstelle bestellt. Die Erforschung der Infektionskrankheiten war zu diesem Zeitpunkt abgeschlossen, und es mußte ein neues Forschungsgebiet gefunden werden. Die Akademie stimmte zu, die Herz-Kreislauferkrankungen in den Mittelpunkt der Erhebungen zu stellen. Hierbei sollte die weltweite Verbreitung dieser Krankheiten, insbesondere der degenerativen arteriosklerotischen Krankheiten untersucht werden. Ihre krankmachenden Faktoren sollten für diagnostische und vor allem auch therapeutische und Vorsorge-Maßnahmen aufgearbeitet werden. Darüber hinaus wurden in Zusammenarbeit mit der Weltgesundheitsorganisation die Risikokonstellationen von Herz- und Gefäßkrankheiten, ihre Verbreitung in der westdeutschen Bevölkerung im globalen Vergleich untersucht. Schließlich wurden in Zusammenarbeit mit dem Bundesgesundheitsamt Erhebungen über Ernährungsgewohnheiten,

Nährstoff-, Mineral- und Vitaminbedarf durchgeführt. Erster Schwerpunkt: Inzidenz und Verlauf der Koronaren Herzkrankheiten in China und Japan zum Vergleichskollektiv in der Bundesrepublik Deutschland.

Es erwies sich als notwendig, die Arbeitsbedingungen der Geomedizinischen Forschungsstelle an moderne Informationssysteme anzugleichen. Deswegen wurden Anschlüsse zum EARN (European Academical Research Network), zum Universitätsrechenzentrum und die Installation von Personal Computern sowie die Umgestaltung der Räume, um Arbeitsvoraussetzungen für eine größere Zahl wissenschaftlicher Mitarbeiter in der Forschungsstelle zu ermöglichen, durchgeführt.

In Deutschland, wie auch in anderen westlichen Industrienationen, sind Herz-Kreislauf-Erkrankungen mit Abstand die häufigste Todesursache. In den Ländern des Fernen Ostens spielen dagegen Herzinfarkte, koronare Herzerkrankungen und arterielle Verschlußkrankheiten zahlenmäßig eine viel geringere Rolle. Wir wissen heute, daß durch eine konsequente Reduktion von Risikofaktoren wie erhöhte Blutfettspiegel, Zigarettenrauchen, Bluthochdruck und Übergewicht, diabetische Stoffwechsellage, Erhöhung der Blutharnsäure eine deutliche Verminderung der Herzinfarktrate erzielt werden kann. Die Volksrepublik China, die zu den Ländern mit der niedrigsten Infarktrate der Welt gehört, ist hierfür ein gutes Beispiel. Dort beträgt der Anteil der koronaren Herzkrankheit weniger als 6 % aller Todesursachen, während die Vergleichszahlen für Deutschland bei 18 % liegen. Wir haben im Jahre 1983 in Zusammenarbeit mit der Medizinischen Hochschule von Wuhan in Mittelchina (Partnerhochschule mit der Universität Heidelberg) die koronaren Risikofaktoren an 2000 Industriearbeitern überprüft. Gleichzeitig wurden in Göttingen unter Anleitung von Professor D. Seidel 6000 Arbeiter des Volkswagenwerkes untersucht. Während in der Bundesrepublik 17 Prozent der Erwachsenen deutlich erhöhte Cholesterinwerte aufweisen, lag dieser Prozentsatz bei den chinesischen Probanden gerade bei 0.1 Prozent. Auch mittelgradig erhöhte Cholesterinwerte, die bei weiteren 32 Prozent der Deutschen festgestellt wurden, kamen bei den Chinesen nur zu 1,7 Prozent vor. Damit liegen in dieser Beziehung 98 Prozent der Chinesen in einem wünschenswerten Bereich, bei den Deutschen sind es nur 41 Prozent. Die Chinesen bieten auch bei fast allen anderen Risikofaktoren ein günstigeres Bild. Erhöhte Triglyzeride, ein weiterer Blutfettparameter, wurden in China bei 7 Prozent, in Deutschland bei 25 Prozent gefunden. Auch die Harnsäurewerte waren deutlich erhöht. Die Zuckerkrankheit ist in China ausgesprochen selten. Nur 1,0 Prozent der Chinesen hatten deutlich erhöhte Nüchternblutzuckerwerte, der Vergleichswert bei den Deutschen beträgt 9,0 Prozent. Besonders deutlich sind die Unterschiede zwischen Chinesen und Deutschen im Körpergewicht. In Deutschland sind 42 Prozent der erwachsenen Männer übergewichtig, während der Vergleichswert in China bei 4,0 Prozent liegt. Der Durchschnittschinese weist ein Idealgewicht auf. Hier fallen allerdings die chinesischen Parteifunktionäre und die Führungskräfte der Betriebe aus dem Rahmen, denn im Unterschied zu den einfachen Arbeitern sind alle gemessenen Durchschnittswerte der koronaren Risikofaktoren höher, was zweifellos mit der unterschiedlichen Lebensweise und der Ernährung zusammenhängt. Der chinesische Arbeiter ernährt sich in erster Linie von Reis und geringen Mengen von Fleisch, Fisch und Gemüse. Dagegen werden häufig Sojabohnenprodukte verzehrt, die in heißem Pflanzenfett ausgebacken werden. Eier, bei uns eine bedeutende Nahrungscholesterinquelle, werden in China – ebenso wie Milchprodukte – nur in sehr geringem Maße verzehrt. Insgesamt ergibt sich daraus bei gleicher Gesamtkalorienzufuhr in China ein vergleichsweise geringer Fettanteil in der Nahrung, der überdies vorwiegend aus pflanzlichem Fett mit viel Sojaprodukten besteht. Die tägliche Cholesterinzufuhr beträgt mit etwa 165 mg/Tag gerade ein Drittel der in Deutschland üblichen. Die niedrigen Blutfettwerte dürften wohl auch auf die gesteigerte körperliche Aktivität der Chinesen zurückzuführen sein, welche ja vorwiegend noch mit Handarbeit beschäftigt sind. Signifikante Unterschiede ergeben sich in den Rauchgewohnheiten, denn die untersuchten chinesischen Arbeiter rauchten wesentlich mehr als die deutschen Probanden.

Dies führte uns zur Annahme, daß Zigarettenrauchen als Risikofaktor der koronaren Herzkrankheiten noch weiterer Co-Faktoren bedarf, und das sind insbesondere pathologisch erhöhte Blutfette. Bei den Chinesen bestehen sehr niedrige Fibrinogenwerte, die für den Aufbau von Thromben in den Kranzgefäßen verantwortlich sind. Diese sind bekanntlich meist für den Kranzgefäßverschluß verantwortlich. Selbst die Einnahme hoher Dosen von Antikonzeptiva, die in vergleichbaren Mengen in der Bundesrepublik Komplikationen auf dem Gebiet des Kreislaufsektors, zum Beispiel in Form von Hirnembolien, verursacht hätten, bleiben in China ohne fatale Wirkungen. Nach der computergerechten Auswertung der Daten, die von meinem Mitarbeiter Dr. Ralf Bernhardt und seiner Frau Karin in Wuhan durchgeführt wurden, wurden die Risikokonstellationen der Koronaren Herzkrankheit in Japan an der Tokai Universität im Großgebiet Tokios durch Dr. Gerd Stehle untersucht. Auch hier ist die Herzinfarktrate deutlich geringer als in westeuropäischen Ländern. Die Statistik der Weltgesundheitsorganisation beziffert die Todesfälle an koronarer Herzkrankheit in Japan auf 40 : 100 000 Männern, in Europa liegen diese Werte acht- bis zwölfmal höher: 300–400 Fälle pro 100 000. Rassische Einflußfaktoren konnten durch Vergleichsuntersuchungen mit in die USA ausgewanderten Japanern ausgeschlossen werden, und es ist auch besonders interessant, daß in Vergleichen zwischen der südchinesischen Bevölkerung in Fukien, welche die Hauptauswanderungsquote nach Taiwan stellte, eine umweltbedingte Erhöhung der Risikofaktoren mit der Akzeptanz der westlichen Lebens- und Ernährungsweise in Taiwan verbunden war. Es gibt allerdings, wie wir später in Untersuchungen mit Professor Wahrendorf vom Deutschen Krebsforschungszentrum zeigen konnten, auch in China angeborene Cholesterinstoffwechselstörungen, welche Herzinfarkte auf familiärer Basis enstehen lassen. Sie gehören jedoch zu den extremen Seltenheiten. Mit Wahrendorfs Case-Controll-Studie konnte ferner wahrscheinlich gemacht werden, daß die in China a priori niedrigen Blutcholesterin- und Blutfettwerte nicht die Entstehung von Krebskrankheiten fördern, wie dies verschiedentlich behauptet wurde.

Durch Dr. Gerd Stehle und seine Kollegen S. Hinohara, H. Tamachi, N. Kanemoto, T. Takahashi, Y. Goto wurden 9256 Japaner und 4066 Japanerinnen untersucht. Die Krankheitsvorgeschichten wurden festgestellt und gespeichert. Die bereits geschilderten erheblichen Unterschiede der Blutzusammensetzung wurden auch für Japan und dem Vergleichskollektiv in Deutschland bestätigt, doch sind die Ergebnisse nicht so massiv wie in China. Es wurden Ernährungserhebungen zu Ernährungsgewohnheiten in Japan und Deutschland angestellt. Mehr als 30 Prozent der befragten Japaner gaben eine Abneigung gegenüber Brot und Fleisch und traditionell westlichen Produkten an und über 35 Prozent bekundeten Gefallen an Fisch, Reis, Gemüse und Sojaprodukten. In der späteren Nachkriegsgeneration hat sich allerdings die Akzeptanz westlicher Ernährungsgewohnheiten und Lebensgewohnheiten eingestellt, was zum Beispiel durch die 50fache Zunahme von amerikanischen Fastfood-Restaurants in Japan während der letzten zehn Jahre verdeutlicht wird. Trotzdem nimmt Japan weiterhin den Spitzenplatz in der Lebenserwartung ein, für Männer sind es 74,5, für Frauen 80,2 Jahre, gegenüber der Bundesrepublik mit 72,5 Jahre bei Männern und Frauen 78,9 Jahre.

Für die Erstellung von Fragebögen und die Erhebung von weiteren wissenschaftlichen Daten in China erwies sich die Mitarbeit des Kollegen Han Shuzhen aus Xian als vorteilhaft, der als Stipendiat der Friedrich-Ebert-Stiftung zwei Jahre bei uns arbeitete und Frage- und Erhebungsbögen in chinesischer Sprache verfaßte. Die Überprüfung von Stress-Situationen in China brachte bemerkenswerte Unterschiede zum westeuropäischen Profil.

1988 wurde mit offizieller Förderung durch das Bundesministerium für Forschung und Technologie eine Kontrollstudie in Wuhan durchgeführt. Zu diesem Zwecke überprüfte Dr. R. Bernhardt nochmals in Wuhan innerhalb von fünf Monaten 1656 chinesische Industriearbeiter der früheren Kollektive. Zusätzlich zur Erfassung der Risikofaktoren wurden nun klinische Daten wie EKG, Belastungs-EKG und Stressanalyse erhoben. Wiederum erfolgte ein Vergleich mit 6000 Arbeitern des

Volkswagenwerkes Kassel im Rahmen der Göttinger Risk Incidence and Prevalence Study (GRIPS). Es zeigte sich, daß sich innerhalb der letzten fünf Jahre im deutschen Kollektiv viermal so häufig Herzinfarkte entwickelten wie in China. Dagegen kamen tödliche Unfälle im Straßenverkehr und am Arbeitsplatz in China viel häufiger vor. Trotz eines sich anbahnenden wirtschaftlichen Aufschwunges haben sich die chinesischen Ernährungsgewohnheiten in der Berichtszeit nicht geändert. Entsprechend ergaben auch die Laborparameter kaum Veränderungen. Wir konnten zusätzlich noch 543 chinesische Jugendliche und 57 Schulkinder untersuchen. Im Vergleich zu westlichen Ländern ist der dort übliche Anstieg des Cholesterinspiegels während der ersten zwanzig Lebensjahre in China kaum wahrnehmbar. Alle die Daten wurden computergesichert gespeichert und in Heidelberg direkt durch die chinesischen Kollegen Dr. Han Shuzhen und Prof. Dr. Zongchen Feng überprüft. Die Stressuntersuchungen wurden durch Prof. Johannes Siegrist in Marburg durchgeführt. Eine etwa gleichzeitig durchgeführte Überprüfung der Resultate im japanischen Kollektiv zeigte eine nur geringfügige Tendenz zur Zunahme der Risiken und der Krankheitsfälle an Herzinfarkten. Es ist aber zu erwarten, daß mit der Anpassung an westliche Lebens- und Ernährungsgewohnheiten in Japan die Infarktrate auch leicht zunehmen wird. Interessant ist das Verhalten der Zigarettenraucher. Nach wie vor gilt es in China und auch in Japan als unfein, wenn Frauen rauchen. Vergleichsuntersuchungen zur Bundesrepublik, aber auch zu Italien, der früheren DDR, Großbritannien und Skandinavien haben dagegen gezeigt, daß Mädchen und junge Frauen in zunehmendem Maße zur Zigarette greifen. Gemeinsame Untersuchungen mit italienischen Kollegen in Neapel und in Padua haben gezeigt, daß dies bereits vor dem 10. Lebensjahr beginnt. Mit Professor Dr. Jan Augustin wurden ins Detail gehende Untersuchungen der Blutfette und der Fett-Eiweiß-Verbindungen bei Rauchern im Gegensatz zu Nichtrauchern durchgeführt, und es ergaben sich beträchtliche Unterschiede im Risikoprofil dieser Stoffklassen. In diese Untersuchungen wurden auch israelische Teams einbezogen, welche vergleichbare Ergebnisse erarbeiteten, darüber hinaus aber interessante Ansätze zum Präventionsprogramm lieferten, indem sie risikobewußte, gesund lebende Schüler und Studenten den gefährdeten Jahrgängen vorstellten. Deren gutes Beispiel erwies sich als recht nützlich.

Nachdem nun damit gezeigt werden konnte, daß angeborene Störungen dem Infarktgeschehen kaum zugrundeliegen können, wenn man von bestimmten seltenen Erbkrankheiten auch auf dem Gebiete des Fettstoffwechsels und des Bluthochdrucks absieht, wurden nun gemeinsame Untersuchungen mit einem Team in Israel und der Universität Tel Aviv begonnen. Hier hatte in den 60er Jahren Professor Dr. Daniel Brunner an Bewohnern von Kibbuzim festgestellt, daß Verschiebungen im Lipid-Protein-Profil zugunsten sogenannter Alphaklassen und auf Kosten sogenannter Betalipoproteine einen relativen Schutz vor Herzinfarkten darstellte. Es wurde nun begonnen, diese Kollektive auch nach den einzelnen Herkunftsländern aufzuschlüsseln, denn hier bestehen beträchtliche Unterschiede zwischen Einwanderern aus dem Jemen, Äthopien, dem Maghreb, West- und Osteuropa. Über drei Generationen soll nun versucht werden, die Dynamik der Risikokonstellationen zu ergründen, um damit ein weiteres Beispiel für den Einfluss der Lebensweise und insbesondere der Ernährung auf krankmachende Faktoren darzulegen. Die Untersuchungen werden gemeinsam mit Professor Wahrendorf, Dr. Maria Blettner und Ina Hoting vom Deutschen Krebsforschungszentrum durch uns durchgeführt. Es soll in den Kollektiven auch die Inzidenz von Krebskrankheiten erfaßt werden.

In Zusammenarbeit mit der Abteilung Klinische Sozialmedizin unter Leitung von Professor Dr. Nüssel ist die Geomedizinische Forschungsstelle maßgeblich an der Durchführung von drei internationalen Studien beteiligt. Es handelt sich um das CINDI-Programm (Countrywide Integrated Noncommunicable Diseases Intervention Program), das eine flächendeckende Erfassung von Herz-Kreislaufkrankheiten, Krebs und nichtinfektiösen Krankheiten weltweit anstrebt. 13 west- und osteuropäische Länder sowie Kanada beteiligen sich an diesem Projekt, das auch vom Land Baden-Württemberg gefördert wird. Das ERICA-Unternehmen (European Risk and Incidence, a Coordinated Analysis), besteht in der retrospektiven Analyse epidemiologischer Studien zum Thema kardiovaskuläre Krankheiten. Ziel ist die Erstellung eines Atlanten zur Verteilung von Risikofaktoren in Europa. Hierzu werden Daten aus 36 Studien aus 17 europäischen Ländern analysiert. In diese Studie werden auch die Erfahrungen der Nüsselschen Eberbach-Wiesloch-Studie eingebracht, welche auf dem Gebiete der gemeindeorientierten Vorsorgemedizin der Bundesrepublik Pionierfunktion leistet. Im MONICA-Projekt (Multinational Monitoring of Trends and Determinants in Cardiovascular Diseases) werden weltweit in 27 Ländern die Risikofaktoren in der Bevölkerung untersucht. Hierbei wurden 44 Register eingerichtet. Heidelberg ist verantwortlich für die internationale Datenverarbeitung. Auch wurde damit das sogenannte Herzinfarkt- und Schlaganfallregister für die Bundesrepublik Deutschland erstellt. Für die Beurteilung der Ursachen und der Bekämpfung dieser wichtigsten Krankheits- und Todesursachen in der Bundesrepublik sind derartige Studien ganz entscheidend. In vergleichenden Untersuchungen konnten die beträchtlichen Unterschiede zwischen Ländern im Westen und dem Osten Europas aufgezeigt werden. Nach wie vor nehmen in Polen, der Tschechoslowakai, Ungarn, Rumänien, Bulgarien und auch in der UdSSR die Herzinfarkte und die Schlaganfälle, die Leberzirrhosen, die Krebserkrankungen auf dem Sektor der Magen-Darm-Krankheiten und der Lungen- und Bronchialkrankheiten weiter zu. Im Gegensatz dazu ist es gelungen, in Westeuropa auf diesem Gebiet einen deutlichen Rückgang der Krankheits- und Todesfälle zu erreichen. Bemerkenswert sind hierbei die Unterschiede zwischen der Bundesrepublik und der früheren DDR. Sowohl die krankmachenden Ursachen als auch deren Folgen wie Herzinfarkte, Leberzirrhose, Schlaganfälle, Diabetes mellitus waren in der DDR wesentlich stärker verbreitet als in der Bundesrepublik. Genetische Faktoren kann man wohl in Anbetracht der Identität der beiden Bevölkerungsgruppen ausschliesen. Dies ist ein weiterer Beweis für den Einfluß der Umwelt und der allgemeinen Lebensverhältnisse auf Krankheitsentstehung und Krankheitsverlauf. Im Rahmen der Untersuchungen wurde festgestellt, daß in den Ländern des Ostblocks, insbesondere in Ungarn und in der früheren DDR, die Selbstmordrate ungewöhnlich hoch war. Es ist zu erwarten, daß sich die Situation mit der Besserung der politischen und der Wirtschaftslage, vor allem in der ehemaligen DDR wesentlich ändern wird. In dieser Hinsicht wird auch die Einwirkung der Umweltschäden auf die Gesundheit weiter zu untersuchen sein. Merkwürdigerweise kommen in den nördlichen Bezirken der früheren DDR die Krebserkrankungen häufiger vor als in den stark umweltbelasteten südlichen Regionen Sachsen-Anhalt, Sachsen und Thüringen. Natürlich muß man die flächendeckenden epidemiologischen Erhebungen sorgfältig unterscheiden von den individuellen Überprüfungen. Hier ist insbesondere auf die schädliche Wirkung strahlender Elemente im Gebiet des Uranbergbaus hinzuweisen. Auch die Entwicklung von Bronchialkarzinomen als Folge von Luftverpestungen muß untersucht werden.

Die Geomedizinische Forschungsstelle wird mit der Russischen Akademie der Wissenschaften und dem Institut für Steuerungsprozesse die Effekte radioaktiver Strahlung auf die betroffene Bevölkerung untersuchen. Der Tschernobyl-Unfall als größter bisheriger Unfall in der Nuklearindustrie hat die Strahlenbelastung der Bevölkerung in weiten geographischen Gebieten verändert. Die Auswirkungen dieser Effekte auf die Gesundheit der Bevölkerung sind schwierig quantitativ und objektiv zu erfassen. Aus wissenschaftlichen, logistischen und politischen Gründen sind Daten in nicht ausreichendem Maße erhoben worden und die verfügbaren Daten in ihrer Validität stark eingeschränkt. Auf der anderen Seite besteht ein nicht bestreitbar hoher Bedarf, Entscheidungen und Maßnahmen zu optimieren, die im Hinblick auf die potentielle Gesundheitsgefährdung ionisierender Strahlung getroffen werden müssen. Genau hier setzt das gemeinsame Vorhaben mit dem Moskauer Institut für Steuerungsprozesse der Russischen Akademie der Wissenschaften an. Bei allen Einschränkungen soll versucht werden, die Daten des weltweit einzigen großen Registers mit Verlaufsbeobachtungen nach Kernkraftunfällen (Tschernobyl Staatsregister) zu verarbeiten. Im Vordergrund steht die Entwicklung geeigneter Methodologien für Vorhersagemodelle zur Abschätzung gesundheitlicher Folgen nach größeren Unfällen in der Nuklearindustrie. Es wird dabei ein mathematisch-wahrscheinlichkeitstheoretischer Ansatz verfolgt. Idealerweise sind dabei die Vorhersagen so konkret, wie es der derzeitige Wissensstand und die Datenlage erlauben. Die Entwicklung der Modelle erfolgt im Hinblick auf die Unterstützung politischer Entscheidungsfindungen. Die Deutsche Forschungsgemeinschaft hat beschlossen, das Projekt durch Mittelzuweisung zu fördern.

Die in der Geomedizinischen Forschungsstelle arbeitenden chinesischen Wissenschaftler untersuchten die Verbreitung endemischer Krankheiten wie Jodmangel, Struma, Zeckenenzephalitis, Q-Fieber, Tollwut, Karies und Fluorose in der Bundesrepublik und zogen entsprechende Vergleiche mit dem Vorkommen in der Volksrepublik China mit dem Schwerpunkt der sogenannten Keshan-Krankheit, eine Herzmuskelkrankheit, die in bestimmten Regionen Chinas endemisch auftritt. Die innere Krankheitsursache ist noch unklar, doch wurden ein Mangel des Spurenelementes Selen sowie endemische Pilzkrankheiten dafür verantwortlich gemacht.

In Zusammenarbeit mit dem Bundesgesundheitsamt wurden unter Leitung von Frau Dr. Arab-Kohlmeier und W. Sichert-Oevermann Studien zur Erfassung von Ernährungsgewohnheiten mittels eines computerisierten Programmes durchgeführt. Hierbei wurden die Zufuhr von Spurenelementen und Vitaminen, insbesondere des B-Komplexes, in einer vorgegebenen Bevölkerungsgruppe überprüft. Nach einem Workshop über „Standardisierung von Ernährungs-Erhebungsmethoden“ wurden europäische Nährwerttabellen erstellt.

Forschung in der Industriegesellschaft

Vom Arzt und Hochschullehrer kann verlangt werden, daß er sich den großen Fragen unserer Gesellschaft stellt. Ich habe es daher als eine dringliche Aufgabe angesehen, das Wissenschaftsverständnis in unserer Bevölkerung zu fördern. Insbesondere habe ich mich mit der Stellung der Forschung in der Industriegesellschaft und den Aufgaben der Universitäten befaßt. Gewiß gibt es auch gegenteilige Meinungen gerade unter den Hochschullehrern. Aber ich hielt es für angebracht, nach langen Jahrzehnten forscherischer Arbeit die damit zusammenhängenden Probleme darzulegen.

Eine moderne Industriegesellschaft ist ohne Wissenschaft nicht lebensfähig. Die Öffentlichkeit hat dies bisher im allgemeinen akzeptiert. Es hat sich eine Anspruchshaltung entwickelt, in der ein hoher Lebensstandard gleichsam als verfassungsmäßiger Rechtsanspruch betrachtet wird. Dieser Lebensstandard ist nur zu halten bei stabilem Wachstum, Erhaltung des Geldwertes, außenwirtschaftlichem Gleichgewicht und angemessenen Arbeitsbedingungen. All das kann nur durch eine gesunde Wirtschaft erreicht werden, wenn der Staat nicht auf Pump leben will. Dies wird dann lebensgefährlich, wenn keine natürlichen und industriellen Ressourcen vorhanden sind. Eine gesunde Wirtschaft ist nicht allein vom Produktvolumen abhängig, sondern auf Innovationen angewiesen. Das kann nur durch die Wissenschaft und speziell durch die Forschung erreicht werden. Es ist also eine vordringliche Aufgabe unseres Staates, entsprechende Bedingungen zu erhalten und zu verbessern. Gerade dies wird in letzter Zeit aus verschiedenen Richtungen attackiert. Die moderne Industriegesellschaft hat sicher Probleme mit ihren Techniken. Diese Probleme werden heute zum Kristallisationspunkt der gegen den Staat gerichteten Aktivitäten. Die Gesellschaft wird in steigendem Maße durch Mißtrauen beeinflußt, das vor allem soziologisch und psychologisch motiviert ist. Dem Industriestaat werden immer neue schwere Fehler angelastet, und gewisse Medien tragen dazu bei, Vertrauenskrisen zu erzeugen, die für die Entwicklung unserer Nation einen bedrohlichen Charakter angenommen haben. Man akzeptiert zwar generell, daß ein gesichertes Leben nur durch den Einsatz wirksamer großtechnologischer Einrichtungen möglich ist; aber gerade diese werden immer wieder bekämpft. Diese Großtechnologien sind bekanntlich so spezialisiert, daß die Öffentlichkeit auf weitere Informationen angewiesen ist. Die technisierte Welt wird dem Durchschnittsbürger fremd und unheimlich, da er sie nicht versteht. Er ist also auf weitere Informationen angewiesen. Diese Informationen können aber nur von den Sachverständigen gegeben werden. Hier gibt es zweifellos Versäumnisse.

Wenn der Mensch in der zunehmend technisierten Welt, von der er abhängig ist, sich nicht mehr einordnen kann, wenn er ihr nicht traut, und wenn er keine Möglichkeiten sieht, sie selbst zu kontrollieren, wenn er pausenlos mit tendenziösen und falschen Informationen konfrontiert wird, so steht er letzten Endes auch wissenschaftlichen Verlautbarungen skeptisch gegenüber, insbesondere wenn sie in autoritativer Form, zum Beispiel von Behörden oder politischen Gremien gegeben werden. Der Bürger hat sich bereits aufgrund permanenter bewußter oder fahrlässiger Fehlinformationen sein eigenes Urteil gebildet, und er ist nicht in der Lage, auch nicht gewillt, dies durch wissenschaftliche Argumente korrigieren zu lassen. Feuilletonbeiträge ohne entsprechenden Sachverstand, scheinwissenschaftliche Argumente, die einander widersprechen, stellen eine enorme Gefahr für unsere Öffentlichkeit dar. Jedem sind solche Vorgänge geläufig, wenn zum Beispiel über die Folgen von Strahlenunfällen Dokumentationen aufgebaut werden, die von Fachleuten leicht als Fälschungen und Klitterungen erkannt werden, aber im Spiel mit der Angst, dem sich so manche Medien hingeben, als wahr unterstellt werden. Wenn dann der Bürger auf Distanz zur Industrie geht, wenn er zwar deren Endprodukte als unverzichtbar ansieht, aber den Produktionsprozeß verteufelt und strikt ablehnt, so liegt darin das Dilemma der modernen Gesellschaft.

Die absolute Sicherheit und Risikolosigkeit in einer Industriegesellschaft, wie überhaupt in jeder menschlichen Gesellschaft, ist eine Utopie. Die Menschen müssen dazu gebracht werden, die verlorengegangenen Orientierungssysteme wiederzugewinnen. Die allgemeine Unzufriedenheit nimmt keine Tatsachen mehr zur Kenntnis. Hochrangige Politiker machen ihr Geschäft mit der sogenannten neuen Armut, indem sie den hohen Lebensstandard unserer Bevölkerung verdrängen. Wie Hans Christoph Röglin es ausdrückt: In unserer Gesellschaft ist der soziale Neid so verankert, daß viele Menschen gar nicht mehr realisieren, wie gut es ihnen geht. Sie fühlen sich sozusagen schlecht, wenn es einem anderen besser geht!

Wer unsere jetzigen Gesellschaftsformen ablehnt, muß daraus die Konsequenz ziehen, auf viele jetzt als selbstverständlich angesehene Leistungen zu verzichten. Daraus resultiert die Entwicklung eines ganz anderen Lebensstils. Unsere Öffentlichkeit muß wieder lernen, mit Fakten zu leben und utopisches Wunschdenken aufzugeben. Die Auslöschung des modernen Industriestaates, welche sich der Morgenthau-Plan nach dem Krieg zum Ziele gesetzt hatte, die Realisierung der sogenannten alternativen Denkmodelle, können nur zu einer Massenverelendung von unvorstellbarem internationalen Ausmaß führen.

Forschung und Industriegesellschaft sind voneinander abhängig und aufeinander angewiesen. Bekanntlich gliedert sich die Forschung in Grundlagen- und angewandte Forschung. Beide werden in der Universität wie in der Industrie praktiziert. Die in ihren Auswirkungen nicht ohne weiteres beurteilbare Grundlagenforschung ist in der Bundesrepublik Deutschland stark entwickelt. Nach Auskünften der Deutschen Forschungsgemeinschaft sind dafür über zehn Milliarden DM pro Jahr anzusetzen, das ist ein halbes Prozent des von der deutschen Bevölkerung erwirtschafteten Bruttosozialproduktes. Insgesamt wurden 3,7 Prozent des Bruttosozialproduktes, das sind etwa 62 Milliarden DM, für Wissenschaftsaufgaben aufgewandt. Für reine Forschung ergaben sich 2,8 Prozent, das sind 47 Milliarden DM, wovon 42 Prozent die öffentliche Hand und zirka 56 Prozent die Wirtschaft aufbrachte. Die Deutsche Forschungsgemeinschaft, der wichtigste Träger der nichtwirtschaftsbedingten Forschung, hat ein Budget von einer Milliarde, das sind 2 Prozent der Gesamtausgaben für Forschung und Entwicklung und etwa 5 Prozent der dafür vom Bund und den Ländern aufgebrachten Mittel. Der Betrag entspricht zum Vergleich gerade 60 Prozent der für öffentliche Theater aufgewendeten Zuschüsse. Für alle 162 Sonderforschungsbereiche der Deutschen Forschungsgemeinschaft wurde 1985 genausoviel aufgewandt, wie den deutschen Steuerzahler die Vernichtung von EG-Butter durch Verfütterung an Mastkälber kostet. Man muß dabei auch hier die Frage der Effizienz aufwerfen. Es wird oft die Meinung vertreten, daß Politiker meist im Zustand wissenschafttheoretischer Unschuld handeln. Sie sind also auf wissenschaftliche Informationen angewiesen. Es ist zu hoffen, daß sie diese akzeptieren.

Grundlagenforschung und Projektforschung

Universitäten und forschende Industrie haben ihre speziellen Einrichtungen und ihre speziellen Strukturen. Während an den Universitäten mehr zweckfreie Forschung betrieben wird, die aber jederzeit in Zweckforschung einmünden kann, ist in der Industrie a priori eine an bestimmten Zwecken ausgerichtete Forschung angesiedelt. Die Industrie geht von ihrer eigenen Grundlagenforschung aus, die dann zur reinen Projektforschung genützt wird. Wenn es ein auch heute gültiges Postulat ist, daß Forschung zunächst einmal zweckfrei zu sein habe, so werden sich im Verlaufe forscherischer Unternehmungen bald auch Fragen der Zweckmäßigkeit einstellen.

Wie breitgefächert auch zweckbestimmte Forschungen sind, kann am Beispiel der Arzneientwicklung aufgezeigt werden. Nur eine von sechstausend neusynthetisierten Substanzen entspricht den Anforderungen an Wirksamkeit und Sicherheit eines neuen Arzneimittels, das heißt die Erfolgsquote ist 1:6000 (nach anderen Erhebungen sogar 1:10000). Schon geringfügige Änderungen der chemischen Struktur erzielen enorme Wirkungen. So wurden aus antibakteriell wirksamen Sulfonamiden blutzuckersenkende Sulfonylharnstoffe zur Behandlung des Diabetes. Für die Entwicklung eines einzigen Medikamentes werden durchschnittlich 245 Millionen DM aufgebracht. Bis sie sich rentieren, sind im allgemeinen zehn Jahre der 20jährigen Patentzeit vergangen.

Nach Angaben des amerikanischen Verbandes der Arzneimittelhersteller dauert die Entwicklung eines neuen Medikamentes einschließlich der klinischen Tests im Schnitt 12 Jahre, die durchschnittlichen Entwicklungskosten werden auf 230 Millionen Dollar beziffert. Mit Hilfe der Molekularbiologie und der Gentechnik können wirkungsvollere und besser verträgliche Medikamente entwickelt werden, die Entwicklungsphase und -kosten können erheblich gesenkt werden. So ist es kein Wunder, daß die Pharmazeutische Industrie auf diesem Sektor besonders tätig ist. Auch deutsche Pharmakonzerne haben in Anbetracht der unsicheren juristischen Situation in der Bundesrepublik ihre molekularbiologischen Zentren ins Ausland verlegt. So betreibt die Firma Hoechst in New Jersey für 18 Millionen Dollar ein Labor für Molekulare Neurobiologie, die BASF baut in der Nähe von Harvard für 100 Millionen Dollar ein Zentrum für Biomedizinische Forschung, und Bayer hat in der Nähe von Yale für 130 Millionen Dollar ein Forschungszentrum für gentechnische Proteine erstellt. Auch Schering hat für mehr als 200 Millionen Dollar bei Biotec Unternehmen erworben und weitere 50 Millionen Dollar in ein Forschungs- und Produktionszentrum in der Nähe von Berkeley investiert. Wenn für die deutsche Pharmaindustrie nicht endlich entsprechende Voraussetzungen bei uns geschaffen und juristisch abgesichert werden, so sind die Folgen für unsere Wirtschaft und damit für unseren Staat verheerend. Die Entwicklung und Vermarktung von gentechnischen Medikamenten ist somit das Gebot der Stunde. Wissenschaftler müssen hierbei, auch was die Risiken angeht, das Sagen haben. Ein Beispiel für äußerst erfolgreiche Arbeit ist Prof. Jürgen Drews, der seine Ausbildung zum Internisten an unserer Klinik absolvierte und dann das wissenschaftliche Forschungsinstitut der Firma Sandoz in Wien aufbaute und gestaltete. Er übernahm dann wichtige Funktionen der Forschung im Stammhaus von Sandoz in Basel, ehe er eine leitende Stellung des Schweizerischen Pharmakonzerns Hoffmann-La Roche in den USA übernahm. Seine Ideen und seine Erfolge beruhen ganz gewiß auch auf dem nahen Kontakt zu den Klinikern. Hoffmann-La Roche ist mit mehr als 60 % an der Firma Genentech beteiligt. Die ursprüngliche Zurückhaltung von Spitzenkräften der Eliteuniversitäten wurde aufgegeben, so daß z. B. im Zentrum der Genentech mehr als 400 hochqualifizierte Wissenschaftler arbeiten. Daß auch deutsche Wissenschaftler in zunehmendem Maße ins Ausland gehen, verwundert in Anbetracht der Forschungspolitik in der Bundesrepublik gewiß nicht.

Was können die Universitäten an Forschungen bieten?

Als erstes ist die Ausbildung tüchtiger Studenten und Akademiker zu nennen. Sie muß bereits an den höheren Schulen beginnen. Bestimmte Ausbildungsgänge etwa in Mathematik, Biologie, Botanik, Zoologie und in der Humangenetik können zum Beispiel die vorklinische Ausbildung der Mediziner verkürzen. Das bedeutet freilich die frühere Differenzierung von Berufszielen in den letzten Oberschuljahren.

Es ist eine spezielle Aufgabe der Universität, junge kritische, fleißige und gut qualifizierte Kräfte auszubilden. Dies gilt nicht nur für die mathematisch-naturwissenschaftlichen Bereiche, sondern auch für die Geisteswissenschaften. Deren spezielle Probleme und Möglichkeiten wurden bereits eingangs kurz geschildert. Hochqualifizierte Assistenten sollten in ihrer wissenschaftlichen Karriere so gefördert werden, daß sie auch ungewöhnliche Leistungen erbringen.

Dies muß im Kontext zum gesamten Forschungsumfeld gesehen werden, wobei sich Spannungen zwischen autonomer Zielsetzung der Wissenschaften und den Erfordernissen in der gesellschaftlichen, beruflichen und wissenschaftlichen Praxis ergeben.

Wie dies Hubert Markl, ehemaliger Präsident der DFG, formuliert hat: Die Wissenschaft dient mit Entdeckungen, Köpfen, Kritik und Verbindungen. Es werden also neue Ideen entwickelt und ausprobiert, ohne daß man a priori ein festes Ziel im Auge hat. Die kritische Denkfähigkeit unserer Nachwuchswissenschaftler muß gefördert werden, das bedeutet die Führung der Studenten, der Doktoranden und der sogenannten Postdocs. Diese Aufgabe wird erleichtert, wenn sie in überschaubaren Verbänden arbeiten, zum Beispiel in Forschungsgruppen zur Durchführung von Schwerpunktprogrammen und Sonderforschungsbereichen. Hier bietet sich nun bereits die Zusammenarbeit mit der Industrie an. Wir können davon ausgehen, daß erfolgreiche Absolventen der Hochschulen, die in der Industrie arbeiten, die speziellen Forschungsmöglichkeiten und forscherischen Potenzen bestimmter Hochschulen kennen und für spätere Zusammenarbeit nutzen.

Nichts spricht dagegen, daß gemeinsame Forschungsprojekte in engen Kontakten durchgeführt werden. Dies hilft auch der absolut unerläßlichen gegenseitigen Überprüfung. Die arbeitsteilige Forschung ist in dieser Hinsicht meines Erachtens bisher ungenügend ausgenutzt. Von überragender Bedeutung sind internationale Kontakte. Sie können einmal projektbezogen nach Kenntnis der Literatur hergestellt werden. Viel effektiver sind persönliche Kontakte und gemeinsame Projekte, die durch Besuchsreisen oder die so beliebten internationalen Kongresse nur ergänzt werden sollten. Solche Kooperationen haben sich vielfach bewährt. Dies dient auch der Ausbildung von Nachwuchswissenschaftlern. Ein gutes Beispiel ist die enge Kooperation zwischen dem Baylor College in Houston, dem Deutschen Krebsforschungszentrum, dem Europäischen Molekularbiologischen Institut und unserem Stoffwechselteam an der Universität Heidelberg. Interessante Verbindungen wurden mit japanischen und chinesischen Universitäten geknüpft. Ein guter Weg für die Herstellung von Kontakten ist die Durchführung von Symposien und Workshops in kleinen sachverständigen Gruppen unter Beteiligung aller Forscherebenen.

Technologietransfer

Um auf die Aktivitäten der Hochschulen zurückzukommen, so hat es sich bewährt, Forschungsschwerpunkte zu bilden und Spezialgebiete zu verstärken. Dies wird in der Regel auf der persönlichen Initiative eines Hochschullehrers beruhen. Natürlich werden dazu Mittel benötigt, aber sie müssen von der Qualität bestimmt sein. Wie Hubert Markl formulierte: Qualität muß Geld anziehen, nicht umgekehrt. Das erfordert die absolute Kompetenz der Wissenschaftler, die sich auch in der Zusammenarbeit zwischen Universitäten und Wirtschaft bewähren wird.

Unter dem Stichwort des Technologietransfers haben die Universitäten bereits Beträchtliches geleistet. Leistungen müssen aber auch erbracht werden, um Meinungsträger, Meinungsgestalter und Meinungsmultiplikatoren zu informieren. Die den Universitäten eigene Freiheit der Forschung muß entsprechend dargestellt werden. Das bedeutet auch Kritik und Gegenkritik in der täglichen Arbeit. Aus scheinbar unerwarteten und unlogischen Ergebnissen sind oft entscheidende neue Erkenntnisse gewonnen worden. Es darf also auf keinen Fall zu einer Unterdrückung von Fakten kommen, die zum Beispiel einem Geldgeber nicht gelegen kommen.

Konkurrenzdenken kann an Forschungseinrichtungen der Wirtschaft gewisse Gefahren einschließen.

Mit der Vernetzung internationaler Forschungsvorhaben sind in den letzten Jahrzehnten Spitzenergebnisse der deutschen Wissenschaft erzielt worden. Es ist gelungen, den tiefen Graben zwischen der deutschen und internationalen Wissenschaft zuzuschütten. Man kann sich persönlich über das Ausmaß der enormen Verluste unserer Wissenschaft informieren. War zum Beispiel bis zum Jahre 1939 die deutsche Wissenschaft in den skandinavischen Ländern, aber auch in den Ländern des jetzigen Ostblocks und in Japan führend, so hörte dies 1939 schlagartig auf. Man findet von diesem Zeitpunkt ab keine deutsche Literatur, keine wissenschaftlichen Zeitschriften und Lehrbücher mehr in den Forschungsbibliotheken. Erst allmählich begann 1950 eine gewisse Besserung, die aber bis heute absolut nicht ausreicht. Spärliche persönliche Kontakte versuchten zwar auch diese Zeit zu überbrücken, insbesondere haben uns hier zahlreiche emigrierte Forscher ungemein wichtige Unterstützungen und Hilfen gewährt. Es sind in allererster Linie Spitzenforscher gewesen, welche den internationalen Standard erreichten und internationale Kontakte ermöglichten. Auch dies ist ein Beweis dafür, daß die Ausbildung von Eliten absolut unerläßlich ist. Das Leistungsprinzip muß nach wie vor an den Universitäten gewährt und verstärkt werden, wenn sie nicht ins Mittelmaß absinken wollen. Gerade weil für viele Bereiche keine ausreichende Effizienzkontrolle besteht, müssen die Hochschulen selbst dafür sorgen, daß ausgezeichnete Forschung sich der internationalen Kritik stellt. Es ist viel wichtiger, auf einigen Gebieten absolute Spitzenleistungen zu bringen, als auf vielen Gebieten zweit- oder drittklassige Ergebnisse auch im Sinne des Nachschaffens zu publizieren

Soziologie und Psychologie – Aufgaben der Universität

Was verlangen wir von diesen Fachrichtungen? Diese Frage ist mit dem gegenwärtigen Wissenschaftsverständnis unserer Bevölkerung verbunden Nach Erhebungen am Düsseldorfer Institut für angewandte Sozialpsychologie sind immer mehr Menschen in der Bundesrepublik der Ansicht, daß unsere gesunde Welt durch Aktivitäten der Großindustrie massiv gefährdet ist. Neben der Kernenergie gilt dies für die gesamte Energiewirtschaft, chemische Industrie, Stahlwerke, die Bergwerke, aber auch die Verbrauchermärkte, die Großproduzenten von Nahrungsmitteln, überhaupt für alles, was man unter Großtechnologie einreiht. All dies ist die Inkarnation einer Teufelswelt: Raffinerien, Kernkraftwerke, Stahlwerke und Kohlebergwerke stehen somit gegen die gesunde Welt in Gemeinde, Dorf, Nachbarschaft, Freundschaft, alles was die private Welt des Menschen ausmacht. Man hat den Eindruck, daß immer mehr Menschen in die Nostalgie flüchten, das heißt aus der Wirklichkeit in die Geborgenheit einer Vergangenheit, von der man absolut sicher ist, daß „es schon passiert" ist. Aber wenn man von Energiesparen redet, so wird dadurch die Energieversorgung nicht ersetzt. Entweder man sorgt für mehr Sicherheit der bisherigen Energiequellen, oder man verzichtet auf sie und richtet neue ein. Darauf muß sich auch die alternative Wissenschaft einstellen, wenn sie überhaupt als Wissenschaft zu bezeichnen ist; sie schlägt merkwürdige Haken. Wer zum Beispiel den absoluten Verzicht auf chemische Pflanzenschutzmittel fordert, der kann im gleichen Atemzuge nicht die gentechnische Forschung anprangern, die Nutzpflanzen züchtet, welche gegen Schädlinge resistenter sind und unter einfachen Lebensbedingungen leben. Wenn es mit gentechnischen Mitteln gelungen ist, die Zahl der Ernten pro Jahr von eins auf drei zu erhöhen, so bedeutet dies einen außerordentlichen Vorteil gerade für Kinder der Dritten Welt.

Wenn die Gentechnologie bei uns weiterhin nicht auf freier Basis arbeiten kann, so wird dies Schäden und Verluste für unsere Gesellschaft zur Folge haben. Die Pharmaindustrie, die Chemie, Biochemie und Biophysik machten Deutschland früher zur Apotheke der Welt. Heute wird uns überall der Rang abgelaufen. Es ist höchste Zeit, daß gesetzliche Regelungen auch in die Tat umgesetzt werden und nicht latent oder offensichtlich in Frage gestellt bleiben.

Wenn behauptet wird, daß mit einem Reaktorbau die Schadensfolgen der Wissenschaft erstmals über die Ländergrenzen reichen und ganze Kontinente bedrohen, so fragt Hubert Markl mit Recht, wie es denn eigentlich mit der Reichweite, mit den Auswirkungen und Schadensfolgen der Schriften von Philosophen, Juristen und Ökonomen bestellt sei. Man kann nur hoffen, daß die Opfer von Naturwissenschaften und Technik niemals das Ausmaß der Opfer von Ideologien erreichen werden. Wer einen Blick in die politische Landschaft der Welt wirft, kann dem nur zustimmen. Unter der akademischen Jugend gibt es Gruppen, welche diese Ideologien bejahen und in die Tat umzusetzen versuchen. Die Universitäten, übrigens im Gegensatz zu den Fachhochschulen, waren leider Brutstätten von Kadern, deren Politik die absolute Verneinung war. Sie verliefen in drei Stufen. Eine Gruppe flüchtet sich in den Traum, den Rausch bis hin zu den Drogen, weil sie diese böse Welt ablehnt. Die zweite Gruppe, die Alternativen und Ökologen, wollen die Technik aus dem täglichen Leben zurückdrängen und durch biologische Verfahren ersetzen. Die dritte Gruppe fordert, man müsse die böse Welt zerstören, denn nur damit werde etwas Gutes erreicht. Der radikale Fundamentalismus wird bekanntlich in der Führungsspitze der Grünen vertreten. Es ist nun bezeichnend, daß wir hier jene Figuren wiederfinden, die wir anläßlich der Hochschulunruhen in den späten 60er und frühen 70er Jahren kennenlernten. Das heißt, diese im Grunde dort erfolglos gebliebenen Gruppen haben sich auf das Gebiet der großen Politik begeben und treiben dort mehr oder weniger unbehindert ihr Unwesen. In der Hochschule konnten sie sich nicht entfalten, weil die Hochschulgremien selbst es waren, die, wenn auch unter erheblichen Opfern und erheblichem Einsatz, ihren Aktivitäten ein Ende bereiteten. Bis heute sind Rückwirkungen insbesondere auf Strukturen zu verzeichnen. Manche insuffizienten Gremien, die letzten Endes von gutmeinenden Hochschulpolitikern auch auf Landesebene geschaffen wurden, haben sich bis heute gehalten. Bei uns etwas zurückzudrehen oder zu verändern, ist im Gegensatz zu den angelsächsischen aber auch zu den Universitäten des früheren Ostblocks sehr schwierig, wo Strukturen kurzfristig in Frage gestellt werden, wenn sie sich als unergiebig oder falsch herausstellen. Hier liegt eine der Miseren unserer Hochschulen. Darin besteht auch ein fundamentaler Unterschied zur Industrie, wo letzten Endes der überprüfbare Erfolg über Forschungsvorhaben, Strategien und Strukturen entscheidet.

Öffentlichkeitsarbeit von Universität und Wirtschaft

Ich bin der Meinung, daß die aggressiven Reaktionen vieler junger Menschen, die, politisch umgemünzt, bis zur Verweigerung gegenüber dem Staat führen, der sie ja alle alimentiert und ihnen ein Leben in Freiheit und ohne große materielle Not ermöglicht, auf mangelnder Information und auf mangelndem Sachverstand beruhen. Es muß alles darangesetzt werden, junge Menschen mit Kritikvermögen auszustatten und sie mit den nötigen Informationen zu versorgen. Das heißt, auch die Industrie ist aufgerufen, sich selbst besser darzustellen; nicht nur auf Angriffe zu reagieren, sondern die notwendige Öffentlichkeitsarbeit zu leisten. Aufgetretene Schäden müssen geschildert und in ihrer Bedeutung rückhaltlos aufgeklärt werden. Zwischen der Einleitung eines harmlosen Farbstoffes und der noch immer täglich erfolgenden Einleitung ganzer Eisenbahnwaggons an Kalisalzen in den Oberrhein müssen auch die Medien unterscheiden. Schadensfolgen sollten nicht nur von den Schadensverursachern dargestellt, sondern auch durch neutrale Gutachter erfaßt werden. Entscheidend ist aber, daß Gutachten insbesondere auf wissenschaftlicher Ebene absolut schlüssig sind. So lange selbsternannte oder auch von außen eingesetzte Gutachtergruppen zu völlig unterschiedlichen Ergebnissen kommen, so lange wird die Öffentlichkeit von der Aussagekraft solcher Gutachten nicht überzeugt sein. Dafür gibt es zahlreiche Beispiele, von der gesunden Ernährung bis über die Luftverunreinigung, die Schadenswirkung durch aktives Zigarettenrauchen oder durch Passivrauchen, die Schadstoffverminderung durch Katalysatoren oder durch Abschalten des Fahrzeuges an den Ampeln bis zur Ursache von Waldschäden. Die Schwierigkeit besteht darin, daß die meisten Dinge sehr komplex sind und daß verkürzte Informationen eher noch zu größeren Verwirrungen führen. Mit anderen Worten, es müssen der Öffentlichkeit die richtigen Informationen zur Verfügung gestellt werden. Die Industrie, aber ebenso die Universitäten und politischen Gremien, haben hier keine Bringschuld, sondern sie müssen dem Selbstverständnis des Bürgers zuarbeiten. Es muß der Öffentlichkeit mehr zugemutet und mehr zugetraut werden (Hans Christian Röglin). Große Aufgaben der Schulen und Universitäten bestehen darin, junge Menschen mit dem nötigen Kritikvermögen auszustatten. Das heißt unsere Lehrer und Professoren der Soziologie und Psychologie sollten sich mit diesen Fragen gründlich auseinandersetzen. Sie sollten in ihren Lehrprogrammen darauf hinarbeiten, die Kritikfähigkeit der jungen Generationen so zu schärfen, daß sie ihren eigenen Weg suchen und Tatsachen von bloßen Spekulationen und Tendenzbehauptungen unterscheiden kann. Mit Droh- und Strafappellen wird man überhaupt nicht weiterkommen. Wir haben dies in Programmen zur Entwöhnung von Rauchern gesehen. Selbst die schreckliche anatomische oder klinische Demonstration von Bronchialkarzinomen oder von schwerem Lungenversagen beeindruckten die Zielgruppen an Schulen und Universitäten oder unter Lehrlingen nicht. Eine Erfahrung an der Hadassah-Universität in Jerusalem sollte beachtet werden, daß man sozusagen Idealgestalten der eigenen Generation, zum Beispiel nichtrauchende

Leistungssportler oder Spitzenschüler als präventive Vorbilder einsetzt. Ich bin sicher, daß die Psycholologie auf diesem Sektor sehr viel Interessantes zu bieten hat.

Ich meine, es ist an der Zeit, daß die große Verneinung durch bestimmte Gruppen von Grund auf zurückgedrängt wird. Die von den Grünen gestellten Fragen können heute in sachlicher Weise beantwortet werden. Militante Minderheiten sollten nicht länger auf dem politischen Feld Erfolge einheimsen, nur weil die notwendigen Informationen, die sie ad absurdum führen, nicht verfügbar sind. Wenn sich Minderheiten svstemkonform politisch organisiert haben, so wird dies zur Zeit von der Öffentlichkeit akzeptiert. Ich verweise auf die Wahlergebnisse in den Wohlstandsvierteln der Universitätsstädte, wo Fragen der Ökologie unter völliger Ausklammerung wichtiger politischer Gegebenheiten das Wahlverhalten bestimmten. Auch dies sind Beispiele einer fortgeschrittenen Identitätskrise im modernen Staat. Sich für diesen Staat einzusetzen, sollte ein wichtiges Motiv der Forschung und der Lehre an den Universitäten sein. Das gilt für alle unsere Lebensbereiche, für deren Erhaltung und Sicherung nicht zuletzt die Industrie verantwortlich ist.

Innere Medizin heute

Seit meiner Approbation zum Arzt sind 50 Jahre vergangen. Jahre der Forschung, der Lehre und der Krankenbehandlung. Die Betreuung kranker Menschen habe ich mir immer zur Hauptaufgabe gemacht. Meine Handlungen waren dem ärztlichen Auftrag untergeordnet. In der vergangenen fünf Jahrzehnten unterlag die Medizin außerordentlichen und aufregenden Wandlungen. Auf allen Gebieten der Diagnostik und der Therapie gibt es Fortschritte, die dem Patienten und seinem Arzt immer neue Aufgaben stellen. Der Arzt muß Verständnis für seinen oft verunsicherten, hilfesuchenden Patienten haben.

Wenn Kranke mit unbestimmten Beschwerden zu uns kommen, so steht in aller Regel noch nicht fest, welcher Natur ihre Krankheit und ihre Klagen sind, welche Organe betroffen sind, und wie der kranke Mensch als Persönlichkeit einzuordnen ist. Wenn man vermeiden will, daß der Patient durch verschiedene mehr oder weniger hochspezialisierte Abteilungen geht und damit zum wirklichen homo patiens wird, so muß eine zentrale Anlaufstelle zur Vorklärung aller Beschwerden eingerichtet werden. In großen Kliniken ist dies eine optimal ausgerichtete Aufnahmestation. In Heidelberg wurde dies von den zuständigen Abteilungsdirektoren der Inneren Medizin strikt abgelehnt und bisher auch verhindert. Man hat aber auch Abstand davon genommen, eine Abteilung für Allgemeine Innere Medizin zu erhalten, wie sie seit den Tagen von Ludolf Krehl, Richard Siebeck und Viktor von Weizsäcker weltweite Anerkennung gefunden hatte. Es war ja gerade Ludolf Krehl, der auf die personelle Integrität des Kranken immer wieder hingewiesen hat und die Zerlegung des Kranken nach den Gesichtspunkten verschiedener Krankheitsgruppen immer wieder anprangerte.

Die Wechselwirkung erkrankter Organe untereinander und die Auswirkungen auf den Gesamtorganismus müssen auch heute noch zentrales Anliegen jeder ärztlichen Tätigkeit sein. Wie Kurt Kochsiek in seiner bemerkenswerten Eröffnungsrede beim Internistenkongreß 1991 formulierte, ist die Indikation in der Inneren Medizin erst möglich nach genauer Analyse vieler Einzelkomponenten, und hier liegt die Gefahr, der sich die Innere Medizin immer wieder stellen muß. Natürlich müssen alle absolut notwendigen Spezialverfahren durch kundige Hand ausgeübt werden. Das gilt z. B. für viele ungemein wichtige Bereiche der Gastroenterologie, der Pulmonologie, der Kardiologie, kurzum für alle Krankheitsbereiche. Es kommt aber darauf an, die damit verbundenen zentrifugalen Aktionen wieder zurückzuführen und in eine Gesamtbetrachtung jedes einzelnen „Falles" einmünden zu lassen.

Kochsiek hat bedenkenswerte Beispiele von Fehlentwicklungen der letzten Jahrzehnte, z. B. auf dem Gebiete der Pulmonologie, der Tuberkulose, auch der Rheumatologie dargestellt. Er hat sich auch zur Frage der organspeziellen Zentren geäußert. Auf solche Zentren, beispielsweise auf dem Gebiete der Herz-Kreislaufkrankheiten, vor allem in Anbetracht der operativen Möglichkeiten bei arteriellen Verschlußkrankheiten, sind wir heute angewiesen. Solange diese Fachkliniken eine entsprechende Infrastruktur haben und in die Breite des Faches der Inneren Medizin eingebettet sind, ist diese Entwicklung zu begrüßen. Aber schon die Einbindung von Spezialabteilungen in Krankenhäuser der Akutversorgung sei eine Fehlentwicklung. Die Funktion der Fachkliniken bestehe in einer häufig interdisziplinären spezialisierten Krankenversorgung bestimmter, meist vordiagnostischer Erkrankungen auf hohem Niveau. Mit Recht betont Kochsiek, daß solche Spezialkliniken auch nicht als akademische Lehrkrankenhäuser herangezogen werden könnten.

Ich habe wiederholt in Gesprächen mit Studenten festgestellt, daß sie hochspezielle Vorlesungen im allgemeinen Lehrangebot für überflüssig halten. Was heute eine enorme Seltenheit ist, nämlich die Lehre der Inneren Medizin aus einer Hand, wird gerade von den Studenten immer wieder gefordert. Ich habe während meiner Hochschullehrertätigkeit in Marburg, Berlin und in den ersten Jahren in Heidelberg die „Große Vorlesung" mit vier bis sechs Wochenstunden gehalten und habe alle auf dem Gebiete der Inneren Medizin vorkommenden Krankheiten, meist mit Patientenvorstellungen, abgehandelt. Die Beispiele richtungweisender Lehrveranstaltungen durch große Kliniker, die ich in meiner Studentenzeit hörte, waren mir immer Vorbild. Erst als im Zuge der sog. Unterrichtsreform auch an den Medizinischen Fakultäten diese große Vorlesung gestrichen wurde, sogar die früher sehr begrüßte Propädeutik, – d. h. die Einführung in die Innere Medizin, wurde als Lehrveranstaltung gestrichen – ließ mein Engagement in der Lehre massiv nach. Mir wurde großzügig erlaubt, ein oder zwei Wochenstunden zu lesen. Beklagt wurde, daß vielbeschäftigte Kliniker sich in zunehmendem Maße von ihren Oberärzten und Assistenten vertreten ließen, so daß eine einheitliche Linie über die Semester hinweg nicht mehr bestand. Mir wurde gesagt, daß diese stellvertretenden Lehrer oft sehr spezielle Gebiete ihrer eigenen Forschungen abhandelten, sich in aller Regel persönlich gar nicht vorstellten, wodurch nähere Kontakte erst gar nicht entstehen konnten. Hier gelten besonders die nun achtzig Jahre zurückliegenden Feststellungen von Friedrich von Müller: „Wir bekämpfen es aber, wenn die Spezialärzte den Zusammenhang mit der Inneren Medizin verlieren, wenn sie nicht deswegen Spezialärzte geworden sind, weil sie auf einem Gebiet besonders viel, also mehr als auf anderen leisten, sondern weil sie nur auf einem Gebiet etwas leisten und von der übrigen Medizin zu wenig verstehen". Es sei zu bekämpfen, wenn aus dem Vorhandensein weitgehender Spezialisierung geschlossen wird, die Innere Medizin als Lehrgegenstand, als die Innere Klinik, zwischen eine Reihe von Spezialfächern zu zerlegen. Wir brauchen eine starke zentrale Innere Klinik, heute noch so sehr wie früher, eine Klinik, in welcher die Übersicht über die Erkrankungen des ganzen Körpers und die Wechselwirkungen der einzelnen Organkrankheiten gelehrt wird. Ein moderner Kliniker, der Kardiologe und Departmentchef für Innere Medizin an der Harvard Medical School, Eugen Braunwald, sagte: „Jedes Teilgebiet, das den Mutterboden der Inneren Medizin verläßt, wird eine Schlacht gewinnen, vielleicht auch zwei, aber den Krieg wird es verlieren!"

Die Erfahrung der letzten Jahre und Jahrzehnte hat gezeigt, wie schwierig es ist, einmal getroffene Dezentralisierungen aufzuheben. Daß dies prinzipiell möglich ist, hat uns die Entwicklung in den USA und Kanada, aber auch in der Schweiz, in Großbritannien, Schweden und Israel gezeigt. Auch in der früheren DDR wurden solche Entwicklungen vermieden, wenngleich auch dort der Zentralismus des gesamten Gesundheitswesens, insbesondere auf dem ärztlichen Sektor, verwerflich war. In den kleinen Schritten sind bereits Fehlentwicklungen eingeplant. Wenn Krankenhausträger ihre ursprüngliche einheitliche Krankenhausabteilung bereits bei Neuausschreibungen in zwei oder drei Spezialgebiete zerlegen, so muß man darauf hinweisen, daß der Mensch eben nicht allein aus Herz, Gefäßen und aus Verdauungsorganen besteht, sondern daß seine Persönlichkeit auch als Kranker gewahrt werden muß.

Jeder Kranke, der in die Klinik kommt, ist zunächst unsicher, was mit ihm nun geschehen wird. Der Rat zur Krankenhausaufnahme wird nicht selten als ein Schock empfunden, wenn nicht ein entsprechendes klärendes Gespräch über die Notwendigkeit erforderlicher Untersuchungsschritte, aber auch über Risiken bei allen Möglichkeiten der Diagnostik und Therapie, stattfindet. Vor allem die in zunehmendem Maße zu uns kommenden älteren Patienten haben Schwierigkeiten der Anpassung. Sie vermissen die vertraute Umgebung. Man sollte bemüht sein, für sie einen überschaubaren Bereich zu schaffen, in dem auch möglichst wenig Personalwechsel stattfindet. Ich weiß, was dies bedeutet im Zeitalter der Schichtdienste und des notwendigen Personalwechsels im Pflege- und im ärztlichen Bereich. Wir sind weit davon entfernt, daß eine Stationsschwester frühmorgens ihren Dienst aufnahm und spät am Abend die Station verließ. Das ist heute nicht mehr machbar, und letzten Endes ist dies auch gut so. Bei allem karitativen Engagement in den Pflegeberufen, aber auch in den ärztlichen Bereichen sind solche Tätigkeiten nicht mehr vertretbar. Der kranke Mensch muß als leidende Persönlichkeit durch die Fürsorge seiner Ärzte und seiner Pfleger geleitet werden, um so verlorengegangenes Vertrauen wiederzugewinnen.

Bekenntnis zum ärztlichen Auftrag und zur medizinischen Ethik

Ich habe versucht die unverzichtbaren Prinzipien der ärztlichen Tätigkeit gerade in unseren technologieabhängigen Zeiten darzustellen.

Des Menschen Jahre zwischen Geburt und Tod sind ein Produkt der Vererbung, der Umwelt, aber auch seines eigenen Verhaltens. In unserer technokratischen Gesellschaft wird der Mensch manipuliert, aber er manipuliert sich in beträchtlichem Maße auch selbst.

Die enormen Fortschritte der Wissenschaft und der Technik sind der Heilkunde nicht immer gut bekommen. Die Heilkunde kann prinzipiell nicht wissenschaftlich gesteuert werden, sondern ihre Ziele sind heute mehr denn je sozial und ethisch gesetzt. Die reine wissenschaftliche Medizin würde zu einer Weltverlorenheit führen, wie sie Husserl lange vor der technischen Manipulation des Menschen durch Computer, Transistoren, durch die Veränderung der genetischen Matrix, durch die hormonelle Steuerung der Fortpflanzung formuliert hat.

Wenn die Medizin sich heute als eine Technik der Biologie verstünde, welche das Leben verkürzen oder verlängern kann, Geburt und Sterben kontrolliert, so würde sie sich selbst in Frage stellen. Bei allen Fortschritten der Anästhesiologie, der Reanimation und Transplantation, der medizinischen Elektronik und Kybernetik, muß die Heilkunde menschlich bleiben. Sie sieht sich heute vor Entscheidungszwänge gestellt, welche ohne ethische Impulse nicht zu bewältigen sind.

Die ärztliche Tätigkeit ist zunächst problemlos. Ein Kranker, welcher Hilfe bedarf, muß versorgt werden, politisch neutral, unbeschadet eines Freund-Feind-Verhältnisses, ohne Reflektion und zunächst auch ohne

Ethik. Der ärztliche Eingriff kann immer aktives Vorgehen bedeuten, er kann aber auch im Unterlassen bestehen. Wann das lebenverlängernde Gerät abgestellt, wann die lebenerhaltende Infusion gestoppt wird, das kann der Arzt nur entscheiden, wenn er sich der Forderung Immanuel Kants unterwirft, daß der reine, praktische Gebrauch der Vernunft in der Vorschrift der moralischen Gesetze besteht.

Wo aber stehen diese Gesetze und was bedeuten sie in unserem Leben, was in unserer ärztlichen Arbeit?

Es gibt zahlreiche Versuche, die Pflichten und Rechte des Arztes abzugrenzen. Sie bestehen im Heilen, Helfen und Lindern von Leiden. Die Heilkunde ist somit rein personengebunden, denn nach Ludolf Krehl gilt es, nicht Krankheiten, sondern kranke Menschen zu behandeln. Er schreibt über den ärztlichen Auftrag, daß das Problem des kranken Menschen sich nicht in objektiver Betrachtung erschöpfe, die Aufklärung der krankhaften Vorgänge beim Menschen sei allerdings eine Erforschung chemischer und physikalischer Prozesse, die im Organismus ablaufen. Wir bedürfen dazu der Methoden und der Erfolge der Chemie, der Physik und der Naturwissenschaften.

Die Medizin ist damit eine angewandte Wissenschaft; sie ist aber noch mehr. Denn in dem Maße, wie sich der Gegenstand der belebten Natur von dem Unbelebten durch die Autonomie unterscheidet, die das Leben charakterisiert, in diesem Maße stellt die Erforschung des kranken Menschen etwas grundsätzlich anderes dar, als die der übrigen lebenden Wesen. Sie bedeutet etwas für sich, indem der kranke Mensch die gleiche schaffende Welt ist, wie der Beobachter, der Arzt. Der Mensch vermag seine Krankheitsvorgänge zu gestalten durch seinen körperlichen und seelischen, am besten gesagt menschlichen Einfluß auf eben diese Vorgänge. Und er ist nicht nur Objekt, sondern zugleich stets Subjekt. Das ist es, was die nie zu erschöpfende Vielseitigkeit der krankhaften Vorgänge am Menschen erzeugt. Wir bleiben vorderhand noch bei der gewöhnlichen Auffassung, daß viele körperliche Symptome seelisch indifferent sind. Aber bei zahlreichen anderen ist es sicher nicht so. Vielleicht sind viele – die meisten – der Ausdruck eines seelischen Vorganges und in dieser Form gebildet durch den psychischen Zustand des Menschen.

Die Identifizierung Ludolf Krehls mit dem medizinischen Personalismus ist also für alle jene Fälle zu beachten, welche wir auch an die therapeutischen Grenzbereiche verlegen. Die ethischen Aspekte extremer Entwicklungen in der Biomedizin dürfen nicht davon ablenken, daß es auch Alltagsethik gibt. Ethik in der Medizin ist nichts anderes als Ethik des zwischenmenschlichen Umgangs. Ebensowenig ist die medizinische Ethik ein besonderes Fach. Ethik geht vielmehr alle an. Außerdem ist zu bedenken, daß in der medizinischen Ethik nicht nur das kalkulierbare Risiko zur Debatte steht, sondern auch ein Dilemma, das ertragen und verstanden werden will.

Der Fortschritt der medizinischen Technik ist also mit erheblichen ethischen Problemen verbunden. Wenn die Entwicklung unseres sittlichen Bewußtseins nicht der Beurteilung der technischen Möglichkeiten übergeordnet ist, so wird unser ärztliches Tun inhuman. Wir müssen uns hüten, in der Beurteilung eines Kranken und der Anordnung therapeutischer Maßnahmen nach einem festgeschriebenen Pflichtenkatalog vorzugehen. Es kommt nicht von ungefähr, daß gleichzeitig mit den enormen Fortschritten der naturwissenschaftlich-technischen Medizin immer mehr Kranke zu den sogenannten naturgemäßen Heilverfahren überwechseln, von denen manche nützlich und bewährt, andere ausgesprochene Scharlatanerie sind. Dies ist gewiß kein zufälliger Modetrend, sondern ist der Ausdruck von Angst und Mißtrauen gegen eine technische Medizin, die sich anmaßt, eigentlich alles zu können, was zur Aufrechterhaltung einer vita minima notwendig ist. Soll man wirklich ein Leben gelten lassen, das nur durch hochspezielle technische Eingriffe zu erhalten ist? Greift der Mensch dann nicht in Vorgänge ein, über die er eigentlich keine Gewalt mehr hat?

Die medizinische Wissenschaft ist eine menschliche Kunst im Dienste der Menschen (Hendrik van Oyen). Die conditio humana muß die Maxime jeden ärztlichen Handelns, besonders in den Grenzsituationen sein. Dies gilt für alle Fälle, in denen die Kommunikation noch möglich ist. Diese mitmenschlichen Begegnungen müssen das diagnostische und das prognostische Wissen einschließen. Der Patient möchte wissen, wie er dran ist, er verlangt nach der Wahrheit. *Was aber ist Wahrheit?* Wie wird diese Wahrheit aufgenommen? Wir haben uns daher zu fragen, in welcher Form wem welche Art von Wahrheit zu vermitteln ist. Nach Friedrich Nietzsche ist Wahrheit die Art von Irrtum, ohne welche eine bestimmte Art von lebendigen Wesen nicht leben könnte. Der Wert für das Leben entscheidet zuletzt. Wahrheit ist also das, was dem Leben dient, Unwahrheit jenes, was es schädigt. Das würde bedeuten, daß man dem Patienten unwahre Mitteilungen über seine Lage machen kann unter der Prämisse, daß sie ihn zufriedenstelle und damit dem Leben diene. Zweifellos gehen viele Ärzte so vor, da sie befürchten, die brutale Wahrheit gefährde den Patienten. Man bedient sich der Lüge. Das bedeutet, daß die gesamte Umgebung des Patienten in die Lüge einbezogen werden muß. Auch die barmherzige Lüge birgt Komplikationen in sich. Nach Hendrik van Oyen ignoriert die totale Lüge zynisch die menschliche Würde des Patienten und bringt den Arzt in eine untragbare Zwangslage. Die absolute Wahrheit dagegen überfordert das Wissen des Arztes und versetzt den Patienten in eine unnötige Spannung. Man braucht nicht einmal an die diagnostischen Irrtümer in den Frühphasen von Krebskrankheiten zu denken, man braucht nicht die überraschenden Verläufe einer fortgeschrittenen Krankheit zu beachten, um zu folgern, daß die höchst individuelle Behandlung des anvertrauten Kranken heute das absolute Gebot ist. Die Art der Geschwulst, die Stärke der körperlichen und seelischen Abwehrkräfte, die Wirksamkeit der eingeschlagenen Maßnahmen müssen sehr sorgfältig bedacht werden.

Zweifellos hat sich das ärztliche Verhalten ebenso verändert wie jenes der Patienten.

Ergaben in den sechziger Jahren Rundfragen bei amerikanischen Ärzten, daß nahezu 90 % die Neigung hatten, dem Kranken die Diagnose „Krebs" zu verschweigen, so stellte sich bei anderen Rundfragen zwanzig Jahre später heraus, daß nunmehr fast alle Ärzte der Meinung waren, der Patient müsse über Natur und Verlauf seines Leidens aufgeklärt werden. Etwa zwei Drittel aller befragten Ärzte vertraten die Meinung, daß diese unbedingte Haltung für jeden Einzelfall ohne Ausnahme gelte. Sie gelte auch für alle Krankheitsstadien. Die Krebskrankheiten stehen hier natürlich im Mittelpunkt der Betrachtung.

Die Wechselbeziehungen des Kranken mit seinen Ärzten beginnen schon in der prädiagnostischen Phase; sie bleiben bestehen im Zeitraum der Anfangsbehandlung, der Kontrollphase, nach vermutlich erfolgreicher Therapie und schließlich im Endstadium des Hoffnungslosen. Schon in den prädiagnostischen und den diagnostischen Phasen kann sich ein Kranker bereits in den therapeutischen Grenzbereichen befinden.

Von Kranken und Ärzten wird in jedem Fall Vertrauen und Zielstrebigkeit erwartet. Schließlich muß der Patient davon überzeugt werden, daß die nicht selten lästigen, belastenden und auch risikobeladenen Maßnahmen notwendig sind. Die Konfrontation mit der Diagnose Krebs verlangt ausführliche Gespräche über die Bedeutung und den möglichen Verlauf, wenn nicht Kurzschlußhandlungen riskiert werden sollen.

Theodor Storm erfuhr von seinem Arzt die schonungslose Wahrheit eines incurablen Krebses. Er verfiel in tiefe Depression und verbrachte sein Leben in völliger Passivität. Als ein gestelltes Konsilium durch Spezialisten den Kranken wissen ließ, die Diagnose sei unzutreffend, wurde er durch diesen wohlmeinenden Betrug mit frischem Lebensmut erfüllen. Wir verdanken diesen Spätphasen in Gleichmut und Hoffnung eine seiner schönsten Novellen, den „Schimmelreiter“. Hier stellt also die Lüge eine Art Therapie dar.

Die anfängliche Reaktion des Kranken auf die Diagnose Krebs ist häufig Ungläubigkeit und Verdrängung. Schock und die Annahme, daß es eigentlich gar nicht Krebs sein kann, können sich einstellen. Der Kranke fragt nach der Natur des Leidens, nach den Ursachen. Jeder Kranke hat primär die Hoffnung, daß es mit einer einzigen Maßnahme möglich sei, den Krebs auszurotten, sei es nun durch Operation,

Bestrahlung oder Chemotherapie. Aber es bleibt selbst bei gelungenen Therapieverfahren die Angst, wie es weitergeht. Die psychische Resistenz abzuschätzen und zu stärken, ist ein wichtiges, allzuoft schwieriges Unterfangen. Es besteht die Gefahr, daß mit fortschreitendem Leiden und sich verstärkenden Beschwerden ein Vertrauensschwund entsteht. Nach Artur H. Schmale ist die Strahlentherapie mit dem größten Geheimnis und der größten Phantasie umgeben, da es ja nichts zu sehen, zu hören und zu fühlen gibt, was das Geschehen während der Behandlung anzeigt und erklärt. Die notwendige langfristige Behandlung und ihre immer wieder erfolgende Überprüfung verlangen ein Höchstmaß an Kontakten des Arztes und des gesamten Personals zum Kranken. Erwünschte und mögliche Wirkungen sowie auftretende Nebenwirkungen müssen sorgfältig besprochen werden. Am Ende der Behandlung weiß der Patient meist nicht, was erreicht ist und was ihm möglicherweise noch bevorsteht. Auch hier muß die bestmögliche Aufklärung versucht werden. Die persönlichen Kontakte mit dem Pflegepersonal oder auch mit anderen bestrahlten Patienten verlangen die größte ärztliche Fürsorge und Sorgfalt. Der tägliche Behandlungsplan, die Einbestellung des Kranken und sein Transport zu Diagnose- und Therapiezentren bergen in Großkliniken Schwierigkeiten in sich, die man nicht unterschätzen sollte.

Auch die zweite große Gruppe im Krankheitsspektrum unserer Gesellschaft, die Erkrankungen des Herzens und der Gefäße, verlangt besondere Sorgfalt in der Diagnostik, in der Therapie, vor allem aber auch in der Führung der Patienten. Das Leitsymptom der Herz- und Gefäßkrankheiten, der Schmerz, ist leider vieldeutig, und es kommt darauf an, durch subtile Untersuchungen seine Bedeutung aufzuklären und dem Patienten zu vermitteln. Gerade in Anbetracht der enormen Fortschritte durch bildgebende Verfahren, sollte deren Bedeutung für den Einzelfall überprüft werden. Dabei spielt der Gesamtzustand des Organismus eine entscheidende Rolle. Soll ich einem schwergeschädigten Menschen noch einen Schrittmacher zumuten? Sind aufwendige Untersuchungen angezeigt? Sind die Risiken dieser Untersuchungen im

Einzelfall sorgfältig überprüft? Welche Konsequenzen haben die erhobenen Befunde, zum Beispiel mittels Herzkatheter? Alle diese Untersuchungen sind ja nur berechtigt, wenn sie der therapeutischen Entscheidung dienlich sind. Gerade die Langzeitbeobachtungen von operierten Herz- und Gefäßpatienten gegenüber nur konservativ Behandelten läßt hier besondere Sorgfalt anraten. Dies ist auch ein Grund, daß neben dem ausgesprochenen Spezialisten, der Allgemeinarzt, der Allgemeininternist in der Krankenbeurteilung hinzuzuziehen sind. Dies gilt vor allem für die leider nicht seltenen Kranken mit mehrfachen Gesundheitsschäden und -ausfällen. Herzkranke haben zum Beispiel sehr häufig Bluthochdruck, Stoffwechselstörungen wie Diabetes, Gicht oder Lipämien, können Erkrankungen des Magen-Darm-Bereiches aufweisen oder haben bereits Hirndurchblutungsstörungen. Auch können bestimmte Gefäßbezirke in unterschiedlichem Maße betroffen sein. Dann gilt es, eine sogenannte Bedeutungsdiagnostik einzuleiten und entsprechende Maßnahmen durchzuführen. Sie müssen dem Patienten deutlich erklärt werden.

Eine besonders schwierige Frage ist jene nach den entstehenden Kosten.

Die Fragen der Kosten-Nutzen-Analyse können wir heute nicht mehr verdrängen. Wenn durch eine immens aufwendige und teure Behandlung nur wenige Monate eines erbärmlichen Lebens gewonnen werden, so ist eine solche therapeutische Maßnahme verfehlt und unseren Mitbürgern nicht zuzumuten. Freilich soll die Behandlung des Arztes durch die Kosten-Nutzen-Analyse, wie sie heute immer wieder von sogenannten Gesundheitspolitikern dringlich gestellt wird, in seinen *notwendigen* Handlungen nicht beeinflußt werden. Der stets individuell zu gestaltende Behandlungsplan darf derartige Zusammenhänge aber nicht völlig außer Acht lassen. Der technische Imperativ, der von der ersten Idee bis zur Konstruktion eines komplizierten Gerätes geht, darf nicht dazu führen, daß Klinik und Praxis Behandlungen durchführen zur Verbesserung oder überhaupt zur Ermöglichung der Amortisation der Apparate.

Besondere Probleme bieten Spätphasen einer Krebskrankheit im Zuge der Chemotherapie, der Immuntherapie, die *Nachsorgephase* und schließlich die Phase des *Rezidivs* und des *Terminalstadiums.* Gerade das *Endstadium* des Kranken verlangt unseren höchsten Einsatz. Die fünf Stadien, die der Sterbende durchmacht, nämlich das Leugnen der Krankheit, der Neid auf Gesunde und Gebesserte, das Feilschen mit dem Schicksal, schließlich der tiefe Gram und die endliche Lösung der Akzeptanz des Schicksals erscheinen beim einzelnen in ganz unterschiedlichen Formen. Man muß davon ausgehen, daß in jedem Schwerkranken noch ein Funke der Hoffnung glüht. Selbst wenn er über die Natur des Leidens informiert ist und die unnatürliche Verschlechterung des Befindens wahrnimmt, muß man ihn aufzurichten bemüht sein. Nur wenige Kranke akzeptieren den nahenden Tod, und vor allem junge Menschen wehren sich gegen das grausame Schicksal. Ältere Menschen hingegen haben leichter mit dem Leben abgeschlossen und sind zum Sterben bereit. Sie sehnen den Tod als Erlösung herbei.

Zur Würde des Sterbens gehört aber unbedingt die abgeschirmte Umgebung. Wie heute jeder das Recht auf gediegene Diagnostik, auf optimale Therapie und zuverlässige Nachbehandlung hat, so muß er ein Recht auf würdevolles Sterben haben. Das ist die letzte und nicht die geringste Aufgabe des behandelnden Arztes, gehöre er nun zum Spezialistenteam oder sei er der permanente Haus- und Familienarzt. Der moderne Mensch, im Gefühl seiner individuellen und kollektiven Unsicherheit, ist in den Tagen der Krankheit mißtrauisch und hellhörig geworden. Der Arzt muß sich sein Vertrauen immer von neuem erwerben und erhalten. Aber er muß sich hierbei von der Wahrhaftigkeit leiten lassen. Sachverständige und aufrichtige Führung des Kranken erleichtert diese Wahrhaftigkeit als eine unerläßliche Grundlage für ein sinnvolles Arzt-Patienten-Verhältnis. Wahrhaftigkeit bedeutet aus der Sicht des Arztes eine Lebenshaltung, welche sich durch Übereinstimmung und Denken, Fühlen und Handeln kennzeichnet.

C. G. Jung hat von der Geburt des Todes im Leben eines Menschen gesprochen. So gut der Mensch in der ersten Lebenshälfte unwillkürlich auf das Lebenwollen ausgerichtet sei, so sollte er in der zweiten auf das Sterbenmüssen vorbereitet sein. Die Begegnung Arzt/Patient solle dazu führen, daß der Kranke die jugendlich-optimistische Lebensschau ungestörter Gesundheit aufgebe, um der Einsicht Raum zu schaffen, daß der Arzt keineswegs der Garant ewiger Gesundheit sei, daß sein Wissen begrenzt und der Begriff Gesundheit fragwürdig und relativ ist. Helmut Thielicke formulierte: „Die im Wahrsagen vollzogene Prognose spricht keine bereits feststehende Wahrheit als künftige aus, denn das hätte zur Voraussetzung, daß das Zukünftige selber feststünde, sondern sie macht die ausgesagten Fakten oftmals wahr, sie läßt sie gleichsam wahr werden. Mit anderen Worten, die Wahrheitsdarstellung läßt den Raum frei für unser höchst persönliches Handeln."

Der physische Tod ist ein Gesetz der Natur (mors naturae lex est). Nach Seneca verliert der Unterschied zwischen kurzer und langer Lebenszeit an Bedeutung angesichts der unabänderlichen und allgemeinen Vergänglichkeit, die der Weise anerkennen wird (nihil interesse inter exiguum tempus et longum).

Die brevitas vitae ist kein Problem für stoisches Denken. Diese Ataraxie der Stoiker, ihre Tugend, sich nicht verwirren zu lassen, ist – wie Ludolf Krehl formulierte – eine passive Tugend. Es fehle ihr alle Liebe. Dies sei der wahrhafte Unterschied zu gelebtem Christentum.

Es könnte aber unserem heutigen Leben ein Stück dieser passiven Tugend der Stoiker und der christlichen Liebe wohl anstehen.

Fausts Erlösung ist die Apotheose der Arbeit: „ Wer immer strebend sich bemüht, den können wir erlösen."

Es ist gewiß nicht die kleine niedrige Arbeit für den äußeren Vorteil. Es ist die freiwillig übernommene Pflicht und Verpflichtung in der täglichen Gestaltung des Lebens.

„Das wahre Gut eines erfüllten Lebens, sapientia und virtus, stirbt nicht, sondern es hat Bestand und ewige Dauer. Und es ist das einzige Unsterbliche, das Sterblichen zuteil wird."

Das Leben ist lang genug und reicht aus zur Vollendung größter Taten, wenn es als ganzes gut angelegt würde. Sobald es aber durch

Verschwendung und Achtlosigkeit zerrinnt, sobald es nur für schlechte Zwecke verwendet wird, dann merken wir erst vom äußeren Verhängnis bedrängt, daß es vergangen ist. Daß es vergeht, haben wir nicht erkannt.

Die Vita contemplativa ist nur wenigen bestimmt. Wenn das Leben köstlich gewesen ist, so ist es Mühe und Arbeit gewesen. Das gilt im besonderen Maße für den Arzt. Wenn sein Leben vom Vertrauen der Patienten, der Zuwendung seiner Schüler, der Achtung seiner Kollegen, vom Verständnis seiner Familie, letztendlich aber von der Liebe zu seinem Beruf bestimmt ist, so haben sich Mühe und Arbeit gelohnt, dann ist das Leben köstlich gewesen.

Epilog

Meine Aufzeichnungen mußten natürlich bruchstückhaft und unvollständig sein. Manche Ereignisse wurden verdrängt oder sind in Vergessenheit geraten. Andere wurden vermutlich überbetont. Man könnte meinen, daß es außer dem Beruf kaum etwas Berichtenswertes gegeben hätte. Das ist durchaus nicht so. Natürlich war mein Leben in erster Linie durch den Beruf ausgefüllt. Die ärztliche Tätigkeit stand dabei immer im Vordergrund. Ich habe mich ein Leben lang bemüht, ein guter Arzt zu sein. Bei früheren Gelegenheiten, insbesondere bei runden Geburtstagen, habe ich wiederholt gesagt, was mich in besonderem Maße zur ärztlichen Tätigkeit motivierte. Es waren die sechs Rezidive einer schweren Herzerkrankung, die ich mit viel Glück überstand. Aber in diesen langen Wochen und Monaten habe ich am eigenen Leibe verspürt, wie sich ein Schwerkranker fühlt, welche Hoffnungen er nährt und welche Zweifel ihn befallen. Der Kranke ist in solchen Situationen trotz mannigfacher Hilfen durch Ärzte, Pflegepersonal und Familie meist ganz auf sich selbst gestellt. An Kleinigkeiten kann er die Lage ergründen. Wenn man als Schwerkranker in ein Badezimmer abgeschoben wird, von dessen Zweckbestimmung ein jeder an der Klinik Bescheid wußte, so will man dies eigentlich gar nicht wahrhaben. Aber wenn dann in immer kürzeren Abständen besorgte Ärzte und Schwestern nach einem schauen, so begreift man doch ganz allmählich den Ernst der Situation. Aber die Hoffnung gibt man in solchen Lagen eigentlich nie auf. Kleine Verrichtungen, aufmunternder Zuspruch und freundliche Bemerkungen wirken oft Wunder. Natürlich bleiben auch

Zweifel an der weiteren Prognose nach dem Überstehen solcher schweren Situationen. Aber ich bin mir mein Leben lang bewußt geworden, welcher Schutzengel über meinem Leben wachte. Erst ganz allmählich habe ich, nachdem das letzte schwere Rezidiv 1947 überstanden war, den immer wieder auftretenden Pessimismus durch Hoffnung und Zuversicht ablösen können. Bei der Betreuung von Schwerkranken habe ich mich der eigenen Lage erinnert und habe in langen Gesprächen, auch außerhalb der offiziellen Visiten, versucht, zum Schwerkranken Kontakt zu bekommen und ihn aufzurichten. Wenn alles vergeblich war, und die schwere Krankheit zum Tode führte, so habe ich dies nicht selten als eine persönliche Niederlage empfunden. Ich mußte angesichts hoffnunglos Kranker, insbesondere junger Menschen, meine Patientenvisiten abbrechen, weil ich der Situation nicht mehr gewachsen war. Meine Mitarbeiter haben mir in solchen Situationen viel geholfen. Im täglichen Betrieb an einer Hochschulklinik mit den Verpflichtungen in der Lehre, in der Forschung und nicht zuletzt in der Verwaltung darf die menschliche Zuwendung nicht verloren gehen. Ich habe mich gescheut, auf diese persönlichen Dinge einzugehen, aber ich meine, daß jeder Arzt, wenn er seine Aufgaben ernst nimmt, solchen Situationen ausgesetzt ist. Ich weiß dies aus zahlreichen Gesprächen mit niedergelassenen Ärzten und Klinikern. Im Gespräch mit früheren Kollegen äußerte ich einmal, daß ich sehr häufig im Traum Visiten mache und daß mir dabei nicht nur manche Situationen, sondern auch Patienten mit ihren Krankheitsverläufen wieder erscheinen. Mein Freund Wilhelm Doerr brachte solche Gegebenheiten auf den Punkt, indem er feststellte, „als engagierter Pathologe seziere ich heute im Traum noch Nacht für Nacht“. Und doch war es keine Traumwelt, in der wir über Jahrzehnte lebten. Unsere Generation mußte mit vielen ungewöhnlichen Schwierigkeiten fertigwerden. Bereits Mitte der dreißiger Jahre war vielen von uns klar, daß unser Land und unsere Bevölkerung schweren Zeiten entgegen gingen. Nach dem Abitur wurden unsere Jahrgänge sofort zum Wehrdienst eingezogen und durch die Kriegs- und Nachkriegsereignisse war der Verlust an Leib und Leben ganz ungewöhnlich hoch. Von den 36 Erstklässlern der Grundschule und den 26 Sextanern der Oberschule waren Ende der vierziger Jahre noch 6 Männer übrig geblieben. Alle anderen blieben im Krieg und in der Kriegsgefangenschaft. Der Zufall meiner Krankheit erlaubte mir nach Arbeitsdienst und erstem Wehrdienstjahr das Studium wieder aufzunehmen. Sehr glücklich war ich darüber eigentlich nicht, denn die Euphorie nach dem siegreich bestandenen Frankreichfeldzug hatte damals auch die akademische Jugend erfaßt. Unsere altgedienten Studienkameraden waren jedoch von einem von Jahr zu Jahr zunehmenden Pessimismus befallen, wobei die Mediziner ein relativ besseres Los hatten, weil sie auch in den Kriegsjahren weiterstudieren durften. Welche Ungeheuerlichkeiten sich vor allem im Osten abspielten, war uns Studenten und Assistenten nicht bewußt. Der Bericht eines in Polen als Kriegsgerichtsrat eingesetzten verwandten Rechtsanwaltes über die dort begangenen Verbrechen stieß auf Ablehnung oder wurde verdrängt. Aber es gab immer wieder Ereignisse und Berichte, welche die verbrecherischen Taten auch von Akademikern bekannt werden ließ. All das brach dann in der Nachkriegszeit über uns herein. Ich habe dies an der Tübinger Situation zu schildern versucht. Ganz allmählich normalisierte sich auch für uns Mediziner die Lage. Man hatte einen festen Arbeitsplatz, Vorstellungen über die berufliche Zukunft und versuchte, in der neuen Gesellschaft Fuß zu fassen. Daß dies nur unter erheblichen Opfern und tatkräftigen Hilfen der älteren Generation möglich war, wird heute oft vergessen . Die gesteckten Ziele wurden oft nur mühsam erreicht, und der Tagesablauf war oft recht einseitig. Dies muß man heute bedauern.

Als ich den nun vorliegenden Bericht mehrfach durchlas, fragte ich mich, und manchem Leser wird es wohl genauso ergehen, ob alles nur Mühe und Arbeit gewesen sei. Gab es denn nicht eine Art von Privatleben mit schönen, interessanten und lustigen Begebenheiten? Und ob es die gab! Ich bin auf die meisten dieser freundlichen Seiten des Lebens nicht eingegangen, da sie wohl wenig Spezifisches darstellten. Aber die unbeschwerten ersten Studienjahre und die neu gewonnenen Freiheiten nach dem Kriege sollen nicht verdrängt werden. Die ausgedehnten

Wanderungen im Vogtland, im Fichtelgebirge, auf der Schwäbischen Alb, im Schwarzwald, die sportlichen Betätigungen wie Schwimmen und Tennisspielen, vor allem aber der über mehr als dreißig Jahre ausgeübte alpine Skilauf machten das Leben schön und interessant. Und die Familie? Sie kam vor allem in den Tübinger Jahren gewiß zu kurz. Wenn man von frühmorgens bis spätabends, auch an Wochenenden in der Klinik oder im Laboratorium „hockte", ging dies zu Lasten der Familie. Die allwöchentlich daheim gespielten Kammermusiken bereiteten Familie und Freunden gewiß nicht eitel Lustgewinn, denn wir wagten uns auch an manches heikle Unternehmen. So hatten die Musikanten manchmal mehr Spaß als das Publikum. Die mit der Familie verbrachten Ferien waren wohl ein ungenügender Ersatz für die vernachläßigte tägliche Gemeinsamkeit. Die Kinder haben eigene Rückschlüsse aus dem Lebensstil ihres Vaters gezogen und sind im Studium und im Beruf ihre eigenen Wege gegangen. Und das ist gut so. Dieses Dilemma eines karrierebewußten jungen Arztes und Wissenschaftlers haben wohl viele meiner Freunde erlebt. Mancher junge Kollege zog schon früh die Konsequenzen und verzichtete auch bei glänzender Vorbereitung und Ausbildung auf die akademische Laufbahn. Ich hatte immer dafür Verständnis, auch wenn ich mich bemühte, die nötigen Freiräume im Tagesablauf der Kollegen zu schaffen und zu erhalten.

Das Ansehen einer Klinik ist oft durch Kleinigkeiten bestimmt. Ein unfreundlicher Pförtner, eine mürrische Sekretärin, unwirsche Schwestern und Krankenpfleger, schlampiges Hauspersonal hinterlassen beim Patienten einen miserablen Eindruck. Es ist ferner enorm wichtig, daß die Klinikärzte ein gutes Verhältnis zu den einweisenden und nachsorgenden Kollegen haben. Es geht nicht an, daß ein erfahrener Facharzt einen vom Medizinalassistenten verfaßten, unsachlichen vom Chef nicht kontrollierten Arztbrief erhält. Ich habe mich um diese Dinge besonders gekümmert und war in der guten Lage, überwiegend gute Mitarbeiter vorzufinden oder einstellen zu können. Aber auch hier gibt es ein Geben und Nehmen. Man muß sich um den Einzelnen kümmern, bei familiären Schwierigkeiten, bei Krankheit, Unfällen, Konfliksituationen in der Familie zu helfen versuchen. Hier kann ein gutes Wort viel bewirken. Die Harmonie in einer Klinik teilt sich dem Patienten mit. Er fühlt sich verstanden und geborgen. Konfliktsituationen, die gerade bei Schwerkranken immer wieder auftreten können, muß man mit den Betroffenen diskutieren. Ich bin sehr glücklich, daß ich in meiner gesamten klinischen Laufbahn nie einen Haftpflichtprozeß zu führen hatte. Das ist für die heutige Zeit durchaus bemerkenswert.

Die vielen gemeinsamen Kongreßbesuche und Reisen wurden von allen Beteiligten genossen. Die weltweiten Unternehmungen waren meist mit beruflichen Anlässen verbunden. Die einladenden Kollegen sorgten dafür, daß man Land und Leute besonders gut kennenlernte. Das gleiche gilt für die Konsiliartätigkeit in verschiedenen Ländern. So habe ich eigentlich die meisten Gegenden der Welt kennengelernt. Sieben Reisen nach Japan mit Vorträgen an den Kaiserlichen Universitäten und vor wissenschaftlichen Fachgesellschaften, die Reisen nach Nepal, Thailand, Indien, Taiwan und vor allem Rotchina brachten unvergeßliche Erlebnisse. Auch die Reisen nach Süd- und Mittelamerika, nach Brasilien, Argentinien, Chile, Peru, Guatemala, Mexiko und in die Karibik haben wir in vollen Zügen genossen. Die wiederholten Besuche in Israel und in den skandinavischen Ländern sowie in den Ländern Westeuropas wurden fast zur Routine. Die USA haben wir zweimal als Touristen durchquert, von Ost nach West auf nördlichen Routen, umgekehrt auf südlichen von Kalifornien bis an die Ostküste. Die Vertikalen durchstreiften wir von Vancouver bis San Diego, von Boston bis Miami und Houston. Dies waren aber Reisen zu Konferenzen und Kongressen. Von den einladenden und teilnehmenden Kollegen wurden viele unsere Freunde. Über den großen Gewinn an wissenschaftlichen Ergebnissen gerade durch Begegnungen mit vielen Ärzten und Forschern habe ich berichtet. Vortragsreisen in die Sowjetunion und den anderen Teil unseres Vaterlandes, die DDR, hatten ihre Besonderheiten. Gerade die Begegnungen mit den damaligen Machthabern verdrängt man heute, aber was man sich bei Grenzübergängen an Gemeinheiten und Unverschämtheiten einfallen ließ, ist eigentlich kaum zu vergessen. Und doch gilt es, einen neuen Anfang zu machen und die Dinge wieder zu ordnen. Unsere Welt ist im Aufbruch. Niemand vermag zu beurteilen, wie es im Großen und im Kleinen weitergeht. Mit der Auflösung bisher bestehender Ordnungen sind kaum erahnte Schwierigkeiten entstanden. Man kann nur hoffen, daß Vernunft, Klugheit, Bescheidenheit und mitmenschliches Empfinden größere Katastrophen verhindern. Ein jeder von uns ist in solche Geschehnisse eingebunden, auch wenn man dies im täglichen Leben oft verdrängt. Das Prinzip Hoffnung sollten wir bewahren, ein jeder auf seinem Felde und auf seine Weise.

Bildteil

Die Oberschule in Auerbach (Vogtland), deren breit gefächerter Lehrplan mit der Betonung der musischen Fächer mich nachhaltig geprägt hat.

Das nahende Staatsexamen wollten wir an einer kleineren Universität ablegen, und die Wahl fiel auf Tübingen, damals eine Kleinstadt mit ca. 25000 Einwohnern. Kriegszeit – in meinem Semester waren wir insgesamt nur 2 Zivilisten.

1950 wechselte ich als Assistenzarzt mit meinem Lehrer H. E. Bock an die Universität Marburg, deren Klinik durch Kriegswirkungen zwar stark beschädigt war, deren Nimbus aber an Anziehungskraft nichts verloren hatte.

Meine Bewerbung für die Chefarztposition in Stuttgart-Bad Cannstatt wurde, fast zu meiner Überraschung, angenommen, obwohl ich der jüngste unter den Bewerbern war. Ich möchte rückblickend feststellen, daß diese fünf Jahre in Stuttgart zu den schönsten gehören, die ich durchleben durfte.

Carl Kaufmann, einer der Ordinarien im Marburger Lehrkörper, war ein Beispiel für die wissenschaftlich vorwärts drängende Nachkriegsgeneration. In Berlin hatte er den Grundstock für die Hormontherapie zyklusgestörter Frauen gelegt und Bahnbrechendes auf dem Gebiet der Östrogen- und Progesteronforschung geleistet. Als Gründungsmitglied des Wissenschaftsrates nahm er den dringend notwendigen Einfluß auf die neuen Hochschulstrukturen der Bundesrepublik wahr. In Köln war er ein Mittelpunkt der Fakultät, bis er einen schweren Verkehrsunfall erlitt.

Heidelberg 1965.
War es in den ersten Jahren nach dem Kriege außerordentlich schwer, als Deutscher in der internationalen Wissenschaft Gehör zu finden, so änderte sich das dank erfolgreicher wissenschaftlicher Arbeit bald. Der internationale Gedankenaustausch kam wieder in Gang – hier auf einem Kongreß in Heidelberg mit den Gästen L. Kinsell, D. Fredrickson, P. Ahrens und S. Garattini.

Der „Deutsche Kongreß für Ärztliche Fortbildung" in Berlin war über viele Jahrzehnte eine der wichtigsten Veranstaltungen für die ärztliche Weiter- und Fortbildung, auch für die kollegialen Kontakte. Als ich 1962 dessen Leitung übernahm, war als Folge des Mauerbaus seine verbindende Funktion zwischen West und Ost abrupt unterbrochen. Auch durch Unterstützung namhafter Politiker (hier der damalige Regierende Bürgermeister Klaus Schütz) konnte er seine unumstrittene Bedeutung erhalten.

Auch der unmittelbaren Information der Ärzte durch die Industrie diente der Berliner Ärztekongreß in all den Jahren (Standphoto mit W. D. Germer und K. Vilmar). Großkongresse bieten m. E. auch heute – unter den neuen Bedingungen für die Pharmaindustrie – gute Gelegenheiten, sachbezogene Diskussionen zwischen Industrie und Ärzten zu führen. Die Verteufelung der Industrie ist ebenso gefährlich wie wissenschaftliche Willfährigkeit mancher ärztlicher Kollegen.

Internationale und deutsche Prominenz scheute nicht den oft beschwerlichen Weg nach Berlin zum Ärztekongreß. Hervorzuheben ist jedoch, daß gerade die Berliner Kollegen in den schweren Jahren nach dem Mauerbau besonders aktiv – wie hier Hans von Kress 1962 – an der inhaltlichen Kongreßgestaltung beteiligt waren.

Der Verleger Axel C. Springer hat mich in meiner Berliner Zeit stets nachhaltig unterstützt und auch den Ärztekongreß in seiner Bedeutung verstanden (hier 1969 bei einem Gespräch im Axel-Springer-Haus in Berlin, unmittelbar an der Mauer gelegen).

Wichtiges Anliegen des Berliner Ärztekongresses war die fachliche Kommunikation über die Fachgebietsgrenzen hinweg. Aber auch politische Demonstration im besten Sinne kennzeichnete in den schwierigen sechziger Jahren diese Veranstaltung. Das Auftreten des Bundespräsidenten Heinrich Lübke 1965 (hier mit Professor Fromm) setzte natürlich starke politische Akzente. Mit etwas Wehmut erinnert man sich jener Jahre, als Spitzenpolitiker sich so demonstrativ mit der Ärzteschaft solidarisierten.

Die Arterioskleroseforschung benötigt in besonderem Maße internationalen und interdisziplinären Austausch. 1973 fand unter meiner Präsidentschaft (hier mit meiner Ehefrau) der 3. Internationale Arteriosklerosekongreß statt, ebenfalls in Berlin. Er wurde inzwischen zu einer ständigen internationalen Institution.

Fach- und Laienmedien überschlugen sich in der Berichterstattung, als Christian Barnard mit seiner ersten Herztransplantation in Kapstadt ein neues Kapitel in der operativen Kardiologie aufschlug. Obwohl stets umstritten – wir waren sehr froh, den charmanten, umworbenen Kollegen 1969 auf dem Berliner Ärztekongreß begrüßen zu können. Als bei einem Rundtischgespräch die Dolmetscher versagten, setzte ich mich in die Kabine und gab mein Bestes für Auditorium und ZDF.

Die wissenschaftlichen und menschlichen Beziehungen zu Israel waren nach dem Kriege für uns Deutsche nicht immer leicht. Mir lag diese Zusammenarbeit stets besonders am Herzen, sei es bei gemeinsamen Forschungsaufgaben oder Vorlesungsveranstaltungen (wie hier mit S. Eisenberg, Y. Stein und M. Gottesman).

Verleihung der Ehrendoktorwürde in Edinburgh am 28. Mai 1978. Dem Reiz dieser würdevollen und traditionsreichen Zeremonie vermag sich wohl niemand zu entziehen, auch wenn über manche altehrwürdige Hochschultradition sehr respektlos debattiert wird.
Meine Dankesrede begann ich: „... Scotsmen and Bavarians have a long list of similar features...“ (s. Kapitel Reden, After Dinner speech, Prestonfield House).

Auch die altehrwürdige Universität von Padua verlieh mir am 21. März 1983 die Würde eines Dr. honoris causa, die ich mit aufrichtiger Dankbarkeit entgegennahm.

Ehrenpromotion der Universität Budapest 1987. Mein Bemühen, die Dankesworte jeweils in der Landessprache zu sprechen, war bislang problemlos. In Budapest führten meine Versuche in ungarischer Sprache allerdings zur unübersehbaren Erheiterung des Auditoriums – Tücke der kurzen und langen Vokale! In China (Wuhan) verzichtete ich aus verständlichen Erwägungen auf die höfliche Geste und dankte in deutsch, an dieser Universität nichts Ungewöhnliches.

Das Klinische Institut für Herzinfarktforschung der Universität Heidelberg – ein Beispiel für eine praxisnahe medizinische Forschung mit hohen theoretischen Ansprüchen.

Im Oktober 1973 wurde in Heidelberg dieses neue Forschungszentrum, das Klinische Institut für Herzinfarktforschung, offiziell eingeweiht (hier mit Kultusminister Prof. Wilhelm Hahn, Prof. Werner Hauss und Prof. Franz Büchner). Eine große Zahl von inzwischen international anerkannten jungen Wissenschaftlern verdiente sich hier ihre ersten Lorbeeren.

Einweihungen sind oft auch Meilensteine in der Entwicklung neuer Fachgebiete. 1975 wurde das Rehabilitationszentrum für chronisch Nierenkranke in Heidelberg eröffnet (hier links mit Minister Adalbert Seifritz und dem Abgeordneten Heidler). Ich betrachte das als ein Pilotprojekt, das auch für andere Vorhaben richtungsweisend war und weiter sein sollte. Die Rehabilitation ist eine Aufgabe mit komplexer Verantwortung, aus der sich jedoch der Arzt nicht ausklammern darf.

Abschiedsvorlesung am 22. März 1986 in Heidelberg (v. l. Professor zu Putzlitz, OB Zundel, Professor Linder, Professor Doerr, Professor Wysocki). Ein Abschied – aber keine Trennung, weder von der Universität, von der wissenschaftlichen Arbeit, von den Studenten und Kollegen. Angeblich bleibt dem Emeritus mehr Zeit, angeblich…

Routine und dennoch immer wieder Aufregung: Vorträge auf internationalen Kongressen, hier der Kongreß der Internationalen Arteriosklerosegesellschaft in Melbourne 1986. Der fachliche Disput ist Ernte und Saat eines Wissenschaftlers.

Höhepunkte in meinem Leben gab es viele, unbestritten zähle ich jedoch den 24. Mai 1991 dazu, als mir der Regierende Bürgermeister Berlins, Eberhard Diepgen, im Auftrage des Bundespräsidenten den Stern zum Großen Bundesverdienstkreuz verlieh.

1991 (mit Professor H. E. Bock) beim Abschied vom Berliner Ärztekongreß, den ich 30 Jahre lang mitgestalten und leiten durfte.

An „Wegbegleiter“ besonderer Art erinnere ich mich gern. 1982 eröffnete der damalige Regierende Bürgermeister Richard von Weizsäcker (hier mit Professor W. D. Germer) den Ärztekongreß in Berlin.

In der Heidelberger Akademie der Wissenschaften konnte ich den nunmehrigen Bundespräsidenten Richard von Weizsäcker wieder begrüßen (mit Professor Dolf Sternberger).

Professor Hans Erhard Bock an seinem 60. Geburtstag 1963 in Tübingen. Er war mir Freund und Lehrer im besten Sinne.

Ich bin froh, daß ich viele Jahre H. E. Bock begleiten durfte. An seinem 65. Geburtstag 1969 (hier mit Herrn und Frau Bennhold, Elisabeth Bock, Professor Eschenburg in der 1. Reihe von links, Dr. Heinrich Kollmar im Hintergrund) hatte der Jubilar Gereimtes und Ungereimtes über sich ergehen zu lassen.

Mag auch manches im Rückblick banal oder verklärt erscheinen: Die Studentenunruhen 1968/69 behinderten den Lehrbetrieb und gefährdeten mit plakativen Parolen die Autonomie der Hochschulen. Selbst tätliche Angriffe von rebellierenden Studenten gegenüber dem Akademischen Senat erlebte ich mit.

Formale Erneuerung oder bewußte Wahrung von Traditionen? Ich bin stolz darauf, daß es mir als Dekan gelang, die feierliche Promotion in Heidelberg wieder einzuführen und sie aus dem Rang eines Verwaltungsaktes herauszuheben.

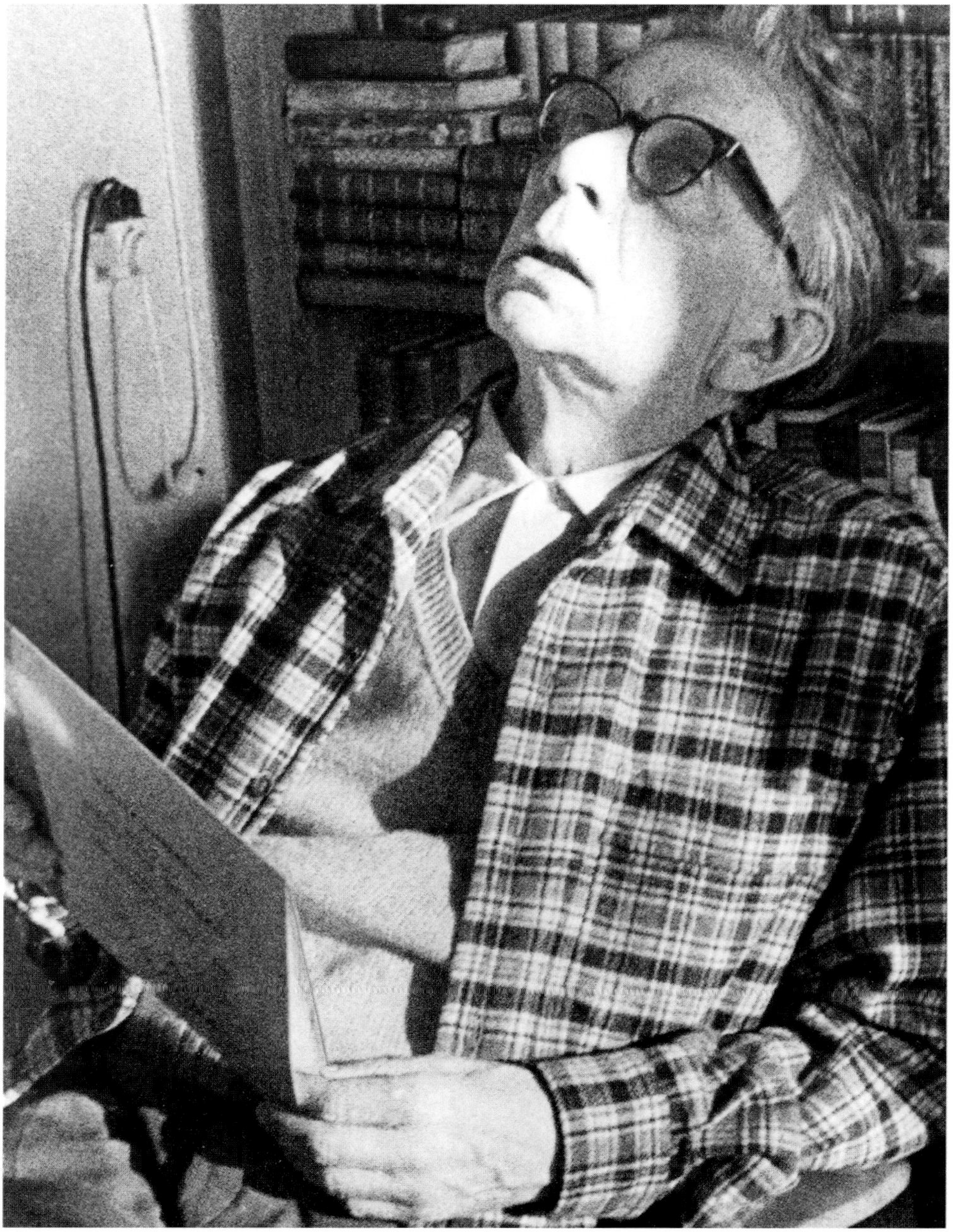

Vielen namhaften Künstlern durfte ich ärztlicher Berater sein, viele von ihnen gaben mir mit ihrer künstlerischen Meisterschaft und menschlichen Reife unschätzbare Impulse – beispielsweise der unvergessene Erich Ponto, dessen Lesung am Vorabend seines Todes sich mir zutiefst eingeprägt hat.

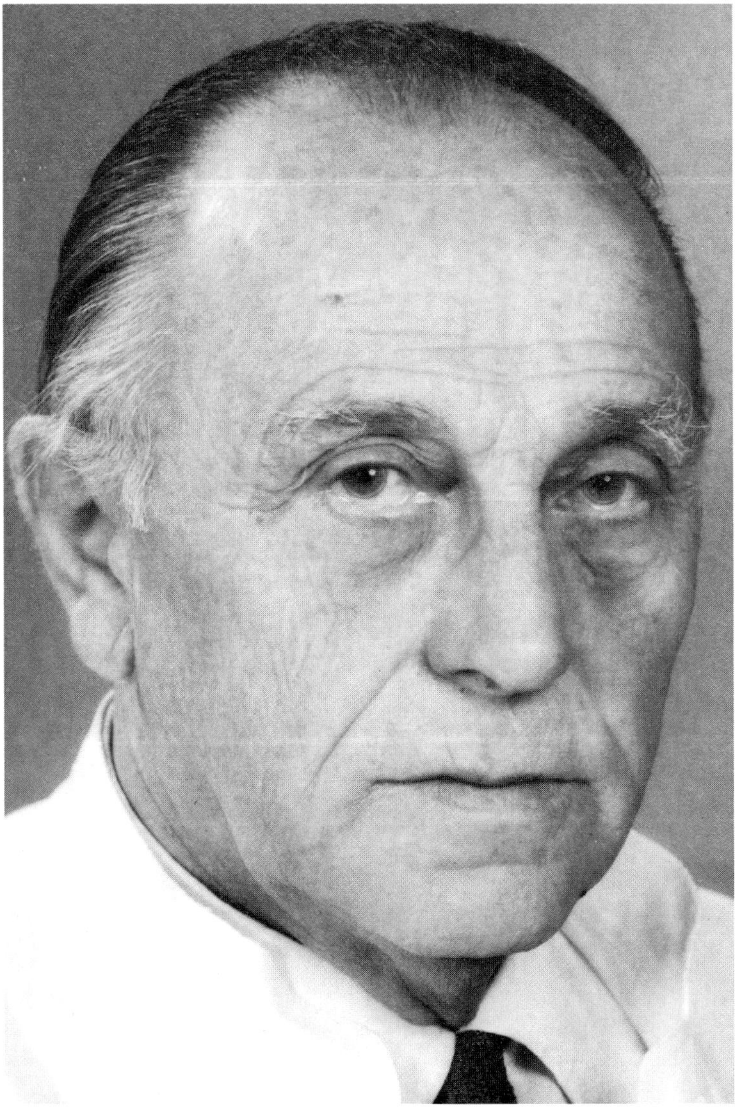

Ein akademischer Lehrer, dem ich Dankbarkeit und Anerkennung schulde:
Prof. Dr. W. Maßhoff
28.5.1908–14.10.1975

Auch ihm verdanke ich viel:
Prof. Ferdinand Leitner

Prof. Dr. Erich Letterer (30.6.1895–26.5.1982), mein verehrter Lehrer in pathologischer Anatomie. Er brachte mich auf die Cholesterin-Spur.

„Das Prinzip Hoffnung sollten wir bewahren, ein jeder auf seinem Felde und auf seine Weise."
Gotthard Schettler, geb. 13.4.1917, im Jahre 1991.

Namensregister

Biographie

CURRICULUM VITAE

*Friedrich **Gotthard** Schettler, geb. am. 13. April 1917 in Falkenstein*

1936	Abitur
1936–1942	Studium der Medizin an den Universitäten Jena, Leipzig, Wien und Tübingen. Unterbrechung durch 1½ Jahre Wehrdienst
1942	Medizinisches Staatsexamen und Promotion zum Dr. med. in Tübingen
1942–1945	Wissenschaftlicher Assistent am Pathologischen Institut Tübingen (Professor Dr. Erich Letterer), dabei Studium der Chemie an der Universität Tübingen
1945–1950	Wissenschaftlicher Assistent an der Medizinischen Universitätsklinik Tübingen (Professor Dr. H. H. Bennhold)
1950	Habilitation durch die Medizinische Fakultät Tübingen
1950–1956	Oberarzt der Medizinischen Universitätsklinik Marburg a. d. Lahn (Professor Dr. H. E. Bock)
1955	Ernennung zum apl. Professor
1956–1961	Direktor der Medizinischen Klinik Stuttgart-Bad Cannstatt
1961–1963	Direktor der II. Medizinischen Klinik und Poliklinik der Freien Universität Berlin
1963–1986	(November 1963–31. März 1986) Direktor der Medizinischen Universitätsklinik Heidelberg nach Ablehnung von Rufen an die Universitäten Mainz und Marburg

1986–1990	Präsident der Heidelberger Akademie der Wissenschaften
1989–1991	Vorsitzender der Konferenz der Akademien der Wissenschaften in der Bundesrepublik Deutschland
seit 1985	(Juli) Leiter der Geomedizinischen Forschungsstelle der Heidelberger Akademie der Wissenschaften

Von 1962–1990	1. Vorsitzender der Kongreßgesellschaft für ärztliche Fortbildung e.V. Berlin
Von 1956–1963	Mitglied des Deutschen Senats für ärztliche Fortbildung der Bundesärztekammer
1962–1972	Vorsitzender der Europäischen Arterioskleroseforscher (European Arteriosclerosis Group)
1968–1971	Vorsitzender des Westdeutschen Medizinischen Fakultätentages
1971–1972	Präsident der Deutschen Gesellschaft für Innere Medizin
1973	Präsident der Internationalen Arterioskleroseforscher (3. Internationales Symposium über Arteriosklerose in Berlin)
1973–1986	Vorsitzender des Klinikumsvorstandes der Universität Heidelberg
1977–1985	Präsident der Internationalen Arteriosklerose Gesellschaft (International Arteriosclerosis Society)
1977–1985	Chairman, Scientific Council on Arteriosclerosis – (Internationale Gesellschaft und Föderation für Kardiologie, WHO Genf)
1982	Präsident des 6. Internationalen Symposiums über Arteriosklerose in Berlin
1985–1988	Chairman Scientific Board der Internationalen Gesellschaft und Föderation für Kardiologie (International Society and Federation of Cardiology) der WHO Genf

Auszeichnungen

1973	Ehrenpromotion durch die Technische Universität München
1973	Ehrenplakette der Universität Hiroshima

1974	Verleihung der Thureus-Medaille der Universität Uppsala
1975	Verleihung der Normann-Medaille durch die Deutsche Gesellschaft für Fettforschung
1978	Ehrenpromotion durch die Universität of Edinburgh, Großbritannien
1978	Verdienstmedaille in Gold der Princesse Liliane. Foundation, Domaine Royale d'Argenteuil, Belgien
1981	Verleihung des Großen Bundesverdienstkreuzes
1983	Ehrenpromotion der Universität Padua, Italien
1984	Ehrenpromotion der Universität Montpellier, Frankreich
1985	Verdienstmedaille der Medizinischen Fakultät der Universität Heidelberg
1985	Verleihung der v. Euler-Medaille in Gold durch die Internationale Gesellschaft der Lipidforscher
1986	Ehrenpromotion durch die Freie Universität Berlin
1987	Ehrenpromotion der Semmelweis Universität, Budapest, Ungarn
1988	Ehrenmitgliedschaft der Italienischen Arteriosklerose Gesellschaft mit Verleihung der Verdienstmedaille in Gold
1989	Verleihung der Heinrich-Wieland-Medaille in Gold
1991	Verleihung der Paracelsus-Medaille der deutschen Ärzteschaft
1991	Verleihung der Verdienstmedaille des Landes Baden-Württemberg
1991	Verleihung des Großen Verdienstkreuzes mit Stern des Verdienstordens der Bundesrepublik Deutschland
1991	Verleihung der Jerusalem-Medaille in Silber des Staates Israel
1992	Ehrenprofessur der Tongji University Wuhan, VR China

Mitgliedschaften

Mitglied der Schwedischen Akademie der Wissenschaften
Mitglied der Akademie der Wissenschaften New York
Mitglied der Deutschen Akademie der Naturforscher Leopoldina in Halle
Mitglied der Heidelberger Akademie der Wissenschaften
Ehrenmitglied der Japanischen Arteriosklerosegesellschaft
Ehrenmitglied der Ungarischen Arteriosklerosegesellschaft
Ehrenmitglied der Deutschen Gesellschaft für Innere Medizin
Korrespondierendes Mitglied der Gesellschaft der Ärzte in Wien
Ehrenmitglied der Portugiesischen Gesellschaft für Kardiologie

Wissenschaftliche Schwerpunkte

Herz- und Gefäßkrankheiten, Stoffwechselkrankheiten, insbesondere Lipidstoffwechselstörungen. Allgemeine Innere Medizin